技术作文教学研究系列

广东省基础教育高中语文学科教研基地项目（中山）建设成果

广东省张华名教师工作室建设成果

科学取向与问题解决

新教材高中语文写作教学设计（选择性必修）

张　华◎主编

广东高等教育出版社
Guangdong Higher Education Press
·广州·

图书在版编目（CIP）数据

科学取向与问题解决：新教材高中语文写作教学设计（选择性必修）/张华主编. —广州：广东高等教育出版社，2025. 4
ISBN 978 – 7 – 5361 – 7560 – 0

Ⅰ. ①科… Ⅱ. ①张… Ⅲ. ①作文课 – 教学研究 – 高中 Ⅳ. ①G633. 342

中国国家版本馆 CIP 数据核字（2023）第 229044 号

KEXUE QUXIANG YU WENTI JIEJUE：XIN JIAOCAI
GAOZHONG YUWEN XIEZUO JIAOXUE SHEJI（XUANZEXING BIXIU）

出版发行	广东高等教育出版社 社址：广州市天河区林和西横路 邮编：510500　　营销电话：（020）87554152　38493773 http://www. gdgjs. com. cn
印　　刷	佛山市浩文彩色印刷有限公司
开　　本	787 毫米 ×1 092 毫米　1/16
印　　张	24. 25
字　　数	448 千
版　　次	2025 年 4 月第 1 版
印　　次	2025 年 4 月第 1 次印刷
定　　价	68. 00 元

前　言

科学取向的技术作文教学建构

中山市教育教学研究室　张　华

在人类的精神创造活动中，毫无疑问，写作是当之无愧的第一活动。无论是中国古代的“六艺”还是西方古老的“七艺”，写作都被列为一个文化学习者所必须通晓的基本技能。语文独立设科之后，作文教学作为语文学科的重要一翼，在很大程度上接续了古代重视写作技能培养的教育传统。但是，直至今日，作文教学的现实状况并不能令人满意。语文教育学者王荣生教授甚至直言不讳地指出：“这早就不是秘密：在我国中小学的语文课里，几乎没有写作教学。”如何推动作文教学的深层次变革进而提高其实效性？大量而持久的实践结果表明，这可能不是一个教学法意义上的改革问题，而是需要对作文教学进行一次范式意义上的革命问题。过去主要依赖于写作学理论而进行的作文教学改革进路，无论是文体驱动、体验促进抑或是兴趣培养，都是生硬而脱离实际的。它们的突出表现就是不顾“作文”特殊性和“教学”规定性这两大现实。

那么，作文教学的“范式”革命方向与出路在哪呢？在检视作文教学改革历史材料的文献爬梳背景下，在总结笔者所在区域的作文教学改革实践经验的基础上，依据科学取向的教学论思想，笔者不揣浅陋，建构出了一种富有范式革命的新作文教学观，即“技术作文教学”，目的在于拯救作文教学的实践危机。

一、写作发生的省察：内部与外部的耦合结果

法国哲学家莫兰提出了一种复杂性理论，他曾对复杂性作过这样的界说：“所谓复杂的东西不能用一个关键词来概括，不能归结为一条规律，也不能化归为一个简单的思想。”写作就是一种极其复杂的东西，事实上，写作也很难用一个关键词来概括，很难归结为“一条规律”。写作研究者陈果安在其著作《现代写作学引论》中曾指出：“主体有哪些方面

的因素影响着写作呢？主体的思想、感情、胸怀、视野、文化品格、道德精神、对现实生活的洞察力、创造精神、美学修养、意志等，对写作的影响是决定性的。”而这还只是对写作主体而言的。事实上，具体到一次写作活动中，其复杂性远不止于此，比如李白写《静夜思》，除了李白自己的主体因素外，那一晚床前的“明月光”，那一轮头顶的“明月”，还有我们所不知道的某些李白亲友，甚至是当晚喝酒的兴奋程度等等，都可能是决定李白这次写作活动的重要因素。

在莫兰复杂性理论的启示下，我们应该很有信心地看到，任何一次写作活动，就写作结果而言，其实具有很大的偶然性；但如果就一定的时空因素而言，写作又具有很大的必然性。也就是说，写作既是一种偶然的必然，也是一种必然的偶然。为了便于理性分析写作这种复杂性活动，我们可以将任何一次写作活动的影响因素分解为两种：内部因素和外部因素。没有外部因素，写作就会因失去触发而意外夭折；而没有内部因素，写作也会因失去技能而胎死腹中。由此从发生学意义来看，我们可以说，任何一次写作都是内部与外部的耦合结果。这是我们理解和研究写作这件事情的共识基础，也是我们深入探讨作文教学的写作认识基础。

二、作文教学的根本目的：让学生更能作文

但写作和写作教学是本质不同的两种活动。当我们把讨论目光转到关于写作的教学活动上来时，我们就很有必要区分“写作”和“作文”在教学意义上的区别。事实上，作文教学经常导入到“公说公有理，婆说婆有理”的无谓之争中，很大原因就在于我们对“写作”和“作文”出现了认识僭越。“作文”的本义就是做文章，笔者曾在《作文教学的八种僭越》中指出：“‘写作’和‘作文’是文章创作的两条路径，我们鼓励学生‘写作’，其意在于鼓励学生有感而发，抒写真情，表达自我；我们让学生‘作文’，其意在于让学生在虚拟性的作文训练中，也许无感而发，目的是学会做文章。”就语文学科而言，“作文”是一种教学性写作活动，是学生训练怎么做文章的实践基地，这个基地带有极强的虚拟性和刻意性，因而才具有教学性。因此，在中小学语文的语境中，笔者之所以一直致力于倡导使用“作文教学”，其目的就是要揭示作文教学的课程取向，并力求让我们的课堂实践能聚焦到作文教学的根本目的上来。

那作文教学的根本目的是什么呢？语文教育家叶圣陶曾指出：“学生

须能读书，须能作文，故特设语文课以训练之。最终目的为：自能读书，不待老师讲；自能作文，不待老师改。”在作文教学方面，叶老认为语文课应当让学生“自能作文”。这确实触碰到了作文教学的牛鼻子。但依据生活经验我们知道，一个人是否能做到“自能作文”，并不完全取决于语文课，古今中外有很多写作者就是自学而成的，而并非语文课训练的结果。因此，在叶老的认识基础上，笔者改动一个字，将作文教学的根本目的确定为：让学生更能作文。

虽然是一字之差，但“更能”比“自能”更凸显语文课的价值，更能突显作文教学的施教方向和关键落点。我们认为，作文教学就是要在学生自学就可能达到的基础上，设法通过课堂教学进一步让学生掌握作文技术，这是作文教学的第一要务，也是语文教师当仁不让的职业责任。因此，我们把这种致力于实现“让学生更能作文”目的的教学活动称之为技术作文教学。

三、技术作文教学的实践旨趣：指向写作的“可能性”

写作是一门综合性极强的智力活动。就写作来看，写作涉及的领域、元素和内容是无限的，任何一个方面，都会影响到写作成果的生成；但就作文教学而言，在教学视域下，写作的可为领域、元素和内容却是有限的。作文教学究竟可以做什么和不可以做什么，需要一个合理的科学探索。在反复研究与实践的基础上，我们发现，“技术”在作文教学中具有决定性和根本性的实践意义。

复杂潜伏着无奈。写作的复杂性决定了作文教学的有限性。理性来看，作文教学并不是要解决写作的所有问题，而是要为写作提供一定的技术支撑。对于一个写作者来说，写作带有很大偶然性，因此，无论写作的价值有多大，作文教学都用不着也不可能去实现写作的必然性。基于这种现实背景，在偶然性写作活动中，技术作文教学的实践旨趣就是指向写作的“可能性”，即为写作的“写作可能”提供技术支撑。确定并理解作文教学的“可能性”，对于重新裁定作文教学的课程内容、重新确定作文教学的基本内容、提高作文教学的成效，都具有重要的认识价值。

正是在这个意义上，我们建构了技术作文教学的哲学观，即一种抵达的作文实践哲学。我们看到，目前流行的很多作文教学，或强调兴趣，或突出思维，或推崇体验，总之，都是在作文的外围发力，它们大都是不抵达的，是热衷于路上的作文教学，是为了看风景的作文教学，这样的作文教学走得远了，很容易忘记我们为什么要开展作文教学，也就是忘记了我们的作文教学是有地方要抵达的。技术作文教学因为奉行“抵达”的教学实践哲学，这就要求语文教师特别关注作文教学效果，设法让课堂发生真正的“作文学习”，其最终目的，就是指向我们所无法预知的学生写作情境，为写作提供技术支撑。亦如叶圣陶所说：“练习作文是为了一辈子学习的需要，工作的需要，生活的需要，并不是为了应付升学考试，也不是为了当专业作家。”

四、技术作文教学的内容标准：技术本位的体系建构

“技术”虽然是源自自然科学的一个词语，但在写作的有关认识中，“技术”并不陌生。中国写作学会名誉会长、著名写作学理论家裴显生教授就曾指出：“写作学是技术科学，它着重研究写作活动的过程和方法技巧，形成技术理论。”中国文章学研究会会长曾祥芹教授还专门撰写过题为《文章学：典型的社会科学技术》这样的学术论文。语文教育家叶圣陶也特别指出：“写作，和阅读比较起来，尤其偏于技术方面。”因此，在作文教学中倡导“技术”的，也大有人在。民国著名学者胡怀琛在著作《作文门径》中很务实地指出：“我们要把作文认作是一种技术，于教学上，才可以得到益处。”在《高等写作学引论》一书中，当代著名写作研究专家马正平指出：“……写作技术也没有学，这是过去从中学到大学作文教学效果不好的最重要原因之一。”

除了写作研究上对技术有认识，认知心理学对此也有深刻的揭示。美国著名教育心理学家加涅认识到，人类学习现象极其复杂，不可能用一种理论解释全部学习现象，必须对学习做分类研究，并以“学习结果”的独特视角，将人类学习的结果分为言语信息、智慧技能、认知策略、动作技能、态度五种类型。这就是加涅著名的“学习结果分类”学说。其中，智慧技能指的是人们应用符号办事的能力。显然，写作属于智慧技能。依据这个学说，在作文教学中，最主要的学习结果就是“智慧技能”，作文教学的根本任务就是通过教学活动让学生掌握智慧技能。

据此，我们从语文教学的实践话语出发，提出了“技术作文教学”的作文教学观，并炼制出技术本位的内容标准和内容体系，以便能够更直接地认识、理解、研发和运用在写作活动中所需要的作文技术，进而推动作文教学的有效实施。

目前，囿于文体的分类结果，大多数作文教学往往偏重以文体写作的具体要求作为基本内容，而往往忽略了写作的最一般技术，以至于一

方面导致作文教学内容重叠不清，另一方面又难以应付文体写作的真实需要。技术作文教学超越文体要求和具体情境，而着眼于文章写作中的基础问题，选择一般性、通用性、普适性的作文技术元素，力求在根本上夯实作文教学的基础，让学生掌握最一般的作文技术，为学生的写作活动提供最可靠的“新基建”，以应付生活中的写作需要。为此，在吸纳传统写作学理论和经验的基础上，我们确立了技术本位的作文教学体系，包括思维技术、语言技术、结构技术、材料技术、修改技术以及呈现技术等，每一种技术又细分出若干技术分支，最终形成了技术作文教学的内容标准和技术体系。

五、技术作文教学的教学要义：科学取向的教学流程

著名教育学者皮连生教授在其主编的《教育心理学》中曾提出要区分两种取向的教学论：依据哲学思辨和经验总结而形成的教学论被称为哲学和经验取向的教学论（简称哲学取向的教学论）；依据科学心理学并通过实证研究建立起来的教学论被称为科学心理学与实证研究取向的教学论（简称科学取向的教学论）。

哲学取向的教学论指导教学实践主要依托哲学与经验，是早期人类文明传承不成文的教育教学理论，但有很大的局限性，比如许多概念未经严格定义、因缺乏可操作性而难以有效地具体指导教学实践等。相较于哲学取向的教学论，科学取向的教学论的突出优势在于：它有严谨的科学依据，概念定义严格，原理清晰，有模式可依托，有流程可参考，操作性强。

我们认为，当前作文教学之所以“低效”“无效”乃至“负效”，很大程度上是因为承袭了哲学取向的教学论思想，语文教师凭经验和感觉来实施作文教学，教学过程的随意性很大。技术作文教学则坚持以科学取向的教学论思想为指导，积极吸纳加涅的学习分类与学习条件理论、J. R. 安德森的陈述性知识与程序性知识相互作用理论，重视作文教学的学理依据，追求让课堂发生真正的作文教学。

技术作文教学的基本理念是聚焦学生写作时面临的关键挑战，通过有效教学事件解决这个挑战，概言之，就是必须贯彻“挑战＋解决方案”的教学思路。为此，综合各种研究成果，在借鉴加涅九大“教学事件”的基础上，我们确立了技术作文教学的七个基本流程，即：（1）激发动机。引起学生对学习话题的注意，激发学生的学习动机。（2）告知目标。以具体的可操作的作文技术为主要教学内容，并让学生清晰了解学习目标。(3) 展示范例。让学生对范例进行充分的感性观察，积淀学习经验，在此过程中，教师要对范例进行讲解和说明，形成作文技术的理性认识。(4) 指导跟学。让学生跟着范例进行操作性学习，教师予以及时的恰当的指导。(5) 促进迁移。设置新的练习情境，让学生运用所学的作文技术完成学习任务。(6) 检测效果。再次设置新的练习情境，让学生进行独立练习。(7) 课堂小结。

目录

新教材高中语文写作教学设计·选择性必修上册

材料的积累与运用 …… 2
聚焦课本素材，技术化运用 …… 2
胸有万江，笔倾陆海 …… 15
因体选材，即材入题 …… 26
凭“思”驾材，借“维”驭材 …… 35
审题与立意 …… 45
审“好”题，立“显”意 …… 45
结合材料：材料作文中审题与立意的外显之道 …… 56
精准审题“守江山” …… 67
学写小小说 …… 78
讲好一个故事 …… 78
一粒沙里见世界 …… 91
如何写出一个好故事？ …… 101
尝试写驳论文 …… 111
看辩论，学驳论 …… 111
做一根会思想的芦苇 …… 120
学写驳论文，提高思辨力 …… 131
驳点定位与批驳有力 …… 142

新教材高中语文写作教学设计·选择性必修中册

深化理性思考 …… 154
升格作文句段篇，深化思维点线面 …… 154

问以辨之，立以论之 …… 166
厘清概念，将议论引向深入 …… 175
逐层追问究本质，对举分析显思辨 …… 186
尝试写小说评论 …… 196
精略选读·段落制造·有机组合 …… 196
因文定点　支架诊断 …… 204
尝试写历史评论 …… 214
历史人物纵横谈，青梅煮酒话英雄 …… 214
放收之间，别有洞天 …… 222
学写申论 …… 233
基于“给定材料”的申论写作 …… 233
“申”之有术“论”之有道 …… 242

新教材高中语文写作教学设计·选择性必修下册

尝试写诗歌评论 …… 258
聚焦选点·创设支架 …… 258
着眼学情谋篇段，巧用量表兴味长 …… 270
语言的锤炼 …… 279
思想美在矛盾　形式美在对称 …… 279
叠加技术在议论文中的有效运用 …… 290
阐释概念：以理服人，以象感人 …… 301
千锤万凿出深山，捻断茎须若等闲 …… 310
词、句的锤炼：语言锤炼的核心 …… 320
说真话，抒真情 …… 330
基于“读者意识”，落实真话真情 …… 330
真意拨心弦　妙笔抒真情 …… 340
从细节中显真情 …… 351
文章修改 …… 361
议论文主体段落升格 …… 369

新教材 高中语文写作教学设计·选择性必修上册

材料的积累与运用

聚焦课本素材，技术化运用
——“材料的积累与运用”作文教学设计

写作主题解读

写作文如同盖房造屋，既要有好的框架设计，也要有合适的材料。同学们往往花费了大量的时间在课外积累素材，这样不仅增加了记忆压力，还容易出现在考场上记不起来的情况。这时我们不如把眼光向内看，在高中语文新教材中寻找文质兼美的名篇佳作。当我们聚焦课本学习的同时又能以此来积累作文素材，何乐而不为呢？在新课标的核心素养中，“语言建构与运用”是高中语文学习的基础，语言的运用离不开优秀素材的输入。人教版选择性必修上册第一单元要求学生积累高质量的素材并恰当地运用到写作中。因此，笔者将聚焦于课本内的经典素材，探索积累和运用课本内经典素材的高效方法。

教学课时

2 课时。

设计亮点

关于素材积累，笔者立足于课本，通过“一人物多角度”的方式达到“一材多用”的目的；关于素材运用，笔者以简单可行的技术模式对学生进行训练，以提升其写作决策力。

第一课时

教学目标

（1）知识的了解与记忆：让学生立足于教材，发掘课本中的经典人物素材。

（2）技术的理解与运用：让学生学会如何从一个人物的多个角度去积累素材。

（3）态度的倾向与变化：让学生回归课本积累人物素材，并为后期素材的分类和应用打好基础。

教学条件分析

1. 内部条件

学生对于课本中的人物比较熟悉，可以背诵一些经典的段落，但是在平时的写作训练中，学生一直存在素材匮乏、无话可说的情况。所以，问题的解决关键在于如何将课本素材与写作相结合。

2. 外部条件

笔者立足于提升同学们的核心素养，要求学生每日积累名人名言、背诵课文重点段落，同时培养了学生们“一句话概括课文”的习惯。在班级中营造了较好的素材积累习惯，有利于在作文写作中迁移课本的素材。

教学步骤

（一）激发动力

导入：赏析司马迁的《报任安书》片段。

古者富贵而名摩灭，不可胜记，唯倜傥非常之人称焉。盖文王拘而演《周易》；仲尼厄而作《春秋》；屈原放逐，乃赋《离骚》；左丘失明，厥有《国语》；孙子膑脚，《兵法》修列；不韦迁蜀，世传《吕览》；韩非囚秦，《说难》《孤愤》；《诗》三百篇，大底圣贤发愤之所为作也。此人皆意有所郁结，不得通其道，故述往事、思来者。乃如左丘无目，孙子断足，终不可用，退而论书策，以舒其愤，思垂空文以自见。

在这段文字中，司马迁论述的是如何在人生的逆境中克服困难。他的举例人物丰富、言简意赅、主题明确。而我们在平时的写作中却是苦思冥想没有素材。其实很多素材都隐藏在我们的课本之中，充分地发掘课文中所蕴含的人物形象，并巧妙地运用，我们都可以成为“司马迁”。

（二）告知目标

从本节课开始我们就以高中语文选择性必修的课文为例，挖掘课文中的经典人物并探索如何从多角度积累素材。

（三）呈现材料

请同学们立足于课本，为以下人物制作人物名片。（本环节以小组合作的形式，剖析课本中的经典人物）

孔子
出自课文：《论语》十二章
金句：见贤思齐焉，见不贤而内自省也。
己所不欲，勿施于人。
品质：好学、修己、自省

刘兰芝
出自课文：《孔雀东南飞》
金句：君当作磐石，妾当作蒲苇，蒲苇纫如丝，磐石无转移。
品质：对爱情忠贞、自尊自傲、外柔内刚

苏轼
出自课文：《赤壁赋》
金句：寄蜉蝣于天地，渺沧海之一粟。
且夫天地之间，物各有主
品质：心胸开阔、不畏艰险

屈原
出自课文：《离骚》
金句：亦余心之所善兮，虽九死其犹未悔。
宁溘死以流亡兮，余不忍为此态也。
品质：高洁、爱国、忠诚、毅力

毛泽东
出自课文：《中国人民站起来了》
金句：一切困难都将被全国人民的英勇奋斗所战胜。
品质：爱国、博学、艰苦奋斗

陶渊明
出自课文：《归去来兮辞》
金句：倚南窗以寄傲，审容膝之易安。
悟已往之不谏，知来者之可追。
品质：热爱自然、铮铮傲骨

海明威
出自课文：《老人与海》
金句：一个人可以被毁灭，但是不能被打败。
品质：勇敢、坚强、热爱自然

鲁迅
出自课文：《记念刘和珍君》
金句：真的猛士，敢于直面惨淡的人生，敢于正视淋漓的鲜血。
品质：爱国、正直

李白
出自课文：《将进酒》
金句：人生得意须尽欢，莫使金樽空对月。
天生我材必有用，千金散尽还复来。
品质：洒脱、自信

王熙凤
出自课文：《红楼梦》
金句：机关算尽太聪明，反算了卿卿性命。
一从二令三人木，哭向金陵事更哀。
特点：精明能干、心狠手辣、富有心机

（四）指导学习

在人教版的高中语文课本中有许多经典的人物素材，当我们立足于课本，以一个人物为中心，从多个角度去分析立意时，最终就可以达到“一材多用”的目的，这是一种“有技可循”的积累方法。

（1）请赏析下面的语段，并剖析作者从哪几个角度来写苏轼。

“九死南荒吾不恨，兹游奇绝冠平生！”苏子心中自有虎啸龙吟，如那追逐巅峰的苍鹰，手持刀剑，锋芒逼视，然而尽管无畏如他，也依然不忘在征服的途中追忆亡妻“十年生死两茫茫”，也依然拥有享受生活宁静安详的勇气，长叹一声“此心安处是故乡”！

——2013 年湖南高考满分作文《心有猛虎，细嗅蔷薇》

素材来源：《江城子·乙卯正月二十日夜记梦》《定风波·南海归赠王定国侍人寓娘》

中心人物	角度	
中心人物：苏轼	角度1：面对艰难险阻的豁达	磨难
	角度2：对亡妻的思念	爱
	角度3：享受当下，随遇而安	乐观

（2）请赏析下面的语段，并剖析作者从哪几个角度来写陶渊明。

陶渊明也许遇到了不顺心的事，五斗米岂能让他移白首之心？在“复得返自然”后，陶渊明走出了他自己时代的足迹。也许得益于魏晋时代那特有的无拘无束的超逸时风，也许是他本身就想过“有趣”的生活，总之陶渊明让未来记住了他。

——2012 年广东高考满分作文《让未来记住今天》

素材来源：《归园田居》《归去来兮辞》

中心人物：陶渊明	角度1：不为五斗米折腰	傲骨
	角度2：追求自然闲逸的生活	自然
	角度3：倚南窗以寄傲，审容膝之易安	知足

以上都是考生运用课文中的人物素材并结合其生平事迹所写的满分作文片段，大家在平时语文课的学习中也要通过了解作者生平和挖掘课文内容来从多个角度积累材料。

（五）落实训练

请同学们立足于高中语文选择性必修课本，从多角度剖析以下人物。（小组合作完成以下整理）

素材来源：《离骚》《屈原列传》

中心人物：屈原	角度1：坚持理想，虽遭受厄运也决不妥协	坚持
	角度2：香草美人，志向高洁，积极浪漫	志向
	角度3：与国家同生死共命运，以身殉国	爱国

素材来源：《出师表》《蜀相》

中心人物：诸葛亮	角度1：隐居隆中，淡泊明志，宁静致远	志向
	角度2：辅佐两代君主，尽瘁国事，忠心耿耿	爱国
	角度3：任人唯贤，清正廉明	智慧

素材来源：《〈论语〉十二章》

中心人物：孔子	角度1：士不可以不弘毅，任重而道远	志向
	角度2：见贤思齐焉，见不贤而内自省也	谦逊
	角度3：己所不欲，勿施于人	平等

素材来源：《孔雀东南飞》

中心人物：刘兰芝

- 角度1：对爱情忠贞不渝 —— 爱
- 角度2：尊重爱情，强加干涉只能带来悲剧 —— 尊重
- 角度3：自尊自爱，女性的抗争精神 —— 傲骨

素材来源：《红楼梦》

中心人物：王熙凤

- 角度1：精明能干，料理贾府事宜细致周密 —— 智慧
- 角度2：八面玲珑，对待不同的人态度不同 —— 人情
- 角度3：玩弄权术，勾结官府仗势欺人 —— 正义

（六）评估总结

（1）请同学们以小组为单位分享彼此的答案。

（2）以小组合作的形式，依据今天所列举人物的三个标签，“合并同类项”，按照主题对人物素材进行简单的分类。

（3）总结。著名作家梁衡曾说：“写作最初要做的便是积累材料，就好像拾柴火，有了一堆的柴火，一旦迸发灵感的火花，就会发展成熊熊大火，而阅读就是在积累材料。”我们高中的语文教材选入的文章都是文质兼美的名篇佳作，今天我们通过挖掘课本人物素材，以“一人物多角度”的方式积累素材，达到“一材多用”的目的，减轻了学生的记忆负担，让积累也可以“有技可循”。

（七）迁移巩固

（1）请大家围绕课本中的经典人物素材进行分类（一个人物可以运用到多个主题中）。

主题	物质与精神	青春与追求	国家与个人	逆境与成长	智慧与勇敢
人物素材					

（2）请以国家与个人为主题，运用两个人物素材写一段文字。

第二课时

教学目标

（1）知识的了解与记忆：了解人物素材的分类和语段写作中素材运用的步骤。

（2）技术的理解与运用：让学生巧用技术模式运用素材。

（3）态度的倾向与变化：让学生在素材分类的基础上，运用同类人物素材举例。

教学条件分析

1. 内部条件

学生通过完成第一课时的学习，已经进行了“一人物多角度”人物素材的积累，但是素材的分类以及在语段中的写作运用还稍显稚嫩，需要技术化的步骤和仿写来不断加强。

2. 外部条件

基于第一课时的迁移巩固环节设置了本节课的分类与语段写作的内容，教师将以此作为同学们对本节课重难点的初步认识，进行强化与升华。

教学步骤

（一）激发动力

主题	物质与精神	青春与追求	国家与个人	逆境与成长	智慧与勇敢
人物素材	陶渊明 《归去来兮辞》	刘兰芝 《孔雀东南飞》	《大学之道》	史铁生 《我与地坛》	蔺相如 《廉颇蔺相如列传》
	李白 《梦游天姥吟留别》	《氓》	屈原 《离骚》	司马迁 《报任安书》	刘邦 《鸿门宴》

续上表

主题	物质与精神	青春与追求	国家与个人	逆境与成长	智慧与勇敢
人物素材	归有光《项脊轩志》	李密《陈情表》	孙犁《荷花淀》	苏轼《念奴娇·赤壁怀古》	烛之武《烛之武退秦师》
	老子《〈老子〉四章》	曹雪芹《红楼梦》	鲁迅《记念刘和珍君》	毛泽东《沁园春·长沙》	荀子《劝学》
	庄子《五石之瓠》	曹禺《雷雨》	司马迁《屈原列传》	海明威《老人与海》	诸葛亮《出师表》

根据近几年的高考作文主题，笔者将其精简为以上五大主题，请同学们把上一节的作业进行展示。（上课前笔者将筛选各小组的预习作业，以此扩充此表格的内容）

（二）告知目标

让同学们在课本素材分类积累的基础上，学会如何围绕一个主题巧用技术模式运用素材。

（三）呈现材料

我们现在已经对于课文的经典人物素材进行了分类，而对于同一主题运用多个人物素材进行写作才是我们的真正目的，请同学们赏析以下优秀高考作文的语段。

语段1：

"众人皆醉我独醒""路漫漫其修远兮，吾将上下而求索"的爱国志士屈原"虽九死其犹未悔"，面对支离破碎的祖国，面对饥寒受苦的老百姓，作为士大夫却束手无策，纵身跃入滔滔江水中，为后世可歌可泣之人。司马迁忍辱负重，受过种种刑罚，甚至受过使人生不如死的宫刑，然而他忍受着身体的疼痛与精神的压力，找准自己的位置，为国家为社会写下了真实的历史，体现了真正的中华儿女的精神。

——全国高考优秀作文

语段2：

试想，从古到今，有多少帝王因为选贤授能、"兼听"，而开创了一个个太平盛世。周公吐哺，天下归心；刘备三顾茅庐求贤才，终有三国鼎立；萧何月下追韩信，方有刘邦后来的强兵壮马。而又有多少帝王因为轻信谗言、

“偏听”而使国家走向衰落、灭亡。楚怀王亲小人远贤能，怒疏屈原，楚国不久就走向了亡国之途。

——浙江考生《理智与情感》

（四）指导学习

语段1：

（1）作文主题：国家与个人。

（2）人物素材：屈原、司马迁。

（3）素材来源：《屈原列传》《离骚》《报任安书》。

（4）技术模式一：引用人物金句+分析+主题（国家与个人）。

①引用人物金句：“众人皆醉我独醒”“路漫漫其修远兮，吾将上下而求索”的爱国志士屈原。

②分析：面对支离破碎的祖国，面对饥寒受苦的老百姓，作为士大夫却束手无策，纵身跃入滔滔江水中，为后世可歌可泣之人。

③主题：他找准了自己的位置。他是一名为黎民百姓谋幸福生活的士大夫，面对朝廷的腐败束手无策，他投身于汨罗江，为祖国献出了自己宝贵的生命。（国家与个人）

（5）技术运用：

要求：请用以上技术模式完成以下语段的写作。

“怅寥廓，______①______”（引用人物金句），面对反动派的迫害，面对饥寒受苦的老百姓，中国的命运究竟何去何从？______②______（分析），为新中国的解放献出了自己的青春与热情（主题）。

参考答案：①问苍茫大地，谁主沉浮　②毛泽东积极思考上下求索，找出了一条适合中国国情的革命道路，他鼓励人民“一切困难都将被全国人民的英勇奋斗所战胜”

语段2：

（1）作文主题：智慧。

（2）人物素材：周公、刘备、萧何、楚怀王。

（3）素材来源：《短歌行》《出师表》《离骚》。

（4）技术模式二：主题+人物正例+人物反例。

①主题：“试想，从古到今，有多少帝王因为选贤授能、‘兼听’，而开创了一个个太平盛世。”

②人物正例：周公吐哺，天下归心；刘备三顾茅庐求贤才，终有三国鼎立；萧何月下追韩信，方有刘邦后来的强兵壮马。

③人物反例：楚怀王亲小人远贤能，怒疏屈原，楚国不久就走向了亡国之途。

（5）技术运用：

要求：请用以上技术模式完成以下语段的写作。

试想，从古到今，我们要守住高贵的灵魂（主题），不仅需要有诗仙李白“______①______”（《梦游天姥吟留别》正例）般不向权贵低头的傲骨，还需要有陶渊明“______②______”（《归去来兮辞》正例）的豁达，更要有文天祥“______③______”（《过零丁洋》正例）的坦荡，又如鲁迅“______④______”（《纪念刘和珍君》正例）的勇气。无论面对怎样的强权，怎样险恶的形势，他们的内心高贵依旧，如青松般岿然不动。但也有人为了名利丢掉了自己的本心，安史之乱中安禄山为了一己私利背叛家国，造成“______⑤______”（《春望》）这样的景象，大半个中国民不聊生，国家动荡不安。（反例）

参考答案：①安能摧眉折腰事权贵，使我不得开心颜　②聊乘化以归尽，乐夫天命复奚疑　③人生自古谁无死？留取丹心照汗青　④敢于直面惨淡的人生，敢于正视淋漓的鲜血　⑤国破山河在，城春草木深

【技术小结】

（1）技术模式：

①模式一：引用人物金句 + 分析 + 主题。

②模式二：主题 + 人物正例 + 人物反例。

（2）运用技巧

① 擅于引用人物的金句。

② 同一主题正反人物素材搭配。

③ 在运用素材时紧紧围绕文章的主题。

（五）落实训练

1．技术模式一：引用人物金句 + 分析 + 主题

语段 3：

请同学们参考素材分析，完成下列语段写作。

你听，李煜总在哭，哭声中是他______①______的悲哀；陆游总在哭，哭声中是他______②______的无奈；杜甫总在哭，哭声中是他______③______的期待；李白总在哭，哭声中是他______④______的姿态。泪，在飘洒。苏轼在泪中低吟“______⑤______”。

柳永在泪水里默念：“＿＿＿＿⑥＿＿＿＿”。泪，表达了千种风情。我听到阮籍呼号，因“时无英雄，使竖子成名”穷途而哭，那是魏晋纷乱的愤恨之泪；我听到李清照低吟“梧桐落，又还秋色，又还寂寞”而双泪长流，那是南宋败落的无奈之泪。泪，记录了一个时代。

——《眼泪中的中国情结》

素材分析：

（1）作文主题：逆境与成长。

（2）人物素材：李煜、陆游、杜甫、李白、苏轼、柳永、阮籍、李清照。

（3）素材来源：《虞美人·春花秋月何时了》《书愤》《茅屋为秋风所破歌》《江城子》《雨霖铃》《晋书·阮籍传》《忆秦娥·咏桐》。

参考答案：①渴望故国犹在　②北国久失　③渴望国强　④一醉千年　⑤相顾无言，惟有泪千行　⑥执手相看泪眼，竟无语凝噎

语段4：

请同学们参考素材分析，完成下列语段写作。

苏子有意气，虽遭官场与文场一齐泼来的污水，但他仍意气风发，“＿＿＿＿①＿＿＿＿”，心胸豁达可见一斑。“＿＿＿＿②＿＿＿＿”，遭人诽谤的李白，被玄宗赐金放还，虽有昭昭若明星之德，日月齐辉之才，终化为泡影，但他仍＿＿＿＿③＿＿＿＿。若无意气，他怎会有如此豁达的胸襟？

素材分析：

（1）作文主题：逆境与成长。

（2）人物素材：苏轼、李白。

（3）素材来源：《赤壁赋》《梦游天姥吟留别》。

参考答案：①侣鱼虾而友麋鹿　②安能摧眉折腰事权贵，使我不得开心颜　③意气风发，“举杯邀明月，对影成三人”，酒入豪肠，七分酿成了月光，三分化为剑气，绣口一吐便是半个盛唐

2. 技术模式二：主题＋人物正例＋人物反例

语段5：

请同学们参考素材分析，完成下列语段写作。

争“荣”者祸国殃民，万年遗臭，受“辱”者光环加身，百代不减，荣和辱在一定条件下会向着相反的方向运动。蔺相如贵为国相，在一个武夫廉颇面前却“引车避匿”，用今天的话来说，这是何等窝囊，但是，蔺相如

一时的窝囊最后却赢得了廉颇的＿＿＿＿＿＿＿①＿＿＿＿＿＿＿＿＿＿＿＿＿＿＿＿＿＿＿＿。秦始皇统一天下，修筑阿房宫，筑秦陵墓，品尽奢华和权势，何等荣耀！结果却＿＿＿＿＿＿②＿＿＿＿＿＿＿＿＿＿＿＿＿。

素材分析：

（1）作文主题：智慧与勇敢。

（2）人物素材：蔺相如、廉颇、秦始皇。

（3）素材来源：《廉颇蔺相如列传》《阿房宫赋》。

参考答案：①“负荆请罪”，赢得了赵国的数十年强盛，也赢得了中华民族代代相传的赞誉　②在史册里遗臭万年，为万世所唾弃。历史的辩证法就是如此的无情

语段6：

请同学们参考素材分析，完成下列语段的写作。

幸福之花，在感恩的枝头美丽绽放。“忠则《出师表》，孝则《陈情表》”，这两表道尽了人间感恩的真谛，演绎了人世间感恩的传奇。为报刘备三顾茅庐之恩，诸葛亮＿＿＿＿＿＿＿＿①＿＿＿＿＿＿＿＿＿＿＿＿＿＿＿＿。自幼失去父母是李密的不幸，但祖母却用自己的温暖让这个可怜的孩子长大成人，且名扬四方。＿＿＿＿＿②＿＿＿＿＿＿＿＿＿他们的感恩温暖了自己，感动了后人。而那些不懂感恩之人最后一定会自食其果，《红楼梦》中的贾雨村，＿＿＿＿＿＿③＿＿＿＿＿＿＿＿＿＿＿＿＿＿＿＿。机关算尽的贾雨村最后也没有逃脱锒铛入狱的结局。所以幸福之花一定开在感恩的枝头。

素材分析：

（1）作文主题：幸福与感恩。

（2）人物素材：诸葛亮、李密、贾雨村。

（3）素材来源：《出师表》《陈情表》《红楼梦》。

参考答案：①七出祁山，巧计破敌军，为刘备打天下立下了汗马功劳。“出师未捷身先死，长使英雄泪满襟”是后人为他写下的诗篇，为报当年的知遇之恩，他用毕生的精力向后人诠释了感恩的真谛　②为官作宰是多少读书人毕生的梦想，十年寒窗不正为一朝为官？然而当这个机会真正来临，李密却不曾忘记自己的祖母。他放弃了这个机会。因为他知道“祖母无臣，无以终余年”。他在为官和报恩之间他选择了后者，向世人谱写了一首伟大的诗篇——感恩。③曾在穷困潦倒时得到了甄士隐的资助，但是当他在京城做官时，为了讨好四大家族，他没有救甄士隐的女儿。当贾府被抄，贾雨村怕

被牵连，竟对曾经提拔自己的贾政反咬一口

（六）评估总结

（1）作业布置：请大家选择一个主题，运用一种技术化模式完成语段的写作。

选择主题：________________

（物质与精神、青春与追求、国家与个人、逆境与成长、智慧与勇敢）

人物素材：________________

素材来源：____

技术模式：____

语段写作：____

____

____

____

____

____

____

____

____

（2）总结：通过挖掘教材经典人物，我们学会了用“一人物多角度”去积累素材，而如何学以致用这些素材是这节课主要解决的问题。本节课我们在分类素材的基础上，运用两种技术模式进行语段写作，这两种技术模式通过简单的方法，提升学生在写作中的决策力，真正达到素材运用的高效化。

（七）迁移巩固

以下是全国新高考语文Ⅰ卷作文，请大家以我们所积累的五大类课本素材为主，在语段写作中运用本节课所讲述的两种技术模式进行写作，完成作文写作。

1917年4月，毛泽东在《新青年》发表《体育之研究》一文，其中论及“体育之效”时指出：人的身体会天天变化。目不明可以明，耳不聪可以聪。生而强者如果滥用其强，即使是至强者，最终也许会转为至弱；而弱者如果勤自锻炼，增益其所不能，久之也会变而为强。因此，“生而强者不必自喜也，生而弱者不必自悲也。吾生而弱乎，或者天之诱我以至于强，未可知也”。

以上论述具有启示意义。请结合材料写一篇文章，体现你的感悟与思考。

要求：选准角度，确定立意，明确文体，自拟标题；不要套作，不得抄袭；不得泄露个人信息；不少于800字。

（王如　中山市烟洲中学）

胸有万江，笔倾陆海
——“材料的积累与运用”作文教学设计

写作主题解读

《普通高中语文课程标准（2017年版2020年修订）》明确指出：“语言建构与运用”是带动其他三个核心素养的核心。语言的建构与运用需要学生主动地积累、梳理和整合，逐步掌握祖国语言文字及其运用规律，形成个体言语经验。统编版普通高中语文选择性必修上册第一单元的写作任务是“材料的积累与运用”，“材料的积累”是让学生善于从教材中、从阅读中、从生活中去挖掘精选材料，丰富自己的材料库，“材料的运用”则需要通过创设真实的语言运用情境，让学生学会根据材料的特性加以利用，从而提升语言表达能力。“材料的积累与运用”具有综合性、实践性、可操作性，是语言写作的重要基础，是满足学生日常口语和书面表达的重要途径，也是获得语文核心素养提升的重要通道。

但根据调查，学生对“材料的积累与运用”基本止步于“摘抄积累”，缺乏系统性的汇编，更缺乏针对性的“材料的积累与运用”的教学指导。要达到新课标提出的“积累、梳理要有系统、有计划，要有步骤地、持续地进行”，就必须要有“材料的积累与运用”的顶层设计和具体操作思路或路径。

教学课时

3课时。

设计亮点

本教学设计的三个课时是一个有机的整体，“层进式”训练学生的能力，给“材料的积累与运用”做了一个可操作性的顶层设计。先优化材料库，再促进材料的内化转换，然后通过“关键词句串联技术”的进一步运用，更深刻地内化材料，更灵活地运用材料。经过这三步，学到的所有显性和隐性的技能才能真正地在应考中发挥作用。

本教学设计有许多可操作性的指导技术或思路。选择材料有明确的“标准”，材料目录有“模板”，“材料内化转换技术”有具体的路径和思路，材料的灵活运用有“关键词句串联技术”。在此基础上，学生的设计可以是灵活的、个性化的，比如：学生可以变换更新活页积累本或材料卡片；对同一则材料，学生的写作训练可反复深入去写、常写常新；材料目录可有个性化的设计。

充分考虑学生的主体地位，从学生的实际情况出发，研究学生在作文时运用材料方面存在的问题。设计充分考虑学生的学习规律、学生的合作探究能力，通过有趣的导入、活动的创设和高考题的渗入，充分调动学生的学习兴趣和学习欲望。特别强调要调动学生的“意识”，因为学生有明确的“意识”才会有计划地“行动”。

第一课时

教学目标

（1）让学生感受材料选取的优劣，进而让学生明确选择材料的标准：取自权威书刊、避免扎堆用例、辐射面广、贴近心灵。

（2）让学生明确材料的大致类别：人事类、景物类、哲思类、热点类、自我类，并能够准确判断材料的类别。

（3）学生对应“材料分类”设计“材料目录”，通过探究、改进，让学生理解编排思路，掌握“优质材料编排技术”，并编排出既有班级共性又有个性的“材料目录”。

教学条件分析

1. 内部条件

①高中备考阶段，学生会有意识地积累材料，或书刊摘抄，或资料剪贴，然后堆叠在一起。但大多数学生没有选择“优质材料”的意识，没有明确的材料“类别”，缺少“框架性”的编排方式，缺乏“灵活”的更新方式，材料的积累显得零乱、陈旧、死板。在应考时学生面临着无材料可用、材料运用无新意或生硬的困境。

②学生应该要有“选择优质材料”和“编页编序地系统整理材料”的高度意识，应具备选择优质材料的知识，有区分材料类别的能力，最终掌握“优质材料编排技术”。

2. 外部条件

采用合作探究、实践活动的学习方式。设计真实、有趣的实践性活动，如“材料目录设计”和“‘最佳编手’活动大赛”，提供“优质材料编排”的技术指导。

教学步骤

（一）激发动力

（1）趣味导入：呈现学生材料积累本和作文习作段落，让学生直观地感受、分析材料选取的优劣。

（2）创设实践性的活动：“材料目录设计”和“‘最佳编手’活动大赛”。

（二）告知目标

（1）根据选择材料的四大标准，学会精选材料。

（2）明确材料类别，并能够划分材料类别。

（3）掌握“优质材料编排技术”，编排出既有班级共性又有个性的“材料目录”。

（三）呈现材料

呈现高分作文和低分作文片段，学生材料“积累本”片段（略）。

（四）指导学习

（1）呈现高分作文片段和低分作文段落，采用直观的对比方式让学生感受、分析材料选取的优劣，并让学生明确：

①优化材料的重要性。材料摘记，尽量多呈现事实，少评价定论，以免局限思维。

②选择材料的“标准”——权威书刊、避免扎堆、辐射面广、贴近心灵。

（2）截取学生材料“积累本”片段，让学生思考材料如何分类才能有纲领性的框架。

明确：材料的“分类”——人事，景物，哲思，热点，自我。

（3）设计实践性的活动——如何成为一个好技编，设计出有体系有层次的“材料目录”？教师呈现各类素材，让学生对材料进行归类，分组讨论，设计材料编排框架，并进行细分，编号编码。

（4）教师总结改进学生的学习成果，给学生素材的积累确定一个大致稳定且允许有个性化的编排框架。模板如下：

第一章：人事

教育家于漪 …………………………………………………… 1

物理学家加来道雄 …………………………………………… 10

第二章：景物（景情，景理）

荷塘月色 ……………………………………………………… 11

秋水 …………………………………………………………… 20

第三章：哲思（奇词，名句，美段）

关于时代 ……………………………………………………… 21

关于河流 ……………………………………………………… 30

第四章：热点（褒、贬）

硬核大爷“勿需让座” ……………………………………… 31

坚决制止借“网红儿童”牟利 ……………………………… 40

第五章：自我（趣事，情事，理趣）

我的儿童节 …………………………………………………… 41

我长大了 ……………………………………………………… 50

明确：

①材料的分类可合理细分，比如“人事”根据时空分类：古今中外。

②控制数量，比如每类10个，进行编号编页。

③其余材料可标签式摘写（如按大事记：川航英雄机长刘传健）

④准备活页积累本或者卡片，方便替换更新。

⑤自我生活类材料，需要善于发现生活的美丽，勤于写下独特的感想。

（五）落实训练

请根据所设计的材料编排目录，对下列材料进行编号入位。

①《故都的秋》

②《我与地坛》第一章

③《拿来主义》

④“饭圈”乱象被整治

⑤《“国潮热”彰显文化创造力》

⑥《白玉盅》（林清玄）

⑦王继才诠释守护

⑧《鸿门宴》

⑨《我的父亲母亲》

⑩《狐狸和葡萄》

（六）评估总结

项目	是（完全掌握）	一般（模糊）	否（不能掌握）
材料的选取			
材料的分类			
材料的编排技术			

根据此评估量表，可形象直观地了解学生情况，进行相应的教学调整。

（七）迁移巩固

班级将举行“优质材料文集”大赛，请同学们根据本节课掌握的内容，优化自己的材料库，按照以下评分标准评出一、二、三等奖，并选出“最佳编手”。

评分标准如下：

材料质量优（20分）	材料分类准（20分）	编排目录佳（20分）	材料书写清（20分）	封面设计奇（10分）	更新替换活（10分）

第二课时

教学目标

（1）让学生理解“材料内化”的内涵和意义：“材料内化”让材料贴近学生的生活和心灵，为材料的灵活运用打好基础。

（2）让学生理解转换思路或句径，熟练掌握材料“转换内化技术”：代入法、对比法、联想法、评论法。

（3）学生能熟练运用材料“转换内化技术”去转换材料，并能够根据不同的材料灵活选择不同的“转换法”。

教学条件分析

1. 内部条件

①目前学生对于积累的材料，多是通过背诵强化记忆。学生没有“材料内化转换”的意识，材料的记忆由于没有贴近心灵，加上材料不成体系，学生很容易忘记“材料”，或不能有效地提取材料。

②在应考中，积累的材料直接套用的可能性很低，直接套用的不恰性提高。原有的材料积累方式已经无法适应高考改革的需求，导致学生积累材料的动力不足。

③学生应该具备的是深刻领悟素材、多面挖掘素材、灵活变换素材的能力，而做到这一步，必须先掌握素材“真正为我所有”的“转换内化技术”。

2. 外部条件

在第一课时整理好素材库的基础上，教师创造写作实操性训练。教师对应材料编排类别，提供相应的转换句径或思路，指导学生根据材料分类灵活使用“转换内化技术”。

教学步骤

（一）激发动力

（1）问题导入：

如何让材料“活”在作文的句段里？

（2）形式多样：

小组讨论、现场实践与分享。

（二）告知目标

（1）打通“材料”和“心灵”的通道，让学生更深刻地理解所积累的材料。

（2）掌握“转换内化技术”的转换句径或思路，对应不同的材料选择适合的转换法。

（三）呈现材料

材料1：

感动中国人物——张丽莉

转换1：“代入法”。句径：“……如果曾经是我……将来如果我……”

善良能够让人热泪盈眶、心灵震撼。张丽莉，才28岁的年纪，看到失控车辆撞向学生，千钧之际，把学生推到一边，自己却被碾到了车下，醒来后最在意的不是自己的疼痛，而是学生的安危。这样的善良让人无不动容。如果曾经是我处于这个时刻，我可能会为学生感到揪心，却定然没有这种为保护学生而把自己置于生死未卜的勇气。张丽莉的感人故事，动摇了我坚决保护自己的心志，将来如果我面临这种抉择，可能我也会和张丽莉一样，毫不犹豫地本能地向前！善良是可以传递的，是有力量的！

转换 2："对比法"。句径："……对比当下，……"

幸福是什么？幸福不源于物质的富有，而源于内心的富足。当一个人面对自己的过去大胆地说出"不后悔"的时候，内心该是多么丰盈啊！张丽莉就是这样的一个人。当她看到失控的车辆撞向学生，她本能地向前一扑，结果学生平安，自己高位截肢，可她从不后悔这样做。对比当下，有些人为了自己的利益而不顾他人的生死，我想，他们应该从来感受不到这种幸福、这种丰盈的吧！

材料 2：

欲流之远者，必浚其泉源。　（魏征《谏太宗十思疏》）

转换 1："联想法"思路——仿写。

万事万物需要根本。想要树木长得高大，就必须稳固它的树根；想让河流流得长远，就必须疏通它的源泉；想要大鹏冲上云霄，就必须有耐心地培风；想让路途走得遥远，就必须积蓄自己的物力；想让国家安定，君主就必须厚积德义。

转换 2："联想法"思路——写启示。

水的启发：

一滴水，没有聚集在大海里，它就会干涸，这告诉我们：团结就是力量；水是脆弱的，但水滴石穿，这告诉我们：坚持有力量；水是常见的，但没有水我们无法生存，这告诉我们：平凡也有重大意义……

材料 3：

灾难，是观照一个民族灵魂的镜子。抗疫期间，有句话刷屏了："劲头上来了，很多东西都能解决。"这股劲，就是中国人的精气神，就是永恒不灭的民族魂。

从白衣战士冲锋在前的身影里，人们看到了"苟利国家生死以"的英勇无畏；从无数普通人坚守岗位的执着中，人们看到了"天下兴亡，匹夫有责"的责任感；从八方驰援的物资洪流中，人们看到了"岂曰无衣，与子同袍"的血脉深情；从方舱医院里"读书哥"的淡定中，人们看到了"莫听穿林打叶声，何妨吟啸且徐行"的乐观豁达……

——钟华论《在民族复兴的历史丰碑上——2020 中国抗疫记》

转换1："评论法"思路——评语言形式 。

本材料用词精准，手法多样，气势磅礴，读来让人热血沸腾。比喻贴切，引用典雅，排比具有气势，歌颂对象由医护人员、坚守岗位者、支援者到患者，内容涵盖面广，文意得以延展，由此高度赞美了中国人英勇无畏、有责任感、乐观豁达的精气神！

转换2："评论法"思路——评思想内容。

抗疫是我们终生难忘的记忆，抗疫精神更是我们终生奋斗的源泉。作者说："灾难，是观照一个民族灵魂的镜子。"疫情暴发以来，我们确实看到了无数热泪盈眶的画面，看到了自强不息、百折不挠、命运与共、天下一家的中国精神。但是我们一路讴歌的同时，也不能忽略那些丑恶的嘴脸，他们有利用核酸检测诈骗的，有确诊之后故意冲医护人员吐口水的，有生病故意瞒着不公开的……社会就是这样，有明有暗。当我们讴歌英雄时，我们也不能忽视躲在角落的恶人，并时时提醒自己，不要忘了那面镜子。

（四）指导学习

展现三则材料及转换的段落，让学生探究"万物著我之色彩"的方式，进而归纳出转换的思路或具化为可操作性的句径。

明确四种转化内化思维或相应句径（熟练后句径可灵活变换，材料转化语段可常写常新）：

①代入法（……如果曾经是我……将来如果我……）

②对比法（……对比当下，……）

③联想法（仿写和启示）

④评论法（语言形式和思想内容）

（五）落实训练

根据"材料转换内化技术"，对以下材料进行转化。

沈钧亮作为支付宝"蚂蚁森林"5亿种树人的代表，在纽约颁奖典礼现场接过了联合国最高环保荣誉——地球卫士奖。他说："改变世界是意外的，但我自己首先被改变了。"

（六）评估总结

通过模仿操练，学生能够理解"材料内化转换"的内涵，能够根据句径或思路掌握材料"转换内化技术"。限定的句径或思路，可能会限制学生的想象力。但经过长时间的训练，学生可在句径、语言方面优化提升，也可以创造出一些新的思维和句径。

（七）迁移巩固

所有的历史都可以当作我们的现有材料。请以我们所学的内容，选择适合的“材料转换内化技术”，给《苏武传》写一篇内化转换的文段。

第三课时

教学目标

（1）让学生创造性地“串联”材料，理解“串联”的内涵：将事物有机地联合起来。

（2）让学生掌握“关键词串联技术”的两大思路：①用关键词句联结多则材料；②从多则材料提炼关键词句。

（3）创设真实的语言运用情境，让学生能够使用“关键词串联技术”进行写作，打通“内化材料”和“内化材料”的通道。

教学条件分析

1．内部条件

①目前学生主要依靠平时的材料库和应考时的记忆来应考应测，其主动运用操练多则材料的知识和能力是极其匮乏的，导致材料之间无法灵活串联，思维转换不够自如。

②学生在丰富自己优质的材料库、内化材料的基础之上，具备“关键词串联技术”尤为重要，要有意识地对材料库进行进一步的运用训练，玩转材料库。这样学生在应考时才能更游刃有余。

2．外部条件

创设更有难度的实操写作训练。教师提供相应的材料运用思路，指导学生掌握“关键词串联技术”。可以任选三四则材料让学生用关键词串联起来进行概括分析，也可以给出关键词让学生搜罗自己的材料库进行拓展分析。最好是能灵活渗入高考作文真题或优秀作文检测题，久而久之，定能使学生加深对素材的印象，活跃自身思维，锤炼语言表达。

教学步骤

（一）激发动力

（1）趣味导入：让学生把这五个词“湘江、山、鹰、鱼、少年”串联成一幅画面。

（2）真实的语言运用情境，让学生向外国青年介绍中国的“另一面”。

（二）告知目标

掌握“关键词串联技术”，打通“内化材料”和“内化材料”的通道，进一步更深入、更灵活地玩转材料。

（三）呈现材料

1. 用关键词句联结多则材料（关键词：强弱）

运用1（并列式串联）：

“弱者”勤加锻炼，也能拥有变强的可能。断臂男孩刘伟登上维也纳音乐舞台，聋哑女孩演绎“千手观音”，残奥会运动健儿为国争光，史铁生用笔描绘人生，这种内心的坚韧和温暖，让我们的人生充满更多想象可能的动力，成为激励我们不断向上的力量。

——杨宇燕《“弱者”当自强，“强者”应更强》

运用2（对比式串联）：

生而为强者不必自喜，生而为弱者也不必自弃。君不见方仲永为天才少年，未曾经过系统学习就能作诗立就。他却因耽于名利，疏于学习，最终也只能空余泯然众人的深深叹息。反观那些游于“六艺”中的普通读书郎，头悬梁，锥刺股，焚膏继晷，囊萤映雪，最终得以感受“春风得意马蹄疾，一日看尽长安花”的恣意。

——学生范文《生而弱者　增所不能》

运用3（辩证式串联）：

体质之强弱，并不等同意志之强弱。但弱体之躯，常伴薄弱之意志。狡兔三窟，终惧雄鹰俯冲的迅猛；杜甫百病，心忧志损悲秋风。狡兔若有猎豹的体魄，脚下生风，必可生逐鹰之强志；杜甫晚年若有拉弓射雕的体魄，心忧天下之时亦可有为天下奔走不息的强志，何至于徒悲秋风瑟瑟？

弱体之躯，亦可生强志。但要久载强韧的意志，必须有强健之体魄。红军二万五千里长征中，每个人都有着强韧的意志，但在严酷的自然环境中，与天斗与地斗的，除了精神，还有血肉之躯。长征胜利，将星星之火保留下来，其中强健体魄发挥的力量不可少。虽说精神可以永存，但是强劲的筋骨，更能久久承载这一份份强韧的意志。

——高海玲《天予弱体，吾必强之！》

2. 从多则材料提炼关键词句

材料1：

一位卖油条的青年多年坚持不用有害的“复炸油”炸油条，给顾客提供新鲜健康的油条，被网友称赞为最帅的良心“油条哥”。

材料 2：

2020 年丁真因为一脸纯真朴素的笑容意外走红网络，成为“新晋顶流”。走红之后，丁真拒绝了很多高薪工作的邀约，选择了成为所在理塘县的旅游大使。

材料 3：

某地举办珍品画展，一位男孩在探身观赏时不慎跌倒，损坏一幅珍贵名画。主办方认为男孩只有 12 岁，又不是故意的，因此仅备案而未报案，希望男孩的心理不要受到影响。

运用：三则新闻，哪一则最有温情呢？第一则新闻的青年，他选择卖油条这份工作，就有保障油条健康卫生的义务，所以不用有害的“复炸油”炸油条是他的本分。第二则的丁真，拒不拒绝高薪工作邀约，接不接受成为当地旅游大使，也只是职业方向的选择，谈不上“暖”。而第三则新闻，原谅弄坏名画的小孩不是主办方的本分和义务，主办方可以选择原谅，也可以选择报案提请赔偿，但他们最终还是选择了温暖的包容。陌生人之间的宽容，损害巨大利益下的宽容，不是本分的宽容，才是“大写”的宽容，最为温情，最是动人。

（四）指导学习

（1）趣味导入：让学生把这五个词“湘江、山、鹰、鱼、少年”串联起来。最后呈现《沁园春·长沙》。

（2）提供 5 则材料运用段落，让学生自己探究、思考、发现两则材料的反向思路。

明确：“关键词句串联技术”的两种方式。

一是用关键词句联结多则材料；二是从多则材料提炼关键词句。

注意：

①段落要完整（关键词句 + 多则材料 + 回扣观点）。

②材料要简短，一个材料一两句话或一两行。

③如果是写多个段落，尽量让各个段落形成一个有机的整体。

（3）创设真实的情境语言运用环境，进行写作训练。

（4）对学生的文章进行评价和指导。呈现 2017 年全国 I 卷高考作文题和高分作文。

（五）落实训练

李子柒作为中国传统文化宣传大使，通过短视频向外国人展示了“田园牧歌”的中国，而中国远远不止这一面。请从留学生较为关注的“‘一带一路’、大熊猫、广场舞、中华美食、长城、共享单车、京剧、空气污染、美丽乡村、食品安全、高铁、移动支付”中选择两三个相关的关键词，来呈现你所认识的中国，写一篇文章帮助外国青年了解中国的另一面，约200字。

（六）评估总结

学生根据“关键词句串联技术”，更能抓住材料的“灵魂”。但相对于已有素材的内化转换，本节课的内容是更灵活更困难的，学生需要有持续性的后续训练。如在训练中把高考题或者好的模拟题融入，训练效果会更好。

（七）迁移巩固

“事物的价值需要经过时间的沉淀。”请根据这个关键句，结合自己的材料库，写一段不少于200字的段落。

（刘月浪　中山市龙山中学）

因体选材，即材入题

——“材料的积累与运用”作文教学设计

写作主题解读

写作教学是语文教学的重点，是极难突破的教学难点，更是语文教学课堂的生成最终走向的终点。日常写作以叙述为主，触事生情；考场写作以议论为先，因材料生感慨。如何积累素材并为我所用，关乎作文创作的品质，更关乎学生主旨观点的凸显。

本单元是实用类文本单元，单元写作主题定为“材料的积累与运用”，恰是素材积累与写作生成的有机融合。据单元导语对此写作主题的要求，可捕捉新教材新理念：“把握不同体式作品的风格特点，学习其写作技巧，欣赏富有时代特征的表达艺术。”其对学生重视文本中抒情议论的方式提出了要求，立足于课堂文本细读与分析，由此开展写作训练。

以新教材所勾连的学习任务群为导向，本单元写作训练应落实于“中国革命传统作品研习”学习任务群。此任务群旨在“使学生了解这类作品的发展历程、思想内涵，研究这类作品内在的特质”，在此明确几点写作单元的教学诉求：第一，结合所阅读的作品，了解政论文、新闻、纪实性回忆录等文体的不同风格，以阅读生成写作，构建读写结合的桥梁。第二，结合教材内容，以文本为依托，丰富学生的写作素材库，达成写作训练的顺利推进。第三，学习作品中巧妙运用材料，在凝视中积累有效素材，服务于写作诉求。

教学课时

2 课时。

设计亮点

（1）写作技巧的系统化指导。教学设计要明确文本中材料的运用方式，以材料使用的空间时间双维度和材料运用的不同模式，深度挖掘写作的实用性技巧，在真实的写作情境中给予明确的写作任务，以实践操作来践行运用写作技巧，真正实现由材料呈现到文本创作的系统化写作指导。

（2）以读促写的双向性奔赴。写作设计主要依托本单元所选取的实用类文本作品，以教材文本为分析材料，在课堂内挖掘文本内涵，于课堂外落实写作练习，再归于课堂内评价写作效果，即时巩固写作策略，增强技巧运用能力，真正实现阅读与写作的双向结合。

（3）写作活动的贴合性落实。课堂内设计贴合学情的情景式写作活动，实现对文本的深入挖掘，达成对写作的扎实落实；课堂外给予梯度练习，进行片段和全篇的写作练习，使学生登堂入室，在写作道路上“走一步再走一步”。围绕新教材的学习任务群和高考新趋向，写作活动的设计与写作任务的练习必须要双向贴合，落地生根，让学生有利可图，有的放矢。

第一课时

教学目标

（1）知识层面：依托教材选文，引导学生了解、理解不同的文体风格。

（2）技术层面：以文本素材为解读材料，引导学生领会不同文体对选材方式的影响，在写作情境中落实学生掌握依据文体特征选择适合的材料的实践能力。

（3）态度层面：能够关注教材文本内的选文材料，由读入写，自觉培养写作能力。

教学条件分析

1. 内部条件

学生具备材料与主题的概念性知识，未达成选材与用材的程序性知识，通过学习，学生可以由不重视教材内部文本到具备由读入写的意识，由不会分析文本材料的运用方式到领会不同材料对议论效果的影响。而课堂的阅读教学提供了积累写作素材的可能性，在熟悉文本内容的基础上，由教师进行点拨引导，学生能够了解材料与主旨相融的路径，本着践行写作技术的基本理念，打破情感化写作的模糊壁垒，在落实写作训练的过程中达成体式与材料的契合。

2. 外部条件

执课教师对政论文、新闻、纪实性回忆录等不同体式作品的风格特点具备清晰的认识，对客观事实与主观情感的结合方式有较深入的了解，借助文本的典型片段进行写作训练，设计具有真实情境的写作任务，在学习任务的驱动下引导学生进行写作练习，并及时反馈学习效果，以学习效果反向带动教学方法的改进，真实地提供即时指导，有的放矢，精炼策略，有效提升学生写作能力。

教学步骤

（一）激发动力

以教材内容导入：

师：同学们，我们学习了本单元的实用类文本，你们能告诉我这些作品有哪些共同的特点吗？

生：以历史事实为背景……表现革命精神……真实生动……

师：看来大家善于把握文本的时代背景和主题情感，能够大体概括出文本的共同特征。然而这些作品都是以不同的方式，或者说不同的选材方式，来达到表现革命精神的同一母题，你们能简单梳理一下它们的文体特征吗？

生：讲话稿……新闻……回忆录……

师：大家对文体还是较为熟悉的，但或许对这些概念还只是停留在知识性概念的层面。如何在了解文体的基础上理解选材方式的不同，这是我们写作中不可避免的问题，这节课我们便从文体特征和选材方式的结合方式来进行写作材料的梳理与积累。

（二）告知目标

这节课我们需要达成：

（1）了解、理解不同的实用类文体特征。

（2）领会不同选材方式对主旨表达的影响。

（3）掌握选材方式，积累写作素材。

（三）呈现材料

材料1：

霎时间，两边山沟里的轻、重武器一齐吼叫起来，两厢伏兵一齐杀了出来。敌人此时才知道进了我们的伏击圈，但已经晚了。我们一个迅猛突击，把走在前面的那个团打了个七零八落。受惊的马狂奔乱跳，敌人无法控制坐骑，纷纷从马背上跌落下来。有的腿还挂在脚蹬里，硬给马拖着跑了。敌人后边的三个骑兵团，阵势还没有摆定，一家伙就给他们自己的败骑冲散了。真是人喊马嘶，不打自垮。

——杨成武《长征胜利万岁》（统编版选择性必修上册第一单元）

材料2：

我先抱起那个受伤的婴儿，看到伤口包扎得很好，孩子安详地睡着，我嘱咐医生和警卫员，好好护理这个孩子，看看附近村里有没有正在哺乳期的妇女，赶快给孩子喂喂奶。那个稍大些的孩子，很讨人喜欢，我牵着她的手，拿来梨子给她吃。小孩子还挺有意思，开始不肯吃，我用水把梨冲洗了以后，她才接了过去。

——聂荣臻《大战中的插曲》（统编版选择性必修上册第一单元）

（四）指导学习

教师提问：以上两材料都涉及人物描写，它们分别是从什么角度组织材料的？

（学生讨论。多关注描写所采用的修辞手法，熟悉各修辞手法所呈现出的效果）

教师提问：仅从修辞来凝视材料，虽然能达成“理解作品的内涵”，但单句的赏析割裂了环境的整体性。如果给第一个问题再加限制一个条件——维度，那么，三位作者是从什么维度来展开描写的？

（学生讨论。在教师引导下，基本能得出《长征胜利万岁》的时间维度和《大战中的插曲》的空间维度）

教师点拨：这两篇作品都属于纪实性回忆录，记叙事件（材料）都是革命战争，一为长征，一为百团大战。《长征胜利万岁》选了两个重要节点——伏击战和干部会议，在材料1中是以时间的推进来营造战争的紧张；《大战中的插曲》则是回忆重大战争中的一件小事，不追求战争紧张危险的渲染，所以只由聂荣臻元帅与日本孩子之间于封闭空间的互动来达成人物形象的塑造诉求。由此，同为战争型材料，材料却以时间维度与空间维度的不同组织形式，共同实现了群像人物——坚强乐观的红军，和单个人物——具有人道主义精神的聂荣臻的塑形。

教师提出积累素材的途径：

（1）从教材中积累材料：统编教材收录名家名篇，有可供引用以增加文章文采和灵动性的诗句，有可供引用以作事实论据的名人事例，有可供引用以增强文学性的文学形象。在组织材料的过程中，要学会以时间与空间的维度展开描写叙述，达到刻画人物、服务主旨的效果。

（2）从生活中积累材料：从文本到生活，善于挖掘生活故事，发现可以写进作文的材料，并有意识地将它们储存到自己的材料仓库中，以达到增强文章真实性和抒情色彩的目的。

（3）从阅读中积累材料：阅读过程中发现和积累的材料是主要的材料来源，这要求学生具有科学的阅读习惯、敏锐的时事关注度、合理的选材能力，作为议论文中的论据，可以增强文章的时代感和社会性，凸显写作思维的思辨性和深刻性。

（五）落实训练

对比同为新闻体裁的《别了，“不列颠尼亚”》和《县委书记的榜样——焦裕禄》两篇文章，分析文体对材料组织的影响：

7点45分，广场上灯火渐暗，开始了当天港岛上的第二次降旗仪式。156年前，一个叫爱德华·贝尔彻的英国舰长带领士兵占领了港岛，在这里升起了英国国旗；今天，另一名英国海军士兵在“威尔士亲王”军营旁的这个地方降下了米字旗。

——《别了，“不列颠尼亚”》

有一次，焦裕禄从兰考县堌阳公社回县的路上，遇到了白帐子猛雨。大雨下了七天七夜，全县变成了一片汪洋。焦裕禄想：“嗬，洪水呀，等还等不到哩，你自己送上门来了。”他回到县里后，连停也没停，就带着办公室的三个同志出发了。眼前只有水，哪里有路？他们靠着各人手里的一根棍，探着，走着。这时，焦裕禄突然感到一阵阵肝痛，时时弯下身子用左手按着肝部。

——《县委书记的榜样——焦裕禄》

分析示例：

（1）内容组织上：《别了》概括数个“瞬间”，《焦裕禄》全面深入报道多个事件。

（2）表达方式上：《别了》运用记叙的单一方式，《焦裕禄》综合运用记叙、抒情、议论、描写。

（3）时效性上：《别了》报道于香港回归当天，《焦裕禄》撰写于人物去世两年后。

（六）评估总结

文学创作中，写作对象的展开维度无疑占据重要位置。借助时空二维的聚焦，不断地深入事物，以至格到“物”的骨子里，因体选材，再以教材文本、生活故事、阅读材料为积累三大途径，在丰富材料来源的同时细化组织材料的时空方式，描写对象的文学意义由此凝练。

（七）迁移巩固

课后作业：以 2022 年北京冬奥会为写作材料，选择空间或时间的组织维度，突显奥运健儿们的形象，创作有逻辑、明主旨的片段，200 字左右。

第二课时

教学目标

（1）知识层面：以教材文本为依托，梳理材料选用的内容。

（2）技术层面：整体把握文本内容，学会评析材料选用特点，进一步增强说理时的材料选用意识。

（3）态度层面：能够选择适合的材料与主旨观点的契合模式，写出材料丰富与主旨深刻兼备的作文。

教学条件分析

1．内部条件

学生知晓事实材料和理论材料的概念性知识，但没有掌握运用契合模式培养自身写作能力的策略。由具备由读入写的意识到掌握读写结合的策略，由领会材料类型对说理效果的影响到选择适合的契合模式写出兼具丰富选材和深刻主旨的作文，本课时的学习要求真正从零散的知识层面到实践的技术层面，并从学习态度上让学生具有正确分析、准确选择、理性创作的写作能力。

2．外部条件

执课教师对写作中的选材特点具备清晰的认识，对客观物象与主观情感的结合方式有较深入的了解，借助情景式的写作任务进行写作训练，在学习任务的驱动下帮助学生理解材料选用的知识材料，指导学生将概念性知识转化为策略性知识。

教学步骤

（一）激发动力

师：同学们，材料呈现的组织方式只是技术层面的呈现手段，而不是文学作品的最终归宿，它的落点必须归之于人，落到我们的观点主旨上。我们可以从阅读中、从书本里、从生活中积累材料，但是在材料仓库中，纷繁复杂的材料如何为我们所用？选择真正适合的方式来运用材料，突显主旨，这就是更高的要求了。

（二）告知目标

这节课我们要达成以下目标：

（1）依托文本教材，理解事实材料和理论材料的不同特征，学会分析选材特点；

（2）选择适合的材料类型，辅之以增色的修辞手法，提升个人说理论述类文体的写作能力。

（三）呈现材料

材料1：

既然霍布斯认为恶人是一个强壮的孩子，那我们就要问：野蛮人是否也是一个强壮的孩子？如果我们承认他是一个强壮的孩子，那该得出什么样的结论呢？如果这个人强壮的时候也像他柔弱的时候那样依赖他人，那么，什么过分的事他干不出来呢？他的母亲如果不及时喂他奶，他就会打她；如果他觉得他的弟弟招他讨厌，他就会掐死他；如果别人碰撞了他或打扰了他，他就会咬别人的腿。

材料2：

我们很欣慰地看到《蜜蜂的寓言》的作者已不得不承认人是一个有感情和同情心的生物。他以平淡和细致的笔调描述了一个动人的事例：一个被囚禁的人看见一头猛兽从一个母亲的怀抱里抢走了她的孩子，用尖锐的牙齿咬孩子的肢体，用爪子掏取他还在跳动的内脏。他看到的这件事情虽与他个人无关，但他心中的感受是何等悲伤啊；目睹这种情景，而自己却不能对晕过去的母亲和垂死的孩子一伸援手，他难道不难过吗？

——素材皆选自卢梭《怜悯是人的天性》（统编版选择性必修中册第一单元）

（四）指导学习

教师提问：《怜悯是人的天性》这篇哲学类论述文中有非常丰富的材料，是我们学习如何运用材料的极佳例文。大家已经阅读了这篇文章，老师选择了其中的两段材料，你们对比一下，说说它们论证方式有何不同。

学生发言：材料1是连续追问，材料2是引用文学作品的事例……（追问材料类型，适时加入概念区分：事实材料、理论材料）

教师点拨：卢梭想要借此分别论述什么观点？

学生讨论：材料1要反驳霍布斯观点，材料2要论证“人是一个有感情和同情心的生物”。

教师点拨：大家对观点的把握很准确！那么卢梭在文中是如何运用材料来印证观点的？请大家借以下表格梳理以上两则材料的论证方式。

观点	材料	特点
人只有在处于依赖状态的时候才是柔弱的	“他的母亲如果不及时喂他奶，他就会打她；如果他觉得他弟弟招他讨厌，他就会掐死他；如果别人碰撞了他或打扰了他，他就会咬别人的腿。”	①使用事实材料，用生活化的事例，平白浅显，论述展开清晰明了；②以假设的生活现象突显霍布斯观点的荒谬，达到反驳别人观点、论证观点的目的
我认为这（指怜悯）是人类唯一具有的天然的美德	①母兽对幼兽、马对活着的生物、动物对同类的尸体、动物掩埋死去的同类、屠宰场的动物发出的哀鸣五个事例； ②《蜜蜂的寓言》中一个动人的事例	①动物类比：连用5个动物世界中的现象，说服力更强，对晦涩说理起到丰富和调节。 ②寓言故事：以哲学家的观点增强说服力，也让材料有趣味性，增强可读性

教师推出材料运用模式的知识材料：

（1）选材类型影响论证效果：事实材料可以降低理论难度，有力证明理论观点，理论材料可以增强文章逻辑性和学术色彩，凸显深刻性。

（2）材料运用多样化：假设事实可达到反驳对方或证明己方凸显逻辑的效果。

（3）修辞艺术增强论述力量：①对比以增加论证力量；②类比以深化议论逻辑；③引用以增加文学感染。

（五）落实训练

请分析《怜悯是人的天性》全文的材料类型，理解论证方式，增强运用材料的意识。

观点	材料	特点
怜悯是人的天性，是难以摧毁的	①嗜血成性的苏拉、菲尔的暴君亚历山大； ②古罗马诗人尤维纳尔的诗句	历史人物：具有典型性，论证前文“暴君也有怜悯心”这一普遍性的现象； 诗句引用：说明观点是有历史依据，增强感性色彩
怜悯心在自然状态下比在理智状态下更真切得多	哲学家、野蛮人、平民、行事小心的人、市井小民和菜市场妇女	①人物身份经过作者选择，有丰富性； ②运用这些材料突显论点，有准确性； ③“哲学家”和“平民”形成鲜明对比
怜悯心是一种自然的感情，有助于整个人类的互相保存	①野蛮人不去抢夺孩子老人的东西。 ②引用两句格言	野蛮人：与前文多处呼应，直接论证了自然状态下的野蛮人有怜悯心，不抢夺孩子和老人的东西； 格言：格言凝聚了西方文化的智慧，引出后文的结论“不应当在高深的理论中而应当在这种自然的感情中去寻找人即使没有受过教育的熏陶也不愿意做恶意的原因”。

（六）评估总结

论述文材料运用的基本原则：①提升纯度，用好材料；②有效剪裁，用准材料；③添枝加叶，用富材料；④选准角度，用对材料。

（七）迁移巩固

写作练习：以“冬奥精神的当代价值”为话题，选择契合的材料类型和论证方式，创作多维度、准角度的论述类文章，将第一课时的写作片段升级为完整的文学作品，不少于800字。

（王敏媛　中山纪念中学）

凭“思”驾材，借“维”驭材
——“材料的积累与运用”作文教学设计

写作主题解读

议论文作文教学的主要目标，是教会学生运用议论性的语言，展现和提高思辨思维。在作文训练中，学生习惯用事例阐述来代替以理论证，缺乏以理论证的必备技能。即便是照猫画虎，也常陷入囫囵吞枣的困境。此时，议论文以理论证的过程指导，就显得尤为重要。我们有必要带领学生厘清写作步骤，找准素材使用角度，提升精准处理素材的能力，让素材真正为说理服务。通过学习，让学生对说理论证有更深刻的认知，并逐渐学会从感性认识到理性思辨。其间，我们要为学生搭建表达框架，并通过适当的规范来约束学生语言表达的随意性，以有序的表达反向推进思维逻辑的发展。

教学课时

2 课时。

设计亮点

议论文写作教学，论证说理是难点。以理论证，不仅考查学生的语言表达能力，而且考查逻辑思维水平。高一年级的学生在以往的记叙文写作训练中，积累的表达能力多偏向于叙述性。从叙述到论证的跨越，需要教师给予更详细的指导与辅助，不能大而化之，泛泛而谈。

过程指导有分解动作。首先找准逻辑分析的切入口，提供素材处理路径，让学生面对素材时，能切入，有抓手；其次提供表达框架，让学生通过感知、模仿，形成、输出论证性语言。

语言输出有恰当训练。从记忆、模仿到灵活使用，设计符合学生认识水平的训练。训练密度和强度要充分，在训练中，有试错才有思考，有挑战才有收获。不同的教学目标配以不同类型的当堂和课后训练。

教学范例有教师“下水”。作文教学考量教师对所教技法的掌握程度，如果教师本身都不用、用不好，就没办法真正指导学生。所以，本教学设计，但凡学生要写的内容，都有教师的“下水”示范，借以教学相长。

第一课时

教学目标

（1）熟练掌握素材分析的角度：背景、行为原因、影响，能够对素材信息进行定向加工整理。

（2）了解心理学 ABC 理论，通过教师提供的逻辑框架，能够使用该理论进行行为原因剖析。

（3）能够区分“以例”叙述和“以理”论证的差别，能灵活使用三个切入角度撰写一个 240 字以内的论证段落。

教学条件分析

1. 内部条件

学生通过对本单元的学习，对议论文“因时而著”的特点有一定的了解和认识。因此对素材处理三个切入点中的背景切入，比较容易接受。以此展开，容易打消学生的畏难心理。引入的心理学 ABC 理论，符合学生的认知水平。

2. 外部条件

教师要将静态的陈述性知识转化成可操作的程序性的技能，利用素材处理的方法，来让学生体会“以例”叙述与“以理”论证的差异，并提供切入素材的思维角度，细化论证步骤，让学生在已提供的思维框架中，实现对素材的分析与提炼。随后，通过提供逻辑分析的固定句式，强化学生运用句式的能力，并根据句式特点，筛选已提炼的素材。最终，让素材为逻辑服务，以达到以理论证的教学目标。

教学步骤

（一）激发动力

有一位作家这样描述自己的写作过程：定下主题，按照一个不错的格式顺着往下写，一定会比毫无章法地写，要快得多，逻辑也清晰得多。

一个善于并坚持写作的人，在相对宽松的环境中，尚不避讳写作的格式，那么，面对考场作文，我们要有能熟练掌握的“格式”，才能有自动输出的“格调”。今天，我们来学习“以理”论证的思维格式。

（二）告知目标

学会提炼关键信息点，切入素材进行分析。

（三）呈现材料

材料：

公元前722年，在郑国发生了一件骨肉相残的事。斗争发生在郑庄公与其胞弟共叔段之间，郑庄公养共叔段之骄，纵共叔段之欲，使其不断膨胀，逐步发展到自我毁灭。兄弟之间的纠葛和其母亲武姜关系紧密，他们的血缘关系丝毫没有缓解他们之间的权力之争，郑庄公就位到共叔段外逃，共经历了二十二年。

（四）指导学习

写作素材分析方法示例——以《郑伯克段于鄢》为例。

《郑伯克段于鄢》中，关于姜氏有这样的一些描述："生庄公及共叔段。庄公寤生，惊姜氏，故名曰'寤生'，遂恶之。爱共叔段，欲立之，亟请于武公，公弗许。及庄公即位，为之请制……大叔完聚，缮甲兵，具卒乘，将袭郑。夫人将启之。"

1．素材分析角度一：背景切入，蓄势待发

教师提问：品鉴人物行为，分析人物形象，揣测人物思想，都离不开对人物的背景分析，同学们觉得，背景应该包括哪些呢？

预测回答：时间、地点、场景、环境……

单独提问：同学们从记叙文写作中，迁移出对背景的认知。时间、地点、场景，我们可以归类到事件背景中。刚刚有同学提到"人物"，人物有何背景？

预测回答：教育背景、家庭背景、身份背景等等。

教师提示：除事件、人物背景外，还有大环境，我们称之为时代背景。将人物形象还原到特定的环境中，才便于我们理解人物行为矛盾背后的合理性，也避免断章取义，管窥蠡测。

播放微课：《郑伯克段于鄢》的时代背景、历史走向、事件影响等信息。

实操演练：以姜氏"亟"请于武公为例，列举背景信息。

①人物背景：身为郑国国母。

②事件背景：只因长子出生时难产，便自此厌恶庄公，将全部母爱倾注到次子共叔段身上。

③时代背景：在两千七百多年前的春秋时期，长幼嫡庶的排名顺序依然是维系宗法社会的重要纽带。

文段展示：在两千七百多年前的春秋时期，长幼嫡庶的排名顺序依然是维系宗法社会的重要纽带。身为郑国国母的姜氏，只因长子出生时难产，便自此厌恶庄公，将全部母爱倾注到次子共叔段身上。

教师总结：论述顺序可按照时代背景——人物背景——事件背景。

2. 素材分析角度二：行为举止，追本溯源

教师提问：同学们，“亟请于武公”的“亟”，是什么意思？

教师提问：她为什么要“多次”请求？请大家头脑风暴。

预测回答：她喜欢小儿子，想让他为王，所以一直请求/屡次，说明武公已多次拒绝/因为她厌恶庄公……

教师提问：同学们，请结合背景信息，头脑风暴后，填写下面的表格。

身为	本该	但却	可见
郑国国母	维护宗法制度	屡次因个人喜好打破规则	……
母亲	……	……	……
妻子	……	……	……
申侯之女	……	……	……

教师点拨：美国心理学家埃利斯创建的情绪 ABC 理论认为，激发事件 A 只是引发情绪和行为后果 C 的间接原因，而引发 C 的直接原因是个体对激发事件 A 的认知和评价而产生的信念 B。简言之，引发情绪和行为后果的，不是事件本身，而是对一件事的认知和评价。

利用情绪 ABC 理论分析：

庄公被厌恶嫌弃（引发情绪和行为的后果 C）的根源，不在庄公寤生（激发事件 A）这件事本身，而在姜氏对这件事的认知（B）——她将自己在生产时遭受的惊吓，全部怪罪到一个婴孩身上，认为孩子不祥，不孝，因而远离他，厌恶他，处心积虑想迫害他，细想起来，都是荒诞的。

文段展示：身为母亲的姜氏，本该平等对待两个亲生儿子，但却因庄公寤生，极为厌恶庄公，甚至屡次想让小儿子代替他走上国公之位。可见，姜氏作为母亲，更看重自身的情绪感受，并以此作为评判标准，喜则袒护，恶则厌弃，丝毫没有骨肉亲情的犹豫。近四十年的时间，从未意识到自身认知的偏差，将主观认知当成客观事实，将厌弃进行到底，已近乎执拗。

教师总结：综上所述，我们可以先借助“身为”的背景，找出“本该”与“但却”的行为或情绪矛盾冲突，对“可见”的原因分析时，借助 ABC 理论，推波助澜，凸显其行为的不合理性，进而从认知角度，剖析行为根源。

3. 素材分析角度三：后果影响，横纵交织

教师引导：后果影响，可以从事件发展走向、人物命运、历史选择等三

个角度进行展开。

①事件走向：姜氏的主观认知中，共叔段应登上王位，所以，“亟请”的失败，不会打消姜氏的执念，她仍会伺机而动，从请制，到请京，再到“夫人将启之”，事件逐步向不可控的非理性方向发展，从情感亲疏发展到骨肉相残，战争一触即发。

②人物命运：姜氏的溺爱与情感导向，让共叔段缺乏正确的自我定位和必要的自我认知，最终，走向谋逆，兵败城下也是必然。作为母亲的姜氏，一念之间，赔尽一生安稳，一世恩情。亲手导致兄弟反目，爱子终至流离失所，客死他乡，永世背负叛逆谋反之名。负罪与羞愧感，让她内心所受煎熬，必不会少。活着，也受尽余生的拷问。

③历史选择：忤逆者，被历史遗弃，自以为运筹帷幄，到头来不过跳梁小丑。郑庄公的胜出早有蛛丝马迹，从武公的坚定、信臣的义愤，到精卒的请缨、百姓的投靠，无不散发着成败的预示。名正言顺，已站在义理的制高点，锋芒不露、心机深沉、老谋深算的郑庄公，必然走上历史的舞台。

（五）落实训练

请同学们根据提供的素材，依据所学方法，围绕“姜氏亟请于武公”，写一段对姜氏的评价，字数在 240 字以内。

（六）评估总结

没有分析，就没有论证说理。素材分析，是围绕论点，按需提炼素材关键信息。切入分析的三个角度分别是：

（1）________。________又分为________、________、________。

（2）________。心理学 ABC 理论中，强调了引发情绪的原因，不是事件本身，而是________。因此，我们在分析人物行为背后的原因时，可以分析人物对事件的认知。辨析客观事实与主观情绪的差别，从认识层面，探究行为矛盾冲突背后的必然性。

（3）________。________又分为________、________、________。

最后，段落形成要有字数意识，最多不超过________字。

（七）迁移巩固

柳宗元《答韦中立论师道书》中说："今之世不闻有师：有，辄哗笑之，以为狂人。独韩愈奋不顾流俗，犯笑侮，收召后学，作《师说》，因抗颜而为师。世果群怪聚骂，指目牵引，而增与为言辞。愈以是得狂名。居长安，炊不暇熟，又挈挈而东，如是者数矣。"请围绕"韩愈在如此处境中，创作《师说》的意义"提炼"背景、行为原因、后果影响"相关信息。

第二课时

教学目标

（1）积累记忆，能默写出 5 种类型的固定句式。

（2）能在素材分析过程中，依据逻辑要求套用某一类型的固定句式。

（3）在段落生成过程中，使用"以理"论证的方法。

教学条件分析

学生初步学习了从背景、行为原因、影响三个方面来定向分析素材。本课时主要为学生提供一些固定句式，便于学生在分析论证过程中，通过句式表达的训练来推动论证思维能力的发展，进而提升论证说理能力。

训练由浅入深，从单个句式，到组合句式，再到多重关系句式。句式排列发生变化，素材提炼就要随之变化，这是一个不断试错，增进理解的过程。在这个过程中，学生写作可能会出现逻辑不自洽的问题。这也是本节课最好的教育契机，教师要做好修改示范，当场展示，借以帮学生厘清句式组合过程中的逻辑关系，达到以理论证的真正目的。

教学步骤

（一）激发动力

师：同学们，议论要有针对性，是指议论要针对社会现实，言而有物。

议论要有对象意识，知道因谁为谁而论。在我们学习议论文写作过程中，应该也遇到过一个共性问题：过程的说理论证。今天，我们一起学习一些实用的链条，便于我们的论证过程环环相扣。

（二）告知目标

在通过素材切入、提炼有效信息的基础上，学会利用固定句式，说理论证。

（三）呈现材料

我们来读读《人民日报》评论员文章中两个段落：

回家的路，纵然千山万水亦是坦途。抚平坎坷的，是亲情团圆的情浓意切，更有敬业者的奉献奋斗、好心人的一臂之力。电视系列剧《家道颖颖》，从“回家”故事中刻画出小镇百姓“肩头担道义”的家国大义，让观众感受到平凡人身上蕴藏的向善力量。

——《一心装满国，一手撑起家》

2020这一年，从统筹国内国际两个大局到统筹疫情防控和经济社会发展，正因为党和国家始终把人民利益放在最高位置，才能够作出正确决策，确定最优路径，并依靠人民战胜一切艰难险阻。推动“十四五”时期经济社会发展，我们更加需要坚持贯彻以人民为中心的发展思想，从人民最关心的现实问题入手，实打实地提升人民的获得感、幸福感、安全感。

——《万众一心、同甘共苦的团结伟力的生动展示》

（四）指导学习

通过《人民日报》时评，感知固定句式的存在价值。通过训练，让学生从“找出”到“会用”，再到“用好”。

1. 素材论证说理步骤一：固定句式，怡然理顺

教师点拨：同学们，怡然理顺，是指使人心悦诚服，并把道理讲清楚。《人民日报》的时评，堪称典范。从学习的角度，我们能否从两则材料中，找出可重复利用的固定句式？

预测回答：纵然……亦是……，是……更有……

预测回答：从……到……；正因为……，才能够……，并……

教师提问：同学们，句式有长有短，为便于记忆，我们可以按照让步关系、递进关系、因果关系、条件关系、假设关系等，进行分类汇总。

答案预测：

（1）让步关系：“当然……然而……”“诚然……但是……”“殊不知……”“无可否认……其实……”“有人或许会说……但是……”

（2）递进关系：“不仅如此，而且……”“更重要的是……”“与其说是……倒不如说是……”

（3）因果关系：“我相信……，是因为……，还因为……，更重要的是因为……”“或许……，究其根源……”“从本质上来说……”

（4）条件关系：“从某种意义上来说……”“在……情况下”

（5）假设关系：“如果真的……”“很难想象……”

2. 素材论证说理步骤二：固定句式，顺藤摸瓜

教师点拨：如果说语言是思维逻辑的外显，那么，这些固定句式，就是思维逻辑的藤。这些藤，若能捋得顺，用得好，同学们自然会在论证说理方面，有所收获。

素材展示：

钟南山说：“医院就是战场，作为战士，我们不冲上去谁上去？”

2020 年 1 月 18 日，84 岁的钟南山院士，上午在深圳刚结束一场危重病人的抢救工作，下午就从广州出发赶往武汉，再次踏上前途未卜没有硝烟的战场。他已经不是第一次这样冲在前线，也不是唯一一次赶赴疫情最严重的地区。

17 年前，面对非典（SARS），他说“把重症病人都送到我这里来”。

在抗击非典最严峻时刻，连续工作三十几个小时之后，已经花甲之年的钟南山病倒了，发烧等症状和非典的症状极为相似。但他自己观察体会，觉得不是非典，就把自己隔离在家。几天后，症状消失，他立刻回到医院，继续投入战斗。他的坚持，让广东成为世界范围内对 SARS 治疗成绩最好的地区之一。

——节选自《央视新闻》（有删减）

素材分析：请同学们熟读并圈划材料，围绕“有一种精神，叫钟南山”，找出“背景”“行为原因”“后果影响”关键信息。

背景：

（1）人物背景：________________

（2）事件背景：________________

（3）时代背景：________________

行为：

（1）行为举止：________________

（2）认知判断：________________

影响：

（1）事件走向：________________

（2）人物命运：________________

（3）历史选择：________________

教师设题：请选用两组固定句式，使用已提炼的关键信息点，论证“有一种精神，叫钟南山”。

交流展示：不同组合，不同逻辑关系，句式不同，主题相同。这是有趣的语言现象。引发兴趣同时，要引导表达与逻辑的吻合。

3. 素材论证说理步骤三：固定句式，瓜熟蒂落

教师点拨：技术是术，也是道。从实中来，到虚中去。技术，一定会经历一个实实在在的积累和训练过程，内化后，无需刻意，信手拈来，此谓瓜熟蒂落。

训练提升：《人民日报》的时评中，有些高频的关系句式，请使用这些句式，再次论证“有一种精神，叫钟南山”。

（1）诚然/毋庸置疑/……，不仅……而且……，但是/然而，……又怎能……？更何况/更进一步，……。所以/因此，……。

（2）显然/显而易见……，也……。一方面……，另一方面……，虽然……但……。其实，……因此，……。

（3）毋庸置疑/显而易见，……也……。……不仅……，而且……。但是，毕竟……，再……，再……，又……（反问）？更何况，……。所以，……。虽然……，但是……。

（4）……固然……，也……。但……。其实……，不是……，而是……。因此……，虽然……但是……。

交流点评：电脑投屏生成段落，分享交流。注重点评两个方面，一是落实固定句式情况，二是分句关系的表述，是否准确。

文段展示：

诚然，作为医生，救死扶伤乃是医之大义。医生，**不仅**是一个身份，**而且**是一份信仰。**但是**，从没有哪个文明社会，会强迫医生用生命换取生命。对待一个84岁高龄，做过心脏搭桥手术的老人，**又怎能**忍心让他一再冲到前线？**更何况**，这样的九死一生，为国为民，他在17年前已经交出过让全中国人民都铭记的答卷。17年后，他再一次披挂出征，生死无畏。义无反顾的背后，是他对自己专业的确信，是他对医者仁心的践行，是他对国之重任的担当。**因此**，我们可以肯定地说，有一种精神，叫钟南山！

（五）落实训练

巩固训练一：

柳宗元的《答韦中立论师道书》中，道出韩愈创作《师说》的压力。贞元十九年，韩愈在监察御史的职位，第一次被当权的官僚集团赶出了长安，贬到阳山，是在作《师说》一年后。

假如你是柳宗元，作为韩愈挚友，你理解韩愈思想的进步意义。请写一段点评韩愈的文字，借以抒发对韩愈斗争精神的赞扬。要求：结合材料，使用“人民时评”高频句式，字数不超过240字。

巩固训练二：

唐代沿袭的门阀制度，贵族子弟都入弘文馆、崇文馆和国子学。不管学业如何，都有官可做。上层社会，看不起教书之人。士大夫阶层既不愿意求师，又“羞于为师”。

如果你是士大夫众子弟中的一员，看到韩愈所写的《师说》后，非常激动，但内心还是想为自己辩解一下。请写一段文字。要求：结合材料，使用“人民时评”高频句式，字数不超过240字。

（六）评估总结

（1）请默写五种类型的固定句式。

（2）请尽可能多地排列组合出一组固定句式，在排列中，请注意逻辑关系自洽。

（七）迁移巩固

近期，一位知名演员的一席话，让本处于水深火热的中国男足，又一次陷入旋涡之中。这位演员说，某足球队，年收入成百上千万，球场上没看他们进球，完全给中国人丢脸。此言一出，与男足有关的人士纷纷反驳，指责该批评者不懂足球，非专业人士，没资格批评男足。与此同时，女足姑娘奋不顾身，以身抵挡足球的精神震撼了许许多多的国人。对比之下，你有怎样的感想？如果你是人民日报评论员，请写一段文字，发表你的观点和态度。

（王科锐　中山市烟洲中学）

审题与立意

审“好”题，立“显”意

——“审题与立意”作文教学设计

写作主题解读

新课标明确指出：“学习表达和阐发自己的观点，力求立论正确，语言准确，论据恰当，讲究逻辑。学习多角度思考问题。学习反驳，能够做到有理有据，以理服人。”这是新课标对思辨性阅读与表达的要求。可是，学生的作文现状是：既无法从材料中筛选有效信息进行正确立论，也不能从多角度思考问题，在逻辑表达方面也存在明显不足。基于此，教师应着意传授方法来改变现状。从作文第一步“审题与立意”开始引导，显得尤为重要。

选择性必修上册第二单元的单元写作主题是“审题与立意”。本单元选择了先秦诸子的一些经典论说。这些文章对材料作文的“审题立意”有非常好的启发：一是都是先秦诸子对社会人生的洞见，可以加深学生对人生的思考；二是这些文章常有对突破常规的认识，具有很强的思辨性；三是文章虽短小，但是逻辑严谨、结构层次感强，具有良好的示范作用。萧统在《文选序》说：“老、庄之作，管、孟之流，盖以立意为宗，不能以文为本。”教师应立足于教材，结合学生实际，对作文的“审题与立意”进行进一步提升。

教学课时

2 课时。

设计亮点

（1）教学环节齐全。作文主题分 2 个主题，一是“审题”——“要我写什么”；二是“立意”——“我要写什么”，给学生“审题与立意”完整的指导。两个环节环环相扣，可以给学生一个全面而清晰的指导，有利于思维生成。

（2）教学技法详尽。遵从作文教学规律，设计操作性强的技法指导。

“三步审题法”，一步一步地指导学生审题求准、求新、求全，有序、便于操作。“立意有效呈现训练”，既可以给学生可感可学的教学指导，也方便师生间评分评价。

（3）践行“教学评”三位一体。设计不仅有学法指导、学生训练，还设计有针对性的精细化量化评价标准。这个标准讲练结合，注重升格，给学生带来清晰的写作思路，给作文改进带来便利，有利于学生水平的快速提升。

第一课时

教学目标

（1）了解材料作文“审题”的价值，树立“多次审题”的观念。

（2）学习“三步审题”的作文技法，以期达到“审好题”的目的。

（3）使用“三步审题法”进行训练，熟练掌握该审题法的技巧。

教学条件分析

1. 内部条件

“审题，就是要抓住关键，弄清题旨。要善于抓住题干或给定材料中的关键字句，筛选有价值的信息，提炼归纳，不要仅仅凭直觉就轻率动笔。”在实际中，学生往往因为缺乏理论指导或者实践训练，而呈现“审题不准”的问题，主要表现在：①以偏概全，无法聚焦于核心概念、关键事件；②逻辑混乱，不能透过材料找到事物的关联，找不准议论的角度；③认知片面，对材料缺乏全盘思考，对不同意见不能辩证看待。

2. 外部条件

针对学生容易出现的审题偏差问题，教师在平时的作文训练中要有意做到：①不要将作文审题泛泛而谈，要将其作为作文写作极其重要的一环来看待，慎重对待；②传授适用于本班同学的、实用性比较强审题技法；③把本课所提炼的“三步审题法”作为作文训练的常规，让学生在考场有章可循、有的放矢。

教学步骤

（一）激发动力

明代王夫之说：“无论诗歌与长行文字，俱以意为主。意犹帅也，无帅之兵，谓之乌合。”作文立意很重要，没有好的审题立意，作文只是乌合之众。

然而，一个上佳的作文立意，并不是凭感觉轻率得出来的，而是要反反复复斟酌出来的。正如元朝戴表元说：“凡作文发意，第一番来者，陈言也，扫去不用；第二番来者，正语也，停止不可用；第三番来者，精语也，方可用之。”可见，写好作文，审题立意是第一步，练习多次审题是作文训练的重中之重！

（二）告知目标

今天学习作文“三步审题法”，步骤记心中：

一审求“准”。第一次审题重在锁定关键词、核心概念，明确写作对象，揣摩出题意图，确保审题是“准确”的。

二审求“新”。第二次审题，是为了避免立意平平无奇，要通过深挖材料，找到一些创新点，让立意有“创新”。

三审求“全”。第三次审题，关注材料的不同观点，或者对材料进行辩证思考，让立意更“全面”。

（三）呈现材料

中山市实验中学四校联考作文题：

近年来，年轻一代对传统文化的热情日益增长，从各大博物馆推出文创产品，到综艺节目《国乐大典》的丝竹之音，从游戏《王者荣耀》中对大唐乐舞的演绎，到河南台春晚《唐宫夜宴》的舞蹈，中华优秀传统文化与影视剧、综艺、游戏等娱乐产品的结合不断深化。有人说，把传统文化与娱乐相结合是一件双赢的事；也有人说，娱乐的形式会消解传统文化。

对此，作为年轻一代的你有怎样的体验与思考？请以学生的身份在学校传统文化传承宣讲会上做一次发言，谈谈自己的看法。

（四）指导学习

1. 一审求准：层析材料，关注关键句，聚焦重要信息

一审示范：该材料分为三层。第一层为背景层，第二层是不同观点层，第三层为写作要求层。审题立意时，应聚焦于材料的观点层，归纳不同观点的关系。根据事例的启示，揣摩出题者意图，可确定作文的基本观点：把传统文化与娱乐相结合是一件双赢的事。

教师点拨：层分缕析，看似简单，实则关键。如果缺乏层析材料的意识，很多同学就容易陷入备考惯性，直接写“传统文化”；如果没有对材料的全盘斟酌，有些学生也可能选择“娱乐的形式会消解传统文化”的相反立意。总

之，第一次审题，需要对材料进行条分缕析，不能靠经验，方能准确立意。

一般而言，核心句隐藏在材料的观点句、转折句、过渡句等特殊位置，学生在对材料分层后，一定要多加留意这种“高含金量”句子。

2. 二审求新：见微知著，关注细节，力求有独创

二审示范：确定了“把传统文化与娱乐相结合是一件双赢的事”这一立意，怎样做才能使立意更加独特？材料多个细节值得玩味：文创产品从“各大博物馆”推出，《唐宫夜宴》在“河南台春晚”播出，所展示的传统文化为《国乐大典》、大唐乐舞等有代表性节目，这些细节是否可以得出这样一个独特视角：传统文化与娱乐相结合背后，其实是国家推广“传统文化”的有力措施？况且，这次作文要在“传统文化传承宣讲会”上宣讲，是不是要可以领会“青少年在娱乐同时，也要聚焦传统文化，这才是合格的传统文化接班人”这个出题意图？

教师点拨：古人云“见微知著”。立意要体现“独特性”，第二次审视材料时，作者就要善于从材料中找到大家习焉不察的角度，开掘新的意义，从而形成独特见解。这或是考生突破常规立意，呈现思维独创性的途径之一。

3. 三审求全：换位思考，关注不同，让思考更加全面

三审示范：第三次审题，我们还要关注什么？关注不同的观点！在面对“有人说，娱乐的形式会消解传统文化”不同观点，我们不能视而不见，反而要借助它，让立意比别人深刻！

教师点拨：心理学认为，“我们倾向用有偏差的视角看待他人的观点”。因此，不管是在充分驳斥对方的观点后再进，还是把对方的观点融化后再进，都可以让我们的思考比别人深刻。注意：即使材料中没有出现不同观点，我们也要考虑我们的观点是否绝对，是否可以进行条件限制，让我们的思维更加公正客观。

有两种策略可让思维更有思辨色彩：①先否后肯——“把传统文化与娱乐相结合，不仅不会消解传统文化，反而会给传统文化注入新鲜活力，增强它的生命力。”②拥抱再进——“更重要的是，要避免娱乐消解传统文化，就要不偏不倚，树立典型，才能成为真正的双赢！”

（五）落实训练

课堂训练：按照所教“三步审题法”，对下列材料进行三步审题训练。

2021 年 1 月 28 日，针对全国政协委员《关于防止男性青少年女性化的提案》，教育部答复要“适度改进体育教师教学方法、形式，更多注重学生‘阳刚之气’培养”。此答复经报道后，引发热议。有评论认为，“阳刚之气”是一种由内在的刚毅外化为强劲有力的具象表现，是一种果断勇敢的个

性彰显；但阳刚之气并不等于简单的“行为男性化”。

如何培养青少年的“阳刚之气”，一直备受社会关注。日前，中国青年报社的一项调查显示，86.8%的受访者认为要注重增强责任意识、团队精神，76.0%的受访者认为要加强体能训练和理想教育，培养综合素质。

对此，你有怎样的思考与感悟？请写一篇文章。

三步审题法训练卡
第一步求准：对材料分层，关注关键句
层次：1. 提案背景　2. 不同观点　3. 措施方法
关键句：“阳刚之气”是一种由内在的刚毅外化为强劲有力的具象表现，是一种果断勇敢的个性彰显
第二步求新：关注材料细节，力求有独创
细节1：全国政协委员提案
独创点：全国政协提案，表明男性青少年女性化的问题非常普遍，迫在眉睫
细节2：“阳刚之气”
独创点：“阳刚”这个词，表明了人要内心有“阳”，才会有外在的“刚”
第三步求全：关注不同观点，让思考更加全面
不同观点：阳刚之气等于简单的“行为男性化”，培养“阳刚之气”，要适度改进体育教师教学方法
“先否后肯”式：“阳刚之气”不是四肢发达的蛮力，更不是欺男霸女的暴力，而是青少年有强健体魄的同时，更有强大的担当力以及拼搏的进取力
“拥抱再进”式：所谓“阳刚之气”，指不仅仅要有八块腹肌，更要有面对挫折时的勇气、勇于担当的责任感、进取拼搏的奋斗精神
综合立意：中心观点
培养青少年的“阳刚之气”势在必行。教育者，不仅要培养青年的外在体魄，更要培养他们内在的责任担当。“阳刚之气”是由内而外的力量展现

（六）评估总结

小结：三步审题法，树立的是多次审题的观念。求准—求新—求全，“三步审题法”层层递进，遵循认知规律，可快速解决作文偏题、跑题的问题。

评估：本节课所教“三步审题法”，是材料作文审题比较实用的方法，操作性强。在训练时，利用下表对学生的训练结果进行自评或者他评，强化思维路径。

得分点	找到关键句（25分）	找到独创点（25分）	回应不同观点（25分）	中心观点明确（25分）
评分				
改进				

（七）迁移巩固

以2021年新高考Ⅰ卷（广东使用卷）作文题为例，利用“三步审题训练卡”进行审题训练，教师以评价表进行评分，并将优秀答卷进行展示。

第二课时

教学目标

（1）从“评卷老师判定作文”角度，让学生树立“立意有效呈现”的观念。

（2）掌握“有效呈现”的方法与技巧，从作文提纲入手，有条不紊地呈现立意的准确性、逻辑性、思辨性。

教学条件分析

1. 内部条件

经过“三步审题法”的训练，学生在审题上更加慎重，审题的准确性有了较大的进步，跑题的情况得到改善。然而，在写作过程中，有些学生依然未能将其立意有效地呈现出来，表现为：①关键词屡遭“篡改”，表述时概念不清；②结构上，行文脉络不清晰，未能做到有逻辑的显性呈现；③对不同观点，未能进行辨析思考，流于形式。如能突破这些问题，将是提升“审题立意”品质的又一关键。

2. 外部条件

为了让学生的立意得到有效呈现，教师可以从以下方面入手：①想办法让学生不要“抛弃”关键词，保证核心概念在作文中得到多次呈现；②想办法让学生的分论点角度更加清晰，更加外显；③想办法让学生直面“不同观点”，使其作为立意“升华”的秘笈。方法并不唯一，但教师不能泛泛而谈，应尽力提供具体的几种技法指导。

教学步骤

（一）激发动力

中山市教研员张华老师提出评卷者反应原理：

（1）评卷者的一切反应，都是作文的刺激结果！

（2）作文的一切刺激，以评卷者的“有效感知”为前提！

（3）在有限的时间内，评卷者往往只能对最直接的刺激作出反应。

审题再准，立意再佳，如果不能“有效呈现”，没法在短短的时间让阅卷老师快速看见，作为考场作文，未算是成功。确定观点后，还要花时间进行“立意呈现”的思考，让改卷老师快速捕捉文章思路，方算审题立意完成。

（二）告知目标

从评卷者角度，卷面上一个好的立意应该有以下标准：

（1）扣准材料，关键概念得到有效界定，中心观点突出，立意准确。

（2）能从不同角度分析材料，思路清晰，逻辑性强，立意清晰。

（3）辩证地分析事理，思维有深度，思考有独创性，立意深刻。

综上，师生要加强对提纲句的锤炼，在作文最外显的关键地方把立意的准确性、逻辑性、思辨性有效呈现出来。

（三）呈现材料

中山市实验中学月考作文题：

材料1：如今，在青年文化圈中，出现了一种“破圈”现象，即原来一些局限于某一群体的圈子，打破了固有的界限，与其他群体相互交流。这几年，“破圈”一词，似乎已然成为各行各业的常态。今年春晚，以宋朝画家王希孟《千里江山图》为灵感创作的舞蹈诗剧《只此青绿》火爆“破圈”，进入大众文化视野，引起广泛好评。再如，以前冰雪运动是个相对小众的圈子，随着北京冬奥会的举办以及冰雪产业的发展，冰雪运动正在破圈走向大众化。破圈可以是对自己已有圈子的突破，也可以是让更多圈外的人走进自己的圈子。

材料2：日前，中国青年报社社会调查中心联合问卷网对1 957名18～35岁青年进行的一项调查显示，94.6%的受访青年有兴趣圈，仅17.3%的受访青年只想待在原有圈子里，77.4%的受访青年认为应该勇于“破圈”，尝试多元文化。关于如何尝试“破圈”的问题，61.2%的受访青年选择在“传统”圈加入现代元素，54.0%的受访青年认为这是“高冷”圈尝试接地气的方式。其他方面还有“小众”圈走进大众视野（51.2%），“民族文化”圈走向世界（47.8%）等。

上述材料引发你怎样的思考与感悟？假如你所在的光明中学团委将举办以“我看青年‘破圈’”主题的演讲活动，请结合上述材料，写一篇演讲稿。

（四）指导学习

1. 开头段：强化阐释，有效呈现关键词，使立意更准确

技法点拨：偷换概念，是作文审题发生偏差最主要的原因。“偷换概念”的发生，是因为学生未能扣住材料对“关键词”进行思考，而是凭借感觉自由发挥。因此，如果能够对“概念”进行界定，扣住材料对关键词进行阐释，所写作文就不容易脱离材料，“立意”才能立在题目或给定材料的范围之内，更加准确。

常用的阐释方法有：①理论阐释；②事例阐释；③引用阐释等。

阐释示范1：“破圈”一词在各行各业频频出现。所谓“破圈”，是以《千里江山图》为灵感创作的舞蹈诗剧《只此青绿》，是小众的冰雪运动走向大众视野。固执之人视“破圈”为禁忌，明智的人视“破圈”为大势。我认为：囿于一圈，未能领略万千美态，唯有敢于“破圈”，人生才更出彩！

阐释示范2：青年群体中，总是存在不同的圈子，它们都是一种种文化的映像。“蒸汽波圈”是一种复古千禧年风格的缩影；“古风圈”是青年人对传统文化的爱意归处；“绘圈”是热爱美术的青年的乌托邦……我们总能在一个圈子与另一个圈子的碰撞融合，抑或是一个圈子突破原有的框架，变成更包容多元的圈子。这，就是“破圈”！

2. 分论点：添加逻辑词，有效呈现角度，使立意更清晰

技法点拨：在平时作文中，学生在分析材料时逻辑上不尽如人意。一是逻辑角度单一：看似从不同的角度展开，实则是一个角度的简单重复。二是逻辑混乱：即使勉强从不同角度展开，但是既没有外在的条理，也缺乏内在的关联。这是学生缺乏逻辑角度，并在落笔前没有想清楚立意角度的缘故。基于此，教师要加强“多元视角”的技术指导：先给学生相应的逻辑知识，然后让学生进行专门的逻辑训练，并强调把“逻辑词外显化”，使立意更清晰。

示范1：使用“过去—现在—未来”的“时间逻辑”展开。

> 青年破圈而出，文化圈圈相融
>
> 回首过去，圈圈闭塞，大小文化于自己的小天地举步维艰。
>
> 还看今朝，时代由青年掌舵，文化“破圈”而出，是青年开创之路。
>
> 放眼未来，路漫漫其修远兮，需吾辈青年破世界之圈。

示范2：使用“是什么—为什么—怎么办”递进式逻辑展开。

> 青年破圈，创造辉煌
>
> “破圈”不是破坏自己的圈子，而是打破固有界限，与其他圈子相融。
>
> “破圈”之所以能成为各行各业常态，是因为圈子的碰撞可以迸发新的火花。
>
> 时代向前，吾辈青年更应勇于“破圈”，创造新天地、新辉煌！

示范3：使用“是什么”并列式逻辑展开。

> “破圈”之光，势不可挡
>
> 从小众走向大众，我们需要做勇敢的“破圈者”。
>
> 从单一走向多元，我们需要做智慧的“破圈者”。
>
> 从中国走向世界，我们要做有远见的“破圈者”。

示范4：使用“怎么办”并列式逻辑展开。

> 青年敢于破圈
>
> 青年当敢于破圈，尝试多元文化，使“旧圈”变“新圈”。
>
> 青年当敢于破圈，走向新天地，使“小圈”变“大圈”。
>
> 青年当敢于破圈，将中华优秀文化展于世界舞台，扬我民族自信！

指导审题时教师要明确标准：一要“开明”，打破单一，视角多元，从不同角度看问题；二要“分明”，有秩序地条分缕析，摆脱混乱。如此训练，“议论角度”才能有效呈现，立意才“显得”更清晰。

3. 深化段（结尾段）：巧用句式，有效呈现思辨意识，使立意更深刻

技法点拨：新高考背景下的材料作文，越来越重视思辨能力，表现在：①写作要全盘考虑，材料间需比较、关联，体现思维的全面性；②重视类比迁移，由此及彼，呈现思维的关联性；③引导辩证思考，多维辨

析，体现思维的思辨性等。那么，作文如何显性呈现这些思维，让评卷老师直接感受到呢？使用一些形式上具有思辨色彩的句式，可以收到立竿见影的效果。

句式1：不是……而是……

解释：此句式引出辩证思考，避免观点失之偏颇，体现思维的批判性。

示范：破圈，不是让我们毫无原则地抛弃原来的圈子，而是主动打开圈子，融进更多的新鲜血液。

句式2：不仅……而且……

解释：此句式引导进一步思考，由此及彼深入，体现思维的关联性。

示范："破圈"而行，不仅可突破自我之圈，而且可让圈外之人走入我们的圈子。

句式3：……两者统一，方能……

解释：此句式引导对立统一，特别适用于"双概念"主题，体现思维的思辨性。

示范：突破固有的圈子，吸引更多人走进自己的圈子，两者统一，新青年方能引领着中国文化"破圈"！

（五）落实训练

2022年深圳二模作文题：

在"今天，我们要做怎样的青年"主题班会上，老师提出的问题让你陷入沉思：为什么许多青年有了一点成绩便自高自大，遇到一点困难又习惯性躺平？如何才能摆脱纠结，奋力前行？

那段时间你正好在读朱光潜先生写的《给青年的十二封信》，你对其中一段话印象深刻："在见道者的高瞻远瞩中，'我'可以缩到无限小，也可以放到无限大。在把'我'放到无限大时，他们见出人性的尊严；在把'我'缩到无限小时，他们见出人性在自己身上所实现的仍非常有限……意识到人性的尊严而自尊，意识到自我的渺小而自谦，自尊与自谦合一，于是法天行健，自强不息。"

你从朱光潜先生的谆谆教诲中找到了答案，举手要求发言。

课堂训练：使用"'立意有效呈现'训练卡"，使"自尊与自谦合一，做自强不息青年"的立意得到有效呈现。

"立意有效呈现"训练卡
材料立意：自尊与自谦合一，做自强不息青年
①开头段要求：至少呈现"关键词"两次，阐释一次

续上表

示范：见天地，人如沧海一粟，所以渺小卑微；但浩瀚苍穹，得一人伫立，所以伟大自尊。然则，为何许多青年有一点成绩便自高自大？只因有傲气而不知谦敬。为何许多青年遇到一点困难又习惯躺平？只因心生惧意未见人性的尊严。由此观之，青年应有自谦、自尊之心，方能奋力远行！
②分论点句要求：标注出“逻辑角度”，标注出“关键词”
于“举世誉之”时，把“我”缩到无限小，不因成功而自傲，自谦而致远。 于“举世非之”时，把“我”放到无限大，不因挫折而气馁，自尊而奋发。
③深化段要求：使用一种句式，呈现思维的包容性、关联性或辩证性
洞见自我之渺小及人性之自尊，“自谦”“自尊”两者并行，胜不骄，败不馁，新青年方能成“自强”青年，方能成就国之卓越！

（六）评估总结

本课重点在于让立意外显。在训练时，利用下表对学生的训练结果进行自评或者他评，强化作文“有效呈现”意识。

从“立意有效呈现”角度，提纲句评价量化表

标准	分数	得分	改进
开头段：关键词呈现多次	25 分		
开头段：关键词阐释到位	25 分		
分论点：逻辑外显，角度清晰	25 分		
结尾段：句式明显，思维深化	25 分		

（七）迁移巩固

利用“‘立意有效呈现’训练卡”对2022年广东省一模作文进行升格训练，教师以评价表进行评分，将优秀答卷进行展示。

（张燕芬　中山市实验中学）

结合材料：材料作文中审题与立意的外显之道
——“审题与立意”作文教学设计

写作主题解读

审题立意是选择性必修上册第二单元的写作训练内容。对于作文训练来说，审题立意是第一位的，是基础，也是关键；对于高考作文阅卷来说，审题立意是第一项打分栏“内容”项的基础和核心。一篇作文如果审题立意偏了，即使写得再漂亮，也不能得高分，可以说，审题立意决定了作文分数的基本牌面。

按照教材提示，审题立意就是“要我写什么”，从而让学生决定“我要写什么”，所以弄清写作任务，理清材料含义，是审题立意准确的基础。更进一步说，审题是要弄明白写作要求，立意则是在明白写作要求的基础上表明写作主题。近年来的高考作文对学生“写什么”的要求越来越细致了。越细致才能考查学生的表达能力，才能避免宿构与套作。但是即使要求如此明确细致，审不准题，立偏了意的还是大有人在，因此，审题立意是最基本的训练。

教学课时

2 课时。

设计亮点

（1）以“结合材料”的要求来教授学生审题立意的方法。近几年的高考作文均要求“结合材料”，结合材料是指结合材料的内容和含义。从高考阅卷实际来看，学生的作文能否“结合材料”，是判断是否符合题意的关键。通过五到六个步骤，让学生明白“结合材料”是如何体现在行文中的，让学生掌握结合材料行文的方法，从而掌握审题立意的方法。

（2）将审题立意外化，让阅卷老师有效感知。将审题立意表现在语言写作上，而不是构思上。以“结合材料”为抓手，让学生掌握如何通过语言体现“结合材料”，只要做到了准确体现“结合材料”，那么在行文中自然就不会偏题，而这些最终都体现在语言表达上。通过表达显现材料，也就最终达到了通过语言呈现准确审题立意的要求。

（3）将近几年的作文题分为带观点型的材料和不带观点型的材料，简化了材料的类型，让学生更聚焦于如何“结合材料”上。本设计没有从言论型、现象型、事件型、漫画型等类型入手解决审题立意，而是让学生寻找材料中是否有鲜明的观点显现，以此让学生能准确明白作文“要你写什么”，这才是审题立意的关键。

第一课时

教学目标

（1）理解审题立意的具体指向。

（2）理解材料作文中“结合材料”的含义。

（3）掌握观点型材料中结合材料立意的五字步骤。

教学条件分析

1. 内部条件

学生从初三开始就已经接触议论文了，对审题立意也有一定的了解。对于学生来说，立意之难不在于把握不准材料，而在于想偏想多。想偏想多的原因可能是想立意标新，或者片面追求深刻，殊不知，现在的高考命题趋势是尽量不在审题立意上设置难度。所以，要纠正学生这种认知，让学生能一直贴合材料来写，让学生认识到结合材料写作的重要意义。

2. 外部条件

高考作文命题的趋势是在审题立意上降低难度，重点考查学生的表达能力，具体表现在规定了写作内容，即“要求你写什么”；有具体的写作任务，即依靠任务驱动。而“结合材料”是这一设置的具体表现，即使某些作文题没有具体的写作任务，但是“结合材料”的要求是必不可少的，“结合材料”就是作文的“要求你写什么”。在高考阅卷中，符合题意仍然是最基本的，而符合题意考查的也是看考生能否“结合材料”，即能否准确结合材料的内容和含义。

教学步骤

（一）激发动力

1. 问题导入，激发学生的探究兴趣

问题设置：写作文，你最怕什么？

（学生会说到审题立意）

2. 展示高考作文打分构成，从而激发学生学习的动力

18 + 19 + 18 = 55

明确：带领学生认识这个作文分数的构成，第一个 18 代表内容，第二个 19 代表表达，第三个 18 代表发展。并让学生明白，第一个内容分最重要，决定了作文的基本面，而决定内容分的基础就是审题立意。

明确：立意是作文的基础之基础，准确立意，作文基本分就能拿到，不知怎么写，原因就是没有立好意。

3. 提问：你认为怎样才算审题准，符合题意？

（学生可能会说就是符合命题人的意思）

引导学生并进一步明确：审题立意是需要让阅卷者看到的，而让阅卷者看到的审题是语言。所以，审题立意不是你想出来的，而是表达出来的，更是呈现出来的。请看专家怎么说：

从根本上来说，高考作文的关键不在于“考生怎么写”，而在于“怎么让评卷者感知到考生怎么写”，也就是说，考生的作文呈现要以评卷者的“有效感知”为前提。（张华《高考作文技术论》）

（二）告知目标

PPT 展示本次作文题目——结合材料：材料作文中审题与立意的外显之道。

让学生明确：本次课就是利用“结合材料”这一点让学生审题不再迷茫，立意不再“乱跑”。

（三）呈现材料

1. 真题再现，让学生找材料的规律

（1）2019 年全国 Ⅰ 卷作文。

“民生在勤，勤则不匮”，劳动是财富的源泉，也是幸福的源泉。“夙兴夜寐，洒扫庭内”，热爱劳动是中华民族的优秀传统，绵延至今。可是现实生活中，也有一些同学不理解劳动，不愿意劳动。有的说：“我们学习这么忙，劳动太占时间了！”有的说：“科技进步这么快，劳动的事，以后可以交给人工智能啊！”也有的说：“劳动这么苦，这么累，干吗非得自己干？花点钱让别人去做好了！”此外，我们身边也还有着一些不尊重劳动的现象。

这引起了人们的深思。

请结合材料内容，面向本校同学写一篇演讲稿，倡议大家“热爱劳动，从我做起”，体现你的认识与思考，并提出希望与建议。

要求：自拟标题，自选角度，确定立意；不要套作，不得抄袭；不得泄露个人信息；不少于800字。

（2）2020年全国Ⅱ卷作文。

墨子说："视人之国，若视其国；视人之家，若视其家；视人之身，若视其身。"英国诗人约翰多恩说："没有人是自成一体、与世隔绝的孤岛，每一个人都是广袤大陆的一部分。"

"青山一道同云雨，明月何曾是两乡。""同气连枝，共盼春来。"……2020年的春天，这些寄言印在国际社会援助中国的物资上，表达了世界人民对中国的支持。

"山和山不相遇，人和人要相逢。""消失吧，黑夜！黎明时我们将获胜！"……这些话语印在中国援助其他国家的物资上，寄托着中国人民对世界的祝福。

"世界青年与社会发展论坛"邀请你作为中国青年代表参会，发表以"携手同一世界，青年共创未来"为主题的中文演讲。请完成一篇演讲稿。

要求：结合材料内容及含义完成写作任务；选好角度，确定立意，明确文体，自拟标题；不要套作，不得抄袭；不得泄露个人信息；不少于800字。

（3）2021年新高考Ⅰ卷作文。

1917年4月，毛泽东在《新青年》发表《体育之研究》一文，其中论及"体育之效"时指出：人的身体会天天变化。目不明可以明，耳不聪可以聪。生而强者如果滥用其强，即使是至强者，最终也许会转为至弱；而弱者如果勤自锻炼，增益其所不能，久之也会变而为强。因此，"生而强者不必自喜也，生而弱者不必自悲也。吾生而弱乎，或者天之诱我以至于强，未可知也"。

以上论述具有启示意义。请结合材料写一篇文章，体现你的感悟与思考。

要求：选准角度，确定立意，明确文体，自拟标题；不要套作，不得抄袭；不得泄露个人信息；不少于800字。

（4）2022年广州市一模作文。

棋盘虽小，方寸之间，却蕴含无穷智慧。围棋，弈者持黑白二色圆形棋子在方形棋盘上对弈，棋子地位平等，双方以围地更多为目标，棋盘上往往出现你中有我、我中有你的局面。象棋，开局双方隔阵对垒，棋子分为不同角色，行棋时有各自的规则，棋手排兵布阵展开攻防。跳棋，棋盘为六角型，可多人共同参与，棋子功能相同，行棋时棋子可彼此借力，相互搭桥铺路，力求己方棋子率先全部达到终点。

以上材料具有启示意义。请结合材料内容写一篇文章，体现你作为新时代青年的感悟与思考。

要求：选准角度，确定立意，明确文体，自拟标题；不要套作，不得抄袭；不得泄露个人信息；不少于 800 字。

2. 寻找共同点

让学生仔细阅读，并寻找共同点。

明确：根据标题，学生可能会回答——都有结合材料的要求。

进一步明确：只要你能抓住结合材料，那你的审题立意绝对准确，你的作文绝对跑不了题。

（四）指导学习

1. 概念理解

（1）结合材料的含义。

明确：根据阅卷场评卷操作实际和作文要求，结合材料就是要结合材料内容和含义，即立意的论点中要有材料的内容和含义。

（2）审题立意的含义。

明确：审题与立意，通俗地说，就是先了解“要我写什么”，然后确定“我要写什么”，所以，审题立意就是要明白作文要求自己写什么。而结合材料既要结合材料内容，又要结合材料含义，通过结合材料正好可以将审题立意呈现出来。

同时要明白，要保证后面不偏题，那么分论点也必须结合材料才行，只有这样才算是完整全面的审题立意准确。

2. 呈现技法

明确：通过两道不同构成的作文题来呈现如何通过“结合材料”来准确审题立意。

作文一：2019 年全国Ⅰ卷。

作文二：2021 年新高考Ⅰ卷。

（1）第一步，拆解——弄清材料的构成。

明确：两则作文材料都是“材料语 + 任务语 + 要求语”的构成。其中，“任务语”就是“作文要我写什么”。

进一步明确：作文一中的“任务语”给定了具体的写作话题——“热爱劳动，从我做起。”所以可以进一步拆解为这样的构成：材料语 + 任务语 + 写作话题（主题） + 要求语。具体的写作话题（主题）更是对“要我写什么”的明确。

作文二中的“任务语”比较笼统，没有具体的写作主题，需要进一步分析。

（2）第二步，寻找核心——定位材料中的观点句和核心词。

明确：材料中的观点句代表了作文题目对某现象某事件的看法，是赞成还是反对，都在材料中体现，抓住观点句，即抓住了材料的含义。核心词是材料的对象，也是材料观点表达的对象。核心词是材料中反复出现的词语，或处于句子的主体地位，如主语。同时，一般核心词会在观点句中出现。

进一步明确：作文一中的观点句——劳动是财富的源泉、也是幸福的源泉。热爱劳动是中华民族的优秀传统，绵延至今。核心词：劳动。

作文二中的观点句：生而强者如果滥用其强，即使是至强者，最终也许会转为至弱；而弱者如果勤自锻炼，增益其所不能，久之也会变而为强。生而强者不必自喜也，生而弱者不必自悲也。吾生而弱乎，或者天之诱我以至于强，未可知也。核心词：强、弱。

（3）第三步，组合——叠加观点句与任务语。

明确：既然作文材料中的观点是材料的含义，任务语（含具体话题）是具体的“要我写什么”，那么二者的叠加就一定是准确的立意。而观点句一定是含有核心词的句子，材料也许有多个核心词，这些核心词都必须包含在组合中，也可以适当用自己的话表明观点句的含义，但不能丢失核心词。

进一步明确：作文一的立意很简单，将材料中与任务语中的具体话题相结合即可得出准确立意——劳动是财富的源泉、幸福的源泉，要热爱劳动，从我做起。

作文二的任务语中没有明确的话题，但任务语中有“结合材料”字样，那么，材料本身的含义就是立意，而材料的含义就是观点，另外要注意，材料中的核心词必须同时出现在立意中。因此可以得出作文二的立意：生而强者不必自喜也，生而弱者不必自悲也，强弱之间是可以变化的。

（4）第四步：呈现——让评卷者“有效感知”自己的立意。

明确：立意的句子需要出现在开头的论点和行文中的分论点中。分论点须包含观点句的核心词。如果材料中有多个观点句，可以将观点句一一作分论点。

进一步明确：

作文一论点：劳动是财富的源泉、幸福的源泉，要热爱劳动，从我做起。

分论点：劳动是财富的源泉；劳动是幸福的源泉。

作文二论点：生而强者不必自喜也，生而弱者不必自悲也，强弱之间是可以变化的。

分论点：生而强者如果滥用其强，即使是至强者，最终也许会转为至弱；弱者如果勤自锻炼，增益其所不能，久之也会变而为强。也可直接用“生而强者不必自喜也”“生而弱者不必自悲也”两句直接作分论点。

（5）第五步：保障——与材料内容的结合。

明确：要让评卷者有效感知自己审题立意的准确，需要把“结合材料”利用到底，在作文的开头、行文中、结尾都要在靠近论点的位置点出材料内容，以确保审题立意的准确，而这正是对“结合材料”的正确理解，即结合材料含义来立意，结合材料内容来呈现，而这两则作文题的观点句、核心词本身就是属于材料内容的。

进一步明确：

作文一开头要从材料中关于劳动的名言写起，加上立意的观点句。同时要关注到对劳动的不同看法，即进行驳论。

作文二开头从毛泽东《体育之研究》内容写起，加上立意的观点句。同时在行文中，写出分论点后，可点出体育对强弱变化的作用。

总结五个步骤：拆—寻—合—现—保。

（五）落实训练

（1）出示题目，当堂训练，追求当堂见效。

题目一：2020 年全国Ⅱ卷作文。

题目二：2022 年广州市一模作文。

明确：这两道题同前面两道题相仿，材料本身就是观点的陈述，任务语中题目一有具体话题，题目二任务语笼统。

（2）训练要求：

在作业本上严格按照五个步骤进行写作训练，以保障掌握到位。并写出第一段和分论点，以此考查是否掌握这五个步骤。

（3）训练展示。

明确：在学生完成后，进行展示。

（六）评估总结

（1）评估。

根据学生完成情况，评价学生对该技法的掌握情况，并在薄弱的地方进行重点训练。

（2）总结。

带领学生认识到：这几道作文题目，材料行文中有明显的观点，那么

“结合材料”就是要结合材料中具体的观点，并且让观点在论点和分论点的位置呈现。这五个步骤既是我们的思维过程，也是写作过程；既是构思过程，也是实践过程。

“拆—寻—合—现—保”的五字步骤，就是对“结合材料”的最好体现。结合材料既完成了审题立意，又是写作任务外化的体现。其中第二步和第三步就是对“结合材料”的最好体现，也是立意准确的关键。

（七）迁移巩固

出示一道观点较为隐晦的题目——2022年深圳一模作文。请同学们写出第一段并列出分论点。附题目如下：

世界乒乓球运动因发展严重不均衡而险些被移出奥运大家庭。这也是一枝独秀的中国队面临的危机。2009年开始，中国主动为他国培养人才，比如，分享训练成果，吸引外籍选手参加乒超联赛，派教练和运动员赴海外执教、打球，等等。中外选手的对决从此变得更精彩了。但外国选手在一些国际大赛中战胜中国队，又引发了国人的担忧。中国乒协主席刘国梁回应：“帮助对手进步，我们也会变得更强大。再说，国乒的底蕴和厚度是其他国家无法超越的。”中国乒乓球在推动世界乒乓球运动发展的同时，也让自己始终站在世界之巅。

中国乒乓球的发展之道具有启示意义。请结合材料写一篇文章，谈谈你的感悟与思考。

要求：选准角度，确定立意，明确文体，自拟标题；不要套作，不得抄袭；不得泄露个人信息；不少于800字。

第二课时

教学目标

（1）熟悉利用“结合材料”来立意的五字步骤。

（2）懂得如何找出非观点型材料作文中的材料含义。

（3）掌握对非观点型材料作文“结合材料”立意的方法。

教学条件分析

1. 内部条件

经过上一课时的学习，学生已经认识到“结合材料”的重要性，并且初步了解了“结合材料”是准确立意的关键，对带观点型材料的“结合材料”来立意的方法有了一定的掌握。不过，还有一些材料作文并不是带有观点的，需要学生进行转化。此时，“结合材料”仍然可以作为审题立意的抓手。

2. 外部条件

对于事件型材料或者其他非观点型材料作文来说，没有明确的观点在行文中，需要学生进行转化提炼，这可以通过压缩语段的方式找寻材料主旨。压缩语段是高中语用题的训练重点，教师已经教授过压缩语段的方法，这有助于学生辨别一段话的主体部分，从而掌握该类材料作文立意方法。

教学步骤

（一）激发动力

展示一道非观点型材料作文，让学生思考如何利用“结合材料”的步骤来立意，引发学生的思考。

（1）回顾上一课时“结合材料”来立意的五字步骤。

（2）出示新题目（2018 年全国Ⅱ卷作文）。

阅读下面的材料，根据要求写作。

“二战”期间，为了加强对战机的防护，英美军方调查了作战后幸存飞机上弹痕的分布，决定哪里弹痕多就加强哪里。然而统计学家沃德力排众议，指出更应该注意弹痕少的部位，因为这些部位受到重创的战机，很难有机会返航，而这部分数据被忽略了。事实证明，沃德是正确的。

要求：综合材料内容及含义，选好角度，确定立意，明确文体，自拟题目。不要套作，不得抄袭，不少于 800 字。

明确：学生大都找不到文章的观点句，不知道“结合材料”要从何处入手。此时要触发学生思考，激发他们对这类题准确立意的好奇心。

（二）告知目标

PPT 展示：面对非观点型材料作文，如何结合材料来立意？

明确：这道作文的材料是一次事件，而非话题或者很明确的观点，其材料的含义不是立即能找到的，本课时就是聚焦这类作文的立意方法。

（三）呈现材料

真题再现：2018 年全国Ⅱ卷作文。（此处略）

（四）指导学习

请同学们回顾上一课时的方法，并利用上一课时的方法来对这道题进行立意。

（1）第一步，拆解——弄清材料的构成。

明确：本题由材料语和写作要求语构成，写作要求中有一句“综合材料内容及含义”，可视为任务语，是“结合材料”的同义语。但仍需进一步明确材料的内容和含义体现在何处。

（2）第二步，寻找核心——定位材料的主体部分。

明确：在上一课时，寻找核心是定位材料中的核心词和观点句，其中核心词也一定出现在观点句中，但此处由于是事件，也没有对事件本身做评论，也就没有观点型的句子。

但依然可以寻找核心，核心就是材料段落的主体部分，或者主要意思。这需要压缩语段的知识。这里显然是要关注“然而”后面的话，即统计学家沃德的做法。所以第二步，还是可以概括为：寻找核心——定位材料的主体部分。

（3）第三步，提炼——概括主体部分的事情背后所反映的意义。

明确：此处第三步跟上一课时的第三步不一样，尽管找到了主体部分，还是不能很好地立意，所以需要提炼主体部分背后所反映的意义，而意义是抽象的，带有普遍性的，可以作为人类行动的指南的。

进一步明确：此处“然而统计学家沃德力排众议，指出更应该注意弹痕少的部位，因为这些部位受到重创的战机，很难有机会返航，而这部分数据被忽略了。事实证明，沃德是正确的”可以从不同角度概括。从沃德力排众议而最后证明是对的这个行为本身，可以找出意义是：要有科学质疑精神，能坚持真理。从沃德所反映的情况本身来说，即幸存者偏差，可以立意为：要全面整体看问题，不能片面；要有透过现象看到本质的能力。

注意：在沃德的行为本身和沃德的主要意见中，能发现沃德的意见是这句话中的主体部分，所以依照他的意见来立意会更准确。

（4）第四步，组合——将提炼的意义与任务语结合。

明确：此处的任务语其实就是写作要求语，那么从材料主体部分提炼的意义本身就可以说明是“结合材料”了。

（5）第五步，呈现——让评卷者“有效感知”自己的立意。

明确：仍然是要将立意放在论点和分论点的位置，注意，此处分论点设置一定要结合材料，这才能让立意不会跑偏。如论点是善于从现象看到本质，分论点则可是透过现象看到本质可以避免更大的伤害（从事实证明沃德是对的来看），透过现象看到本质需要经验的积累（从沃德做出这个判断的依据来看）。

（6）第六步，保障——对材料内容的结合。

明确：第一段是概括材料，得出论点，分论点后面要分析材料。如分论点为透过现象看到本质可以避免更大的伤害，后面接着说："沃德能够透过现象看到本质，从受伤较少的部位入手，从而避免了今后更大的损失。"这样就完整把材料的内容和含义结合在一起了，从而保障立意的不偏不倚。

（五）落实训练

（1）出示题目：2020 年全国 I 卷作文。

春秋时期，齐国的公子纠与公子小白争夺君位，管仲和鲍叔分别辅佐他们。管仲带兵阻击小白，用箭射中他的衣带钩，小白装死逃脱。后来小白即位为君，史称齐桓公。鲍叔对桓公说，要想成就霸王之业，非管仲不可。于是桓公重用管仲，鲍叔甘居其下，终成一代霸业。后人称颂齐桓公九合诸侯、一匡天下，为"春秋五霸"之首。孔子说："桓公九合诸侯，不以兵车，管仲之力也。"司马迁说："天下不多（称赞）管仲之贤而多鲍叔能知人也。"

班级计划举行读书会，围绕上述材料展开讨论。齐桓公、管仲和鲍叔三人，你对哪个感触最深？请结合你的感受和思考写一篇发言稿。

要求：结合材料，选好角度，确定立意，明确文体，自拟标题；不要套作，不得抄袭；不得泄露个人信息；不少于 800 字。

（2）根据上述六步骤来结合材料立意。

明确：该材料作文要比例题简单，因为有明确的任务语，即"对哪个感触最深"，那只要寻找感触最深的人物，去挖掘他的表现，从他的表现中提炼意义，如鲍叔牙知人、鲍叔牙大度等。

（3）根据立意来写第一段和分论点以及分论点后面对材料分析的话语。

（4）展示。

（六）评估总结

（1）根据学生的完成情况来分析他们对六个步骤的掌握情况。

（2）总结。

明确：本课与上节课最大的区别就是，这两道作文题是事件类的，是非观点型的，从结合材料的角度来说，本节课提出了更高的要求，需要我们再多一个步骤，即对材料主体部分进行意义提炼。但总体思路是一致的，关键也是要寻找到材料的主体部分，并学会提取该部分的含义。步骤可总结如下：

拆—寻—提—合—现—保。

（七）迁移巩固

以 2017 年山东卷的作文来训练，要求完成作文提纲，写出第一段，列出分论点。附题目：

阅读下面的材料，根据自己的感悟和联想，写一篇不少于800字的文章。

某书店开启24小时的经营模式。两年来，每到深夜，当大部分顾客离去，有一些人却走进书店。他们中有喜欢夜读的市民，有自习的大学生，有外来务工人员，也有流浪者和拾荒者。书店从来不驱赶任何人，工作人员说："有些人经常看着看着就睡着了，但他们只要来看书，哪怕只看一眼，只看一行，都是我们的读者；甚至有的人只是进来休息，我们也觉得自己的工作是有意义的。"

要求：①选好角度，自拟立意；②自拟题目；③除诗歌外，文体不限；④文体特征明显。

另外，可以2021年新高考Ⅱ卷的漫画类作文来检验学生是否掌握了结合材料来立意的精髓。

（杨德洲　中山市华侨中学）

精准审题"守江山"

——"审题与立意"作文教学设计

写作主题解读

"审题立意"就是根据作文题目的指向确定所写文章要表达的观点、表现的思想以及抒发的情感等。审题和立意是作文密不可分的两个概念。认真审题，符合题意是作文的第一关。考生审题一旦失误，全盘皆输。近几年的高考作文明确要求"文体自选"，许多考生认为那就不需要审题了，其实这是一个误区。高考命题淡化文体要求，其实是对审题提出了更高要求。所谓立意，就是在审清题目的基础上，进一步确立文章中心思想的过程。文章意胜则文胜，立意是否正确、新颖、高远、深刻直接关系到作文的成败。总之，审题立意很大程度上决定作文的成败。本次作文教学在语言建构与运用方面注重让学生将读和写结合起来，在思维发展与提升方面注重让学生学习并掌握材料作文审题立意的方法，着重训练学生抓住材料内涵并准确审题立意的能力。

教学课时

2课时。

设计亮点

1. 教学目标清晰准确，贴合班级学生学情

针对学生材料作文审题立意存在问题较多的情况，笔者将本次教学目标确定为：了解材料的内涵（单则材料）或几则材料之间的关系类型（多则材料），探究其审题立意的方法，训练学生精准审题的思维能力。本堂课较好地实现了这些目标。

2. 课堂教学环节设计科学合理，针对性强

本次作文课设计有利于学生合作探究和讨论思考各个例题，有利于教师把课堂的“思考阵地”交给学生，最大程度上实现“教师引导、学生主动”的良性教与学的模式。本教学设计例题丰富，每个模块的例题联系紧密，这样能有效拓展学生的思维，最大程度拓宽学生举一反三的可能性。另外，每个例子都是精心挑选的，例子的难易程度呈阶梯式增加，这样有利于学生渐进式学习，进而使他们更加熟练地掌握单则材料和多则材料作文审题立意的方法。

第一课时

教学目标

（1）知识的了解与记忆：明确单则材料作文常见的类型。

（2）技术的理解与运用：探究单则材料作文审题立意的方法。

（3）态度的倾向与变化：通过严谨的步骤，审出精当的立意。

教学条件分析

1. 内部条件

笔者教的班级是理科班，通过平时的写作训练发现，学生议论文写作的底子弱。就作文审题而言，学生的现状是：①第一关的审题常常出现偏差甚至直接跑题；②分析能力弱，难以看见有力度有新意的审题立意。所以笔者认为针对此教学对象，应着重让学生掌握审题的精妙方法，让他们知道审题并不难，只要用心钻研审题技巧，作文审题的确是“有法可依”的。

2. 外部条件

首先，授课教师可以通过精心策划的教学设计，为学生提供完整而又有效的学习途径。教师可以打破常规的讲解式课堂模式，设定好教学目标以及将要攻克的难点，“倒逼”学生根据老师的提示和指导，让学生自主对课堂

任务进行摸索式解决，教师可以根据学生的反应和呈现出来的思考成果，进行针对性教学。这样，更有利于学生深入学习，对学生举一反三也有一定帮助。其次，教师可以组织“审题立意评价大赛”，为学生提供一些已有的审题立意，让他们自己辨别良莠，说出问题所在，并对不完美的审题立意进行修改升格。以上方法在实践过程中，很考验教师把控课堂的能力，对教师的教学能力将会有所促进。

教学步骤

（一）激发动力

以考场作文中的三类得分等级来激发学生对作文审题立意的高度重视：符合题意（42～60分），基本符合题意（36～41分），偏离题意（36分以下）。具体划分内容见考试要求。

（二）告知目标

学习单则材料作文审题立意的方法和技巧。

（三）呈现材料

示例1：

一位科学家结合自己所学专业和人生总结出这样的话：“做功不同，人生将会给出不同高度的抛物线。”

请以“做功与高度”为题写一篇文章。

示例2：

生活中有不同的“器”。器能盛纳万物，美的形制与好的内容相得益彰；器能助人成事，有利器方成匠心之作；有一种“器”叫器量，兼容并包，彰显才识气度；有一种“器”叫国之重器，肩负荣光，成就梦想……

请结合自己的体验和感悟写一篇文章。

示例3：

有一个生长在孤儿院的男孩，悲观地问院长：“像我这样没人要的孩子，活着究竟有什么意思呢？”院长交给他一块石头，说：“明天，你拿这块石头去卖，但不是真卖，不论别人出多少钱，绝对不能卖。”第二天，男孩蹲在市场的角落，真有好多人要买那块石头，而且价钱越出越高。晚上，院长要他明天拿到黄金市场去叫卖。在黄金市场，竟有人出比昨天高十倍的价钱要买那块石头。最后，院长叫男孩到宝石市场去卖这块石头，结果，石头的身价较昨天又涨了十倍，甚至被传扬成“稀世之宝”。

院长对男孩说：“生命的价值也就像这块石头一样，一块很不起眼的石头，由于你的珍惜而提升了它的价值。”请以“珍惜”为题写一篇文章。

（四）指导学习（可反向交给学生分析）

1. 示例1方法点拨：明确寓意，化实为虚，建立材料和生活的联系

我们可以将所给名言概括为：“做功不同，决定人生抛物线的高度迥异”，核心词语为“做功”和“高度”。在立意时，只要搞清了二者的关系（二者实际上暗含了“前提”和“结果”的关系），就很容易得出恰当的立意：

（1）“做功”可以理解为“付出”“耕耘”等，“高度”可以理解为“收获”“精神境界”等。顺着这种思路，就可以理解为“付出越多，收获越大”，可以得出“一分耕耘，一分收获”“耕耘生命”等立意。

（2）相同的功，如果选择做功的角度不同，高度也会不一样。这就会派生出我们在做一件事时首先要选择一个正确的方法。倘若方法不对，付出越多，收获越小，付出和收获将不成正比，甚或产生南辕北辙的后果。可以得出“耕耘一定就有收获吗?”“人生不止一个变量”等立意。

（3）做多少功，怎样做功，完全由自己决定，可以把“做功”理解为“选择正确的人生价值”等，我们每个人必须学会为自己的人生做主，收获灿烂的人生。可以得出“为自己的人生掌舵”“给人生找一个合理的度”“创造人生的美感”等立意。

方法总结：示例1体现了单则材料作文审题立意中的导入关系，即命题人通过材料的指向，一步步引出命题本身。

2. 示例2方法点拨：找出关键词，挖掘内涵，任选其一

材料总结概括了“器”的四个内涵和功用，由表及里，由物质而精神。阅读材料时可注意标点符号，一个分号可以确立一个立意角度，要结合自己的体验和感悟作文。

写作角度：要注重发掘中国传统文化的优秀因子，启发考生围绕“器”展开联想和思考。

角度1：“器”的工具性角度，兼顾形式与内容，美的形式和好的内容相得益彰。

角度2：“工欲善其事，必先利其器。”君子生非异也，善假于物也，要善于借助外物成事。

角度3：要有器量、气度，兼容并包。

角度4：人可以成为国家栋梁，肩负使命，成就梦想。

也可以建立角度间的有机关联，确定立意，切忌面面俱到。

方法总结：示例2体现了单则材料作文审题立意中的解说关系，即命题

人通过材料对命题加以必要的阐释说明，一般是借助材料来阐释命题所包括的内涵或命题所涉及的范围。

3. 示例3方法点拨：关注限制，化大为小

很多同学会去写“珍惜友谊”“珍惜时间”“珍惜幸福生活 ”“珍惜学习机会”等，但都未免偏颇。只要我们再全面深入地进行分析，就会明白这则材料的主旨才是话题——“只要自己看重自己，珍惜自己，你的生命就有意义、有价值”。材料对“珍惜”有了更具体的限制，即“自己要懂得珍惜自己”。

方法总结：示例3体现了单则材料作文审题立意中的限制关系，即命题人通过材料对命题的内涵或外延适当加以限制，以免命题过大或过宽泛。

（五）落实训练

为激励子女经常到护理院探望父母长辈，苏州一家护理院推出了“奖孝金”管理制度。这项制度规定：子女两个月内到护理院探望父母长辈超过30次，就可获200元现金抵用券，“奖孝金”现金抵用券，可以在缴纳老人相关费用时抵用。据媒体报道，自从“奖孝金”制度推出后，许多子女前来看望老人的频率明显增加，有的子女以前一个星期来一次，现在变为两三天来一次，以前两三天来一次，现在几乎天天过来探视。然而，在一家门户网站所做的调查中，近半数网友认为护理院没有必要设立“奖孝金”制度。

面对护理院此举，你有怎样的思考和想法？

1. 具体思考

①有了“奖孝金”，那些以前不来看的，或者看得少的，现在来的次数多了的子女，他们真的就变“孝”了吗？②那些真正孝顺的子女，在“奖孝金”面前将陷入怎样的道德陷阱？③当老人们得知此事后又会有何感想？④护理院的“奖孝金”制度真的有必要吗？会带来怎样的社会影响……

2. 参考立意

（1）不赞同护理院此举。孝悌是“为仁”之本，当发乎内心自觉，倘若看望父母还需人来奖励，这本身就是不孝。因此这种奖励机制让子女看望父母带上了功利色彩，也会让老人为此寒心。

（2）赞同护理院设立“奖孝金”制度。此举可以起到提醒子女孝顺父母的作用，唤醒子女心中的亲情与孝心，提醒子女重视对老人的精神赡养。

（3）辩证看待护理院此举（最佳，辩证思考）。一方面，护理院设立“奖孝金”制度，其初衷是好的，目的是唤起更多子女抽空陪伴父母、与父母共享天伦的意识，但人的感情一旦与“利”挂钩，多半会变质。

3. 立体分析（多角度探究）

①分析导致护理院此举的社会因素；②分析护理院此举的利弊（影响），可衍生分析金钱与情感的关系；③追溯“孝”的文化渊源；④结合材料分析“孝”的社会价值与意义；⑤提出解决这一社会问题的方法策略……

（六）评估总结

从教学目标来看：本节课具体、适宜、针对性强。从教学思路设计看：所选材料难度适中，便于学生初步掌握审题技巧。整节课思路脉络清晰，环环相扣，具有让学生主动参与课堂的可操作性，能逐步强化学生对知识点的掌握。

（七）迁移巩固

阅读下面材料，根据要求完成材料后面的设问。

为了让高一新生顺利开启崭新的学习生活，南粤中学将举办成长分享会，拟邀请一位优秀的高三学生，做主题为“新起点，新未来”的发言。该校高三年级学生会提出了三名人选。文佳，进入高中后积极参加各类社会实践活动，她与同学合作的模拟政协提案在“全国青少年模拟政协活动”中表现出色，被带到了全国“两会”，备受社会瞩目。刘江，痴迷于程序设计，在学习高中课程的基础上不断深入研究，成功申请了一项国家专利，多所高校向他伸出了橄榄枝。张晓，出生于中医世家，早已立下从医志向，为考上最好的医科大学，他全身心投入学习，高中三年的成绩一直居年级前列。

作为高三学生，你认为哪位同学更合适在成长分享会上发言？请给南粤中学高三学生会写一封信，推荐其中的一位同学，表达你的看法，并阐述理由。

写作由头	
作者身份	
写作对象	
写作文体	
写作内容	

立意：____

第二课时

教学目标

（1）知识的了解与记忆：明确多则材料作文常见的关系类型。

（2）技术的理解与运用：探究多则材料作文审题立意的方法。

（3）态度的倾向与变化：通过严谨的步骤，审出精当的立意；训练学生审题立意的思维能力。

教学条件分析

1. 内部条件

笔者教的班级是理科班，通过平时的写作训练发现，学生作文审题分析能力弱。就多则材料作文审题而言，学生普遍存在的审题立意的问题是：①不会抓关键词；②随意替换关键词；③不顾及整体全面，不能建立起材料之间应有的联系，不能筛选或糅合材料。所以本人认为针对此教学对象，应着重让学生掌握多则材料作文审题的技巧方法，让他们知道多则材料作文审题并不难，关键是要学会如何“化难为易”。

2. 外部条件

同第一课时（有利于学生用熟练的方法加强知识的习得）。

教学步骤

（一）激发动力

通过 PPT 展示作文审题立意出现的问题实例：①不会抓关键词；②随意替换关键词；③不顾及整体全面。明确本课时是学习多则材料作文审题立意的方法，同时要注意避免出现上述的这三个问题。

（二）告知目标

学习多则材料作文审题立意的方法和技巧，学会整合材料，学会辩证思考。

（三）呈现材料

材料 1：2018 年全国 Ⅰ 卷·作文题。

阅读下面的材料，根据要求写作。

2000 年　农历庚辰龙年，人类迈进新千年，中国千万“世纪宝宝”出生。

2008 年　汶川大地震。北京奥运会。

2013 年　“天宫一号”首次太空授课。

　　　　　公路“村村通”接近完成；“精准扶贫”开始推动。

2017 年　网民规模达 7.72 亿，互联网普及率超全球平均水平。

2018 年　“世纪宝宝”一代长大成人。

　　　　　……　……

2020 年　全面建成小康社会。

2035 年　基本实现社会主义现代化。

一代人有一代人的际遇和机缘、使命和挑战。你们与新世纪的中国一路同行、成长，和中国的新时代一起追梦、圆梦。以上材料触发了你怎样的联想和思考？请据此写一篇文章，想象它装进“时光瓶”留待 2035 年开启，给那时 18 岁的一代人阅读。

材料 2：

有一句养花的谚语：“养花先养叶，养叶先养根。”意思是要想使花开得好，必须先把花的根、茎和叶子养好，如果花的根、茎、叶还未生长发育好，就急着“让”它去开花，那么，开出的花往往就会花期短，花头小，颜色也不鲜艳。根深叶茂，叶茂花繁。

买过新汽车的人都知道，汽车有磨合期。在新车的磨合期，车速不能太快，只有这样，这辆汽车未来才能风驰电掣。如果在新车的磨合期高速行驶，汽车就会早衰，该急速行进时，就会力不从心。

百米赛的关键往往是起跑，起跑领先了，就成功了一大半。但长跑的要诀却是保存实力，马拉松长跑竞赛，起跑是否领先并不重要，马拉松竞赛的特点是谁笑到最后谁笑得最好。

材料 3：

①天下绝无不热烈勇敢地追求成功，而能取得成功的人。——拿破仑

②遇事无难易，而勇于敢为。——欧阳修

③匹夫见辱，拔剑而起，挺身而斗，此不足为勇也。——苏轼

④勇于敢则杀，勇于不敢则活。——老子

要求：分析以上三则材料，分别确定其立意，并探究立意方法有何不同。

（四）指导学习（可反向交给学生分析）

1. 材料 1 方法点拨

一代人有一代人的际遇和机缘、使命和挑战。你们与①新世纪（关键词）的中国一路同行、成长，和中国的②新时代（关键词）一起追梦、圆

梦。以上材料触发了你怎样的③联想与思考？（“联想和思考”意味着你可以写成自己和新时代中国共同成长和进步的故事，也可以表达自己在新时代奋斗的过程中产生的认识。）请据此写一篇文章，想象它装进“时光瓶”留待④2035 年开启，给那时 18 岁的一代人阅读。（对象是 2035 年满 18 岁的一代人，意味着他们是已经享受到基本实现社会主义现代化的一代人。你要让他们感受到你们这一代人的成长和奋斗历程。2035 年离建国 100 年的奋斗目标还有十几年，应该有对 2035 年 18 岁的那一代人寄予的希望。）

审题立意：围绕新世纪与中国一路同行、成长，和中国的新时代一起追梦、圆梦。

①走进新时代：肩负使命，敢于挑战。

②和新时代一起追梦、圆梦。

③际遇难得，使命追梦。

④做有理想、有本领、有担当的一代。

⑤在实现中国梦的生动实践中放飞青春梦想。

【方法】互补法：同向互补叠加，相辅相成；抓住共同话题，综合几则材料内容审题立意

2．材料 2 方法点拨

第一段：养花先养根和叶，不急于开花。

第二段：开车先磨合，不急于开快。

第三段：长跑先存力，不急于冲刺。

三个段落都说的是“不要急于干什么”，因此我们可以用“求同”的方法综合以上审题分析总结出以下立意：不要急于求成；厚积薄发；欲速则不达。

【方法】求同法：同向自然归一，相融相成，以几则材料的共同点作为立意点。

3．材料 3 方法点拨

（1）审题分析：

前面两句从正面肯定勇敢：

①强调勇敢与成功的关系。

②遇事不管困难还是容易，贵在敢作敢为，强调勇敢与做事的关系。

后面两句从反面否定勇敢：

③强调挺身而斗不足为勇。普通人一旦受到侮辱，就挺身去决斗，这可谈不上勇敢。

④勇于主观蛮干，则将败亡。勇于不敢主观蛮干，则将保全自身，强调

勇于不敢则活。真正的智者，面对尚不理解的问题，从不凭主观意愿蛮干妄为。

（2）特点：这四句话看似矛盾，实则后两句是对前两句内容上的补充，区分了匹夫之勇、盲目蛮干与真正的勇之间的差别。因此，立意要辩证思考匹夫之勇、盲目蛮干与真正的勇的关系。

（3）最佳立意：

①要智勇，不要愚勇/鲁莽。②要勇敢，但不要盲目蛮干。③处事要勇敢更要理智。

【方法】求异法：找到几则材料的不同点和联结点，紧扣联结点辩证立意。审题时，逐则分析，理解文意之后对比分析，寻找联系然后综合分析，最后确定立意。

（五）落实训练

材料1：

杨振宁先生曾对弟子翟荟说，做科研要“宁拙勿巧”；翟荟教授也说，“宁拙勿巧”是一种科研态度，一方面是说做科研不要投机取巧，必须诚实；另一方面是说做学问没有捷径可走，必须一步一个脚印。

材料2：

俄罗斯谚语：“巧干能捕雄狮，蛮干难捉蟋蟀。”这句话道出了一个普遍的真理，即做事要讲究方法，巧干胜于蛮干。

要求：理清上述两则材料之间的关系，总结立意方法，确定立意。

具体点拨、启发提问：

（1）关键词有哪些？该怎样理解？材料的内涵是什么？

守拙勿巧：拙，拙诚；巧，投机取巧。巧干：巧，讲究方法。

材料1内涵：守拙，不是笨重，不是木讷，不是固执。而是竭尽心智，穷其工力，踏踏实实做事，勤勤恳恳工作的一种精神追求。

材料2内涵：巧干不是投机取巧，不是缺斤少两，而是深思熟虑，是说做事要讲究方法。

（2）两则材料看似对立，为何能统一起来？可以怎样立意？

明确：守拙是一种态度一种精神，巧干是讲究方法，二者相辅相成。

立意参考：既要脚踏实地，又要讲究方法。

踏实做事，灵活处事；巧拙相济，行稳致远；巧拙互补，聚力合一；巧拙并重，方成大事。

【方法】理性辨析、一分为二地分析问题，并将两方面对立统一、综合归纳观点，即辩证分析法。

（六）评估总结

特点　　　　　　方法

多则材料作文
- 同向
  - 互补叠加 → 互补法：综合几则材料的内容抓共同话题
  - 主旨归一→ 求同法：以几则材料的共同点为立意点
- 反向→对立相反，辩证统一→求异法：抓几则材料的不同点和联结点辩证立意

（七）迁移巩固

请根据本课时所学，分析以下三则材料，明确材料特点，使用恰当的审题立意方法，得出正确立意。

材料1：姚明率领中国男篮的队友们，为中华骨髓库捐献造血干细胞。姚明郑重承诺，一旦配型成功，立即放弃一切，回国捐献。姚明还表示：除了捐献骨髓，他还将抽出时间，参与相关公益推广活动。

材料2：成龙在上海组织慈善周末，又是演唱会，又是美女赛车，又是慈善拍卖晚会，很是惹眼，但目的只有一个，慈善捐献。成龙表示将带领更多好朋友参与慈善事业。

材料3：苏有朋利用过生日时机，成立“苏有朋慈善基金会”，把生日收到的贺金作为第一笔慈善基金会的基金，并表示以后会通过义演等手段增加基金会的基金，帮助更多的人。

要求：阅读以上三则材料，根据本课时所学立意方法，完成下列横线上的内容。

____________________（材料特点）____________________（方法）

立意角度：____

（高雪　中山市小榄中学）

学写小小说

讲好一个故事
——“学写小小说”作文教学设计

写作主题解读

统编高中语文教材选择性必修上册第三单元核心写作任务是“学写小小说”。在以往的高中作文教学中，小小说通常遭受冷落，小小说写作的地位已经被边缘化。大多数教师认为作文写小小说的风险极大，所以，常把“不写小说”作为戒律叮嘱学生。学生普遍缺乏对小小说文体特征的认识，更谈不上系统训练。

在没有文字之前，人类就不断地在讲故事，听故事。人们在叙述故事的过程中进行交流与沟通。故事孕育了中国悠久绵长、博大精深的文化。故事是中国文化宝藏里璀璨夺目的明珠，焕发出亘古不变的光华。

学写小小说能加强对学生思维方法的培养，提升学生素养。《中国高考评价体系》关于思维方法的二级指标“创新思维”的内涵明确要求：运用开放性、创新性的思维方式应对问题情境，组织相关的知识与能力，注重独立性、批判性、发散性的思考。结合小小说的文体特点，笔者从阅读鉴赏、情节构思、人物形象入手，以矛盾分析技术和虚实结合技术为支撑，完成小小说写作的实践过程。寄望小小说写作能够开启学生感知生活的灵性，培养学生的审美眼光，提升学生的思维水平。

教学课时

3 课时。

设计亮点

1．以激发兴趣、动机为先导

笔者先从中考、高考优秀作文里选择了几篇小小说，印发给学生，让学生在阅读同龄人的作品的同时，感受小小说展现的千姿百态的社会生活，体察千变万化的人类心灵，感受大胆创新、张扬个性的表达方式，消除学生对小小说的畏惧感，增强学生创作的信心。在作品点评上，引导学生用赞赏的眼光去看待同学的作品，看到精彩的构思，不吝惜欢呼声、赞叹声。让分享、交流、改进成为日常写作评价的常态。

2. 注重具体感知和聚焦技术

对于小小说的特点，笔者不满足于一般教学参考书中抽象式的概括，而是精选优秀作品，以小说、诗歌等“老友”为媒，结交小小说“新朋”。在赏析作品中给学生立体型的感知，化抽象为形象，读中导写，点燃学生写作热情。聚焦技术，增强指导的针对性。以矛盾冲突和虚实结合技术为支撑，搭建课堂支架，启发学生思维，让学生有路可循，有法可依，能够更好地写作，提高感悟生活、思考生活的能力。有了技术支撑，学生能更巧妙地表达个人的心理认知、情感需求和心灵感受，能更自如地运用语言文字进行表达与交流，从而真正让写作成为学生“认识世界，认识自我，进行创造性表达的过程”。

第一课时

教学目标

（1）理解小小说的文体特征。

（2）领会小小说的写作要求，感受小小说的独特魅力，学习运用小小说的形式反映生活。

教学条件分析

上课前，笔者在所任教的两个班级中进行了关于小小说写作的问卷调查。调查数据显示，有93.7%的学生表示在小学或者初中阶段从来没有写过小小说，有81.4%的学生认为议论文写作更重要，72%的学生对小小说的文体特征不了解，只有22%的学生会经常阅读小小说或者摘抄经典小小说。调查结果显示，学生不仅缺乏小小说写作的经验，而且对其文体特征也不明晰。

基于学情分析，为了激发学生的阅读兴趣，笔者从中考、高考优秀作文里选择了几篇小小说——《给高玉兰的一封信》《我是一只想死的“老鼠”》《青瓷》，印发给学生，让学生在阅读同龄人的作品的同时，感受小小说展现的千姿百态的社会生活，体察千变万化的人类心灵，感受大胆创新、张扬个性的表达方式。让学生懂得，优秀作文不一定要写议论文这种“千篇一律”的形式，优秀作文也可以呈现出“千变万化”的特点，各种创意文体同样可以精彩纷呈。

为了打开学生小小说写作的思路，让学生体验小小说写作的乐趣，笔者采用的“策略”是：“老友”为媒，结交“新朋”。心理学研究表明：人要适应陌生的环境必须有前提或者过程，或者朋友介绍，或者似曾相识。学习新的知识，从回忆相关的旧知识入手，大脑更加容易接受。小小说，是小说的一种类型，与小说、散文、诗歌等文学形式有着千丝万缕的联系。因此，经由学生熟悉的文学样式，以“老友”为媒介，认识“新朋”，是比较精准、便捷的操作方法。

教学步骤

（一）激发动力

同学们，在本单元，我们跟随世界级的小说大师进行了一次奇异的漫游，认识了大卫·科波菲尔、聂赫留朵夫、圣地亚哥、布恩迪亚等人物，认识了千姿百态的社会环境，领略了丰富多彩的人类文化。与此同时，我们也了解到小说创作的一般规律，很多同学也产生了创作的冲动。今天，我们一起来学习小小说的创作。

（二）告知目标

（1）通过经典小小说的阅读，理解小小说的文体特征。

（2）能够根据小小说的写作方法，补充小小说的结尾。

（三）呈现材料

陨盗

陶渊明

蔡裔有勇气，声若雷震。尝有二偷儿入室，裔拊床一呼，二盗俱陨。

大款轶事

赵文岩

大款P外出游山玩水，携带装有巨款之密码箱住进高级宾馆。后来忽然发现箱内巨款不翼而飞，可是箱却未损坏一丝一毫，P大惊失色，又大惑不解。后案破，审问那小偷：“何以得知密码，迅速开箱？”回答：“我摁888，果然打开。”

地球上的最后一个人

弗里蒂克·布朗

最后一个地球人坐在家里，突然响起了敲门声……

丈夫支出账单中的一页

马克·吐温

招聘女打字员的广告费……（支出金额）
提前一星期预付给女打字员的薪水……（支出金额）
购买送给女打字员的花……（支出金额）
同她共进的一顿晚餐……（支出金额）
给夫人买衣服……（一大笔开支）
给岳母买大衣……（一大笔开支）
招聘中年女打字员的广告费……（支出金额）

（四）指导学习

1. 阅读上面四篇小小说，分别找出小说的三要素

标题	人物	情节	环境
陨盗	______	两小偷入室行窃，______	______
大款轶事	大款P、______ ______	______ ______	宾馆，______ ______
地球上的最后一个人	地球上的最后一个人	一个人独坐，______ ______	地球上的最后一个人的家里
丈夫支出账单中的一页		丈夫提前支付女打字员薪水，______ ______	办公室，______ ______

明确：

标题	人物	情节	环境
陨盗	蔡裔、两小偷	两小偷入室行窃，蔡裔拍床一喊，两小偷都被吓死了	深夜，室内
大款轶事	大款P、小偷	大款P密码箱完好无损，但箱内巨款不翼而飞，原来是小偷谙熟吉利数字崇拜之风，用“888”打开了密码	宾馆，警察局

续上表

标题	人物	情节	环境
地球上的最后一个人	地球上的最后一个人	一个人独坐，听到敲门声	地球上的最后一个人的家里
丈夫支出账单中的一页	丈夫，女打字员，妻子，岳母	丈夫提前支付女打字员薪水，给她送花，与她共进晚餐，被妻子发觉后，为平息事端，花大笔钱给妻子、岳母买衣服，最终辞退原来的女打字员，另外招聘一名中年女打字员	办公室，家里

2．小小说的特点

（1）篇幅________

如《地球上的最后一个人》《陨盗》都只有一二十个字。

（2）立意________

小小说往往从平凡生活中发掘出不平常的思想意义，以小见大。

（3）情节________

作者往往选取富有典型特征的瞬间或镜头来表现人物特点，从而造成令人回味的效果。

（4）人物________

小小说中的主要人物通常只有一两个人，次要人物也很少，人物间的关系并不复杂。

（5）语言________

明确：

（1）短小；（2）深刻；（3）简单；（4）集中；（5）精练。

3．小小说的写作要求

（1）____________________

（2）____________________

（3）____________________

明确：

（1）确定一个深刻新颖的立意。（2）讲好一个引人入胜的故事。（3）写活一个丰富圆满的人物。

（五）落实训练

给下面的小小说补上结尾。

让座

我站在无轨电车里，身旁有个老婆婆，手扶着椅背站着。旁边的座位上大模大样地坐着一个 15 岁上下的小伙子，使劲盯着窗外，仿佛生平头一回见到这城市的风景似的。

我开口对老婆婆说话了，其实是说给那个小伙子听的。

“唉，现在的年轻人可真缺乏教养！”

“说得对啊，说得对啊，”老婆婆点了点头，“就是没有教养嘛！”

“不知道学校是怎么教他们的！”

“说得对啊，学校是怎么教他们的！”老婆婆同意我的说法。

“大概他们的父母也是这种人。”我瞪着那小伙子说，可他却无动于衷。

“有什么样的父母，就有什么样的孩子。”老婆婆叹气说。

“真不像话！年轻力壮的小伙子坐着，却让老婆婆站在那里！”我的声音已经很高了。

“喂，你这小青年，”我终于忍不住碰他的肩膀，“说的就是你呐，还不给老人让座！”

（六）评估总结

小小说跟一般的记叙文、议论文、散文等文体相比有不同的特点。它“麻雀虽小，五脏俱全”，尺幅之间，风生水起，扣人心弦。跌宕起伏的情节，出人意料的结局，让故事魅力倍增，让读者心潮起伏。

课堂练习从片段补写入手，字数要求不多，难度不大，学生不会因为畏惧心理而拒绝参与，失去写作体验的机会。通过分析学生的结尾补写，强调小小说叙事要根据主题或意图进行取舍或加工，构建一个真实存在的心灵世界，引导学生打开思维，拓宽视野，从而丰富主题思想，使作品更富有张力和感染力。

（七）迁移巩固

请从“手机、世界、阴影、杯子、落日”中选择一两个意象，写一篇小小说。

第二课时

教学目标

（1）了解小说的矛盾冲突技术。

（2）能运用矛盾冲突技术，进行小小说创作，使小小说更具吸引力。

教学条件分析

通过上一节课的学习，学生基本理解了小小说的文体特征，认识了小小说的写作要求，并获得了小小说片段写作的初步经验。学生对小小说写作有了一定的感性认识，但要把小小说写得有吸引力，创造出匠心独运的艺术张力，还需要一定的技术支撑，形成写作能力。

通过批改学生作业，笔者发现学生写出来的小小说，很多只是平铺直叙，没有戏剧性的突转，没有吸引眼球的故事内核，只是简单交代一个事件，然后发表议论，谈谈个人感受，没有故事的味道。或者胡编乱造，不合情理，充斥大量的穿越、传奇等内容，故事牵强荒诞。或者没有故事情节，把故事当成一般的散文来写。可见，学生虽然对小小说的文体特征有所认识，但要真正写出有吸引力的故事，还需要掌握一定的写作技术。

为了解决学生不会写故事的难题，需要传授叙事技巧：设置矛盾冲突，使故事曲折跌宕。以矛盾冲突技术为方法，搭建课堂支架，让学生写作有路可循，有法可依，消除对写作的陌生感、畏惧感，使学生第一时间能产生写作的熟悉感和自信心，使写作最终走向感性与理性的融合。

教学步骤

（一）激发动力

“文似看山不喜平”，而小小说由于篇幅的限制，对所讲故事的要求更高，更注重情节的曲折，讲究奇峰突起，江河陡转。所以，在构思方面，小小说要注意“讲出一个好听的故事”。这节课，我们将学习讲好一个故事的方法，运用矛盾冲突技术将小小说写得引人入胜。

（二）告知目标

（1）了解矛盾冲突技术。

（2）能运用矛盾冲突技术，进行小小说创作，使小小说更具吸引力。

（三）呈现材料

“矛盾冲突”是指因认识不同或言行冲突造成的隔阂、嫌隙；或是指相互依赖而又互相排斥的事物或思维中的两个对立面。

矛盾冲突种类：

①人与自然的冲突；②人与社会的冲突；③人与他人的冲突；④人物自我内心的冲突。

写好小说，必须设计好矛盾冲突，合理推动故事情节的发展，表现深刻的主题。需要做到：

①明确冲突对象；②寻找冲突分歧；③分析因果关系；④把握小说主题。

（四）指导学习

指导学生理解矛盾冲突技术的概念，引导学生寻找课文《祝福》《老人与海》里的矛盾冲突例子，并分析同学作品的矛盾冲突技术。

1．分析文本《祝福》

<table>
<tr><td colspan="2">冲突对象</td><td>祥林嫂</td><td>鲁四老爷</td></tr>
<tr><td colspan="2" rowspan="2">冲突分歧</td><td colspan="2"></td></tr>
<tr><td>渴望参与、被承认、被接纳</td><td></td></tr>
<tr><td rowspan="2">因果关系</td><td>结果</td><td colspan="2"></td></tr>
<tr><td>原因</td><td colspan="2"></td></tr>
<tr><td colspan="2">小说主题</td><td colspan="2"></td></tr>
</table>

2．分析文本《老人与海》

<table>
<tr><td colspan="2">冲突对象</td><td>老人</td><td>大自然</td></tr>
<tr><td colspan="2" rowspan="2">冲突分歧</td><td colspan="2"></td></tr>
<tr><td>大马林鱼足以让老人“整个冬天衣食无忧”</td><td></td></tr>
<tr><td rowspan="2">因果关系</td><td>结果</td><td colspan="2"></td></tr>
<tr><td>原因</td><td colspan="2"></td></tr>
<tr><td colspan="2">小说主题</td><td colspan="2"></td></tr>
</table>

明确：

（1）分析文本《祝福》。

<table>
<tr><td colspan="2">冲突对象</td><td>祥林嫂</td><td>鲁四老爷</td></tr>
<tr><td colspan="2" rowspan="2">冲突分歧</td><td colspan="2">祥林嫂是否能参与祭祖“祝福礼”的准备</td></tr>
<tr><td>渴望参与、被承认、被接纳</td><td>认为不干净、不合礼法，不准参与</td></tr>
<tr><td rowspan="2">因果关系</td><td>结果</td><td colspan="2">祥林嫂离开鲁家悲惨死去</td></tr>
<tr><td>原因</td><td colspan="2">封建礼教思想的影响</td></tr>
<tr><td colspan="2">小说主题</td><td colspan="2">封建礼教思想对普通劳动妇女的残害</td></tr>
</table>

（2）分析文本《老人与海》。

冲突对象		老人	大自然
冲突分歧		大马林鱼能否被抢走	
冲突分歧		大马林鱼足以让老人“整个冬天衣食无忧”	鲨鱼强悍、凶猛、嗜血
因果关系	结果	老人战胜了鲨鱼，拖着大马林鱼的骨架上岸	
因果关系	原因	老人有维持生存的需求，有强大的意志力	
小说主题		人要依靠强大的忍耐力和意志力，才能战胜困境与障碍	

3．分析同学作品

遗憾的阴影

中山市龙山中学高二（1）班　黄昌龙

（正文略）

冲突对象			
冲突分歧			
冲突分歧			
因果关系	结果		
因果关系	原因		
小说主题			

明确：

冲突对象		老林	老林自己
冲突分歧		老林不听课，物理也能取得好成绩	
冲突分歧		老林物理课堂睡觉	老林把所有时间放在语文、英语科目
因果关系	结果	老林中考失败	
因果关系	原因	物理三道大题答错位置	
小说主题		骄兵必败，细节决定成败	

（五）落实训练

法国思想家狄德罗说：“人是一种力量与软弱、光明与盲目、渺小与伟大的复合物，这并不是责难人，而是为人下定义。”人，是矛盾的综合体。认识人性的矛盾复杂，才有可能写出伟大动人的作品。但是，高明的作家总能在矛盾中发现统一性。

请运用矛盾冲突技术，写一个小小说片段，刻画你熟悉的一个人物形象。时间 10 分钟。

请 3 ~4 位学生宣读自己的作品，师生评议。评议重点：

①人物的矛盾冲突体现在什么地方?

②人物矛盾冲突背后的统一性有什么特点?

评议环节约 10 分钟，鼓励学生养成大胆展示、积极发言的习惯。

（六）评估总结

矛盾冲突是最能影响故事质量的要素，基于对矛盾冲突技术的理解，学生能够设置合理的冲突对象，找准冲突分歧，推动故事情节的发展与变化，显示人物的性格和心理，使故事带有趣味性和吸引力，从而引发读者的关注和兴趣。

通过对教材中的经典文章和同学作品的分析，学生了解了矛盾冲突技术的运用方法。矛盾冲突的构成是：个人愿望遭遇到了障碍。这个较为固定的思维模式便于学生运用，学生实践熟练后，能够逐步改进模式，甚至跳出这个模式。

（七）迁移巩固

请运用矛盾冲突技术，以新冠疫情为背景，写一篇小小说。

第三课时

教学目标

（1）了解虚实结合技术。

（2）能运用虚实结合技术，进行小小说创作，使小小说更具吸引力。

教学条件分析

通过上两节课的学习，学生认识了小小说的写作要求，并能运用矛盾冲突技术进行小小说创作，使小小说情节跌宕起伏、扣人心弦，人物形象丰满鲜活、有血有肉，深刻地揭示社会生活的本质。

现实主义小小说是小小说其中的一个类型，强调通过矛盾冲突尽可能准确地反映社会生活，但这并不能使学生全面地理解小小说。学生在教材中接触到的小小说，不能单单靠矛盾冲突来完整解释。美国学者韦勒克和沃伦在其《文学理论》中说：“文学作品所处理的都是一个虚构的世界、想象的世界。”这类作品采用夸张、变形、想象的笔触，突破生活本来的面貌，摆脱写实的桎梏，着眼于神似和写意。其反映的生活，具有更开阔的广度，更丰富的多样性，关注人类生活更隐秘的角落，关注更多样的人的生活方式。

所以，为了让学生更全面地理解小小说，更灵活地运用小小说的创作方法，笔者准备了另一种技术——虚实结合技术。对于这种技术，学生也并不陌生，在诗歌鉴赏、散文阅读等方面，学生都有所认识，所以我准备以小说、诗歌等“老友”为媒，带领学生结交小小说这个“新朋”。

教学步骤

（一）激发动力

想象是文学作品创作的起点，写作离不开想象的参与。好的文章往往得益于美妙的想象，例如受众多读者喜爱的《哈利·波特》《三体》，还有我们的经典课文《百年孤独》《变形记》等。这类作品之所以精彩，其中一个主要原因就是其具有丰富的想象。这节课，我们将继续学习讲好一个故事的方法，运用虚实结合技术将小小说写得多姿多彩。

（二）告知目标

（1）了解虚实结合技术。

（2）能运用虚实结合技术，进行小小说创作，使小小说更具吸引力。

（三）呈现材料

“想象”是指人对头脑中已有的表象进行加工改造，形成新形象的过程。

“虚实结合”是把抽象的述说与具体的描写结合起来，或者是把现实生活的描写与回忆、想象结合起来。

诗歌理论关于“虚实结合”的内容：

（1）实写：眼前之景。

（2）虚写：

①神仙鬼怪世界。

②梦中之境。

③已逝之景。

④未来之景。

⑤内心感情。

（四）指导学习

指导学生理解虚实结合技术的概念，引导学生寻找课文《复活》和《百年孤独》里运用了虚写内容的例子，并分析同学作品的虚实结合技术。

1. 找出《复活》和《百年孤独》的虚写内容

虚写内容	复活	百年孤独
神仙鬼怪世界		
梦中之境		
已逝之景		
未来之景		
内心感情		

明确：

虚写内容	复活	百年孤独
神仙鬼怪世界	—	丽贝卡父母的骨殖发出响声
梦中之境	—	丽贝卡梦见父母
已逝之景	玛丝洛娃回忆聂赫留朵夫带给自己的幸福和痛苦	丽贝卡失去父母、颠沛流离的过去
未来之景	—	奥雷里亚诺预测有人要来马孔多，马孔多人患上了失忆症状
内心感情	聂赫留朵夫内心对拯救玛丝洛娃的动摇	丽贝卡内心的惊恐不安，对爱的渴望，乌尔苏拉对丽贝卡的关爱等

2. 学生作品：找出虚写内容

北冥之死

中山市龙山中学高二（2）班　高青山

（正文略）

虚写内容	北冥之死
神仙鬼怪世界	
梦中之境	
已逝之景	
未来之景	
内心感情	

明确：

虚写内容	北冥之死
神仙鬼怪世界	虚拟一个没有光的虚暗世界——北冥
梦中之境	—
已逝之景	“我”回忆和她在一起的片段
未来之景	“我”对她的爱不会因生命消失而消失
内心感情	“我”为了她而拼命，又因保护不了心爱的她而懊悔

（五）落实训练

请同学们运用虚实结合技术，续写《地球上的最后一个人》。时间 10 分钟。

地球上的最后一个人

最后一个地球人坐在家里，突然响起了敲门声……

请学生展示作品，学生互评。评议重点：

（1）作品的虚构内容是否合理，能不能结合科技元素、科学原理等。

（2）虚写内容能否与现实勾连，能不能启发读者反思。

评议环节约 10 分钟，鼓励学生养成大胆展示、积极发言的习惯。

（六）评估总结

虚构性是小说的一大特点，想象与虚构是小说构造的基本方式。虚构叙述可以是子虚乌有的世界，可以是对过往事件的选择，也可以是未来某个时间发生的事情，还可以是西方意识流的自由联想、内心独白等。这种虚构，超脱了具体的真实，在更高层面体现抽象化的真实，是一种按照心理的“可然律或必然律可能发生”的更深层次的真实叙述。艺术家“有权利，甚至可以说有责任使历史的真实屈从于艺术的规则，按照自己的需要，加工得到素材”。

基于对虚实结合技术的理解，学生能够大胆用想象、联想的方式，打破时空限制，让过去、现在和未来交替出现，使故事起伏跳跃，在有限的篇幅内，反映丰富的心灵世界和生活内容。虚实结合包孕着巨大的时间和空间的抽象概括，具有与众不同的审美特征。这种表达是一种审美的心灵的表达，也许跟当前现实不符，但是符合写作者心里的感受，符合艺术审美。这样，学生就找到了表达自我、感悟世界的一种艺术的方式。

（七）迁移巩固

请综合运用矛盾冲突、虚实结合技术，以“等到那一天”为题，展开丰富想象，写一篇小小说，力求使小小说合情合理。

（陈晓敏　中山市龙山中学）

一粒沙里见世界

——“学写小小说”作文教学设计

写作主题解读

小小说当是尺水、是斗方、是盆景、是扇面，格局微小而别具风格。当徜徉其中之时，你会发现有的峰回路转，别有洞天；有的破译迷津，恍然大悟；有的悬念迭出，余音绕梁；有的柳暗花明，再现风景……

小小说有如微雕艺术，方寸之间却展现着大千世界，无论从艺术手法还是反映生活方面都丝毫不逊色于中长篇小说，跌宕起伏的情节，生动传神的人物，拍案叫绝的构思，都彰显着小小说的魅力。对小小说特点的归纳，既有益于学生的阅读，又有助于学生的写作，可谓一箭双雕，一举多得。

如果在考场作文中，能写出这种一波未平一波又起、妙趣横生的文章来，肯定能吸引住阅卷老师的眼球。总结起来，有以下两种技术可供学生参考：情节反转技术、悬念起伏技术。

教学课时

2 课时。

设计亮点

（1）当前的作文教学方法较多，可谓是百花齐放，笔者觉得这是一种正常的现象。“文无定法”，作文教学本来就应该这样。然而，“文亦有法”。面对这么多的方法，学生可谓眼花缭乱，如果教师能够设计一些学生容易掌握的技术，那么学生学起来就会轻松很多。为此，笔者设计了两种小小说写作技术，分别为情节反转技术、悬念起伏技术。

（2）古人云：“以铜为镜，可以正衣冠；以古为镜，可以知兴替；以人为镜，可以明得失。”正所谓“历史的经验值得注意”。为了提高学生的写作兴趣，帮助他们迅速地掌握这两个小小说写作技术，笔者讲述了两个历史故事，既有利于增强整个课程的趣味性，又有利于启迪学生的智慧。

第一课时

教学目标

（1）理解情节反转技术的含义及注意事项。

（2）能够运用情节反转技术进行写作。

教学条件分析

小小说写作需要思想的创造，这不仅仅需要高中生能够写出一篇符合题目要求的小小说，它更是要学生在这篇作文里表达一些自己的想法和观点，所以学生必须掌握一定的写作技术。情节反转技术是从情节的运行、发展过程中，制造微型小说的大变化、大反差的一种情节技巧，即故事情节没有沿着它的正常规律发展，而是最后突然来个一百八十度的陡转，从而达到令人意想不到的结局。掌握情节反转技术，有利于学生更好地表达自己的想法和观点。

一部好的小说除了作者的文笔精湛之外，最重要的就是故事情节的巧妙。那么什么样的故事情节才能吸引读者？小说情节到底该怎么样去设置？在小小说写作的教学过程中，教师往往把重点放在小说语言的锤炼上，以至于学生在写作时感到非常迷茫，不知道怎样设置故事情节。情节反转技术是一种布局谋篇的方式，教师可以让学生熟练掌握这种写作技术，同时让学生知道运用情节反转技术应注意的问题。教师可以通过“走出枯井”的故事进行启发，通过具体语段进行分析，通过简洁的写作技术进行巩固。

教学步骤

（一）激发动力

有一天，某个农夫的一头驴子不小心掉进一口枯井里，农夫绞尽脑汁想办法救出驴子，但几个小时过去了，驴子还在井里痛苦地哀嚎着。最后，这位农夫决定请左邻右舍帮忙把驴子埋了。当铲进井里的泥土落在驴子的背部时，驴子的反应令人称奇——它将泥土抖落在一旁，然后站到铲进的泥土堆上面！就这样，驴子将大家铲倒在它身上的泥土全数抖落在井底，然后再站上去。

这个小故事便很好地运用了情节反转技术，当主人感到驴子必死无疑，要用土把它埋了时，驴子却出其不意地活了下来，给人惊喜和意外之感。

（二）告知目标

本课时的目标就是学习情节反转技术。所谓的情节反转技术，是从情节的运行、发展过程中，制造微型小说的大变化、大反差的一种情节技巧，即故事情节没有沿着它的正常规律发展，而是最后突然来个一百八十度的陡转，从而出现令人意想不到的结局。

（三）呈现材料

“自由，彻底地自由了。”她激动地喃喃自语。

此刻约瑟芬站在门外焦急地哭着。

“请开门，你这样会伤害你的身体。露易丝，请你，请你开门！”

过了一会她起身打开门，出现在约瑟芬眼前，她的姐姐感到意外。这时的她，双眸明亮热烈，面颊红润，顾盼生辉，她没意识到她此刻是多么的健康，她看起来是那么的自信快乐！

她们下了楼，理查德还在客厅里无比担心着可怜的露易丝。

但是理查德还是反应得太迟了。

当医生来到的时候，他们说，露易丝死于心脏病——死于她的心脏不能承受的快乐。

以上内容节选自美国作家凯特·肖邦的小小说《一个小时的故事》。这篇作品运用情节反转技术，相当有深度地揭示了那个时代里美国社会夫妇关系的危机，塑造了一个极力想摆脱家庭束缚，向往独立人格而最终为一刹那的自由感付出了宝贵生命的妇女形象。

（四）指导学习

情节反转技术有哪些呢？

1. 递升反转技术

即抓住一个情节因素先向上做一系列的延伸发展，待文章的蓄势做足后，再突然来一个下跌反转。

2. 释悬反转技术

即第一个细节是制造悬念，让读者顺着这个悬念引导的方向做某种猜测，然后在第二、第三个细节里，通过重复来强化和扩大这个悬念，把读者完全引向预先设计好的“圈套”里，在最后一个细节里则通过一句话或一个细节来迅速释放悬念，使故事的谜底和读者的猜测、预料刚好相反。

3. 双线碰撞技术

即一个人的故事与另一个人的故事发生碰撞——事件或“真相大白”，或“逆转”，或“骤升”。

（五）落实训练

1. 请运用情节反转技术为下面的小小说补写一个情节

父亲见儿子从学校拿回成绩单，便关心地问："考得怎么样，快念给我听听。"

儿子看了父亲一眼，胆怯地打开成绩单念叨："语文 52，数学 48，共计 100 分。"

【参考答案】"嗯，你'共计'这门考得不错。"父亲话音刚落，儿子忍不住"扑哧"笑了。

"看，一表扬你就骄傲了"，父亲板起脸来说，"要继续努力。"

【参考解析】这篇小小说的标题是《共计》。在这段文字中，作者先把我们的思路引到"儿子要被父亲批评了"这样一个方向，结尾的释悬却给情节来了一个大大的反转，出乎我们的意料。

2. 请运用情节反转技术为下面的小小说补写一个情节

一个秃头的老乞丐在街头乞讨。

人们缩颈揣手，行色匆匆，老乞丐一个子儿也没有讨到。

饥寒交迫中，他发现一个衣冠楚楚的绅士朝这边走来。乞丐忙迎上前去，伸出脏兮兮的手，颤巍巍地说："上帝保佑您，尊敬的先生，行行好，赏几个铜板吧。"

绅士看了看这个裹着破烂棉袄在寒风中冻得瑟瑟发抖的秃头老汉，便开始摸自己的衣袋，但摸遍了衣袋也没有找到一个铜板——他身上没有带钱。

可怜巴巴的老乞丐非常失望。

【参考答案】绅士踌躇了一下，摘下自己的帽子，放在乞丐摊着的手上。老乞丐捧着温暖的帽子不知所措，呆呆地看着绅士在寒风中渐渐远去——因为他发现，绅士也是个秃头。

【参考解析】这篇小小说的标题是《寒冬》。作者在文中两次运用了情节反转技术：第一次，绅士欲给乞丐钱，却没有带钱；第二次，绅士把帽子给乞丐，秃头乞丐发现绅士也是秃头。作品突出了绅士不是一般意义上的乐善好施，而是舍己助人。

3. 请运用情节反转技术为下面的小小说补写一个情节

老雷做生意，因为脑筋不灵活赔了"四位数"的本；在路上和一个瞎子相遇，他不但对瞎子说对不起，而且还站在那乖乖地挨打。

狗二是局长的儿子，他在街道管治安，经常打架，逗女孩子。有一次他去拿一个小姑娘的杏子吃，小姑娘不依，他耍开了威风，毫无道理地要罚卖杏的小姑娘。

【参考答案】老雷眼见狗二蛮不讲理，他怒不可遏，一拳就把狗二打倒在地。

【参考解析】第一条故事线索串起了两个具体细节，突出了一个老实善良、性格木讷的老雷。第二条故事线索串起了三个具体细节，突出了一个横行霸道、仗势欺人的狗二。两条故事线索发展到这里发生了碰撞。这个碰撞使老雷木讷的外表裹着容不得邪恶的正直曝光。

（六）评估总结

运用情节反转技术应注意的问题：

1. 事件本身的记叙与描写要采用常规写法

运用情节反转技术，关键在于情节的结尾与开头实现反转，而文章的整体表现手法并没有发生变化，只要按照常规写法进行记叙和描写就行了。太过离奇、太过雕饰只会让人产生一种不真实感。如小小说《桥》：

老汉沙哑地喊话："桥窄，排成一队，不要挤。党员排在后边。"

人群里喊出一嗓子："党员也是人！"

有人响应："这不是拍电影。"

老汉冷冷地说道："可以退党，到我这儿报名。"

竟没人再喊，一百多人很快排成队伍，依次从老汉身边跑上木桥。

水渐渐蹿上来，放肆地舔着人们的腰。

老汉突然劈手从队伍里揪出一个小伙子，骂道："你还是个党员吗？你最后一个走！"老汉凶得像只豹子。

小伙子狠狠地瞪了老汉一眼，站在一边。

队伍井然有序。

木桥开始发抖，开始痛苦地呻吟。

水，爬上了老汉的胸膛。终于，剩下了他和那个小伙子。

小伙子竟来推他："你先走。"

老汉吼道："少废话，快走！"他用手把小伙子推上了木桥。

突然，那木桥轰地塌了。小伙子被吞没了。

老汉似乎要喊什么，但，一个浪头也吞没了他。

正因为前边的喊话"党员排在后边"，使得老汉刚开始被人误会，最终父子二人失去了生命，显得合情合理。所以，在具体处理情节反转时，最好先用伏笔把后面发生的情节反转做点暗示或交代，这样一来，后面的情节反转虽在预料之外，但仔细一琢磨，就会觉得又在情理之中了。

2. 情节开端和结尾要采用反向发展的方式

运用情节反转技术，要求情节的开端和结尾，一定要构成相反的发展方向，以收到落差巨大的震撼效应，从而增强小说的故事性和曲折性。如小小说《夫妻》：

他们从结婚的第一天就开始吵，一点小事也要吵个天翻地覆。

吵闹声中儿子女儿出生、长大，他们也老了。于是，又“死老头”“老太婆”的每天对骂不休。

终于有一天，儿女哽咽着对卧躺在病床上的父亲说：“妈走了。”

老头嘿嘿一乐：“这下清静了！”

隔天早上，他们发现父亲不知什么时候停止了呼吸。

此段文字在巨大的情节落差中，让读者体会到了小小说的故事性和曲折性。

（七）迁移巩固

情节反转技术：开头入题—情节突起—顺势加剧—结尾反转。

即当小说确定主题、确定立意之后，在开头部分应迅速入题，在故事的发展阶段，或不断蓄势，为后文的情节反转作铺垫；或释悬反转，直到结尾真相大白；或设置两条线索，在碰撞中达到情节的反转，让结果既出人意料，又在情理之中。

请运用情节反转技术，以“父亲”为题，展开丰富的想象，写一篇小小说，力求合情合理。

第二课时

教学目标

（1）理解悬念起伏技术的含义及注意事项。

（2）能够运用悬念起伏技术进行写作。

教学条件分析

悬念起伏技术，是在故事中用情节悬而未决、结局难料的安排以引起读者急于知其后果的迫切期待心理的一种技术。掌握悬念起伏技术，有利于学生更好地表达自己的想法和观点。

情节反转技术就是一种布局谋篇的方式，教师可以让学生熟练掌握这种写作技术，同时让学生知道运用悬念起伏技术应注意的问题。教师可以通过“生命的价值”的故事进行启发，通过具体语段进行分析，通过简洁的写作技术进行巩固。

教学步骤

（一）激发动力

在一次讨论会上，一位著名的演说家还没讲一句开场白，手里却高举着一张20美元的钞票。面对会议室里的200个人，他不断地用脚碾钞票，并且问："谁要这20美元？"一只只手不断地举了起来。"朋友们，你们已经上了一堂很有意义的课。无论我如何对待那张钞票，你们还是想要它。人生路上，我们觉得自己似乎一文不值，但无论发生什么，或将要发生什么，在上帝的眼中，你们永远不会丧失价值。"

演说家没说一句开场白，却拿出来一张20美元的钞票，问谁要，这就为我们设置了一个大大的悬念，直到最后，我们才明白，他原来是要和我们讨论人生的价值所在。文中的悬念，就是人们由持续疑虑不安而产生的期待心理。

（二）告知目标

本课时的目标就是学习悬念起伏技术。所谓悬念起伏技术，是在故事中用情节悬而未决、结局难料的安排以引起读者急于知其后果的迫切期待心理的一种技术，用悬而不决的"扣"吊读者胃口的技术。

（三）呈现材料

钟祥喊一声："家伙都带着吗？"

大家一起回答："带着！"

"走吧！"钟祥一声命令。大家就跟着昂昂地走。

钟祥又说："一切行动听指挥知道么？别成软蛋！"

大家又齐声回答："知道了。"伙计们将胸膛拍得轰轰地响。

到了目的地。钟祥喝了一声："胖子跟我来，其余的就在门外等着。"

这是小小说《退款》的开头，它运用了悬念起伏技术。这些人抄着家伙，在门外等着要干啥？这就给我们设置了一个谜，让我们去猜测，故事的结局也只有等到最后才能揭晓。

（四）指导学习

悬念起伏技术有哪些呢？

1. 抑制技术

即有意识地控制住解开悬念的触发点，使读者期待的心情逐渐加深，最后产生"柳暗花明又一村"的感叹。

2. 连缀技术

即开篇设置一个总悬念，在发展过程中派生出各种小悬念，形成大小结合的环扣，一个悬念解决，另一个悬念又产生了，使情节波澜起伏，险象丛生，高潮迭起。

3. 间隔技术

即突然中断读者关心的正在发展的故事情节，转移话题，适当时候再接上原来的情节。

（五）落实训练

1. 请运用悬念起伏技术为下面的小小说补写一个情节

比赛开始后，果然跟阿昌预料的一样，小伟一马当先，跑得飞快，比赛进行到一半的时候，小伟把第二名足足拉下一千多米，而且他跑得还很轻松。阿昌心里乐开了花，看来今年这个第一非小伟莫属了！

让阿昌始料未及的是，下半场比赛风云突变，小伟越跑越慢，眼见着第二名离他越来越近，阿昌骑着自行车观战，不断吆喝道："小伟，加油，赶紧跑，拿第一啊！"

【参考答案】可任凭阿昌怎么喊，小伟的步伐始终快不起来，就这样，穿红衣服的第二名很快追了上来，"红衣服"跑了一阵，渐渐地跑不动了，越跑越慢，只见他大口大口地喘着气，有气无力的，可怪事又来了，小伟紧随其后，就是不超过他。

【参考解析】这篇小小说的标题是《跑第二的孩子》。看到这里，有人疑惑了，小伟为什么要故意输掉比赛？这是一种常见的表现形式，把信息捂住，让读者和故事中的其他人物都蒙在鼓里，疑问的产生势必让读者往下阅读，找到答案。

2. 请运用悬念起伏技术为下面的小小说补写一个情节

辉在局里干了十多年，因为和领导没交情，至今连个小科长还没有混上。前几天，他听说从外地调来一个新县长，一打听，是自己的老乡，爹还说，岂止是老乡，咱跟他有亲戚，你叫他大姑夫呢！

辉和爹径直到县政府大院，认了这门亲戚。临了，县长高兴地把他俩送到大门外，还说，等家搬来后，请他们有空常到家里坐坐。

【参考答案】过些天，县长的家搬来了。辉买了豌豆，蒸些豌豆糕，来到了县长家。县长和老伴正在吃饭，辉拿来的豌豆糕，县长一下子吃了三个。从此，辉成了县长家的常客。

【参考解析】这篇小小说的标题是《县长的笔记本》。这段文字先为我们设下总悬念——“辉”到底能否升官？围绕这一悬念，文章设置了“辉”听说新县长是自己的老乡和亲戚，“辉”和爹去县政府认亲，“辉”送豌豆糕等分悬念，最后释悬，让读者着实过了把瘾。

3．请运用悬念起伏技术为下面的小小说补写一个情节

教室里很静，窗外的风声和雨声，使老师的讲话听起来有些凄然。门响了两次，都以为是雨在敲。许久，才觉得是人，老师把门打开。

一个头发蓬乱、瘦削的脑袋随着渐开的门缝伸了进来。我一愣，忙站起来：“父亲！”父亲见我，嘴一咧，给老师深深地鞠了一躬：“打扰了！打扰了！”

三月的雨天，冷得让人打哆嗦，看见父亲打湿的衣服，我又怜又怨：“你下雨天来做什么！”

“下雨天不耽搁工，搭个便车，不要钱……嘿嘿。”

【参考答案】我有些讨厌他斤斤计较。一次，我和他进馆子，他死活只买两个极便宜的菜。吃完，他竟在众目睽睽之下，津津有味地吃着同桌剩下的一盘鱼。我只觉得无地自容。

【参考解析】这篇小小说的标题是《雕像》。当我们正在为父亲冒雨前来的目的感到疑惑时，作者却不写了，而是转移话题，写他讨厌父亲的“斤斤计较”，增强了我们阅读的兴趣。

（六）评估总结

运用悬念起伏技术应注意的问题：

1．制造悬念的目的要合理

制造悬念的目的是有利于事件的展开、人物的塑造和主题的表达，自然合理，不可滥用。如小小说《深夜》中的一段文字：

夜深了，家里爸爸妈妈都不在，只有小女儿一个人。

这时候电话铃突然响了起来，小女儿接起电话，是妈妈的声音：“女儿，千万别打开爸妈的卧室门，千万别打开……”然后电话就挂断了。

小女儿自己一个人非常害怕，她觉得卧室门后面好像有些什么，强烈的好奇心和对于黑暗的恐惧驱使她走向了父母卧室的门口，拉开了房门……

“女儿生日快乐！”原来爸爸妈妈在卧室给女儿准备了生日宴会，要给女儿一个惊喜。

小女儿既然害怕，夜深之时独自在家就显得有些不合情理。如此惊悚的开头，结果却只是为了给女儿一个惊喜，让人读完有一种失望之感。这样的结果，显然就是一个败笔。

2. 解开悬念的时机要恰当

制造悬念后，要适时释“悬”。解开悬念既不能过于匆忙、简单，又不能枝蔓横生，致使读者眼花缭乱或丈二和尚摸不着头脑。如小小说《黑色塑料袋》：

马老汉苦着脸离开了那里，他边走边想：我在帮助别人的儿子，可是又有谁来帮助我的儿子？马老汉叹了一口气，走到一个街口的垃圾箱旁，翻弄起来。他看见一个黑色的塑料袋扔在垃圾箱里，他没想什么就打开了塑料袋，里面是一个扎紧的方纸包，不知道是什么东西。

马老汉将那个纸包撕开了一角，顿时他如同触电一般缩回了手。里面露出的是一扎扎整齐的百元大钞！马老汉又赶紧伸手拿起塑料袋，慌慌张张地向四周打量。

这时，有人要问了，这会是谁掉的呢？故事紧接着回到了几天前，主人公换成了王总，原来王总的儿子被绑架了，绑匪要求拿 10 万元赎金，故事发展到这，问题似乎解决了，这十万块钱是王总的，作者已经把故事的结果告诉了我们。

可是，我们并没有感到淋漓畅快般的满足，我们不由要进一步关心这笔钱的“来龙去脉”，关注并同情人物的命运，找出形成这个结果的原因。

（七）迁移巩固

悬念起伏技术：置悬—惊奇—满足。

在写小小说的过程中，首先要设置悬念，让读者产生阅读的兴趣，随着故事情节的发展，悬念逐渐化解，伴随而来的是人物命运或事件的巨变，这种巨变往往是人物遭受挫折或事件遭到毁灭，而这种挫折或毁灭往往能够带给读者心灵上的强烈震撼，观众由此而得到心理上的满足。

在小小说中，悬念主要通过新颖、巧妙的情节，通过人物命运在激烈的矛盾冲突中跌宕起伏，给读者以精神上强烈的刺激，从而使他们产生满足感。

请运用悬念起伏技术，以“误会”为题，展开丰富的想象，写一篇小小说，力求合情合理。

（方学平　中山市小榄中学）

如何写出一个好故事？
——“学写小小说”作文教学设计

写作主题解读

本单元写作主题是针对统编版高中语文选择性必修教材上册第三单元外国经典小说节选学习而设置的。教学对象是高二学生，此单元的写作内容是小小说。小小说写作是文学虚构性写作教学的基础环节，也是起步阶段。高二学生还不具备较为充分的文学虚构意识和多样的情节虚构方法，甚至对写实与虚构的区别还比较模糊。因此使学生从虚构的角度进行文学性写作教学训练，引导学生能根据时间、环境、事件及人物心境的变化，合情合理地安排情节的发展，写出一篇完整有起伏的小小说，很有必要性。

同时，学习该写作主题，还可以更好地让学生从文学虚构的层面来理解、体悟本单元的几篇经典外国小说《大卫·科波菲尔》《复活》《老人与海》《百年孤独》，并在读写结合中感受人物形象的丰富性和虚构叙述的魅力。

在教学目的上，本单元通过“学写小小说”的写作指导和教学，让学生在生活情境和写作实践中掌握虚构的支架，理解虚构的方式和路径。这一举措不仅可以提升学生的“审美鉴赏与创造”能力，还能把这一活动建立在“语言建构与运用”基础上，让学生的“审美鉴赏”“思维发展”“文化传承”贴着语言发展，激发学生尝试进行文学创作的兴趣。

文学性文本阅读与写作教学，是语文教学的重要内容，也是学生的语文学习生活中最有兴趣与乐趣的内容。但如何更有效地提升学生文学性写作的技术，开展更具指导性的小小说写作教学，却往往阙如。开展本专题的学习活动，目的正是探寻一条有效提升学生文学性写作能力和小小说写作技术的途径。

教学课时

2 课时。

设计亮点

（1）基于学生小小说阅读与写作的学情进行教学。可能很多学生议论文写得多，但文学虚构性写作比较少，不知道如何进行小小说创作，没体会过文学虚构性写作的乐趣与魅力。本节课让学生明白什么是文学虚构性写作，尝试创作小小说，利用表格思维和程序知识的支架来进行故事虚构、情节设计和叙述视角设置，让学生体会小小说创作的意趣与快乐。

（2）通过聚焦、提炼小小说的写作知识进行教学。虚构、故事分解、情节设计和叙述视角对学生而言虽然不是什么新鲜的概念，但在小小说的写作中怎么使用，使用的程序是什么，很多学生还不知道、不熟悉。因此，立足于这四个小小说创作支架，总结出文学虚构写作的程序，能让学生有可借鉴、可复制的写作技术，让课堂有所教，让学生有所得，善莫大焉。

第一课时

教学目标

（1）理解虚构的基本要素：合乎情理的想象，假想的叙述者、场景、人物和故事。

（2）能够根据时间、环境、事件及人物心境的变化，合情合理地安排情节的发展。

教学条件分析

1. 内部学情

高中生常常认为读小说就是读故事，把小小说的写作理解成写记叙文，或者胡编乱造故事，有些同学甚至认为文学性虚构写作就等同于“偶然与意外”“韩剧模式”“晦涩难懂”。

2. 课程条件

以“虚构”为切入口，不仅符合高中生的文学性写作的认知规律，也是进行高阶文学思维培养的起步训练，更是语文核心素养之一——“审美鉴赏与创造”的应有之义。

3. 教学条件

一节课的教学长度，借助任务分解和课堂活动来完成两个教学目标，从活动效果和教学程序上讲是可评价、可操作的、可完成的。

教学步骤

（一）激发动力

每个人小时候都喜欢听故事，长大了我们仍然喜欢听故事。故事里有各种各样的人和事，有的就在我们身边，有的却存在于我们的想象中。好的故事总是充满魅力的，它让我们追逐不已，让我们悲欢沉思，让我们久久难以忘怀。小说就是讲故事的一种文体。读了那么多别人创作的故事，你是否曾经有过这样的念头：什么时候，我也来创作一个故事呢？

（二）告知目标

特别需要提醒各位同学的是，创作一个故事，写一篇小小说不是写一篇记叙文，也不是胡乱编造故事，更不是靠“偶然与意外”“韩剧模式”“晦涩难懂”来制造故事，而应该：

（1）理解虚构的基本要素：合乎情理的想象，假想的叙述者、场景、人物和故事。

（2）能够根据时间、环境、事件及人物心境的变化，合情合理地安排情节的发展。

（三）呈现材料

（1）根据提供的线索虚构故事：

上课铃响了，你走进教室，却发现空无一人……

（2）参考上例，虚构另外 2 ~4 个场景或故事。

（3）在小组中交流各自虚构的场景或故事，并挑选出比较好的虚构作品，试着把你的评价标准填入下表。

好的虚构作品	判断标准

（4）将不同小组中较好的虚构作品交换着阅读，并评出一个虚构得最好的作品，将同学讨论、修正后的评判标准填入下表。

好的虚构作品	判断标准

（四）指导学习

全班分小组交流、讨论，最终确认“好的虚构”的5条标准：

①这些标准被班级的多数同学认可。

②用这些标准能够筛选出好的虚构作品。

③这些标准应该简练实用。

大家认可的判断标准	① ② ③ ④ ⑤

（五）落实训练

（1）参考下列提示，用第三人称讲述故事。

在一片古老的墓地，安息着约翰·大卫。他在18个月大的时候就死去了。他的墓碑上写着：“约翰—约翰，走得这么快。”尽管他夭折已有40年，但那块墓地——被人用心照料的墓地依然清净齐整，几束鲜花整齐地摆放在墓碑前，几行脚印依稀可辨，显然是有人刚刚来过。

①这里发生过什么事？

②是谁一直在纪念他，照料他的墓地？是他的父母亲，还是其他人？或者是某个对孩子的死怀有愧疚的人？

③来的是一个人，还是一群人？

④他们举行过什么仪式吗？

⑤当时的环境、气氛怎样？有没有发生交流或冲突？

⑥最后的结果如何？

（2）转换叙述视角，以下列人物之一作为叙述者，用第一人称重新讲述故事。

①约翰的父亲。

②约翰的母亲。

③约翰的姐姐（或哥哥）。

④对约翰的死怀有愧疚的人。

⑤墓地的管理者。

⑥约翰家里的一条狗。

（3）小组交流，选出比较精彩的故事，并派代表在班级介绍他（她）的虚构作品，重点介绍他（她）是怎么想到作品中的那些细节的，并进一步思考，他（她）的作品是否符合“好的虚构”的评判标准。

符合上述评判标准的内容	
不符合或不完全符合上述标准的内容	

（六）评估总结

对照小组的阅读感受与评价角度进行修改：

评价角度	修改
故事情节虚构得是否巧妙？	
人物、场景在细节上有无破绽？	
虚构的作品是否有真实感？是否能感动人？	
你的叙述和描写，与你选定的叙述视角有无矛盾？	
你所运用的语言，与假想的叙述者是否相符？	
你的作品生动有趣吗？	
你的虚构有独创性吗？	

学生反复推敲，再次修改习作，并进行文字的校订。

总结：

（1）虚构的对象可以是故事情节，也可以是某个人物、场景或细节等。

（2）写作虚构作品，首先要把自己假想成某个叙述者。

（3）叙述者有一定的叙述视角，可以是“什么都知道”的全知视角，也可以是某一有限视角，比如故事中的某个人物，甚至某个动物的视角。

（4）虚构要符合生活的，特别是情感的逻辑。虚构往往以现实中的某些素材为基础，对其进行重新组合，或加以合理的想象。

（七）迁移巩固

从以下写作任务中任选一项完成：

（1）从前面的尝试中选一个虚构的场景或故事，参考同学们的意见，补充一些人物，丰富一些细节，创作一个相对完整的作品。

（2）以前面虚构故事中的某一人物为叙述者，借鉴其他同学的思路，创作一个相对完整的作品。

（3）假想你在20年之后回到母校，可能发生什么事情。

（4）假设一觉醒来，你身处中国历史上的某一个朝代，会有什么样的奇遇。

第二课时

教学目标

（1）认识小小说文体特点，了解小小说写作知识。

（2）学会从社会、生活中提取写作内容，进行虚构加工。

（3）能够从设定的人物形象出发，运用多种表现手法，选择适合的叙述视角进行小小说情节设计。

教学条件分析

1．内部学情

高中生常常认为读小小说就是读小故事，把小小说写作理解成胡编乱造故事，有些同学也从没有过小小说的写作尝试。

2．课程条件

以“人物形象设定”“情节设计”为切入口，不仅符合高中生对文学性写作的认知规律，也是进行高阶文学思维的训练，尤其是“审美鉴赏与创造”文学阅读教学的应有之义。

3．教学条件

一节课的教学长度，借助任务群和课堂活动来完三个教学目标，从活动效果和教学程序上讲，是可评价、可操作的、可完成的。

教学步骤

（一）激发动力

现在，如果让你按照小小说的创作要求，将你生活中的一件事情改编成一篇小小说，字数不超过2 000字。你觉得困不困难？你有没有可能写得出、写得好？

（二）告知目标

如果你了解什么是小小说，小小说都有什么特点，一般都有什么要素构成后，再结合比较明确的写作要求，你还认为写一篇小小说非常困难吗？

（1）认识小小说文体特点，了解小小说写作知识。

（2）学会从社会、生活中提取写作内容，进行虚构加工。

（3）能够从设定的人物形象出发，运用多种表现手法，选择适合的叙述视角进行小小说情节设计。

（三）呈现材料

在你的成长过程中，一定经历过或者听说过很多有趣的或有意义的故事，请选择一件你很有感触的事情，按照小说创作的相关要求，在整体构思的基础上，将这件事情改编成一篇微型小说，字数不超过 2 000 字。

（四）指导学习

1．文体知识

小小说，篇幅精短，字数 1 500 字左右；选材精粹，事件小而精，人物性格鲜明；构思精巧，情节设置巧妙，立意新奇深刻；语言简洁、优美，既能体现出小说的一般要素，又能体现不同小说品种的特殊要求。

2．情节特点

与一般的记事、写人文章的区别在于其叙述的虚构性和精巧性，往往通过某个场景、某个瞬间、某个侧面、某个细节、某个冲突、某种情绪、某个人物等艺术地表现或反映作者对社会生活的认识。

3．阅读期待

精心筛选有趣味或有意义的事情，截取富有典型性的某一侧面或片段进行集中描绘；人物要少，顶多两三个，所写的人物要有完整的性格特点；视角新颖，题目能唤起读者的好奇心；情节设计巧妙，结尾力求新颖；并能引起读者的感动、想象和回味。

（五）落实训练

了解了上述三个方面的内容后，引导学生从自己的情感记忆的深处打捞一个事情或片段，开始对照着故事大纲的设定进行小小说故事情节的设计。

1．故事选材

经历与否	故事来源	可能的立意导向
我经历的	家里发生的故事	
	学校里发生的故事	
	社会生活中发生的故事	
	……	

续上表

经历与否	故事来源	可能的立意导向
非我经历的	报纸上看到故事	
	听别人说的故事	
	设想出来的故事	
	……	

引导学生发现写小小说就是写好一个故事，根本没有想象中那么难，关键是要有步骤、有程序、有构思、有布局。

2. 列故事大纲

故事构成	是否加工	是否虚构	1～2 句话表述
背景			
线索			
人物			
事件			
结尾			
主题			

为了让学生所讲的故事情节化，而且情节合理、精巧，主题自然，这就需要学生对故事内容本身进行情节上的加工与改造、虚构与设计，用一个核心矛盾来推动情节的发展，最后让小小说的主题能自然而然地展示出来，而非刻意地提升或论述出来。

3. 设计情节

中心矛盾	情节组成	设计策略	是否选用	简要表述
	开头	悬念		
		伏笔		
		铺垫		
	中间	矛盾		
		巧合		
		省略		
	结尾	情节停止		
		情节提升		
		情节反转		

精巧的小小说，除了情节精致与合理外，叙述视角的恰当与新巧也是其关键要素。不一样的视角所讲的故事内容是不一样的，综合使用不同的视角才能把故事讲得活色生香。为了讲好故事，学生得先弄清楚两个概念：

①“全知视角”是指叙述者不出现在故事中，但对故事内容无所不知，对情节的前因后果、人物的心理变化及小说的结尾全都知道；

②“有限视角”是指叙述者是当事人，甚至是某一动物，参与故事的发展，读者要依靠他的引领来进入故事。

一般第一人称是有限视角，第二、第三人称则分情况而定，可以是全知视角，也可以是有限视角。

4．选择恰当的叙述策略

叙述策略		仿写对象	仿写片段
叙述角度	有限视角	“卡秋莎！我来是要请求你的饶恕，可是你没有回答我，你是不是饶恕我，或者，什么时候能饶恕我。”（《复活》节选）	
	全知视角	不过，他同时又感到，他的心灵里此刻正要完成一种极其重大的变化，他的精神世界这会儿仿佛搁在不稳定的天平上，只要稍稍加一点儿力气，就会向这边或者那边倾斜。他决定此刻把所有的话全向她说出来。（《复活》节选）	
	综合运用	小说在叙述聂赫留朵夫会见玛丝洛娃时，人物的对话用的是“有限视角”；在叙述聂赫留朵夫心理时，用的是“全知视角”；最后叙述两人分别时，又使用了“有限视角”，两种视角交错使用	

在选择完叙述角度之后，学生还要对人物进行一些处理和设计，因为人物是小小说的核心和灵魂，更是提升一篇小小说质量的关键。对待人物，学生可以参考下面的设计方式。

5. 人物设定

人物		我的故事
主要人物（1人）	人物身份	
	个性语言	
	独特行为	
	鲜明细节	
次要人物（1~4人）	次要人物1作用	
	次要人物2作用	
	次要人物3作用	
	次要人物4作用	

把上述5个表格里的内容连缀组合、调整优化，就可以形成一篇属于学生自己的小小说了。

（六）评估总结

（1）请学生间交换阅读，互相评价，并提出修改意见，填写下表

评改项目	评改标准	是否完成	修改意见
内容	题目是否精巧，是否与小说的主旨有关		
	人物是否集中刻画了性格的某一点或某一侧面		
	人物、场景在细节上有无破绽与矛盾		
	情节的发展是否合情合理，一波三折		
	结尾是否巧妙，是否给读者以有力的情绪冲击		
表达	语言是否简洁、通顺、连贯		
	是否恰当运用修辞		
	是否正确使用标点符号		
	是否字体工整，卷面整洁		
综合评价			

（2）请学生按照上表修改自己的作文。

（七）迁移巩固

依据上述表格填写的内容和修改的内容，最终完成这一篇小小说，并且在班级内进行阅读交流。

（李金华　中山纪念中学）

尝试写驳论文

看辩论，学驳论
——“尝试写驳论文”作文教学设计

写作主题解读

“思维发展与提升”是语文学科核心素养的重中之重。《中国高考评价体系》确立了三方面的“关键能力群”，其中之一便是“思维认知能力群”。课程标准也将“思辨性阅读与表达”任务群作为重要学习内容之一，明确要求学生要“学习反驳”“围绕感兴趣的话题开展讨论和辩论”。近年高考作文题也逐渐呈现驳论和辩证色彩。新高考的命题趋势下，提升学生的思维品质，培养学生的思辨能力至关重要。

“尝试写驳论文”是统编高中教材选择性必修上册第四单元的重要写作主题，目的是教会学生掌握驳论文的写作要领和方法，把握批驳的方法和路径，学写简单的驳论文。

驳论文是批判错误观点或甚至呈反动见解的文章，写作重心在批驳证伪。驳论文巧妙的批驳艺术，精准的驳斥路径，多维的价值角度等，在提升与发展学生思维方面具有重要作用。

然而传统的驳论文写作教学一般仍从“破”“立”的角度进行指导训练，具体策略的失位使得教学效果欠佳，学生思维和写作能力的提升有限。本课题旨在引入学生感兴趣的辩论赛视频和经典辩词，设计生活化的情境任务，提供具体反驳路径作为写作支架，让学生在写作时不仅能建构合理的主体段框架并能切实提高阐述观点、批驳质疑的能力。

教学课时

2 课时。

设计亮点

1. 以辩论赛为教学内容的载体，为教学设置真实具体的情境

无论是任务驱动型、观点争议型材料还是辩论稿，这些暗含驳论色彩的文体的写作，都具有强烈的情境化色彩，需要引入自我或虚拟论敌完成一场

基于文本形式的思想辩论。而思维能力的提升、思辨意识的增强需要“学生在积极的语言实践活动中积累与构建起来，并在真实的语言运用情境中表现出来的语言能力及其品质”。驳论文写作教学中，辩论赛视频的引入，不仅可以激发学生对于驳论文写作的兴趣，还可以使学生在真实情境的模拟中将感性认识上升到理性体悟，在体悟中增强对实际问题的预测和解决能力，提高思辨水平的同时也提高了语言表达能力。

2. 以三条反驳路径为支架，为学生提供实用有效的写作工具

写作支架又称“习作脚手架”，作为显性的学习支持系统，它具有激发、提示、指导写作等功能。三条反驳路径作为支架，既提升了学生的逻辑思维能力，又为写作提供了理论基础和实施路径，满足了学生的写作需要，让他们不因思维无所适从而流于泛泛而谈，激活写作思维，突破写作瓶颈。在对视频的反驳思路进行总结并提炼反驳路径的过程中，学生自然地完成了从“感知”到“理解”再到“深化”的过程，这一过程是感性上升到理性的过程，是理解到运用的过程。

第一课时

教学目标

（1）知识的了解与记忆：借助辩论赛的经典辩词，了解驳论文主体段的一般结构特点，理解驳论文主体段的写作要求。

（2）技术的理解与运用：熟练运用“三步走”策略，构建驳论文主体段的基本结构模型。

（3）态度的倾向与变化：树立驳论文主体段写作的结构意识。

教学条件分析

1. 内部条件

学生通过学习统编教材中《拿来主义》《答司马谏议书》等具有驳论色彩的文章，初步了解了驳论文的基本特点，但不熟悉驳论文主体段的基本结构，导致驳论文写作结构混乱，层次不清。

高中生思维方式逐渐向理性思维发展，对具有思辨色彩的辩论类节目感兴趣，但仅停留于看热闹的层面，不能提炼出有效的反驳路径，将其运用到写作中去。

2. 外部条件

教师引入辩论视频片段，调动学生的表达欲望和写作动力，引导学生总

结主体段结构模型，形成具体的写作思路。

教学步骤

（一）激发动力

痛点再现：展示2023届高一上学期期末考试的作文材料——反驳王禹的“语文无用论”以及学生范文，总结驳论文写作时遇到的困难。

方式激趣：用看辩论赛和《奇葩说》的方式，轻松完成驳论文写作。

目标调动：用两课时掌握驳论文主体段结构，快速构建文章主体段。

（二）告知目标

（1）观看《奇葩说第六季》视频，分析辩词，梳理层次，总结结构。

（2）学会构建结构合理、层次清晰的驳论文主体段。

（三）呈现材料

材料1：《奇葩说第六季》之《救猫OR救画》反方二辩黄执中的视频片段。

材料2：黄执中的辩词。

黄执中：对方告诉我们，这只猫很可怜，这只猫很脆弱，它会发出呼喊和哀嚎。可是我不知道大家有没有意识到，在今天这个题目里，猫不是最弱的，那幅画才是最弱的，那幅画不会说话，那幅画不会移动，那幅画不会求救，那幅画没有办法喊help。对方辩友意识到那只猫很可怜，她说万一你是那只猫呢？万一，你是那幅画呢？……我看懂这一切，我就会去救它……因为随着你对社会的认知越高，你听到的哭声就越遥远。

（四）指导学习

环节一：观看黄执中的视频片段，梳理辩词的结构层次。

总结：黄执中的辩词分为三个层次。首先重申对方的观点，目的对其观点进行“围追堵截”，为后面精准打击做准备；其次，对其观点进行拆解和反驳，这是驳论的主体部分；最后总结自己的观点。

环节二：以这段辩词为例，总结归纳驳论文主体段的基本结构模型。

基本结构模型：“围—拆—结”三步走。

①围：即围堵，树立靶子。

②拆：即拆解，批驳质疑。

③结：即小结，得出结论。

（五）落实训练

运用“三步走”策略，构建一个层次清晰的主体段，对黄执中的辩词进行简单的反驳。

（六）评估总结

（1）通过主体段写作训练，从习作内容的层次性和结构的完整性两方面，评估学生是否掌握驳论文主体段建构的“三步走”策略。

（2）通过口头表达或者双方针对一个问题简单辩驳的方式，评估学生是否能熟练运用“三步走”策略建构主体段说理模型。

（七）迁移巩固

运用“三步走”策略，针对以下材料中某一错误观点，写一个主体段进行反驳。

2019 年全国 I 卷作文题：

“民生在勤，勤则不匮”，劳动是财富的源泉，也是幸福的源泉。“夙兴夜寐，洒扫庭内”，热爱劳动是中华民族的优秀传统，绵延至今。可是现实生活中，也有一些同学不理解劳动，不愿意劳动。有的说：“我们学习这么忙，劳动太占时间了！”有的说：“科技进步这么快，劳动的事，以后可以交给人工智能啊！”也有的说：“劳动这么苦，这么累，干吗非得自己干？花点钱让别人去做好了！”此外，我们身边也还有着一些不尊重劳动的现象。这引起了人们的深思。

第二课时

教学目标

（1）知识目标：了解驳论文驳斥论证的三条基本路径。

（2）技术目标：熟练运用三条反驳路径，有理有力地进行批驳质疑。

（3）态度目标：培养学生树立反驳的思辨意识和主动运用逻辑思维的意识。

教学条件分析

1. 内部条件

学生在针对对方论证进行反驳时，不能使用有效的反驳路径，导致说理空泛无力，甚至出现各种逻辑漏洞。

2. 外部条件

教师提供经典辩论视频以及反驳支架，为写作提供理论基础和实施路径，帮助学生击中要害，有效反驳。

教学步骤

（一）激发动力

通过上节课的学习，我们掌握了驳论文主体段的基本结构。但想让驳论文具有说理力度和深度，还需要掌握具体的反驳路径。这节课，我们将通过看辩论赛的方式，探寻驳论文驳斥论证的三条反驳路径，让说理论证走向严密和深入。

（二）告知目标

（1）观看辩论赛经典驳论片段，了解辩论的三种主要的反驳思路。

（2）将三种反驳思路提炼为三条反驳路径，对错误观点的论证进行反驳。

（3）运用本课所学内容，从书面到表达，从知识到运用，开展一场辩论赛。

（三）呈现材料

1．2001 年国际大专辩论赛视频及辩词文本

辩题：金钱是/不是万恶之源。

辩词：我方认为，钱和大多数的恶都没有关系。但是以根本性而言，即使跟钱有关系，钱也未必是恶的必然导因。第一，以钱为目的，未必就让人去行恶。同样是追求金钱，有人奉公守法，安分守己；有人作奸犯科，不择手段。关键不在于钱，而在于人追求钱的方法和手段。今天，主办当局设定10 000 元的冠军奖金，难道是诱惑我们去行恶吗？不，追求金钱不是恶，不择手段追求金钱才是恶。第二，以钱为手段就未必导出恶的结果。如果说钱是万恶之源，大家想一想看，恶的根源为什么会结出善的果实呢？今天我以“万恶之源”来奉养我的父母，今天慈善机构都会以“万恶之源”来救苦济贫，新加坡政府更以“万恶之源”来建设国家，这难道是在行恶吗？可见不是噢。那么对方是不是已经默认了，其实是人的行为决定了钱的善恶。那时钱还怎么可能是万恶之源呢？

2．第八届世界华语辩论赛决赛视频及辩词文本

辩题：追寻人生价值，当代青年更应该去远方 OR 回家乡？

辩词：对方的观点是“去大城市一是能丰富我的头脑，二能提升我的能力”。对方辩友的观点建立在一个前提之上，即“大城市一定锻炼人，小城市不锻炼人”。可是我们要看这个锻炼是一个城市对整体的锻炼还是对个人的锻炼。大城市因为规模极大，我们常常扮演的只是一个螺丝钉的角色，在

一个大公司的一个部门的某个岗位，做一些整理的工作，在一个巨大机器中扮演螺丝钉的角色，这样的锻炼确实锻炼人。可是在小城市呢？您是家乡学历最高的人，是老板最倚重的人，是能独当一面的人，这时候的锻炼不是单方面的锻炼，而是全方位的锻炼。你可能要负责财物、人事甚至技术，多方面的锻炼，所以我方看不到为什么小城市没有大城市锻炼人……所以您方需要论证，为什么我在大城市当个群演的角色要比在小城市当个主演的角色要更锻炼人。

3.《奇葩说第六季》许吉如视频片段及辩词

辩题：奇葩星球美术馆着火了，救猫 OR 救画？

辩词：一幅画被烧毁终究很可惜。那我们看一看今天世界上已经不在，但又还在的东西：巴比伦空中花园已经消失，巴黎圣母院就在今年要毁于一场大火了，我读书的校园外面一出去就是圆明园的废墟。没错，如果这些文物、文明被保存下来，能保留得很好；但即便它不在了，它也在我心中。因为它不在，我更能感受它，我更能怀念它，我更想创造出新的文明。文明的载体和外在，可以被消灭，但是文明的精神还在，只要我们都保有对生命的敬畏，我们就拥有文明的灵魂，而此刻，你拥有文明的灵魂的方式就是抱起那只猫。

4. 2001 年国际大专辩论赛半决赛袁丁视频片段及辩词

辩题：以成败论英雄是/不是可取的。

辩词【此处有删减】：以成败论英雄最大的不可取之处就是它论不出英雄来，我可以有三个方面来证明这一点：第一，从成功方面看，如果成功了就是英雄，那我们可以得出结论：当上了驸马爷的陈世美不可不谓是个英雄。洞房花烛夜，金榜题名时这难道不是一个穷秀才梦寐以求的成功吗？但是我想请问对方同学，你们真的认为这些人是英雄吗？

第二，从失败的方面看，如果失败了就不是英雄，那么我们又可以得出结论，荆轲不再是英雄，因为他舍身入秦的两大目标——刺杀嬴政和逼秦议和均以失败告终……中山先生，自辛亥革命之后，就更称不上一个英雄了，二次革命失败，护国运动失败，护法运动还是失败，总理遗嘱不是也说“革命尚未成功，同志仍需努力”吗？但是我还是要请问对方同学，他们真的不是英雄吗？

第三，把成败综合起来看，成败作为相对的概念，总是存在于一定的竞争之中，竞争中的成就意味着另一方的败，于是我们可以得出结论，任何竞争的结果都是一方英雄，一方狗熊……那么魏蜀吴三国鼎立、豪杰辈出，难道仅仅因为三家归晋，就只有司马氏才是真英雄吗？那后人又何来的“天下英雄谁敌手？生子当如孙仲谋”的感叹呢？

（四）指导学习

前置环节：以 2001 年国际大专辩论赛正方观点为例，学习反驳需要的基本知识。

我们将观点的一般论断形式化为：因为 A 造成 B，所以：结论。

反驳前，我们需要按照上面的形式将观点化解成两个组成部分，分别为：

金钱成为目的和手段会导致恶的产生，所以金钱是万恶之源。

A　　　　B　　　　结论

环节一：观看 2001 年国际大专辩论赛视频片段，试从反方辩词中总结其观点及反驳路径。

辩题：金钱是/不是万恶之源。

我们试着从反方观点中提炼第一种反驳路径。

反方观点：

①以金钱为目的，不一定会引导人行恶。

②以金钱为手段，不一定会导致恶的结果。

提炼第一种反驳路径的基本形式：在某种情况下，A 不能完全推论出 B。即：A 未必造成 B（概念：在某种情况下，A 不能完全推论出 B）。

练习 1：利用第一种反驳路径对以下观点进行驳斥。

（1）对方观点：因为熬夜时万籁俱寂的环境可以让我静下心寻找人生方向不再迷茫，所以熬夜是药。

反驳：万籁俱寂的环境也可以让人沉醉在抖音电玩中忘睡忘归。

（2）对方观点：因为买买买可以带来愉悦和控制感，所以它是当代年轻人的解药。

反驳：买买买不一定带来愉悦感和控制感，还可能带来焦虑感和失控感。

环节二：观看第八届世界华语辩论赛决赛反方二辩视频片段。试从辩词中总结其观点及反驳路径。

正方观点：大城市会给人更多的磨炼，所以年轻人应该去远方。

反方观点：与大城市相比，小城市同样可以给人锻炼，甚至是更大更全面的锻炼。

提炼第二种反驳路径的基本形式：在某种情况下，没有 A，C 同样可以导致 B。即没有 A 也有 B（概念：除了 A，C 也可能导致 B）。

练习 2：利用第二种反驳路径对以下观点进行驳斥。

（1）对方观点：因为熬夜时万籁俱寂的环境可以让我静下心寻找人生方向不再迷茫，所以熬夜是药。

反驳：一定得在晚上才有安静的时光吗？清早甚至是更安静的。

（2）对方观点：当你遇到一个人时，你体内的多巴胺会明显上升，这说明你爱上他了。

反驳：当你享受美食或进行长时间有氧运动，体内多巴胺也会急剧上升。

（3）对方观点：某政协委员连续几年提出："一旦农村孩子读了大学，就回不到自己的家乡，所以不要鼓励农村孩子上大学。"

反驳：进城务工的农村孩子，也有不少在城市留下来了。

环节三：观看《奇葩说第六季》之《救猫 OR 救画》正方詹青云的辩词和反方许吉如的视频片段。

詹青云的观点：救画。这是普通人对艺术好奇的开始，是对自己的民族历史好奇的开始。

许吉如观点：艺术的毁坏固然很可惜，但文明的精神更珍贵。

提炼第三种反驳路径的基本形式：就算 A 会导致 B，但 B 并非很重要（还有 C 更重要）。即 B 不重要。

注意：这个反驳路径本质是转换不同视角，重做价值判断。

练习 3：利用第三种反驳路径对以下观点进行驳斥。

（1）对方观点：因为熬夜时万籁俱寂的环境可以让我静下心寻找人生方向不再迷茫，所以熬夜是药。

反驳：我承认你的逻辑成立，但迷茫是常态，与其忧虑这些剪不断理还乱的情绪，不如提升能力拓展视野，届时迷茫和焦虑自然会迎刃而解。

（2）对方观点：大学生参加创业会浪费时间，荒废学业，所以弊大于利。

反驳：浪费时间、荒废学业那又怎样呢？这些都是历练呀。

（3）对方观点：背那么多诗高考又不考，所以没必要。

反驳：固然背诗读书不能带来肉眼可见的好处，但正是这些"无用"的东西决定了我们一辈子的心胸和视野。

环节四：观看 2001 年国际大专辩论赛半决赛视频片段及辩词，总结驳论"三板斧"。

驳论三板斧	A未必造成B	（真的吗？）
	没有A，也有B	（凭什么？）
	B不重要	（所以呢？）

（五）落实训练

阅读以下材料，综合使用三种反驳路径对正方观点进行反驳。

有人说：有监考能保证考试的结果真实可信，希望父母参与监考；有人说：不需要监考，重在自觉，考试的过程更重要。请你针对其中一个看法写一篇驳论文。

正方观点：父母监考带来真实结果，所以需要父母参与监考。

参考答案：（1）即使父母监考，结果也不一定可信。

（2）没有父母监考，自觉自律的学生的考试结果也是可信的。

（3）监考对保证考试结果固然有一定效果，然从长远看诚信等人格品质的培养更重要。

（六）评估总结

（1）通过主体段写作训练，检测学生是否熟练运用三条反驳路径进行批驳质疑。

（2）举办辩论赛，从知识到应用，巩固所学，提升知识运用能力和情境表达能力。

（七）迁移巩固

深圳某知名中学2019年拟聘教师名单中，35名新聘教师均为硕士以上学历，其中20人毕业于清华大学或北京大学，1人毕业于哈佛大学。这份“豪华版”的新聘教师名单一经公布，立即引发社会的广泛关注。网友们纷纷发出“清华北大毕业生去哪儿了？原来是去深圳教书了”“本科毕业的我，看完瑟瑟发抖”之类的调侃。

现在高二年级将以“顶尖名校毕业生去中小学教书算不算大材小用”为话题举办一场辩论比赛。

任务一：请你为反方二辩，写一篇辩论词。

任务二：开展一次关于该话题的辩论赛。

（张璐　中山纪念中学）

做一根会思想的芦苇

——“尝试写驳论文”作文教学设计

写作主题解读

《普通高中语文课程标准（2017 年 2023 年修订）》“学科核心素养”的“思维发展与提升”部分，要求“学生在语文学习过程中，通过语言运用，获得直觉思维、形象思维、逻辑思维、辩证思维和创造思维的发展，促进深刻性、敏捷性、灵活性、批判性和独创性等思维品质的提升”，并明确要求学生“学习反驳，能够做到有理有据，以理服人”。“逻辑的力量”主题单元，不仅要求学生学习基本的逻辑方法，还要引导学生辨析逻辑错误，进行简单的逻辑推理，运用逻辑方法来构建并完善论证。

驳论文因具有巧妙的驳斥艺术、丰富的驳斥角度、多元的驳斥价值，而在提升与发展学生思维方面具有重要作用。“学习反驳”是“思辨性阅读与表达”任务群的学习目标之一，要落实单元教学目标，就要引导学生学习驳论文的写作。高二的学生对立论和驳论已经有了一定的基础，也有了一定的逻辑思维能力。在写作教学中恰如其分地引导学生运用驳论的艺术开展辩驳，可以促使学生独立思考、理性辩证分析，帮助学生学会有效地表达观点，在语言实践中提升表达能力，提高思维能力，发展思维品质。

教学课时

3 课时。

设计亮点

（1）遵循学生学习写作知识、建构写作能力的内在规律，指向驳论文写作中的问题解决，能有效促进学生思维能力和作文能力发展。

（2）指向驳论文写作的程序性知识，侧重学习方法的指导，从较大量的实例中归纳出具有操作性的方法，技术指导性强，能有效提升教师作文教学效能。

第一课时

教学目标

（1）了解驳论和驳论文的基本特点，认识驳论的命题形式。

（2）掌握驳论文的一般结构模式。

教学条件分析

1. 内部条件

学生在初中语文统编教材九年级上册学过《中国人失掉自信力了吗》，在高中语文统编版必修上册学过《拿来主义》，又在选择性必修上册第四单元学习了“逻辑的力量”，对驳论和驳论文有了一定的认知，也能从思想上重视逻辑的力量；加之高考作文对逻辑思维、辩证思维的要求，学生有写好驳论文的内在动力和外在压力。

2. 外部条件

教师应根据学生对逻辑和驳论的认知基础，从语文生活中的逻辑入手，调动学生的学习兴趣，强化学生对逻辑思维重要性的认知，以“阅读、鉴赏、提炼、运用”为操作方法，在班级形成浓厚的学习驳论文的氛围，进行驳论文写作训练。在这一过程中，教师要及时给予学生方法和技术的指导。

教学步骤

（一）激发动力

帕斯卡尔在《思想录》中说：“人只不过是一根苇草，是自然界最脆弱的东西，但他是一根能思想的苇草。”最能体现出我们思想伟力的文章，或许应该是驳论文。如何写“驳论文”呢？鲁迅先生的回答是：“要挖好防卫的战壕，经过周密的思考，击中敌人的要害。”我们学写驳论文，要击中敌人的要害，首先就要做到知己知彼，知道驳论的基本知识，心中有数，才能百战不殆，一击必中。

（二）告知目标

（1）厘清驳论概念，了解驳论文的基本特点，认识驳论的命题形式。

（2）掌握驳论文的一般结构模式，能够熟练运用结构模式建构作文框架。

（三）呈现材料

1．厘清概念：什么是“驳论”和“驳论文”

驳论是通过驳斥对方论点，证明它是错误的、荒谬的，从而证明自己观点正确性的一种论证方式。

驳论与立论一样，是一种议论和说理的方式。进行驳论，事先必须占有材料，对错误言论进行周密的分析，弄清它的症结所在。驳论的要领是“伤其十指，不如断其一指”。驳的目的是立论，驳倒了错误的论点，正确的论点才能确立起来。

侧重驳论的文章就是驳论文。这种文体一般是先指出对方错误的实质，或直接批驳，或间接批驳，继而针锋相对地提出自己的观点并加以论证。

2．认识驳论文的命题形式

其一，题目中含有“驳、斥、评、批、析、辩”等一类标志性词语，或以反问句、否定句的形式出现。如“驳‘常在河边走，哪能不湿鞋？’”“斥‘人不为己，天诛地灭’”“中国人失掉自信力了吗”“‘自愧弗如’可以休矣”等。有的题目没有标志性词语，但细加辨析，也能明确驳论的要求。

其二，近几年任务驱动型作文中，也体现了对驳论的要求。如2019年全国Ⅰ卷需针对一些同学不爱劳动、不尊重劳动的现象进行驳斥，2020年深圳市第一次线上测试题，要求针对“要不要父母监考”这一问题写一篇驳论文，再如2020年广东省第二次模拟考试作文也需要对爷爷奶奶的不当认识进行反驳。

（四）指导学习

以《拿来主义》和2020年深圳市第一次线上测试题优秀作文《监考是“金”不是“荆”》《自觉、慎独，家长何必监考》为例，总结驳论文的一般结构模式。

总结：驳论文的一般结构模式。

1．先破后立式

摆敌论		驳敌论		立己论
（树靶子，表态度）	———	（打靶子，作批驳）	———	（树己观，指方法）

2．先立后破式

第一步：摆敌方论，树起靶子。

第二步：正面立论，确立己论点。（立）

第三步：引据论证，深入批驳。（破）

第四步：收尾照应，提出希望。（谈做法）

总之，不论是“先破后立”，抑或是“先立后破”，还是“破立结合”，驳论文往往破中有立，边破边立，即在反驳对方错误论点的同时，针锋相对地提出自己的正确观点。在结构上可用总—分—总式，或并列式展开，或层进式推进，据情况灵活运用。

（五）落实训练

练习：依据2020年广东省第二次模拟考试作文题，运用“先驳后立”的结构模式，列出结构提纲。要求：请你以小武的身份，就“公共生活与卫生安全”的问题，对爷爷奶奶谈谈你的思考和认识。

结构提纲：

题目：____________________

摆“敌”论，树靶子：____

驳“敌”论，打靶子

理由一：____

理由二：____

理由三：____

立己论，指方法（提希望）：______________________________________

（六）评估总结

清代陈澹然说：“不谋全局者，不足谋一域。”学习写驳论文，首先就是要从全局出发，先在谋篇布局上下功夫，做到心中有数，这样才有利于我们思维层次的展开，从而比较顺利地完成写作任务。

（七）迁移巩固

依据2019年全国Ⅰ卷作文题，运用“先立后驳”的结构模式，列出结构提纲。

第二课时

教学目标

（1）根据给出的驳论文开头，归纳开头“摆敌论”的一般模式。

（2）掌握反驳的具体方法，能够针对“敌论”展开有效辩驳。

教学条件分析

1. 内部条件

学生掌握了驳论文的基本结构模式，能够架构作文的整体框架，对如何展开驳论有急切需求。

2. 外部条件

教师要及时了解学生对驳论文整体架构的掌握情况，针对学生不会展开驳论的问题，以“阅读、提炼、运用”为活动方式，引导学生掌握反驳的具体方法。

教学步骤

（一）激发动力

鲁迅说：“正对‘论敌’之要害，仅以一击给予致命的重伤。”反驳如作战一样，也要讲究战略战术，要找准“ 破绽”给予“致命一击”。

（二）告知目标

（1）根据给出的驳论文开头，归纳开头“摆敌论”的一般模式。

（2）掌握反驳的具体方法，能够针对“敌论”展开有效辩驳。

（三）学习一：摆敌论（树靶子）

万事开头难，写驳论文开头，首先要摆出对方的谬论或反动观点，树起靶子，以使目标明确，有的放矢地反驳。请分析以下开头，总结驳论文开头“摆敌论”的一般模式。

（1）材料呈现：

①例 1《光荣的荆棘路》：

女作家刘继荣的女儿说：“我不想成为英雄，我只想成为坐在路边鼓掌的人。”（摘引对方的观点树靶子）然而，为别人喝彩固然重要，亲自参与人生努力奔跑才是一种圆满。（明态度，立己论）

②例 2《善于发现劳动中的美好》：

劳动能创造财富，带来幸福。热爱劳动是中华民族的优秀传统。（引材料）而现实中，有同学或认为劳动占用学习时间，或认为人工智能可取代劳动，或认为可花钱请人劳动，不必自己劳动。（概述对方的言论树靶子）这些片面的认识缺乏对劳动价值和意义的深入了解和体会。（明态度，揭实质）热爱劳动是大美大德，在劳动中我们会发现和感受它的美好。（立己论）

（2）指导学习：

驳论文开头“摆敌论”的一般模式：

①引材料（可概述材料、可联系背景、可针对矛盾点）。

②树靶子（概述或摘引对方的观点、言论，也可与“引材料”合一）。

③明态度（赞同、支持，还是反对、批判）。

（可用语：我认为、在我看来、我想说、我有不同认识……）

④立己论（明确提出自己的观点）。

（四）学习二：驳敌论（打靶子）

1. 驳论点

直接驳斥对方的论点。先举出对方的荒谬论点，然后用正确的道理和确凿的事实直接加以驳斥，揭示出谎言同事实、谬论与真理之间的矛盾。请分析以下作文开头，总结“驳论点”的方法。

（1）材料呈现：

①例1《慎独诚可贵，监考岂可抛?》：

……轻视考试结果，实则违背考试的本意。

考试结果与过程，本为一体，又何言“考试过程更重要”？……无结果之考试，有意义乎？仅浪费时间而已。不追求结果与效度的考试，不叫考试，叫家庭作业。概念不厘清，判断就荒唐。

（以上议论，厘清“考试”之概念，析弊归谬，正本清源驳论点。）

②例2《自觉、慎独，家长何必监考》：

他们明白，这场考试重在自觉，看重的不是结果，而是对自身知识掌握情况的考查，以及应对大考时心态的调整。此时若强制性地为他们安排家长监考员，或多或少反映了对他们的不信任，在某种程度上是对他们人格的矮化。

（以上议论，剖析“考试”及对方观点之本质，析弊归谬揭穿老底驳论点。）

（2）指导学习：

总结：“驳论点”的方法——阐释概念，剖析本质。

对论点的批驳从“阐释概念，剖析本质”入手，可运用“概念阐释法”，对概念或下定义或进行阐释，揭示“敌论”本质上的错误。

2. 驳论据

通过批驳对方的论据来驳倒对方的论点。错误和反动的论点，往往是建立在虚假论据之上的，论据驳倒了，论点也就站不住脚了。请分析以下段落，总结“驳论据”的方法。

（1）材料呈现：

①例1《“友邦惊诧”论》：

好个“友邦人士”！日本帝国主义的兵队强占了辽吉，炮轰机关，他们不惊诧；……中国国民党治下的连年内战，……他们也不惊诧。在学生的请愿中有一点纷扰，他们就惊诧了！

（以上议论，指出对方事实论据不真实，釜底抽薪驳论据。）

②例2《君子慎独，诚则已矣》：

父母监考，在现实中难保证其所谓“真实可信”。父母二人，怎及在学校时全方位监考之严密？学校正规监考尚忌惮作弊，父母又安得保证真实可信？况且全市数万参考生，其中必有家庭情况特殊，父母无法进行密切监考者，这是难以把控的。因此，将父母监考与结果真实相绑定，其出发点即谬误。

[以上议论，指出对方理论论据（前提）不可靠，釜底抽薪驳论据。]

（2）指导学习：

总结：一般说来，论据包括理论论据、事实论据。反驳也要从这两个方面入手，揭露对方的理论荒谬、事实虚假。可从“对方事实论据不真实、理论论据（前提）不可靠、论据没有代表性或对方论据不充分”等方面进行批驳。

3. 驳论证

通过批驳对方论证过程的谬误来驳倒对方的论点。驳倒了它论证中的关键问题，也就把谬论驳倒了。请分析以下段落，总结“驳论证”的方法。

（1）材料呈现：

①例1《缺乏监考，何以为试?》：

……考试是由命题人、考生、监考员与阅卷人共同参与的流程，缺乏任何一环都会使考试缺乏完整性。若从此反思，一场监考员缺席的考试就没有其应有的完整过程。既然连基本的完整性都无法达成，那缺乏监考，只靠自觉的过程怎会更重要呢？

（以上语段，以“考试”之概念为逻辑原则衡量，发现对方强加逻辑。）

②例2《中国人失掉自信力了吗》：

先前信“地”，信“物”，后来信“国联”，都没有相信过“自己”。假使这也算一种“信”，那也只能说中国人曾经有过“他信力”，自从对国联失望之后，便把这他信力都失掉了。

（以上语段，论据和论点并无必然的联系，这正说明论证的荒谬性。）

（2）指导学习：

总结：驳论证就是抓住对方在论证自己论点过程中的逻辑推导错误，加以揭露，从而驳倒对方的观点。逻辑推导错误主要表现在归纳论证中的以偏概全、演绎论证中的牵强推导、类比论证中的机械类比三个方面。可从“论据和论点自相矛盾或并无必然的联系”、归谬法、类比推理法入手，批驳论证。

写驳论文，要在树好靶子之后，以不断追问的形式进行逻辑上的推理，就可抓住敌论的错误之处，即其论点、论据或论证上的漏洞，对其进行反驳。

（五）落实训练

（1）运用驳论文开头“摆敌论”的一般模式，给2020年广东省第二次模拟考试作文写一个开头。要求：以小武的身份，就“公共生活与卫生安全”的问题，对爷爷奶奶谈谈你的思考和认识。

（2）对“有监考能保证考试的结果真实可信，希望父母参与监考”这一观点进行反驳，可以从哪些方面进行反驳？以“不断追问”的形式，先罗列可以反驳的点，然后写成一个驳论段。

（六）评估总结

“否定是为了建构”，不管是驳论点、驳论据，还是驳论证，揭穿错误都是为了弘扬真理。虽然驳论的主要功能在“破”，但根本目的在“立”。驳而不立，容易让人理解为挑毛病；驳而后立，才是一种真诚的建设态度。

（七）迁移巩固

（1）对“不需要监考，重在自觉，考试的过程更重要”这一观点进行反驳，可以从哪些方面进行反驳？以“不断追问”的形式，罗列可以反驳的点。

（2）根据2015年全国Ⅰ卷作文材料内容，对网友“小陈违背了亲亲相隐的传统伦理”的观点做出反驳。要求：运用“驳论点”的方法，写一个驳论段。

第三课时

教学目标

（1）以《拿来主义》为例，探究驳论文主体部分常见的思维角度，学会多方反驳，让驳论走向深入。

（2）掌握驳论的语言技巧，让驳论的语言更有艺术。

教学条件分析

1. 内部条件

学生掌握了驳论文的基本结构模式，能抓住“敌论”漏洞，从不同角度展开驳论。但反驳的思维单向，辩论还不够严密，也缺少说理艺术。

2. 外部条件

针对学生思维局限、单向的问题，以《拿来主义》为例，以“分析、提炼、运用”为活动方式，引导学生明确驳论文常见的思维角度，多向思维，并能学会运用艺术化的语言进行驳论。

教学步骤

（一）激发动力

抓住“敌论”漏洞，有针对性地进行辩驳，虽然能够出奇制胜，但还不能保证驳论的尖锐、有力、深刻和彻底。要真正驳倒“敌论”，还须运用严密的辩驳思维和巧妙的辩驳艺术，使敌论无处遁形。

（二）告知目标

（1）以《拿来主义》为例，探究驳论文主体部分常见的思维角度，学会多方反驳，让驳论走向深入。

（2）掌握驳论的语言技巧，让驳论的语言更有艺术。

（三）学习一：反驳角度

驳论文在对一些错误观点或丑陋现象的批判与揭露上的价值尤为突出，我们以《拿来主义》为例分析总结，看看作者是从哪些方面进行反驳说理的。

（1）材料呈现：

单是学艺上的东西，近来就先送一批古董到巴黎去展览，……以催进“象征主义”，此后是顺便到欧洲传道。

（2）指导学习：列现象。

以上语段对“送去”的各种现实（不合道德、有碍社会健康发展的、与作者观点相悖的现象）进行列举。事例选取典型，以求警醒人们；罗列丰富，以求引起读者共鸣；修辞多样，以求彰显行文文采，增强气势。

（3）材料呈现：

但是，几百年之后呢？……只好磕头贺喜，讨一点残羹冷炙做奖赏。

（4）指导学习：示弊端。

以上语段对“一味地送去”后的弊端进行揭示。每一种（类）丑陋的现象或多或少会造成社会的损失，这要求写作者既具有深邃的目光，透过现象看本质，又具有先知先觉的本领。

（5）材料呈现：

但我们被“送来”的东西吓怕了。先有英国的鸦片，……其实，这正是因为那是“送来”的，而不是“拿来”的缘故。

（6）指导学习：探根源。

以上语段对“不敢拿来”的原因进行了探究。对根源的探究，可以显示思维的深度和思维的广度。“探根源”可以从文化层面（代沟差异、认识差异、行为方式、生活态度、价值观、文化底蕴、教育、艺术审美等文化冲突……）、历史层面（历史文化内涵、历史传承、时间空间……）、心理层面（学会倾听、考虑他人、生活经验、情感意义……）、制度层面（人情与法规、管理意识、权力边界、目的与手段、权宜之计和根本解决……）等角度挖掘。

（7）材料呈现：

所以我们要运用脑髓，放出眼光，自己来拿！

……

总之，我们要拿来。……文艺不能自成为新文艺。

（8）指导学习：提办法（找出路）。

以上语段对“如何继承文化遗产”的问题，高屋建瓴，给出了辩证的意见和办法。“找出路”，可以从教育、政府规范和引导、法律严惩等角度谈起。

（9）总结：要由表及里，由浅入深地进行辩驳，使辩驳思维更加严密，可以从“列现象、示弊端、探根源、提办法”等方面入手。

（四）学习二：语言艺术

驳论要运用全面、发展、联系的观点去思考问题，所以驳论的语言不可偏激、武断、片面，让我们分析《拿来主义》《中国人失掉自信力了吗》及上一节课所示范文的语言，看看驳论的语言技巧有哪些，如何才能让驳论的语言更有艺术。

（1）材料呈现：

《拿来主义》《中国人失掉自信力了吗》及其他范文（略）。

（2）指导学习：

①准确运用修饰限定词语——如：范围、频率、性质、程度……

②合理运用各类逻辑关联词——如：表假设、因果、转折、递进、并列……

③妥帖运用肯定或否定、必然性或或然性、委婉性、模糊性的词句——如：的确、不能、并非、或许、未必、可能、也许、不敢苟同……

（3）总结：反驳要看对象，要同情共理；要晓之以理，说理而不失“礼”；既要体现理性之思，也要彰显君子之风。

（五）落实训练

（1）根据2019年全国Ⅰ卷作文材料，针对“有的同学不爱劳动、不尊重劳动”的态度，分别从“列现象、示弊端、探根源、提办法”等方面写出主体部分的提纲。

（2）语段升格，运用驳论的语言技巧，让下面语段的语言更有艺术。

原语段：

即使有人认为父母的参与监考能保证结果的真实可信，我却不以为然，在特别时期，我们依靠的应是自我，而不是父母。

（六）评估总结

如果我们不能成为一棵凝聚着思想精华的参天大树，也要做一根会思想的芦苇。善于辩驳的人，能够牢牢地将辩驳话语的主动权掌控在己方，既能使辩驳滴水不漏、无懈可击，又能让人心服口服、无话可说。我们对驳论文的写作做了系统的学习，希望同学们借鉴并运用，以深邃长远的目光、高瞻远瞩的见解，写出优秀的驳论文。

（七）迁移巩固

阅读下面的材料，根据要求写作。

①华罗庚：少年时考入上海中华职业学校，中途退学帮父母料理杂货铺，后来经过努力成为著名的数学家。

②李想：高三退学选择创业，先后创立泡泡网和汽车之家。2013年，汽车之家在美国纽约证券交易所成功上市。

③比尔·盖茨：18岁考入哈佛大学，一年后退学，与好友创办微软公司，成为世界首富。

正在读高三的李步明同学搜集到上面三则材料，由此得出“学习无用”的结论，并产生了退学的想法。假如你是李步明的同学，请针对他的观点写一篇文章，有理有据地反驳他的观点，并使他打消退学的念头。

要求：选好角度，确定立意；明确文体，自拟标题；不要套作，不得抄袭；不得泄露个人信息；不少于800字。

（夏燕芳　中山市卓雅外国语学校）

学写驳论文，提高思辨力
——“尝试写驳论文”作文教学设计

写作主题解读

思维发展与提升是新课标四大核心素养之一。学生需在语文学习过程中，通过语言运用，获得逻辑思维、辩证思维和创造思维的发展，促进思维品质的提升。本单元从语言运用的角度学习逻辑的基本知识，落脚点在思维的训练。

处于高二上学期的学生，其思维中的形式逻辑、辩证逻辑发展迅速，正适合借助作文教学发展其思维能力。学生在高一的学习过程中初步掌握了议论文写作方法，学习了《拿来主义》《谏逐客书》等批驳性较强的文章，然而对于驳论文的写作仍比较陌生，驳论文写作没有作为单独的写作单元展开，学生缺乏系统的训练。因此在这一单元，通过学习基本逻辑知识，可为学生思维发展与提升夯实基础，为思维训练和思辨读写提供方法指导。

本单元的写作主题为“尝试写驳论文”，属于选择性必修上册第四单元中“思辨性阅读与表达”的进一步延伸。《普通高中语文课程标准（2017 年版 2020 年修订）》在课程目标中指出，学生要“能运用基本的语言规律和逻辑规则，判别语言运用的正误，准确、生动、有逻辑地表达自己的认识”。通过学习驳论文写作，学生能更清晰地认识语言与逻辑的关系，发展逻辑思维，滋养理性精神，提升思维品质。

教学课时

2 课时。

设计亮点

旧教材阶段，驳论文只作为课文的赏析、写作的辅助方法。随着新课标的颁布，“思辨性阅读与表达”越来越占据重要地位，部编版教材把驳论文单独作为一个写作单元。近年来出现的任务型作文，很多暗含驳论色彩，比如 2019 年全国Ⅰ卷的劳动话题作文。种种现象都表明，驳论文的写作应当受到重视。

驳论文的写作成为议论文写作训练的重要一环，反驳相比立论而言是一个难点。在一线教学中，对于驳论文的写作步骤一直模棱两可，强调有破有立，却不知道如何切中要害去破，先破还是先立，还是边破边立，学生写作容易思维混乱，导致文章结构混乱。学生没有处理好破与立的篇幅，反驳流于形式和肤浅，以立论代替反驳。这样无法真正锻炼学生的批判思维，文章也不够有说服力。

基于此，本单元教学设计有以下两处亮点。第一，趣味与技术并存。选择贴合学生实际和兴趣的案例故事，帮助学生梳理常见逻辑错误，打开反驳思路，让学生愿意去说，有话可说。第二，建立支架，降低难度。以支架引导思维，提供明确的先破后立的反驳步骤，提供必要的逻辑词，限定反驳字数，让学生能有序批驳，理性批驳。

第一课时

教学目标

学会判断并分析常见的逻辑错误。（难点）

使用逻辑词，辨析观点并选择合适的角度论证对方观点的错误之处。（重点）

教学条件分析

1. 内部条件

学生已初步掌握阐述观点、论证观点、说明事理的方法，了解本单元有关逻辑的基本知识、逻辑谬误、基本推理方法和论证方法。

2. 外部条件

教师提供思维支架，先辨再析，先总括再论证。切中要害，找准反驳点。借助生动的案例故事，打开学生的反驳思路，使学生掌握反驳的展开角度。提供必要的逻辑词，把学生的思维转化为语段。

教学步骤

（一）激发动力

“大丈夫处世，当扫除天下，安事一屋乎？”

——陈蕃

师：同学们，如果你来反驳这个观点，你会如何反驳？

驳：一屋不扫，何以扫天下。

——薛勤

（二）告知目标

引入课题：今天我们要学习如何反驳别人的观点。本节课学习目标是学写反驳语段。

（三）呈现材料

反驳概念：说出自己的理由，来否定别人跟自己观点不同的言论。

反驳语段写作步骤：

第一，一个规范的反驳语段需要包括指出对方观点错误之处的总括句，可以概括为“辨”；第二，具体分析对方错误的理由，可以概括为“析”。

（四）指导学习

文明的对话从肯定对方的合理性开始。肯定对方，并非立场不坚定，而是从心理上消除对方的敌意，以退为进，让自己提出的观点更容易被对方接受。

1. 辨析对方观点

（1）辨析对方观点的合理性。

逻辑词：诚然/固然/可以理解/无可厚非……但是……

（2）指出对方的漏洞。

常见逻辑谬误：偷换概念、轻率归纳（以偏概全）、强加因果、不当预设、自相矛盾等。

小试牛刀；指出下列观点的逻辑错误。

例1：鲁迅的作品不是一天能读完的，《孔乙己》是鲁迅的作品，所以，《孔乙己》不是一天能读完的。

解析：偷换概念。前文指的是鲁迅的全部作品；后文指的是鲁迅的一部作品。前后概念指向范围不一致。

例2：有人说：“所有的男人都想和美女结婚。”其实，当你认识的男人足够多的时候，你就会发现，尽管大部分男人都爱美女，但有的男人在选择姑娘时，会倾向那个不够漂亮但是性格好的姑娘。

解析：轻率概括（以偏概全）。在你想要从现象推导出结论时，你一定要确保样本的数量足够大。

例3：《祝福》中，鲁四老爷知道祥林嫂的死讯后说：“不早不迟，偏偏要在这时候，——这就可见是一个谬种。”

解析：强加因果。祥林嫂在祝福的时候死去与祥林嫂是一个谬种没有明显的因果关系。

例4：你是否已经停止了对我的毁谤？请回答“是”或者“不是”！

解析：不当预设。不管回答“是”或“不是”，问句都隐含了“你”对“我”有毁谤行为的前提。

例5：为演好剧本我可以赴汤蹈火，要不是雨下得太大我就赶去排练了。

解析：自相矛盾。前面的赴汤蹈火与后面因下雨就不去排练前后矛盾。

2. 论证对方观点的错误之处

（1）直接反驳：驳论点、驳论据、驳推理过程。

例：金钱是万能的，因为人们常说：“有钱能使鬼推磨。”

①驳论点：

有人说，金钱是万能的。但是，金钱能买到知识吗？金钱能买到感情与爱情吗？金钱能买到时间吗？金钱能买到生命吗？

②驳论据：

“有钱能使鬼推磨”毕竟只是一句民间俗语，民间俗语是人们在生产生活中凭经验总结而出，并没有科学的依据。

③驳推理过程：

有人说，金钱是万能的，因为人们常说：“有钱能使鬼推磨”。仅凭一句夸张的俗语就推断出“金钱是万能的”，无疑是偏激的。民间俗语本没有科学的依据，是有缺陷的。

（2）间接反驳：归谬法、反证法。

①归谬法：按照对方的观点延伸出荒谬的结论。

例：“轮回报应”：不能轻易杀生，凡是杀牛杀猪的，来世就会变作牛或猪来偿债，甚至是踩死蚂蚁的，也会这样。

驳：“那那些吃人的老虎，来世偿债，还能变作人了。”

②反证法：证明与对方观点相反的观点的正确性。

例：英国记者：一个国家向外扩张，是由于人口过多……

驳：扩张的根源并非人口。某些国家的人口远少于中国，却在全球推行殖民主义。比如英国，在一个很长的时期内都是“日不落”的殖民帝国。

（3）延伸反驳：推及危害、深挖原因、举例延伸。

①推及危害：这样的做法，会导致什么后果。

逻辑词：长此以往，由此导致的结果是……

②深挖原因：为什么会有这样的观点或者推理。

深层原因一般可以涉及：观念、能力、态度、意识、价值观、诉求、心理、教育、制度、评价标准等。

逻辑词：究其根源，归根于，本质上，背后其实是，深层次原因其实是……

③举例延伸：联系实际，社会类似、相反现象，举出古今中外事例。

逻辑词：无独有偶，同样地，类似的悲剧，并非个例，反之，反观，而与之相对的……

（五）落实训练

阅读下面的材料，根据要求写作。

①华罗庚：少年时考入上海中华职业学校，中途退学帮父母料理杂货铺，后来经过努力成为著名的数学家。

②李想：高三退学选择创业，先后创立泡泡网和汽车之家。2013年，汽车之家在美国纽约证券交易所成功上市。

③比尔·盖茨：18岁考入哈佛大学，一年后退学，与好友创办微软公司，成为世界首富。

正在读高三的李步明同学搜集到上面三则材料，由此得出“学习无用”的结论，并产生了退学的想法。假如你是李步明的同学，请针对他的观点有理有据地反驳他的观点。字数400字左右。

参考语段框架：

李步明同学搜集到的材料的真实性无可置疑，只是他由材料得出的“学习无用”的结论存在以偏概全、强加因果的逻辑错误。（辨：合理性＋漏洞）

其一，这三个人选择退学，只是终止了在学校的学习，并没有停止其他方式的学习。（反驳观点：退学等于不学习）

其二，退学与成功没有必然的因果关系，成功的原因有很多，与个人的兴趣、能力、学识、方法以及环境、机遇等均有一定的关联。（反驳观点：退学就能获得成功）

其三，每个人的成功都有其独特性，是不可复制的，因此不能盲目模仿效法。（反驳论据：三人例子不属于大多数）

其四，即便是将“学习”定位在“学校学习”这一范畴，从统计学的角度看，完成必要的学习阶段的人士的成功率要高得多。以IT业为例：马化腾，毕业于深圳大学；李彦宏，毕业于北京大学（后出国深造）；等等。（反证法）

（六）评估总结

1. 知识点小结

步骤	解释	方法		逻辑词或举例
破观点（400字）	1. 辨析对方观点（50字）	承认合理性		诚然/固然/可以理解/无可厚非……但是
		指出逻辑漏洞		常见逻辑谬误：偷换概念、轻率归纳（以偏概全）、强加因果、不当预设、自相矛盾等
	2. 论证对方观点的错误之处（350字）	直接反驳		驳论点、驳论据、驳推理过程
		间接反驳		归谬法、反证法
		延伸反驳	推及危豁	长此以往，由此导致的结果是……
			深挖原因	究其根源，归根于，本质上，背后其实是，深层次原因其实是……
			举例延伸	无独有偶，同样地，类似的悲剧，并非个例，反之，反观，而与之相对的……

2. 评分标准

要求	细项	分值	自评	同学评	教师评
辨析对方观点	承认合理性	3 分			
	指出逻辑漏洞	3 分			
论证对方观点的错误之处	列出一个反驳理由 4 分 列出 3 个理由 12 分	12 分			
字数符合要求	50 字“辨”加350 字“析”，总数400 字	2 分			
总分		20 分			

（七）迁移巩固

阅读下面材料，根据要求写作。

我们生活在阅读的幸福时代，传统阅读和数字阅读并行不悖，人工智能对阅读的影响诚可期待。有的人认为数字阅读碎片化，会导致阅读能力和水平每况愈下；有的人认为前面那些人的担心纯属杞人忧天，数字阅读将来会取代传统阅读。

请你对上述材料中所谈论的问题，结合自己的观察、思考或阅读实践，选择其中一种观点进行反驳。写一段反驳语段，要求有理有据，字数400字左右。

第二课时

教学目标

（1）使用逻辑词，树好靶子。

（2）选择合适的角度立论并论证。

（3）按照“树—破—立—结”的顺序，拟定框架并连缀成篇。（重点）

教学条件分析

1. 内部条件

上节课学习了反驳语段的写作，并且学生在之前的学习中已初步掌握了正面立论的方法。

2. 外部条件

教师提供驳论文写作支架，提供必要的逻辑词，引导学生有序批驳；根据学生容易出现的问题，提出写作的注意事项；辨析驳论文与辩论词写作的异同。

教学步骤

（一）激发动力

纵观近几年高考题，我们发现很多题目都带有驳论色彩，驳论文的写作似乎成为我们的必修课。

（二）告知目标

上节课学写的是反驳语段，那么这节课我们学习如何把反驳语段逻辑清晰地扩充为一篇驳论文。

（三）呈现材料

（1）驳论文概念。

驳论文是议论文写作的一种。议论文就论证方式而言，可以分为立论和驳论。驳论，顾名思义，即反驳和论证，反驳对方观点，再论证对方观点的错误之处，确立自己的观点。

驳论文中，反驳应当是文章的主体部分，同时驳论文需要有破有立，可以先破后立，也可以先立后破，还可以破立结合。为了便于操作训练，我们今天学习先破后立的方法。

（2）驳论文写作步骤：树—破—立—结。

（四）指导学习

1. 树观点

概括对方观点，树立反驳的靶子（字数要求：100 字）。

（1）直接概括对方观点/设想对方可能观点。

逻辑词：或许有人认为，也许有人会说……殊不知……

（2）明态度。

推荐表达：对此，我不敢苟同/在我看来，此观点是片面的、偏激的、站不住脚的、不可信的……

2. 破观点

辨析对方观点，论证对方观点错误之处（字数要求：400 字）。

上节课已经学习了反驳语段。即驳论文的主体部分——破。此处不再赘述。

3. 立观点

提出自己观点，论证观点的正确之处（字数要求：200 字）。

（1）提出自己的观点。

推荐表达：过渡词 + 观点句。

例如：由此观之/从这一点上说/因而 + 断语技术（A 是 B，A 应该是 B，A 可以是 B）。

（2）简要论证观点的正确之处。

可以通过：①举例；②延伸好处；③提出对策等来论证观点的正确性。（学生对于立论比较熟悉，此处略讲。）

4. 得出结论

重申对方观点的错误本质，重申自己观点。

5. 注意事项

（1）要抓住错误观点的要害。为此，必须在反驳之前对错误观点作认真的分析。

（2）要处理好“破”与“立”的关系。在反驳错误观点的同时，要注意确立正确观点。不能只满足于“破”而忘了“立”。

（3）要以理服人。反驳不是“吵架”，不能以“骂”代驳，不能搞压服；而要以事实为武器，以正确道理为武器，言之有据，言之成理。

6. 延伸比较：驳论文与辩论词区别

辩论重在坚持自己一方的观点。一辩：重在立论。二、三辩：有破有立。四辩：结词，即重申自己观点。而驳论文重在驳斥对方的观点，论证对方错误之处，但同时也要树立己方的正确观点。

因而，驳论文中反驳的篇幅要占全文的主要部分，在议论文的三个分论点中，可以让前两个分论点从不同的角度驳斥对方，第三个分论点确立正确的做法；也可以用三个分论点从不同的角度驳斥对方，边破边立。

（五）落实训练

阅读下面的材料，根据要求写作。

在这个特殊时期，全国人民正在进行一场特别的考试：疫情防控。而作为高三学生的你，又迎来另一场特别的考试——深圳市2022年普通高中高三年级线上统一测试。是的，这场考试有着很特别的地方：居家、线上、没有老师监考……

因为特别，你会有特别的应对，崭新的思考，深刻的启发。

今后的人生中，还会有许多特别的考试，而你，就是那答卷人。

有人说：有监考能保证考试的结果真实可信，希望父母参与监考；有人说：不需要监考，重在自觉，考试的过程更重要。

请你针对其中一个看法写一篇驳论文。（课堂框架训练，课后再进行全篇训练）

参考框架：

针对看法1：

树：（100字）有监考能保证考试的结果真实可信，希望父母参与监考。

破：（50字）监考对保证考试效果固然有一定效果，但要求有人监考的本质是对学生的不信任，也体现了教师、家长的担忧。

（350字阐述理由）（从有人监考的原因探寻，父母监考可能带来的不好后果等展开思考）

（1）监考就能完全保证考试结果的真实可信？若想作弊，摄像头下尚有办法，况家庭线上考试乎？

（2）家长参与监考就会更好？（带来很多问题，如上班、偏私、影响等）

（3）求学阶段是试卷型考试，未来人生是问题型考试，身为答卷人的我们此刻可以被父母监考？未来呢？

立：（200字）

（1）让学生独立考试的好处。

（2）要给学生足够的信任。

（3）人生的答卷只能独立完成。

结：（100字）监考对保证考试效果固然有一定效果，然身为答卷人的我们更需要本心之诚信。

针对看法2：略。

（六）评估总结

1．知识点小结

<table>
<tr><th>步骤</th><th>解释</th><th colspan="2">方法</th><th>逻辑词或举例</th></tr>
<tr><td rowspan="2">树靶子
（50字）</td><td>直接概括对方观点/设想对方可能观点</td><td colspan="2">—</td><td>或许有人认为，也许有人会说……殊不知……</td></tr>
<tr><td>明态度</td><td colspan="2">—</td><td>对此，我不敢苟同
在我看来，此观点是片面的、偏激的、站不住脚的、不可信的……</td></tr>
<tr><td rowspan="7">破观点
（400字）</td><td rowspan="2">辨析对方观点（50字）</td><td colspan="2">承认合理性</td><td>诚然/固然/可以理解/无可厚非……但是</td></tr>
<tr><td colspan="2">指出逻辑漏洞</td><td>常见逻辑谬误：偷换概念、轻率归纳（以偏概全）强加因果、不当预设、自相矛盾等</td></tr>
<tr><td rowspan="5">论证对方观点的错误之处（350字）</td><td colspan="2">直接反驳</td><td>驳论点、驳论据、驳推理过程</td></tr>
<tr><td colspan="2">间接反驳</td><td>归谬法、反证法</td></tr>
<tr><td rowspan="3">延伸反驳</td><td>推及危害</td><td>长此以往，由此导致的结果是……</td></tr>
<tr><td>深挖原因</td><td>究其根源，归根于，本质上，背后其实是，深层次原因其实是……</td></tr>
<tr><td>举例延伸</td><td>无独有偶，同样地，类似的悲剧，并非个例，反之，反观，而与之相对的……</td></tr>
<tr><td rowspan="2">立观点
（200字）</td><td>提出自己的观点</td><td colspan="2">过渡词 + 观点</td><td>由此观之/从这一点上说/因而 + 断语技术（A是B，应该是，可以是）</td></tr>
<tr><td>简要论证观点的正确性</td><td colspan="2">举例、延伸好处、提出对策</td><td>—</td></tr>
<tr><td>结论
（100字）</td><td>重申对方观点的错误本质，重申自己观点</td><td colspan="2">—</td><td>—</td></tr>
</table>

2. 评分标准

要求	细项	分值	自评	同学评	教师评
标题	有关键词，有观点，有对称	5 分			
格式	能按照题目要求的文体格式作文，错一处扣 2 分	5 分			
开头	树立靶子 + 明态度（5 + 5 分）	10 分			
破	举出错的理由（观点 5 分 + 论证 15 分）	20 分			
立	树己方观点并论证（5 + 5 分）	10 分			
结	重申观点	5 分			
书写	字体端正、书写清晰、卷面工整	5 分			
总分		60 分			

（七）迁移巩固

阅读下面的材料，按要求作文。（60 分）

“俭，德之共也；侈，恶之大也。”“俭以养德”，通过节俭的生活来培养道德品质，是自古至今都被倡导的人生之道。可是现实生活中，有一些同学不认同节俭生活，不愿意节俭。有的说：“过去中国穷，所以提倡节俭，现在国家富裕了，还节俭啥？”有的说：“我花自己家的钱，想怎么花就怎么花，碍别人啥事了？”也有的说：“根据经济学原理，消费促进经济发展，提倡节俭岂不是打击经济？”此外，我们身边确实有一些生活奢侈的现象。这引起了人们的深思。

请结合材料内容，针对材料中的说法或现象展开辩驳，面向本校同学写一篇演讲稿，倡议大家“新的时代，仍要节俭”，体现你的认识与思考，并提出希望与建议。

（郑奕珂　中山市实验中学）

驳点定位与批驳有力

——“尝试写驳论文”教学设计

写作主题解读

驳论文，是以“驳”为核心思维特点的议论文。相较于“从自我出发”的证明式的立论文，它更强调“从他者出发”，即抓住对方观点的逻辑漏洞或者情感态度失当等谬误，以“驳”为论，与“他者”来一场基于文本形式的思想辩论。因此，驳论文写作对学生的思维品质要求较高：一方面对学生逻辑思维能力的发展水平提出挑战，另一方面考验着学生思维水平的深刻性、灵活性、批判性和独创性。

随着新课标的颁布、新教材的推行及语文学科核心素养的提出，驳论文写作因注重对学生思维品质的训练，其重要性得到了大幅度的提升，已经被明确地写进选择性必修上册第四单元的写作任务中，从以前偏离中心的次要地位逐渐走向舞台中央。然而，与驳论文写作重要性得到凸显不同步的是，当前的驳论文写作教学囿于各种原因，没有明显的突破与进展。学生只知道驳论文是关乎“破”“立”的艺术，却不知道到底要破什么，又该如何去立；学生只知驳论文与立论文有不同，却不知道二者的本质区别；学生并不清楚是否所有的作文题目都适合写驳论文；或者仅明白驳论文要以“驳”为先，却不知道如何精准且得体地反驳。凡此种种，都亟待廓清与解决，如此方能改善当前驳论文写作教学定位不清、策略失位等问题。

教学课时

2 课时。

设计亮点

1. 教学设计目标明确，针对性强

教学目标是科学取向教学论视域下的教学设计的灵魂，本教学设计紧紧围绕驳论文写作的核心问题逐层展开，有针对性地给予技术指导与对点训练。驳论文写作与一般性的说理文写作相比较，难度明显增大，对学生思维与逻辑的敏锐性与严谨性提出了更高的要求，这也正是驳论文写作的难点所在。本设计从驳论文的文体特点出发，通过典型的样例引导学生深刻领会驳论文写作的关键，即善于发现对方说法中的漏洞与破绽，学会定位驳点，能够运用归谬法，推导出错误的不可接受的结论，从而实现有力地反驳对方的目的。

2. 教学设计用料典型，操作性强

本教学设计所选的试题材料新颖，既贴合时代的特点，又贴近学生的生活，既能激发学生反驳的兴趣，也能调动学生反驳的思维。所提供的样例技术性强，教师教得到位，学生学得明白。从科学取向的教学论的视域出发，一节作文课是否有效，关键在于评讲材料的典型性与样例的示范性。本设计入选的评讲材料经过了充分的筛选与实践的检验，示范样例也经过了多次锤炼，开发的技术流程清晰，操作性强，能给初学者提供具体的指导。

第一课时

教学目标

（1）理解材料，分析其论证逻辑，寻找驳点。

（2）说出驳点，学会围绕驳点有序展开反驳。

教学条件分析

高二学生已经学习了一定数量的驳论文，比如《拿来主义》《反对党八股》《谏逐客书》《答司马谏议书》，会画出一篇文章的思维导图，能分析出一篇文章的论证逻辑，积累了初步的驳论文阅读经验。在日常的语文实践活动中，学校开展过主题辩论观摩与实战活动，学生积累了初步的关于反驳的攻防策略、观点分析、概念界定的表达经验。在平常的阅读教学中，教师已传授给学生基本的逻辑知识，比如关于逻辑的同一律、矛盾律、充足理由律，并印发了一定数量的议论文，使得学生具备基本的材料分析能力，了解优秀说理文的论证方法。本单元“逻辑的力量”为学生提供了基本的逻辑推理知识，包括发现潜藏的逻辑谬误，运用有效的推理形式，采用合理的论证方法，为学生学写驳论提供了必要的知识支架。基于此，本节课的教学目标是可以达成的。

教学步骤

（一）激发动力

同学们，《三国演义》第九十三回描写了一场著名的骂战，大家知道写的是哪两位人物之间的巅峰对决吗？本来处于下风的诸葛亮，通过超强的反应和逻辑能力，对王朗的声讨进行铿锵有力的反击，不仅扳回了气势，更是把王朗骂得吐血身亡。当时王朗的话句句在理，为何最后还是输了？大家想知道原因吗？

（二）告知目标

同学们，驳论其实在人与人、国与国之间经常发生，常常是你来我往，多个回合，多次交锋。本节课我们聚焦驳点，学会审读材料，寻找驳点，围绕驳点展开有力的反驳。

（三）呈现材料

从北大中文系毕业后，陆步轩被分配到西安市长安县（今长安区）的柴油机厂里工作。由于地方比较小，人际关系错综复杂，他的事业发展得并不是很顺利。他曾经先后尝试过多种职业，开过一个化工厂，也做过不少的小生意。迷茫过，消沉过，但他从来没有堕落。在 34 岁的时候，为经济状况所迫，他不得不操起了杀猪刀，从一位光鲜亮丽的北大才子，转型到了农贸市场的一个小贩。

北大出来的学生卖猪肉，多大的噱头，他的事件被媒体争相报道，陆步轩也成为老百姓茶余饭后的谈资。有些人嘲讽：“读书有什么用，北大毕业不照常卖猪肉吗？”

你同意这些人的观点吗？读书有没有用？请写一个主体段表达自己的看法。

（四）指导学习

引导学生仔细审题，拨开材料的迷雾，重点分析其逻辑论证过程，找出其谬误所在：

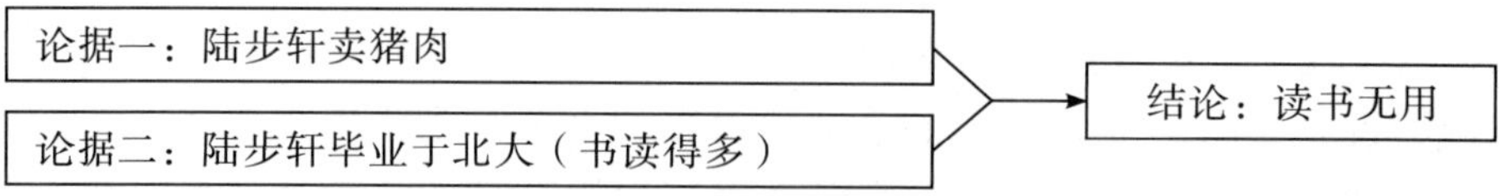

继续分析，我们便会发现这个推论隐含着一个大前提：卖猪肉就是无用。其推理过程为：

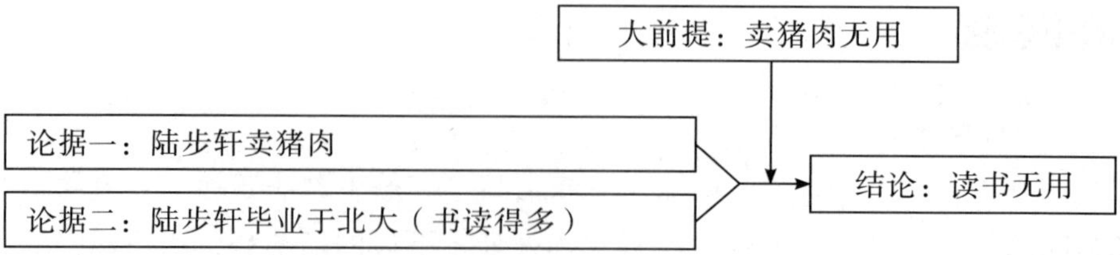

找到了论断的大前提，找出了错误的根源，学生就豁然开朗。我们可以继续追问：何谓有用？何谓无用？“用”的衡量标准是什么？如此反驳，学生的思维自然走向深处，反驳的文字格外铿锵有力：

在有些人看来，读书的“有用”最基本的层次体现在以学历为敲门砖，找一份舒适体面的工作；其次是成名成家；最“有用”莫过于升官或发财。卖猪肉当然不在其列。不过同样是卖猪肉，一个档口人家卖一头猪，陆步轩能卖出十二头；在猪肉生意之外，他笔耕不辍，书写《屠夫看世界》；他还与同学合办了“屠夫学校”，并编写了《猪肉营销学》教材。不知“有些人”是否还认为陆步轩读书无用？

诚然，如若仅为了一纸文凭，如范进般高中举人之后，竟高兴得疯了，读书又有何用？如若不能灵活运用于实践，如孔乙己般纠结于“回”字有几种写法，读书又有何用？而陆步轩不在此列，虽卖猪肉之初，有不得已而为之之嫌，但他仍以十几年寒窗苦读的坚守精神对抗周围的嘲笑，并将营销学知识运用于卖猪肉，把卖猪肉这件事做到了“北大水准”。

（五）落实训练

仔细审读下列材料，选择其中的一种说法寻找驳点，围绕驳点展开反驳，写一段话。先独立完成，然后进行现场交流和展示。

现实生活中，有一些同学不理解劳动，不愿意劳动，不尊重劳动。有的说：“我们学习这么忙，劳动太占时间了！”有的说：“科技进步这么快，劳动的事，以后可以交给人工智能啊！”也有的说：“劳动这么苦，这么累，干吗非得自己干？花点钱让别人去做好了！”

你同意这些同学的观点吗？劳动有那么重要吗？请写一个主体段表达自己的看法。

样例1：

有的学生说：“我们学习这么忙，劳动太占时间了！”这就是一种“不理解劳动”的典型心理。在他们心中，学习和劳动是对立的，劳动会挤占学习的时间。大家想想，劳动是不是既包含体力劳动，也包含脑力劳动？既然如此，学习不也是一种可贵的劳动吗？我们现在努力学习各种文化知识，不断培养自己的能力与素养，以后才可以创造出更大的社会价值，这不就是在进行创造性劳动吗？那是不是说我们整天只专注于学习就可以了，不需要做任何体力活？也不是。以学习这种脑力劳动为主，学习之余我们可以适度从事一些体力劳动，参加社会实践活动，这两者是不能偏废的。

样例2：

有的学生说："科技进步这么快，劳动的事，以后可以交给人工智能啊！"我倒想问一问，人工智能的产生需不需要经过人类各种形式的劳动？答案是肯定的。那么，没有劳动就不会有人工智能的产生，你又怎么指望人工智能去代替你的劳动呢？毋庸置疑，随着科技的进步，人工智能会取代人类很多形式与内容的劳动，但有了人工智能，就不需要任何形式的劳动了吗？还有，你说的"劳动的事可以交给人工智能"，那是以后的事情，现在你不需要从事人工智能无法代替你的劳动吗？由此可见，这类言论的实质就是找各种借口逃避劳动。因此，我希望大家不要指望人工智能可以解决一切问题。真正的人工智能时代，对劳动的要求会更高。

（六）评估总结

材料作文驳点定位技术：细读材料→圈出疑点→确定驳点。

驳点本身具有隐蔽性，需要我们蹲下来，推敲那些看似正确的说法，分析其论证逻辑，发现其中的破绽，找到驳点，从而确定反驳的方向，真正做到有的放矢。

（七）迁移巩固

语文课上，老师告诫同学们应该热爱读书，多读名著经典，引来学生讨论。

学生甲："高中学习时间紧，任务重，实在没法安排课外时间阅读这些对高考帮助不大的闲书，国家都在提倡'双减'，还是等高考完再读吧。"

学生乙："现如今信息技术这么发达，电脑、手机、媒体等提供的知识、资讯丰富而有趣，何必孤独而又单调地抱着名著死啃，况且，现在的书籍又贵得吓人。"

学生丙："我不赞成中学生阅读名著经典。《水浒传》里满是打家劫舍，占山为王，青少年心性未定，难免有样学样；《三国演义》中充斥着阴谋诡计，尔虞我诈，处在不能明辨是非阶段的中学生，容易受影响；《西游记》虽然看起来情节曲折，最容易勾起中学生阅读兴趣，但其从根本上讲述的是佛法和人生，中学生难以理解。至于《红楼梦》'色、空、幻、灭'的主题，则可能会影响中学生对未来生活的预期。"

你同意上述说法吗？请选择其中的一种说法仔细推敲，分析其论证逻辑，寻找其中的破绽，写出驳点。

附参考驳点：

（1）针对学生甲的说法。

驳点①：学习时间紧、任务重便可推理出不需要读名著吗？名著阅读本就是高中学习的内容和任务，怎么能因为时间紧和任务重而本末倒置，放弃本该学习的内容呢？

驳点②：国家推出双“双减”政策，是要减掉名著阅读的要求吗？何为“双减”政策？为何学生甲还要以此为理由来逃避经典阅读呢？除却其可能真的不懂“双减”内涵之外，是否还存在着这样一种嫌疑——故意拿“双减”这顶高帽子来吓唬人？

（2）针对学生乙的说法。

驳点①：“现在的书籍贵得吓人”有何数据支撑？多贵才能被称为贵得吓人？

驳点②：电子、网络等媒介提供的知识、讯息能取代纸质书籍吗？纸质书籍的阅读，只带给人孤独和单调吗？

（3）针对学生丙的说法。

驳点①：如果因为经典本身存在不足就不去阅读，这不是因噎废食吗？

驳点②：经典确有不足，但更有其不可替代的正面价值，能一叶障目吗？

第二课时

教学目标

（1）根据驳点，选择批驳的策略与路径。

（2）学习归谬法，运用归谬法展开反驳。

教学条件分析

高二学生已经学习了一定数量的驳论文，比如《拿来主义》《反对党八股》《谏逐客书》《答司马谏议书》，会画出驳论文的思维导图，能分析出驳论文的论证逻辑，积累了驳论文的文体知识。在日常的语文实践活动中，学校开展过主题辩论观摩与实战活动，学生积累了初步的关于反驳的攻防策略、观点分析、概念界定、论证思路的表达经验。在日常教学中，教师已教授基本的逻辑知识，比如关于逻辑的同一律、矛盾律、充足理由律，并开展了多次材料作文的读写实践，使得学生具备基本的分析材料的能力，了解归谬法等多种论证的方法。本单元“逻辑的力量”为学生提供了基本的逻辑推理知识，包括发现潜藏的逻辑谬误，运用有效的推理形式，采用合理的论证方法，为学生学写驳论提供了必要的知识支架。基于此，本节课的教学目标是可以达成的。

教学步骤

（一）激发动力

同学们，驳论是语言的交锋，更是思维的攻防。你想成为一个论辩的高手吗？如何才能驳倒对方，令对方口服心服？作为论辩的高手，鲁迅先生的秘诀是："要挖好防卫的战壕，经过周密的思考，击中敌人的要害。"本节课就让我们一起共同探讨，开发具有可操作性的反驳技术。

（二）告知目标

如何反驳？确定好驳点之后，我们就需要瞄准箭靶，选择好破防的策略，运用归谬法展开有力的反驳。

（三）呈现材料

材料1：

从公开的文字上看起来：两年以前，我们总自夸着"地大物博"，是事实；不久就不再自夸了，只希望着国联，也是事实；现在是既不夸自己，也不信国联，改为一味求神拜佛，怀古伤今了——却也是事实。

于是有人慨叹曰：中国人失掉自信力了。

如果单据这一点现象而论，自信其实是早就失掉了的。先前信"地"，信"物"，后来信"国联"，都没有相信过"自己"。假使这也算一种"信"，那也只能说中国人曾经有过"他信力"，自从对国联失望之后，便把这他信力都失掉了。

——鲁迅《中国人失掉自信力了吗》

材料2：

今陛下致昆山之玉，有随、和之宝，垂明月之珠，服太阿之剑，乘纤离之马，建翠凤之旗，树灵鼍之鼓。此数宝者，秦不生一焉，而陛下说之，何也？必秦国之所生然后可，则是夜光之璧不饰朝廷，犀象之器不为玩好，郑、卫之女不充后宫，而骏良駃騠不实外厩，江南金锡不为用，西蜀丹青不为采。所以饰后宫、充下陈、娱心意、说耳目者，必出于秦然后可，则是宛珠之簪、傅玑之珥、阿缟之衣、锦绣之饰不进于前，而随俗雅化佳冶窈窕赵女不立于侧也。夫击瓮叩缶，弹筝搏髀，而歌呼呜呜快耳者，真秦之声也；《郑》《卫》《桑间》，《昭》《虞》《武》《象》者，异国之乐也。今弃击瓮叩缶而就《郑》《卫》，退弹筝而取《昭》《虞》，若是者何也？快意当前，适观而已矣。今取人则不然。不问可否，不论曲直，非秦者去，为客者逐。然则是所重者在乎色、乐、珠玉，而所轻者在乎人民也。此非所以跨海内、制诸侯之术也。

——李斯《谏逐客书》

材料3：

有些党八股，不只是空话连篇，而且装样子故意吓人，这里面包含着很坏的毒素。空话连篇，言之无物，还可以说是幼稚；装腔作势，借以吓人，则不但是幼稚，简直是无赖了。鲁迅曾经批评过这种人，他说："辱骂和恐吓决不是战斗。"科学的东西，随便什么时候都是不怕人家批评的，因为科学是真理，决不怕人家驳。主观主义和宗派主义的东西，表现在党八股式的文章和演说里面，却生怕人家驳，非常胆怯，于是就靠装样子吓人；以为这一吓，人家就会闭口，自己就可以"得胜回朝"了。这种装腔作势的东西，不能反映真理，而是妨害真理的。

——毛泽东《反对党八股》

（四）指导学习

他山之石，可以攻玉。在确定驳点的基础之上，从以上述三个范例中我们可以提炼出有效的反驳路径。

1. 辨析概念

厘清对方观点中核心概念的内涵与外延，找出驳点之后，选择概念辨析的路径进行反驳。材料1中鲁迅先生的反驳就是以论题中的"自信力"这一核心概念为起点，从对方的论据落笔，进行归纳推理，得出"中国人失掉的是'他信力'，而非'自信力'"的结论，轻松驳倒了对方的观点。

2. 深究根源

运用哲学的观点，选择透过表象去探寻本质的路径，挖掘错误观点行为产生的深层原因，或现象潜藏的社会心理。材料2李斯反驳的逻辑是对"必秦国之所生然后可"的充分演绎，这与秦王推出"逐客令"的逻辑是完全一致的，通过大量的就近取譬，推导出一个秦王不可能接受的结论：如果坚持"必秦国之所生然后可"，那么必将失去他珍爱的色、乐、珠玉。在归谬的基础之上，李斯将秦王"取人"与"取物"的态度进行对比，得出秦王"所重者在乎色、乐、珠玉，而所轻者在乎人民也"的结论，穷尽了问题的根源，足以令秦王警醒，直至废除"逐客令"。

3. 剖析危害

人的本性是趋利避害的，剖析错误的观点行为可能造成的危害，可以阐明这种观点行为为什么错。材料3毛泽东对"空话连篇、装腔作势"文风的批驳就是从"这里面包含着很坏的毒素"处起笔，逐层深入，分析这种文风的实质及其社会危害，从而达到反驳的目的。

（五）落实训练

运用归谬法——首先假设对方的论点是正确的，然后从这一论点加以引申、推论，从而得出极其荒谬可笑的结论来，以驳倒对方论点的一种论证方法。归谬法主要用于驳论文章中。这种论证方法常和泼辣、犀利的语言相配合，产生辛辣、有力而富有幽默感的表达效果。

仔细阅读下面两题，任选其一，就材料中的说法展开批驳，运用归谬法写一个主体段。

题1：

2017年春节期间宁波有一名男子，逃票连续穿越多条围墙无视警示标志进入猛兽散养区被老虎活活咬死，老虎在警察赶到后被直接击毙。对宁波老虎案，有人认为动物园应该承担责任，因为动物园没有阻止人爬墙进去。对此，你怎么看？

样例1：

如果按照赔偿理由，动物园不应该给该男子翻墙逃票入园的机会，所以有赔偿责任，那按此推定有责任的多了去了。银行不应该给抢劫犯抢劫的机会，所以应该对被击毙的劫匪承担赔偿责任；行人不应该给汽车撞你的机会，所以被撞死你活该；人们不应该给歹徒伤害你的机会，所以你受害了你自认倒霉！

题2：

程辉看到一个小孩落水，奋不顾身地跳下去把小孩救了起来。小孩的父亲很感动，于是送了一笔钱给他表示感谢，他高兴地接受了。对此，人们议论纷纷，有人认为他太贪心，做善事不应该要回报。对此，你怎么看？

样例2：

如果程辉接受落水小孩的父亲的酬报应受到谴责的话，那么应受谴责的人可就太多了：在汶川救灾中，受伤致残的军人接受国家补贴应受谴责；获得诺贝尔和平奖奖金的人应该受到谴责；连当年失去儿子雷锋的母亲，她接受抚恤金也应该受到谴责了！这样的话，岂不让好人帮助别人后，自己却落得一个老无所依、子无所养的悲惨境地？

（六）评估总结

归谬法：假设逻辑成立→类比关联事例→推导错误结论→假设逻辑不成立。

归谬法运用的难点在第二个环节，类比关联这一环节对学生的积累提出了较高的要求，关联的事例越多，反驳的力量越强，同时所关联的事例是否具有同质性，也很考验学生的思维。

（七）迁移巩固

最近，延边大学一历史学博士生从事快递工作引起热议。有人说，谭超学的是历史专业，跟快递这一行业半点关系都没有，还说什么实现人生价值，这不是在扯淡吗？也有人说，谭超从事快递业，浪费了时间，也消耗了精力，甚至会影响身体健康，得不偿失。对此，你怎么看？请运用归谬法展开批驳，写一个主体段。

样例3：

个人价值的实现从来就没有局限于某一方面。俞伯牙作为士大夫政绩不高，可是有谁能否认他的《高山流水》是琴曲一绝呢？陈生放弃与自己专业适合的职业而改卖猪肉，可是谁又能说他的猪肉没有卖出北大的水平？如果说个人价值的实现只能表现在自己所学的专业的话，那么我们是不是应该否认鲁迅弃医从文的做法，让世上少了《呐喊》与《彷徨》？我们是不是要阻止孙中山弃医革命，让中国丢掉民主与自由？我们是不是要反对周有光放弃经济学而研究汉语拼音，让汉字的全球化推广再延迟许久？如果不是的话，那我们又有什么理由来批驳一个连自己专业都没有放弃的博士呢？

（薛华　中山市实验中学）

新教材高中语文写作教学设计·选择性必修中册

深化理性思考

升格作文句段篇，深化思维点线面
——“深化理性思考”写作教学设计

写作主题解读

教材写作话题解说，以《实践是检验真理的唯一标准》为例引出。其中“文章……引导人们理性思考一个时代的大问题”，可为“深化理性思考”的写作教学困境解疑——在阅读层面，写作成果可引导读者理性思考；在写作层面，写作过程亦可引导作者理性思考。写作乃思想之承载，只注重思想而忽略训练，所获得的思想必定是浮光掠影。因为思想存在于词汇、字句、篇章、声调里；写作是对思维的精炼，亦为思维之工具。或许，这也正是教材编者将“深化理性思考”落于单元写作，以写作助推教学的用意所在。

研读“理性思考要透过表象探究被忽略的事实真相，推导事物发展趋势”“把事物放在更广阔的背景中去观察、分析，往往能……深化对问题的认识”等句，可见理性思考之画像：它有点、有线、有面，并暗藏点线及面的“深化”之道。如以写作对应：它亦有句、有段、有篇，也暗藏依句段篇的“显形”之法。“以升格作文句段篇的方式，来深化学生思维的点线面”，便成一条教学逻辑路径。

单元写作解说里，《改造我们的学习》等课文频现。这也提示我们，以课文为写作教材的“读写结合，以读促写”是教学设计的必由之路。教材运用不应止于历时远去的“差序格局”，更应有共时的“团体格局”的教材共同体意识。本设计结合的教材课文亦不封闭于本册，而是覆盖学生已修的所有统编教材。

教学课时

3 课时。

设计亮点

（1）有效的教学任务转化。本单元写作任务为“深化理性思考”，但教学设计内嵌入议论文写作，由写作的“句段篇”方案，落实思维“点线面”

问题，将貌似难以落实的复杂教学任务问题与可行方案对接。

（2）设计契合写作推进规律，顺应学生认知发展规律。本设计遵从文章写作“句段篇”的升级逻辑，见微知著，由小及大，写作问题与思维问题内外呼应，多措并举。设计逻辑清晰，教学梯度合宜。

（3）充分依托教材资源，读写结合，从学生熟悉的经典文本中发掘深奥写作原理技术，变单纯“作”后评价为“作”前指导，使写作教学有据可依，亦有迹可循。

教学条件分析

1. 内部条件

“深化理性思考”是个极为抽象的思维问题，落实在语文教学中，必然且必须表现为语文问题。借作文设计的“句段篇”来彰显理性思考的“点线面”维度，这一思路的转化，使得“深化理性思考”教学主题得以成为可能。

教材经典选文蕴藏作文写作与理性思考深化的资源，以课文为写作教材的“读写结合，以读促写”教学设计，让教学设想走向教学实施有了扎实教本依托。

2. 外部条件

执课教师深入了解文本解读、写作教学理论，对教材写作维度的教研思考深刻，这是教情的坚实依托；写作规律支架支撑写作教学，让学生有路径、有方法地改进写作质量，这是教育实践所必需。经前期阅读教学，学生对教材内容熟悉，这也让教学设计有了被学生理解、领会的可能。

第一课时

教学目标

（1）引导学生认识关键句对议论文写作的基础性价值，以及其对理性思考的“点”状深化。

（2）以教材课文为样件，引导学生理解议论文关键句的句径形式，并在课堂锻炼实践能力。

教学步骤

（一）激发动力

师：大家翻开教材，阅读单元作文教学任务。有什么感触？为什么？

学生讨论："深化理性思考"，不知所云。

以学生的学习困惑、学习困境为教学切入点。

（二）告知目标

同学们，这节课需掌握：

认识关键句对议论文写作的基础性价值，并思考其对理性思考"点"的价值。

以教材课文为样件，理解议论文关键句的句径形式，并在课堂锻炼实践能力。

（三）呈现材料

所谓的1848年革命，只不过是一些微不足道的事件，是欧洲社会干硬外壳上的一些细小的裂口和缝隙，但是它们却暴露出外壳下的无底深渊。

——马克思《在〈人民报〉创刊纪念会上的演说》

这种结论，不是甲乙丙丁的现象罗列，也不是夸夸其谈的滥调文章，而是科学的结论。

——毛泽东《改造我们的学习》

实践不仅是检验真理的标准，而且是唯一的标准。

——《实践是检验真理的唯一标准》

工匠精神，从来都不是什么雕虫小技，而是改变世界的现实力量。

——李斌《以工匠精神雕琢时代品质》

（四）指导学习

师：同学们，议论文写作与"深化理性思考"其实是一个问题，或者说议论文写作问题，可以将"深化理性思考"具体化。写作议论文，对大家来说是"一箭双雕"，何乐而不为呢！

师：大家思考，作文写作最基础的构成单位是什么？（提示问题：如果把表意作为构成单位）

学生讨论：

①当然是字啦，作文纸上不都是方格子吗？作文要求也都有不超过800字啊！

②应该是词语，作文虽然满篇都是字，但很多单字并不能表达意思……

③这样说的话，很多词语也不能单独表达，像"你们""好了""走好"……

学生结论：由最直观的字，到相对抽象的词语，最后确定为独立表意的句子。

教师明确：写好句子，是写好作文的基本功。议论文最关键的句子是论点句！

师：那怎样通过论点句写作，来展现我们理性思考点的深度呢？

师：文字是思想的容器，文字的长度影响着思维的深度。同学们，怎样把句子写长呢？

生：排比句！

师：但是这样的句式，太强调外在形式，却缺乏内在逻辑，能展示情感，却不能充分展示你的思维逻辑。大家想，什么可以将两个句子连在一起？

生：关联词！（有学生顿悟）

师：是的，但是关联词有很多，如“不但……而且……”“虽然……但是……”，我们还得精炼。大家思考：汉语句式有疑问句、陈述句、感叹句、被动句等等，哪种更适合论点句？

生：陈述句！

师：以上材料都是我们教材课文中的句子，代表着作者的观点。大家看看，有什么特点？

生：句式有“只不过是……是……但是却”“不仅是……而且是……”“不是……也不是……而是……”。

师：它们都由哪个句式变形而来？

生：不是……而是……

师：还可以有哪些变形呢？

生：之所以……不是因为……而是因为

生：是……而不是……也不是……

师：很好，其实还有很多变形可能，我们不能一一展示，大家课下要试着探究这些变形。再问一个问题：关联词连缀的分句内容有什么特点？

生：“不是”连接表面的、被作者否定的、不重要的内容，“是”后边才是作者的观点。

生：“不是……而是……”连接的后边内容大都是由前边内容挖掘出来的。

师：这样表达的好处是什么呢？

生：表达内容由表面走向深刻了，肯定的观点明确了，重要的内容清晰了。

生：先写表层的、不重要的内容，后边写真正想说的内容，思路也清晰了。

师：是的，其实关联词给了写作一个支架，顺着支架，句子好写了，写长了，理性思考是不是也深化了？

（五）落实训练

师：光说不练，假把式。来，大家看教材中的两个作文题目，我们选第二个，用刚才的句式写个观点句，看效果如何？

生：互联网不是恶魔，也不是上帝，而是科技进步带来的一个工具。

师：拨开一味的好与坏，看到互联网的工具性，深刻啊！

生：互联网改变的，不只是生活，而且是人的生存处境。

师：句子还可以再锤炼，但是能从互联网看见人的生存处境，也是了不起！

（六）评估总结

将“深化理性思考”这样抽象的思维问题，与议论文写作问题对接，其实是将复杂问题与可行方案对接。貌似难以落实的教学任务，借助有效的教学转化，一种具体的教学思路就清晰了。

议论文论点句是议论文写作的起点，也是理性思考深化的起点。借助教材经典课文素材，可帮助学生明确论点句的最优句式和句径多元可能。学生可以自主地在教材资源中拓展与发展，教学设计成了对学生的有效赋能。

（七）迁移巩固

最适合论点句的关联词是“不是……而是……”，但论点句并不是非它莫属。句径既有其他逻辑形式可能，如因果型、递进型等；具体句径之下，又有多样变形可能，如“不是……也不是……而是……”。课下，请同学们以小组为单位，以教材选文为依托，总结整理自身认为有价值的论点句关联词句径。

格式范例：

类型：递进关系。

句径：不仅是……而且是……

句例：实践不仅是检验真理的标准，而且是唯一的标准。

第二课时

教学目标

（1）引导学生认识段落写作对议论文写作的发展性价值，以及其对理性思考的“线”性呈现。

（2）以教材课文为样件，引导学生掌握议论文段落的段式，并在课后锻炼实践能力。

教学步骤

（一）激发动力

师：一个优秀的句子，可以激活一篇文章，也可以看出一个人优秀的思维潜质。但一个句子并不等于一篇文章，一个人的潜质也并不等于能力本身。句子只有扩充到段落，它离一篇文章才更近一些。来，看则材料——

我坚持认为段落而非句子，才是写作的基本单位。

——斯蒂芬·金《写作这回事：创作生涯回忆录》

师：坏了，金大师来给我们拆台。我们不清楚他为什么这么说，但我们可以换个角度思考：作为写作基本单位，段落比句子有什么优势？

生：句子就一句，段落一大群，“句”多势重！（众生被逗笑）

生：句子是想法的一个点，段落是这个点的延伸！

（二）告知目标

同学们，这节课需掌握：

认识段落写作对议论文写作的发展性价值，并理解其对理性思考的“线”性呈现。

以教材课文为样件，掌握议论文段落的段式，并在课后锻炼实践能力。

（三）呈现材料

许多同志学习马克思列宁主义，似乎并不是为了革命实践的需要，而是为了单纯的学习。所以虽然读了，但是消化不了。只会片面地引用马克思、恩格斯、列宁、斯大林的个别词句，而不会运用他们的立场、观点和方法，来具体地研究中国的现状和中国的历史，具体地分析中国革命问题和解决中国革命问题。这种对待马克思列宁主义的态度是非常有害的，特别是对于中级以上的干部，害处更大。

——毛泽东《改造我们的学习》

如果像您所说的，技术在很大程度上依赖于科学状况，那么科学则在更大程度上依赖于技术的状况和需要。社会一旦有技术上的需要，这种需要就会比十所大学更能把科学推向前进。整个流体静力学是由16世纪和17世纪意大利治理山区河流的需要而产生的。关于电，只是在发现它在技术上的使用价值以后，我们才知道了一些理性的东西。可惜在德国，人们撰写科学史时习惯于把科学看作是从天上掉下来的。

——恩格斯《社会历史的决定性基础》

（四）指导学习

师：当把论点句写出来，我们要考虑怎么把句子扩展成段落。事实上，这个过程也是我们的理性思维由点到线的发展过程。如果我们能写好段落，能把段内空间撑开，大家理性思考的进化也就具体化了。

师：《改造我们的学习》第一个句子用了什么关联词？分析下其中逻辑关系。

生：并不是……而是……，是判断关系，还有一层选择关系。

师：那就叫选择判断关系吧。第二句呢？

生：转折关系。

师：没错，但我还看见了个“所以”。

生：作者把前边一整句当作原因吧。

师：是的，前因用选择判断关联词来书写，后果用转折关系来呈现。这就是毛泽东在写作中呈现的理性思考的力量。

师：大家研究第三句，其所用关联词是什么？具体分析一下。

生：只会……而不会……，这算“不是……而是……”的一个变形吧，我觉得是“所以”一句的具体表现。

师：再看“具体”引导的两个小句子，是排比句吗？分析一下。

生：不是，排比句至少要有三个小句。研究、分析、解决，是递进关系。

师：观察细致！最后一句与前文什么关系？

生：总结吧，有“这种”嘛。

师：是的，大家注意，“特别”又给这个句子插入了什么逻辑关系？

生：递进吧！

师：是的，一种聚焦的递进。大家看图示：

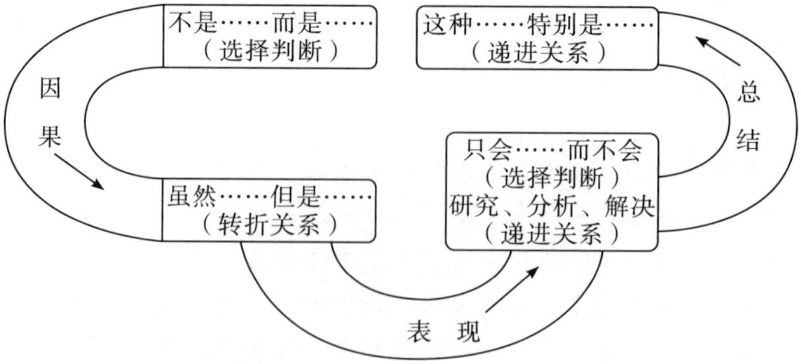

（五）落实训练

师：仿照我们刚才分析《改造我们的学习》语句的方法，来拆解一下《社会历史的决定性基础》这段素材的段式构造。

生：论点句用了“如果……那么……”的假设关联词。“如果……那么……”内部的两个句子是递进关系，有“在更大程度上”的意味。

教师引导：大家在写段落时，论点句一出，往往就急于给出事例论证，事实上这样的写作缺了个东西——论点诠释。大家看恩格斯写的段落，论点与例证之间，是不是有一句？

生：这个句子叫诠释句或解释句。我看它还包含了假设关系，用了“一旦”。此外，“社会”和“需要”这些词也很重要，有点像叙事作品里承上启下的作用，和前边论点和后边例证好像都有关系。

生：接下来两个例子，是我们比较熟悉的，比较简洁，字数不多。

教师补充：大家一定要记住，事例素材一定要简洁，直接与论点勾连即可，否则会犯一种错误——喧宾夺主。

生：再看最后一句，是这一段的总结，说了德国对技术认识的现状。

（六）评估总结

段落写作可以凭借强大的逻辑力量，依托关联词构成段落。这是毛泽东给我们呈现的一种段落呈现方法。段落还存在一种模型——“论点句+诠释句+论证句（事例或名言）+结论句”，恩格斯就是用这种方法书写段落的。但无论哪种，段落的写作都需要理性的思考，同时，段落的形成也展示着一种理性思考路径。写作中，如果没有思路，不妨由段式开启理性思考的闸门。

（七）迁移巩固

以“论点句+诠释句+论证句（事例或名言）+结论句”为段式支架，对单元写作任务“互联网得失”话题做段落训练，字数200~300字。

第三课时

教学目标

（1）引导学生认识篇章结构设计对议论文写作的达成性价值，以及其对理性思考的“面”式展现。

（2）以教材课文为样件，引导学生掌握议论文篇章的篇型样式，并将议论文的句段篇写作实践落到实处。

教学步骤

（一）激发动力

师：写作是先解决“篇”的问题，还是“段”，或者范围更小的“句”的问题？我们来看材料，一起了解——

结构化并不等于机械，结构能为读者提供便捷的阅读体验，也可以为作者提供脚手架。

——刘军强《写作是门手艺》

师：作为产品，“篇”是最后的文章；聚焦过程，“篇”其实是思维的结构化。“篇”是写作必不可少的脚手架，是要先于“段”“句”来考虑落实的。“篇”的结构设计完毕，思维的概貌也就呈现了。写作变成了“段”和“句”的具体操作，也就可以“逐一填充组装”，这确实降低了写作的难度。

（二）告知目标

同学们，在前两节课基础上，大家要掌握：

认识篇章结构对议论文写作的达成性价值，了解其对理性思考的“面”式展现；

以教材课文为样件，掌握议论文篇章的篇型样式，并将议论文的句段篇写作实践落到实处。

（三）呈现材料

工匠精神厚植的企业，一定是一个气质雍容、活力涌流的企业。

崇尚工匠精神的国家，一定是一个拥有健康市场环境和稳健人文素养的国家。

——李斌《以工匠精神雕琢时代品质》

呜呼！盛衰之理，虽曰天命，岂非人事哉！原庄宗之所以得天下，与其所以失之者，可以知之矣。

……

故方其盛也，……；及其衰也，……

——欧阳修《五代史伶官传序》

当此之时，齐有孟尝……尝以十倍之地，百万之众，叩关而攻秦。……

然陈涉瓮牖绳枢之子……斩木为兵，揭竿为旗，天下云集响应……

——贾谊《过秦论》

（四）指导学习

师：大家先看李斌的《以工匠精神雕琢时代品质》素材，回到“句”的写作。根据已有两个句子，我们再确定一个对象，仿造这个句式写一个句子。“企业”“国家”之外，还有什么对象？

生：个人。

师：我也这么想，开写，三分钟。

生：浸润工匠精神的个人，一定是一个沉浸方寸器物，刷新社会审美追求，扩充人类文明疆域的人。

生：秉持工匠精神的人，一定是以自己炉火纯青的技术，擦亮爱岗敬业、劳动光荣价值原色的人。

师：好，同学们都很会活学活用，课文的素材都被大家用上了。大家有没有想过，这篇文章可否以这三个句子作为论点句，组织起整篇文章呢？

大家看PPT素材，“手艺人的安身之本”这几个句子，扩充内容后，是不是亦可用来组织文章呢？其实，这是议论文最常用的结构样式：各论点以并列拓展的方式铺展开来，论点之间稍作层级的延伸，如同一张扇面。我们不妨称之为扇形并列式，见下图。

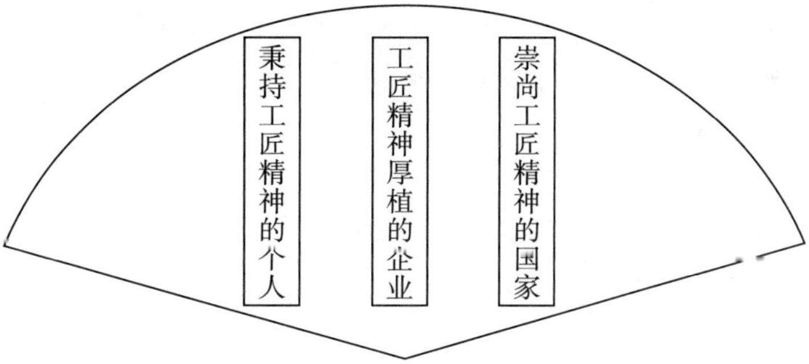

师：我们想得很好，但李斌先生并没有采纳我们的想法。看他是怎么写的：

将一门技术掌握到炉火纯青，这固然是工匠精神，但工匠精神的内涵又远不限于此。有人说：“没有一流的心性，就没有一流的技术。”的确……

师：工匠精神是什么？

生：将一门技术掌握到炉火纯青。

师：还是什么？

生：一流的心性。

师：是什么关系？

生：递进了一层。

师：是的，像爬楼梯一样，递进了一层，这样，思维是不是更深刻了。我们可以记下第二种结构形式：阶梯递进式，见下图。

（五）落实训练

师：同学们，其实还有第三种结构形式，大家看《五代史伶官传序》《过秦论》，发挥你们的聪明才智，总结出第三种篇型模型来。

生：我看《五代史伶官传序》第一段，“盛衰之理”“之所以得天下，与其所以失之者”是对比形式。

生：时间的先后对比——故方其盛也，及其衰也；形式的盛衰对比——举天下之豪杰，莫能与之争；及其衰也，数十伶人困之。这都是采用了正反对比形式。

生：《过秦论》也是用六国之于秦国，陈涉之于秦朝的正反对比。

师：大家也试着画出《五代史伶官传序》篇型的结构示意图：

师：大家有没有发现，正反对比式结构，特别倚重什么？

生：事例！

师：所以，大家读这两篇文言文，有什么感觉？

生：作者像在讲故事，最后才议论一下。

师：这种倾向，我们给它一个专业名词——以叙代证，事例喧宾夺主了。古代人如此写作无可厚非，现代人写现代议论文这么做，这确实是个问题。如果要控制叙述，在“篇”这个级别不合适，用在哪好些呢？

生：段？

师：是的，大家请看：

凡是科学的理论，都不会害怕实践的检验。相反，只有坚持实践是检验真理的唯一标准，才能够使伪科学、伪理论现出原形，从而捍卫真正的科学与理论。这一点，对于澄清被“四人帮”搞得非常混乱的理论问题，具有特别重要的意义。

——《实践是检验真理的唯一标准》

（六）评估总结

借助教材选文，学生能够了解议论文结构篇章的篇型，这为学生具体写作实践提供了支架。文章篇型是写作者思维宏观“面”的展示，借由文章篇型，学生又可按图索骥地寻获理性思考深化的康庄大道。

篇型是一种文章的理论可能，对具体文章有相应的适洽性，只有通过具体而生动写作实践，学生才能真切地感知、娴熟地运用。无论是写作能力，还是思维能力，其养成都是缓慢而艰难的，教育应该懂得“慢”的价值。

（七）迁移巩固

师：同学们，我们用三节课，从议论文的句段篇的角度探讨了议论文的写作问题。大家有没有发现，随着写作问题的解决，大家“理性思考”的能力是不是也提升了不少？口头说说不算，手上功夫才是真的。大家翻开课本，看看作文写作任务：

认识事物时，我们的判断常常会受到一些因素的影响，如笃信古人、权威和书本，听信多数人的意见等。“自古以来”“著名专家表示”“书上说”“大多数人认为”等常见说法，均体现了这些影响。围绕这样的短语，延伸思考，充实依据，选取合适角度，写一篇不少于800字的文章，题目自拟。

教师可再附加几个要求：

①以“不是……而是……”及其变形句径为论点句句径支架；

②以“论点句+诠释句+论证句（事例或名言）+结论句”的段式设计一个段落；

③篇章以阶梯递进式篇型呈现。

（袁海锋　中山纪念中学）

问以辨之，立以论之
——“深化理性思考”作文教学设计

写作主题解读

新课标强调：“在语文学习过程中，通过语言运用，获得直觉思维、形象思维、逻辑思维、辩证思维和创造思维的发展，促进深刻性、敏捷性、灵活性、批判性和独创性等思维品质的提升。”“思维发展与提升”核心素养是语文学科育人的目标之一，也是教学中最难落实评估的痛点之一。实际上，一个人的思维能力虽然具有极强的遗传稳定性，但仍有广阔的提升空间。教师可以指导学生掌握思维技术，明确思维路径，使思维走向通达澄明。“深化理性思考”是统编版普通高中语文选择性必修中册第一单元的写作主题，也是基于“议论要有针对性”“如何阐述自己的观点”“如何论证”等写作主题的延展与深化。写作知识包含透过现象看本质、敢于质疑与追问，指向理性思维的深刻性和逻辑性、语言表达的准确性和严密性。针对理性思维，教师可以结合单元写作任务，引导学生运用追问技术问以辨之；针对语言表达，教师可以结合单元阅读篇目，引导学生运用论语技术和断语技术立以论之。

教学课时

2 课时。

设计亮点

1．读写指路

教师打破阅读和写作的壁垒，设计以学生为中心的读写深度结合的言语实践活动，指明写作素养提升的新路径。一方面，借助教材资源，让学生在阅读中感悟思辨的力量，摸索论证的门道；另一方面，借助反复操练，在实践中建构逻辑思维，提升学生的表达能力。

2．技术铺路

正如张华老师在《高考作文技术论》中所言：“作文重在掌握写作技术而非明白写作要求。”“深刻”是作文评分标准“发展等级”中一项重要指标。“深刻”的有为在于明确“通向深刻”的操作技法。本教学设计中，教师提出了追问技术，以引导学生在追问中得出合理论断；提出了论语技术和断语技术，以引导学生深刻分析、严密论证。

第一课时

教学目标

（1）树立在质疑和追问中辩证看待名言谚语的意识。

（2）通过问题链，领会追问技术的操作路径。

（3）使用追问技术，针对格言谚语，不懈质疑、合理追问，形成相对合理的论断。

教学条件分析

1．内部条件

“思维发展与提升”是当下高中生最头疼的问题之一。首先，学生没有形成良好的思维习惯。在多年的应试教育下，他们习惯了被动接受，屏蔽了主动思考，一味采取“全盘吸收，照搬照抄”的策略机械学习。其次，学生没有习得思考问题的有效方法。他们喜欢用思维定式思考问题，容易把问题简单化，缺乏合理分析有关问题的能力，导致认知流于浅表甚至走向错误。再次，学生欠缺高品质的思维训练。《新课标》要求学生在训练中对材料进行去粗取精、去伪存真、由此及彼、由表及里的剖析。而现实中，学生在课堂上进行的主要是套路化的机械训练。

2．外部条件

一直以来，一线语文教师存有“什么都可以教，唯思维不可教”的观念。其实不然，虽然思维能力大多数时候不可教，但思维是有路可寻、有迹可觅的。首先，教师应树立“攻坚克难”的意识，帮助学生疏通思维堵点。其次，教师可以摸索出行之有效的思维路径，明确思维技术。比如针对名言谚语等的质疑追问，教师可以引导学生掌握追问技术，通过问题链来展开质疑追问，形成自我合理论断，深化理性思考。

教学步骤

（一）激发动力

认识事物时，我们的判断常常会受到一些因素的影响，如笃信古人、权威和书本，听信大多数人的意见等。“自古以来”“著名专家表示”“书上说”“大多数人认为”等常见说法，均体现了这些影响。但我们也知道，这些说法未必直抵内心，使人信服。比如家喻户晓的《塞翁失马》的故事：

近塞上之人有善术者。马无故亡而入胡。人皆吊之，其父曰："此何遽不为福乎？"居数月，其马将胡骏马而归。人皆贺之，其父曰："此何遽不能为祸乎？"家富良马，其子好骑，堕而折其髀。人皆吊之，其父曰："此何遽不为福乎？"居一年，胡人大入塞，丁壮者引弦而战，近塞之人，死者十九，此独以跛之故，父子相保。

面对马无故入胡、马将胡骏马而归、善术者折其髀的情形，其父不断质疑，屡屡得出异于众人的观点。大家相互讨论，看看生活中还有哪些向古人、权威、书本、众人发出挑战的事例。

明确：此处学生大多会回答——布鲁诺挑战"地心论"，建立"日心说"；伽利略反对亚里士多德"物体的下落速度和它的重量成正比"的观点；袁隆平破旧立新，在盐碱地种出了海水稻；等等。

（二）告知目标

面对古人、权威、书本、众人所说，我们不能一味笃信，而应树立辩证思考的意识。上述举例证明，大家已经初具这样的意识，但所举事例大多囿于科学界。我们在面对格言谚语时，也要增强质疑意识，警惕格言陷阱，运用追问技术，得出自己的观点和见解。

（三）呈现材料

（1）卢梭的《怜悯是人的天性》部分段落（略）

（2）柏拉图的《人应当坚持正义》部分段落（略）

（四）指导学习

学习任务一：不懈质疑

以小组为单位，分析下列格言或谚语。你认为其说法是否正确？为什么？

①志之所向，金石为开，谁能御之？（曾国藩）②人有恒心万事成，人无恒心万事崩。（佚名）③天才就是百分之一的灵感，加百分之九十九的汗水。（爱迪生）④天才就是无止境的、刻苦勤奋的能力。（卡莱尔）⑤无论做什么事情，只要肯努力奋斗，是没有不成功的。（牛顿）⑥三个臭皮匠，顶个诸葛亮。（谚语）⑦用众人之力，则无不胜也。（《淮南子》）⑧机会面前人人平等。（谚语）⑨人挪活，树挪死。（谚语）⑩不孝有三，无后为大。（谚语）⑪父母在，不远游，游必有方。（《论语》）⑫小不忍则乱大谋。（谚语）⑬士可杀不可辱。（谚语）

明确：（1）很多格言谚语单方面强调某些品质或操行，有励志或警示作用，但存在逻辑纰漏。比如第①、②句过分强调个人的主观能动性，忽略了外在环境、事件难易程度、方法等多方面因素。

（2）部分格言或谚语有特定历史背景，如果脱离此背景，就变成了谬误。比如韩信受胯下之辱，与我们所提倡的“士可杀不可辱”价值观相违，但韩信此举有特定的背景和原因，应就事论事，具体看待。

（3）随着时代的进步，部分格言或谚语在今天已过时落伍，甚至成了谬误。比如“不孝有三，无后为大”“父母在，不远游，游必有方”“人挪活，树挪死”等。

学习任务二：理性追问

（1）不懈质疑是建构批判性思维的起点，那么我们如何到达这一思维终点呢？阅读《怜悯是人的天性》《人应当坚持正义》两篇文章的部分段落，思考卢梭如何批评“人天生是恶人”，苏格拉底如何反驳格黎东“越狱逃跑”的建议。

文段1：

在文明人中是不是美德多于邪恶？他们的美德给他们带来的好处，是不是比他们的邪恶给他们带来的害处多？在他们已经知道他们应当互相为善以后，他们的知识的进步是否足够弥补他们互相造成的伤害？最后，从总的方面来衡量，让我们评判一下：是处在既不担心别人对自己作恶，也不希望别人对自己为善的境地更幸福，还是处于全面依附的地位，全盘接受那些对他们不负有任何义务的人的指挥更幸福？

——卢梭《怜悯是人的天性》

文段2：

①我们不必尊重人们的一切意见，有些意见要重视，有些就没有必要，也不必听从所有的人的意见，有些人的要听，有些人的不必听？你以为如何？这话说得不对吗？

②那就该重视好的意见，不管那些坏的意见吗？

③一个从事体育锻炼并且以此为业的人，是重视一般人的赞美、责备和看法，还是只听从一个人，即医生或教练的褒贬意见？

④他如果不服从那一位内行，不理睬他的意见和赞许，而听信另外一些外行的话，不是要遭到损害吗？

——柏拉图《人应当坚持正义》

明确：卢梭针对霍布斯“人天生是恶人”的观点，从事实、意义两个层面出发，层层追问，层层递进，提出“善是人的本性”的观点。苏格拉底针对格黎东“越狱逃跑”的建议，步步设问，使格黎东的思路进入自己的逻辑轨道内。两位名人都运用了追问技术，其中苏格拉底的追问技术也称为“精神助产术”。

（2）师生讨论，通过问题链分析“三个臭皮匠，顶个诸葛亮”，从中归纳追问技术的操作路径。

问题1：“三个臭皮匠，顶个诸葛亮”是否成立？（不一定）

问题2：如果不成立，能否举出相反或例外的情况？（比如“一个和尚挑水喝，两个和尚抬水喝，三个和尚没水喝”等）

问题3：如果成立，需要基于什么前提条件？（众人团结/两方的智慧与力量彼此对等/任务与人数成正比等）

明确追问技术的操作路径：

①这个说法是否一定成立？（停下来）

②有没有相反或例外的情况？（找替代）

③如果成立，需要什么条件？（合理化）

（五）落实训练

以小组为单位，针对下列格言或谚语，运用追问技术，提出自己的合理论断。

①君子受言，以达聪明。（魏源）②饱暖则气昏志惰，饥寒则神紧骨坚。（王永彬）③与人共事，学会吃亏。（左宗棠）④只有不畏攀登的采药者，只有不畏巨浪的弄潮儿，才能登上高峰采得仙草，深入水底觅得骊珠。（华罗庚）

（六）评估总结

本节课通过质疑，同学们明白很多格言或谚语并不等同于真理，存在若干逻辑纰漏。同时，同学们借助追问技术，针对这些逻辑纰漏展开批判性思考，得出了更为合理恰切的论断。希望同学们课后多练习，在实践中锤炼思维品质。

（七）迁移巩固

阅读下面的材料，按要求完成主体段写作：

材料1：

我国北宋思想家张载曾言：“在可疑而不疑者，不曾学，学则须疑。”

材料2：

现实生活中，我们的判断常常会受到一些因素的影响，如笃信格言、书本、谚语等。“自古以来”“书上说”等说法，就体现了这些影响。

对此，你怎么看？请结合具体的格言或谚语，运用追问技术，理性思考，展开分析，写一个300字左右的文段。

第二课时

教学目标

（1）结合单元阅读篇目的经典段落，体会其中严密准确的语言表达，理解论证过程中的论语技术、断语技术。

（2）运用论语技术和断语技术，结合评价量表修改升格第一课时的课后作业。

（3）体会理性思考的价值，提高思维的深刻性和逻辑性。

教学条件分析

1．内部条件

通过第一课时的学习，学生形成了理性看待问题的意识，明确了运用追问技术进行理性思考的方法。本课时要求学生在所学基础上展开深度论证。虽然语言的发展与思维的发展相互依存、相辅相成，但学生面对内在思维与外在语言的相互转化，依然存在诸多困难。简单说，学生经常想得很到位，但表达却很苍白无力、凌乱无序，甚至词不达意。究其原因，学生未能掌握有效的论证技术来贯通逻辑思维，搭建行文结构。

2．外部条件

该单元《改造我们的学习》《人的正确思想是从哪里来的?》《实践是检验真理的唯一标准》等篇目，说理深透又通俗易懂。其语言表达蕴含着深刻的说理技术，呈现出清晰的逻辑思路，展示了强大的思想力量和逻辑力量。教师可以在读写深度结合中，引导学生通过阅读探索并提炼论证技术，通过反复操练提升语言的建构和运用能力，以在论述中探究本质、辩证思考。

教学步骤

（一）激发动力

学生在议论文写作时，总是流于浅表，甚至趋于凌乱无序。对此，大家倍感苦恼困惑。选择性必修中册第一单元选入了恩格斯、毛泽东、张岱年、卢梭、柏拉图的文章，这些文章逻辑严谨，论证严密，迸发出强大的思想之力，绽放出熠熠的理性之光。今天的语文课，我们来做一个“理的使者”，寻找名篇的思想之光，升格习作的理性之美，让论证更精深有力。

（二）告知目标

本节课，学生沿上节课的追问技术，继续生发，学习论证中的论语技术和断语技术，以破解议论分析的迷阵。这些技术潜藏在教材之中，学生在深度阅读中寻找严密论证的破解之道，在潜心操练中提升语言表达修为。

（三）呈现材料

（1）毛泽东《改造我们的学习》部分段落（略）

（2）毛泽东《人的正确思想是从哪里来的?》部分段落（略）

（3）《光明日报》特约评论员《实践是检验真理的唯一标准》部分段落（略）

（四）指导学习

学习任务一：寻找名篇的思想之光

阅读《改造我们的学习》《人的正确思想是从哪里来的?》《实践是检验真理的唯一标准》，思考：下列几组文段运用了哪些标志性词语或句式，呈现出怎样的说理技术?

第一组：

1. 据我看来，如果不纠正这类缺点，就无法使我们的工作更进一步，就无法使我们在将马克思列宁主义的普遍真理和中国革命的具体实践互相结合的伟大事业中更进一步。(假设分析论后果)

2. 而要这样做，就须不凭主观想象，不凭一时的热情，不凭死的书本，而凭客观存在的事实，详细地占有材料，在马克思列宁主义一般原理的指导下，从这些材料中引出正确的结论。(正反肯否明观点)

3. 马列主义、毛泽东思想之所以有力量，正是由于它是经过实践检验了的客观真理，正是由于它高度概括了实践经验，使之上升为理论，并用来指导实践。(因果分析溯原因)

……

第二组：

1. 这种反科学的反马克思列宁主义的主观主义的方法，是共产党的大敌，是工人阶级的大敌，是人民的大敌，是民族的大敌，是党性不纯的表现。(肯定判断)

2. 这种态度，就是有的放矢的态度。“的”，就是中国革命，“矢”，就是马克思列宁主义。(肯定判断)

3. 这种结论，不是甲乙丙丁的现象罗列，也不是夸夸其谈的滥调文章。(否定判断)

4. 新事物新问题层出不穷，这就需要在马克思主义一般原理指导下研究新事物、新问题，不断作出新的概括，把理论推向前进。(价值判断)

5. 对我们的同志，应当进行辩证唯物论的认识论的教育，以便端正思想，善于调查研究，总结经验……(价值判断)

6. 作为检验真理的标准，必须具有把人的思想和客观世界联系起来的特性，否则就无法检验。(价值判断)

7. 正是实践，也只有实践，才能够完成检验真理的任务。(价值判断)

……

明确：

技术	类型	词语/句式	位置及作用
论语技术（具有分析性的议论语句）	假设式	假如/假若/假使/倘使/倘若/如若/假设/如果……（也许、或许）就（那么）/即使（即便）……也	段中分析
	否肯式	不凭（能）……而凭（要）……/不是（并非）……而是/绝不是……也不是……应当是……	
	因果式	这是因为/原因在于/正是由于/究其原因/因为……所以……/之所以……是因为……/为什么……是因为……	
断语技术（具有结论性的判断语句）	事实判断	A 是 B/A 不是 B	段首总起/段尾总结
	价值判断	A 需要/应当/必须/才能 B	

说明：论语技术不仅仅局限在假设式、否肯式、因果式等方面，后续还可以挖掘课文中的其他技术或推理形式加以补充。

学习任务二：升格习作的理性之美

以小组为单位，运用论语技术和断语技术，修改下面的段落。

学生段落：

让质疑指明个人成长之路。一个人的成长、发展是在不断学习中完成的，而学习中最重要的品质，便是质疑精神。然而，现在的我们已经被书本、权威束缚住了。我们落入了跟随好似是正确观点的陷阱中，却并不动脑筋去思考、去提问，从而失去质疑精神，这种做法是万万不可取的。孟子所说的“尽信书，不如无书”，也是在告诫我们要勇于质疑。

升格段落：

敢于质疑是打开思维枷锁的钥匙。英国著名的博物学家赫胥黎曾说："怀疑是他的最高职责，盲从是不可饶恕的罪过。"殊不知，我们熟知笃信的格言谚语，潜藏着多少我们未曾想过的逻辑谬误。例如"有志者事竟成"，一味夸大志向和毅力的作用，可是，如若方向有误、方法不当，即便有再大的志向和毅力，也只会南辕北辙，贻笑大方。再如"近朱者赤，近墨者黑"，我们不否认环境的重要性，但问题是，难道所有近朱者都好，近墨者都坏吗？我看未必。由此可见，很多格言谚语一味夸大某方面的力量和作用，而忽视事物是由多方面因素共同影响的。所以，我们应当以理性之光，破认知茧房。

（五）落实训练

运用论语技术和断语技术，修改第一课时的课后作业，并根据以下评价量表进行小组互评。

议论文主体段写作评价量表

评价维度	评价等级标准			
	A（10分）	B（8分）	C（6分）	D（4分）
结构	结构严谨 逻辑严密	结构完整 逻辑清晰	结构基本完整 逻辑基本清晰	结构混乱 逻辑不清
论证	技术运用熟练 举例恰切 说服力强	技术运用到位 举例正确 有说服力	技术运用基本到位 举例牵强 略有说服力	未运用论证技术 缺乏事例 缺乏说服力
语言	语言流畅 富有文采	语言通顺 较有文采	语言基本通顺 略有文采	语言不通 缺乏文采
思想	中心突出 认识深刻	中心明确 认识较深刻	中心基本明确 认识略显深刻	中心不明确 缺乏深意
总体评价				

（六）评估总结

本堂课，同学们通过阅读单元篇目，感悟了理性的深沉与智慧，掌握了论语技术和断语技术，以便深化理性思考，深刻严密论证。当然，议论文写作的技术远不止这些，后续我们还会学到更多的写作技术，提升议论能力。

（七）迁移巩固

阅读下面的材料，根据要求写作。（2022 年湖南师大附中一模作文）

材料 1：兼听则明，偏信则暗。

——（北宋）司马光《资治通鉴》

材料 2：考察一个人的判断力，主要考察他信息来源的多样性。有无数可怜人，长期生活在单一信息里，而且是一种完全被扭曲颠倒的信息。这是导致人们愚昧且自信的最大原因。

——［印度］阿玛蒂亚·森（1998 年诺贝尔经济学奖得主）

材料 3：当个人为孤立个体时，有着自己鲜明的个性特征；当个人融入群体后，其所有个性都会被群体湮没，个体思想就会迅速被群体思想取代。

——［法国］古斯塔夫·勒庞《乌合之众：大众心理研究》

这引发了你怎样的思考与联想？请写一篇文章，表达你的感悟与体验。

要求：结合材料，选准角度，确定立意，明确文体，自拟标题；不要套作，不得抄袭；不得泄露个人信息；不少于 800 字。

（罗诚　中山市桂山中学）

厘清概念，将议论引向深入

——“阐释概念”作文教学设计

写作主题解读

《普通高中语文课程标准（2017 年版 2020 年修订）》中明确要求学生“能够辨识、分析、比较、归纳和概括基本的语言现象和文学现象，并能有理有据地表达自己的观点和阐述自己的发现”，统编版普通高中语文选择性必修中册第一单元的研习任务中也要求“我们在论说和阐述观点时，应该在有理有据的基础上更进一步向理性深化，逼近事物的本质”。此外，高中作文写作中，无论是新材料作文，还是任务驱动型作文，大多都有核心概念，清晰的概念对于任何一种理性、逻辑的说理都是必不可少的。这都给作文教学提出了更高要求：教会学生厘清概念，将议论引向深入。本次作文教学指向教会学生阐释概念，学会运用拆词法、定义法、分类法、举例法、比喻法、比较法六种技法，解决“是什么”的问题；教会学生借助阐释概念，打开写作思路，提升写作思维的深度和广度。

教学课时

2 课时。

设计亮点

（1）阐释概念的技法明晰，由浅入深，易学易用。第一课时为基本技法，教会学生常规的阐释技法，第二课时为升级技法，教会学生阐释复杂抽象的概念，并结合材料语境，思辨性、创新性阐释概念，彻底解决学生不会阐释概念的问题。

（2）技法运用有实招，思维表达同提高。技法有适用范围，本教学让学生根据材料和关键概念快速选择最优阐释技法，化难为易并推陈出新；技法讲解后提供表达句式，让学生从模仿开始，借助句径提升思维和语言表达能力。

第一课时

教学目标

（1）理解概念性作文的定义与特征，能选择出作文题中的核心概念。

（2）根据示范段落，归纳阐释概念的技法：拆词法、定义法、分类法。

（3）综合运用阐释概念的技法，能抓住核心概念写阐释句或阐释段。

教学条件分析

1. 内部条件

学生在作文写作中积累了大量的概念型作文题目，但对这些作文题中核心概念阐释不正确、不清楚、不深入，导致写作中常出现偷换概念、偏离题意、浅陋平庸、笼统空洞等问题。

2. 外部条件

教师向学生提供阐释概念的若干例证，并对学生的分类提供正确与否的反馈信息，指导学生归纳阐释概念的技法。

教学步骤

（一）激发动力

综观近几年的高考新材料作文，无论是观点、名言类的阐释性作文，还是事件、现象类的论述性作文，抑或是有明确要求的任务驱动类的情境性作文，审题与写作的最后都要归结到核心概念的阐释与分析上。概念阐释是议论文写作的常规动作。合理界定和解说概念，解决“是什么”的问题，是逻辑思维的起点和议论文写作的起点。

例如2021年中山市高三期末作文题：无意义的“内卷”与有价值的“努力”。本题属于典型的概念型作文题，选择了复旦学霸的时事，聚焦“内卷”这一社会热点词语，引出“内卷”与“努力”的争论问题。只有对“内卷”透辟、全面、深入地阐释，才能辨析“内卷”与“努力”二者之间关系，才能准确立意。可惜的是，我们的大部分同学并没有分析阐释概念的意识，写作时只是就事论事，在表层上打转，导致文章空、虚、浅、弱，不具体、不深入。那么如何去阐释概念并将写作引向深入呢？

（二）告知目标

本堂课我们将结合经典作文题目和阐释概念的若干例证，理解概念性作文的定义与特征，能选择出作文材料中的核心概念；根据核心概念的不同合理运用技法对核心概念进行阐释，能写阐释句或阐释段；通过阐释核心概念达到对作文进行准确深刻立意的目的。

（三）呈现材料

1. 选取三道典型作文题，让学生找寻作文题中的核心概念

（1）2022年2月4日，北京冬奥会开幕式上，《立春》倒计时、“黄河之水天上来”、“冰雪五环”、“一朵雪花的故事”无不展现了中国人独有的浪漫。冬奥会的“雪如意”“冰丝带”……越来越多的形象景观设计融入中国传统文化元素，让人感受到独具匠心的“中国式浪漫”。

航天人的浪漫也“出圈”了。洲际导弹叫“东风”，全球卫星定位系统叫“北斗”，南极科考站叫“昆仑”，探月工程叫“嫦娥工程”，载人空间站叫“天宫”……中国用现代技术将一个又一个神话变为现实。

“中国式浪漫”远远不止这些，它们或许藏在乐谱里、藏在深海里、藏在生活里……浪漫可大可小，但里面一定饱含着一代人的传承、守护、探索，以及对生活的热爱。未来，还有更多浪漫等待我们去创造、去发现、去寻找。

哪些瞬间，哪些事物，哪些景象，让你感受到中国式浪漫？引发了你怎样的思考和感悟？

（2）2022年汕头一模作文题：著名画家徐悲鸿先生曾明确提出绘画要“致广大，尽精微”，即在绘画创作过程中，首先要从整体入手，观察绘画对

象，进而抓住其精神实质、内在特点，在此基础上对细节进行概括和取舍，从而造就既有广大意境又有精微细节的画面。

徐先生对绘画的要求既在艺术领域给我们带来启发，也在其他社会生活领域给我们以启示。请写一篇文章，谈谈你对此的思考与感悟。

（3）2022年深圳一模作文题：世界乒乓球运动因发展严重不均衡而险些被移出奥运大家庭。这也是一枝独秀的中国队面临的危机。2009年开始，中国主动为他国培养人才。比如分享训练成果，吸引外籍选手参加乒超联赛，派教练和运动员赴海外执教、打球，等等。中外选手的对决从此变得更精彩了。但外国选手在一些国际大赛中战胜中国队，又引发了国人的担忧。中国乒协主席刘国梁回应："帮助对手进步，我们也会变得更强大。再说，国乒的底蕴和厚度是其他国家无法超越的。"中国乒乓球在推动世界乒乓球运动发展的同时，也让自己始终站在世界之巅。

中国乒乓球的发展之道具有启示意义。请结合材料写一篇文章，谈谈你感悟与思考。

明确核心概念：（1）中国式浪漫。（2）致广大而尽精微。（3）中国乒乓球的发展之道。

2. 提供材料进行讨论、研究正确阐释核心概念的技法和常见句式

第一组：

A：舍得是一种人生的哲学。舍是一种本领，一种态度，一种境界。舍得舍得，先舍后得；舍在前，得在后，也就是说"舍"与"得"虽是反意却是一物的两面。舍与得是对等的，你先舍，然后才能得。一个人只有施予才能获得，不管是哪一种方式的施予。这就是"舍得"的真意。能"舍"方能"得"。当然，这种"得"更多的是指精神的丰润、境界的升华。舍得之间暗藏玄妙，意境很深，只能靠自个去琢磨、去感悟。

B：浪漫是充满幻想，富有诗情画意的。"中国式"是中国所特有的，具有中国特色的，中国做得突出的。那么"中国式浪漫"就是中国所特有的富有诗情画意的点点滴滴。

第二组：

A：所谓"中国式浪漫"，是远古素材与现代科技人才艰辛努力结合而成的产物。"知道我们的浪漫缘起何处，就知道我们的脚步迈向何方"，一代代中国科技人不懈寻觅与追求传统文化的预言，把古人的想象与期望化为了现实。如果说美好意境是"中国式浪漫"之本，那么中国在新时代下与别国竞技所体现出的"中国精神"才是"中国式浪漫"之根。

B："中国式浪漫"是始终如一的爱，是绵延不绝的传承；是苦中作乐

的坚守，是对美好明天的信仰。

第三组：

A：“疤痕”是疮口或伤口愈合后留下的痕迹，是人在成长过程中的收获，亦是精神上的“疤痕”，心灵的创伤，更是历史的疤痕、国家的疤痕、民族的疤痕。

B：喧嚣可以是声音的嘈杂和喧闹，还可以是各种生活气息的汇集，是人间烟火、生机勃勃的清明上河图；是火树银花，生机活力；是思想碰撞的百家争鸣声，真相产生前的宏大交响曲；是一个社会逐步开放，允许不同人发出不同声音的有活力逐步向上攀升的社会姿势；等等。

（四）指导学习

1. 明确阐释概念的重要性

我们从材料中提炼出了核心概念，但如果对关键词不作阐释，那么作文只是贴标签；如果对核心概念理解肤浅，那么作文只能人云亦云；如果对关键词理解有偏差，那么写作只能走向偏题。学会正确深入地阐释核心概念，才能使文章名正文顺。

2. 讨论、研究正确阐释核心概念的技法、适用范围和常见句式

选取阐释概念的段落或片段，将材料分为三组。

学生活动：①朗读研究材料。②分组讨论。③学生发言，交流讨论成果。

（1）第一组：

归纳技法：拆词法。把词拆开来，先解释某部分，再把部分的意思串联起来表示词语的意思。

适用范围：结构复杂的概念、可以“望文生义”的概念、陌生且有难度的概念。

（2）第二组：

归纳技法：下定义和作诠释。

①下定义：描述词项的内涵，对词项的本质特征做概括说明的方法。

词项 = 特点 + 类属

例如：水是无色无味无臭透明的液体。

习惯指积久养成的行为方式或习惯方式。

②作诠释：对说明对象的解说往往侧重于其某一方面的特征。

例如：水是世界上最柔软同时又是最坚硬的物质。

提醒学生：界定作文中的核心概念，不同于纯科学式的定义。作文中的对核心概念的界定没有那么高的要求，它只是需要给核心概念做适当的界定。

适用范围：能够准确概括本质特征的概念、材料中有提示特征的概念。

整理句式：

基础句式：××（概念）是……，……即××（概念），……叫作××（概念）

变式句式：××（概念）是……，……是……，亦是……（变成整句）

（3）第三组：

归纳技法：分类法。

①可以通过明确概念的外延来分类，如“竞争”这一概念，按性质分可分为“良性竞争”和“恶性竞争”等；按照内容可分为“商业竞争”“文化竞争”“军事竞争”等。

②也可以按照概念的本义、比喻义和象征义来分类，如对“疤痕”的理解，就不局限于疮口或伤口愈合后留下的痕迹，而应从比喻义和象征义两个方面进行外延，在特定的语境下理解“疤痕”。如将“疤痕”理解为“人在成长过程中的收获”，如教训、启发等，还有精神上的“疤痕”，心灵的创伤，如历史的疤痕、国家的疤痕、民族的疤痕等，这样的视野就更开阔。

③可以按照情境或条件来分类，就比如“回归田园”，在古代是一些文人在志不得伸的情况下的一种无奈逃避或一种策略性的“终南捷径”，而现代则是人们追求高品质健康生活、寻找灵魂栖居地的一种主动回归。

适用范围：范围大的概念、有多重意义的、有具体情境限制的概念。

整理句式：

①××（概念）可以指……，也可以指……，而我所谓的××（概念）是……

②××（概念），在……那里（看来）（当……时），是……；而在……那里（看来）（当……时）则是……。在……那里（看来）（当……时），是……；而在……那里（看来）（当……时）则是……。

（五）落实训练

课堂训练：阅读下面的材料根据要求写作任务。

又是一年九月一，各高中校园，又是那几幅相同的画面。画面没变，只是人变了。背着沉重行李的家长，自由晃动双臂的学生。

清晨，校园门口，开车骑车的是家长，下来的是上学的学生。

晚自习，校园门口，又是车的世界，家长接已长大的宝宝回家。

年年如此，日日如此。孩子的人生，父母在负重前行。

想起初中课本里，高尔基笔下的海燕，独自在暴风雨中飞翔；茅盾笔下的白杨树，在北方贫瘠的土地上傲然挺立。更容易想起，刚翻开的高中课本里，毛泽东独立寒秋，肩负救国救民伟业的身影；郭沫若一人海外归来，“立在地球边上放号”的英姿！

只有独立，才能让人严肃地思考人生，深层次地理解“感恩”“责任”“理想”等词沉甸甸的含义。

以上论述具有启示意义。请结合材料，以“独立，才能走出属于自己的人生之路”为话题写一篇文章，体现你的感悟与思考。

要求：①归纳核心概念。②运用三种技法，阐释核心概念。

（六）评估总结

这堂课让学生认识到了核心概念对写作的重要性，也探究学习了三种基本的阐释概念的方法，通过阐释概念突破了学生写作只是在表层上打转，缺乏对概念深入阐释的问题，使写作明确中心，聚拢文意，使议论做到精准、到位。

（七）迁移巩固

课后练习：（2021 年 12 月金太阳高三联考“幸福与苦难”主题作文）

电影《长津湖》里边不少镜头令人泪目。其中，美军在严寒中吃着火鸡，而志愿军战士只能“一天一个冻土豆”的情节，让网友们难以释怀。云南昆明迟女士看完电影后，想体验当年战士们啃冻土豆的艰苦，她找来土豆煮熟冻在冰箱，结果发现，根本咬不动。“吃的第一口就很心酸，特别想哭，很难受，就觉得现在的生活太美好了，都是他们（志愿军）奋斗过来的。”也有学校受此启发，为学生们准备了冻土豆，希望孩子们能亲身感受一下战士们的艰苦。

对此，有网友评论，苦难是幸福的敲门砖，如果没有那些英雄们的献身，没有那一场场血腥的战斗，现在的孩子们哪有可能去享受这美滋滋的生活。

同时，也出现了不同的声音，如有家长认为，孩子吃坏了怎么办，谁对孩子的安全负责？

请结合材料，围绕“幸福与苦难”写一个片段，体现你的感悟与思考。

要求：选准角度，确定立意，运用上述方法，深入阐释材料所指向的核心概念。写作时需明确概念的内涵与外延，着重体现思辨性。不少于 200 字。

第二课时

教学目标

（1）根据示范段落，归纳阐释概念的其他技法：举例法、比喻法、比较法。

（2）结合语境，综合运用阐释概念的技法，抓住核心概念写阐释句或阐释段。

（3）能运用技法升格阐释段落：句式灵活，词语灵动，见解深刻新颖。

教学条件分析

1. 内部条件

学生在上节课积累了三种阐释概念的技法，但在实际运用中还不够灵活，出现纯科学式的定义和只顾概念不顾材料的问题。

2. 外部条件

教师向学生提供具体灵活阐释概念的若干例证，并对学生的分类提供正确与否的反馈信息，指导学生归纳阐释概念的其他三种技法。

教学步骤

（一）激发动力

概念阐释可以使议论文明确中心，聚拢文意；可以让我们更全面透视概念，打开写作思路；可以由浅入深，提升写作思维的深度和广度。我们上节课已经学习了三种阐释概念的技法，但在实际运用中还不够灵活，出现纯科学式的定义和只顾概念不顾材料的问题。那么如何才能避免上述问题，快速而又准确地界定概念呢？

（二）告知目标

本节课将继续归纳阐释概念的其他技法：举例法、比较法、比喻法，并结合语境，综合运用阐释概念的技法，写阐释句或阐释段。最后对上节课写的阐释段落进行升格。

（三）呈现材料

选取阐释概念的段落或片段，将材料分为三组。

学生活动：①朗读研究材料。②分组讨论。③学生发言，交流讨论成果。

第一组：

A：什么是中国式浪漫？中国人的浪漫是三束水稻送别袁老最后一程；是“神舟”飞天、“嫦娥”揽月把满天神话照进现实；是延乔路的尽头通往繁华大道；是带月球土壤回来，告慰可“上九天揽月”；是虽时空相隔，仍可对酒当歌 。

B：如果有一天穿越回去，老祖宗问我从何处来，我可以骄傲地说：那是一个乘蛟龙出海、引嫦娥奔月，看夸父逐日、以北斗护航祝融镇火的年代。中国人的浪漫，是8000年前在贾湖边传来的阵阵笛声，也是21世纪袁隆平院士在水稻田里的悠扬提琴曲；是藏在浩渺天地间的山川大地和日月流传，亦是藏在历史长河里古人和今人同望的一轮明月；是藏在炊烟袅袅中的柴米油盐，更是藏在宇宙星河里的未知与探索。

第二组：

A：诚信是一轮金赤朗耀的圆月，唯有与高处的皎洁对视，才能沉淀出对待生命的真正态度；诚信是一枚凝重的砝码，放上它，生命摇摆不定，天平立即稳稳地倾向一端；诚信是高山之巅的水，能够洗尽浮华、洗尽躁动、洗尽虚诈，留下启悟心灵的妙谛。青少年讲诚信，祖国的未来就有了希望；商人讲诚信，祖国的经济就有了提高；高官讲诚信，祖国的发展就有了保障！

B：自负，像一个泥潭，陷进去了，就难以自拔而停滞不前；自卑，像一根受了潮的火柴，也难以将希望之火点燃。

第三组：

A：什么叫内卷？无序的竞争才叫内卷，为了理想坚定奋斗是努力。内卷不是复旦学霸孔怡德一年去图书馆打卡1 424次，而是为求超越同桌一定要比他多学几分钟的无效无价值的行为。内卷导向内耗，而努力是为了实现个人目标，而非被胜负欲操纵，在竞争中迷失自我。

B：英雄不是简简单单的一个人，也不是一枚英雄像章，更不是一座冷冰冰的墓碑。它所代表的是一种精神的象征，是民族的旗帜与国民的榜样。

（四）指导学习

选取阐释概念的段落或片段，将材料分为三组。

学生活动：①朗读研究材料。②分组讨论。③学生发言，交流讨论成果。

（1）第一组：

归纳技法：举例法。首先要清晰界定概念的内涵，并将之具体化。即用自己的理解去透视概念、分析概念，将模糊的含义明确化，将抽象的概念具体化，通过一组相关的画面、场景、诗句等来展开阐释。

适用范围：抽象难定义的概念、素材丰富的概念。

整理句式：

××（概念）是谁……，……是谁……，亦是谁……

（2）第二组：

归纳技法：比喻法。比喻式往往用生动形象的语言具体而含蓄地呈现概念的内涵，使说理论证更蕴藉，更有味道。

适用范围：抽象难定义的概念、特征明显的概念。

整理句式：

××（概念）像……，……若……，如……

（3）第三组：

归纳技法：比较法。即引入与核心概念相关或相反的概念进行比较分析，在比较中见出差别，分出本末，得出结论。思辨式比较法契合了近年来材料作文的特点：在真实的情境中辨析概念，在多维的比较中说理论证。近年来很多材料作文都涉及二元对立或多元互补，即材料中往往同时呈现相反或互补的概念，让考生去比较权衡，辩证说理。

适用范围：材料中有多个相关概念，复杂、有多层含义的概念，容易混淆的概念。

整理句式：

①基础句式：……不是……，而是……；……是……，不是……；名言说……，我却说……；也许有人以为……，我以为……；与其说是……不如……；不愿……宁愿……；诚然……固然……；抑或……，但我依然认为……；经不起……经得起……；并非……乃是……

②变式句式：……不是……，不是……，更不是……；它是……，更是……（变成整句）

（五）落实训练

（1）运用三种技法，阐释“独立”。

（2）升格上节课课后作业“幸福与苦难”作文片段。

升格点：①句式是否灵活；②词语是否灵动；③见解是否深刻新颖；④书写是否美观。

（六）评估总结

总结两节课所学的六种技法：拆词法、定义法、比较法、举例法、比喻法、分类法。归纳阐释概念应该注意的问题：

1. 界定作文中的核心概念，不同于纯科学式的定义

纯科学式的定义需要用简洁明确的语言对事物的本质特征做精确的概

括，要求有精确性、概括性、全面性、合理性。而作文对核心概念的界定则没有那么高的要求，它只是需要给核心概念做适当的界定，有时这个界定是明显小于它的自然属性的，也就是作文中常说的“化大为小”，但它是为了接下来更好地解说概念、分析概念服务的。

2．界定作文中的核心概念，不能只顾概念不顾材料

面对概念型材料作文，考生需要把握两个点：一个是材料，一个是题目，两者皆不可抛。但若是一定要分个主次的话，我们最好是盯牢材料。因为，题目只是给了一个很大的空间，一般情况下，我们都不太可能跑出这个空间，但是材料的限制我们需要重点关注，以确保自己的立意不偏离材料的限制范围。所以，最好是在重点关注材料部分的同时，关注融入题目的要求。将材料的寓意和题目的融合作为自己作文的立意，这样是最为保险的做法。

3．与时俱进，创新地阐释概念

对概念的阐释，我们不能局限于平常化、浅层化的理解，也不能满足于平庸化的解释，要不断推陈出新，与时俱进，另辟蹊径，由浅入深，只有这样立论才能新颖别致，给人眼前一亮、豁然开朗之感。

（七）迁移巩固

课后作业：2022 年深圳二模作文题

在“今天，我们要做怎样的青年”主题班会上，老师提出的问题让你陷入沉思：为什么许多青年有了一点成绩便自高自大，遇到一点困难又习惯性躺平？如何才能摆脱纠结，奋力前行？

那段时间你正好在读朱光潜先生写的《给青年的十二封信》，你对其中一段话印象深刻：“在见道者的高瞻远瞩中，‘我’可以缩到无限小，也可以放到无限大。在把‘我’放到无限大时，他们见出人性的尊严；在把‘我’缩到无限小时，他们见出人性在自己身上所实现的仍非常有限……意识到人性的尊严而自尊，意识到自我的渺小而自谦，自尊与自谦合一，于是法天行健，自强不息。”

你从朱光潜先生的谆谆教诲中找到了答案，举手要求发言。

要求：选准角度，确定立意，运用上述所学方法写一个片段，深入阐释材料所指向的核心概念“自尊与自谦”。写作时需明确概念的内涵和外延，着重体现思辨性。不少于 200 字。

（刘晓琴　中山市第二中学）

逐层追问究本质，对举分析显思辨

——“深化理性思考”作文教学设计

写作主题解读

《普通高中语文课程标准（2017 年版 2020 年修订）》明确指出，“思辨性阅读与表达”的目的是让学生发展实证、推理、批判与发现的能力，增强思维的逻辑性与深刻性，认清事物的本质，辨别是非、善恶、美丑，提高理性思维水平。深化理性思考，提升说理能力，是提高学生思维水平和议论文写作教学效能的必然要求。针对高中生议论文写作立意平庸、分析浅表、论证无力的现状，本单元写作教学在学生写作能言之有理、论之有据的基础上，鼓励学生敢于质疑，勇于追问，突破思维定式，对事物做出理性的判断，逼近事物的本质。本单元的写作教学强调立意的深刻性，阐述观点的思辨性，注重写作的实操性和技术性，着重培养学生在具体交际语境下理性思考的能力。

教学课时

2 课时。

设计亮点

当前高中议论文写作教学，流行“题目 + 范文”“情境 + 活动”“教写作技法”三种写作教学套路，存在着一个共同的问题——缺乏过程指导。要突破当前写作教学的困境，必须依靠科学理论的指导。依靠哲学和经验取向的教学论对教学实践只能提供原则性指导，而科学取向的教学论是处方式的，它明确告诉教师做什么和如何做，可操作性强。本教学设计以科学取向教学论为指导，体现新课标精神，旨在培养学生追问本质、辩证说理的能力和言之有理、敢于质疑的写作态度。注重过程性指导，细化具体技能训练，一是通过搭建表格支架帮助学生掌握连续追问法，从而使思维向纵深延伸，直逼事物的本质；二是指导学生运用对举范畴思维揭示问题本质，深化理性思考，提升说理能力。

第一课时

教学目标

（1）知识：了解原因追问法，熟悉“之所以……是因为……”的句型。

（2）技术：能以“问答”表格为支架进行原因追问，发掘事物的深层原因。

（3）态度：能自觉选择追问法对事物的原因追问到底。

教学条件分析

1. 内部条件

很多学生不明白写议论文就是说理，说理的核心是分析和论证，在实际的议论文写作过程中，往往缺少分析、论证的意识，更没有使用相关的写作技能。一般只会叙述现象，不会追问原因，不能透过现象看本质。即使具有分析原因的意识，使用“正是由于”“之所以……是因为……”等语言支架来进行所谓的因果论证，但分析问题容易简单化，对原因的追问缺乏探究精神，不能做深层思考。究其原因，是学生缺乏原因追问的表格支架的支撑，无法逐层追问，深入本质。同时，因缺乏准确的审题意识，不能聚焦于问题的中心。

2. 外部条件

教师应创设宽松民主的课堂教学氛围，激发学生的学习兴趣，鼓励学生进行头脑风暴，大胆发言。此外，要给学生提供原因追问的表格支架，指导学生聚焦于问题的中心，运用“之所以……是因为……”的语言支架进行原因追问。加强对学生写作过程的指导，遵循写作程序，尤其是要让学生学会从表格到作文段落的转换技术。教师应灵活使用各种教学方法，启发学生深入分析原因，讲授技术要点，亲自“下水”示范。

教学步骤

（一）激发动力

企业管理有一种管理方法叫作“追问到底”。例如，某汽车公司的某台机器突然停了，就问：“机器为什么不转了？”答：“因为保险丝断了。”

问：“为什么保险丝会断？”答：“因为超负荷电流太大。”

问：“为什么会超负荷？”答：“因为轴承不够润滑。”

问：“为什么轴承不够润滑？”答：“因为油泵吸不上来润滑油。”

问：“为什么油泵吸不上来润滑油？”答：“因为抽油泵产生了严重磨损。”

问：“为什么油泵会严重磨损？”答：“因为油泵未装过滤器使铁屑混入。”

追问到此，给油泵装上过滤器，再换上保险丝，机器就正常运行了。

只有追问到底，才能找出问题的根源，从而做到对症下药，药到病除。

同学们写议论文的时候，如果也能“追问到底”，文章的立意将更加深刻，理性精神将愈加彰显。

（二）告知目标

通过本节课的学习，同学们了解原因追问法，能运用“之所以……是因为……”句型，对原因进行追问，发掘事物的深层原因。

（三）呈现材料

2015年全国新课标乙卷作文题：

因父亲总是在高速路上开车时接电话，家人屡劝不改，女大学生小陈迫于无奈，更出于生命安全的考虑，通过微博私信向警方举报了自己的父亲。警方核实后，依法对老陈进行了教育和处罚，并将这起举报发在官方微博上。此事赢得众多网友点赞，也引发一些质疑，经媒体报道后，激起了更大范围、更多角度的讨论。

对于以上事情，你怎么看？请给小陈、老陈或其他相关方写一封信，表明你的态度，阐述你的看法。

要求综合材料内容及含义，选好角度，确定立意，完成写作任务。明确收信人，统一以“明华”为写信人，不得泄露个人信息。

（四）指导学习

原因是多层的，有些现象看起来似乎是发生作用的原因，但在它的背后，却还有产生它的原因。对于多重原因的事物，如果只停留在其中某个层面上，把它当成最终因素，论点就可能不深刻，论证的说服力也很有限。遇到这种情况，应当一层一层地追究下去，一直到挖掘出本质的原因为止。一般来说，越是表层的原因越是为大家所熟知的，其论证力也越有限；越深层的原因，就越能说明问题的实质，就越有说服力。

1. 例题分析

以上高考作文题，可用连续追问的办法进行原因分析，如：

问1：为什么女儿要举报父亲？

答1：因为父亲总在开车时接电话且屡劝不改。（思维处在较浅层次）

问2：为什么父亲要在开车时接电话且屡教不改？

答2：因为存在侥幸心理，或对交通法规不重视。（思维推向深入）

问3：为什么以父亲为代表的许多人会存在这种侥幸心理与漠视法规的心理？

答3：公民守法的自觉性仍不强。守法意识是公民意识中的重要内容，知法而不重法、守法，说明公民法治意识淡漠，社会向法治社会转型艰难。（得出较深刻的意旨）

2．整理成表格

问	答	思维层次
为什么女儿要举报父亲？	因为父亲总在开车时接电话且屡劝不改	浅层次
为什么父亲要在开车时接电话且屡教不改？	因为存在侥幸心理，或对交通法规不重视	推向深入
为什么以父亲为代表的许多人会存在这种侥幸心理与漠视法规的心理？	公民守法的自觉性仍不强	较深刻

3．转化为文段

面对这则新闻，我不禁要问：为什么女儿要举报父亲？材料提供的答案是，因为父亲总在开车时接电话且屡教不改。但我又要问：为什么父亲要在开车时接电话且屡劝不改呢？我想是因为存在侥幸心理，或对交通法规不重视。但我们知道，像小陈父亲这种抱有侥幸心理与漠视法规心理的人可不在少数，原因又是什么呢？这不正是由于公民守法的自觉性仍不强。守法意识是公民意识中的重要内容，知法而不重法、守法，说明公民法治意识淡漠，社会向法治社会转型艰难。

（五）落实训练

《中国青年报》社会调查中心一项针对1 365人进行的调查显示，仅0.5%的人肯定自己没遇到过作假行为。多数调查者认为造假行为泛滥是急功近利、法不责众的心态导致。同时，87.6%的人认为打假的责任主要在政府。

请用连续追问的方法分析造假行为泛滥的原因。

参考答案：

问	答	思维层次
为什么造假行为泛滥？	因为造假者多	浅层次
为什么造假者多？	因为爱假者多	推向深入
为什么爱假者多？	因为公民法律意识淡薄，社会诚信体系不完善	较深刻

（六）评估总结

学生能比较容易掌握以“问答”表格为支架进行原因追问的方法，但有的学生第一个“问”却切入不准，以致后面的追问方向偏离，最终无法挖掘出深层次的原因。连续追问法是一种连环追问、直达本质的原因分析方法，要针对具体现象及相关人员的自身主体进行分析，否则无法挖掘出问题的根本原因。

（七）迁移巩固

以“滥竽充数”的启示为题，思考“滥竽充数”这一现象形成的原因。

参考答案：

问	答	思维层次
为什么南郭先生要逃走？	因为他不会吹竽	浅层次
为什么南郭先生不会吹竽还敢进宫“充数”？	因为齐宣王喜欢合奏，他可以蒙混过关	推向深入
为什么南郭先生可以蒙混过关过关？	因为没有人揭发他	较深刻

第二课时

教学目标

1. 了解对举概念的内涵，说出诸如“主观与客观”“现象与本质”等对举概念。

2. 能在审材料时提炼出对举概念并对其进行“多元”分析，从而挖掘事物的本质。

3. 能在审材料时有意识选择提炼对举概念的方法。

教学条件分析

1. 内部条件

高中生具备了基本的哲学知识，具有一定的分析问题的能力，但分析问题时容易陷入“二元对立”的思维陷阱，写议论文时一般只会对事件做简单的肯定或否定，不会进行辩证分析。学生需对对举概念的内涵有初步认识，并熟知一些常用到的对举概念，如主观与客观、现象与本质、对立与统一、相对与绝对、个性与共性、内容与形式、内因与外因、抽象与具体、偶然与必然、感性与理性、手段与目的。在分析问题的时候，不满足于就事论事，会深入思考，抓住关键词句，尝试概括和提炼。

2. 外部条件

教师应善于启发学生，从日常生活中选取学生熟知但又未能深入分析的语句，如“失败是成功之母”“人如其字”“有志者事竟成”，引导学生打破思维定式，多层次分析其复杂的各种可能性。此外，教师应精选作文材料，力求做到既贴近学生生活，又具有思维训练价值。思维训练的过程中，要鼓励学生积极思考，各抒己见，引导学生通过个人思考和集思广益，总结运用对举概念分析法分析问题的规律。

教学步骤

（一）激发动力

面对挫败，我们常用“失败是成功之母”来肯定失败的价值和意义，似乎只有经历失败才能成功，或者现在失败不要紧，总会有成功的一天。但作家王蒙说，失败是成功之母，那么成功可不可能成为失败之母？失败可不可能成为失败之母？

成功与失败之间到底有没有什么关系？如果有，那么成功与失败之间到底有多少可能？

参考答案：

①失败后成功；②失败后失败；③成功后失败；④成功后成功。

（二）告知目标

通过本节课的学习，同学们了解对举概念的含义，能在审材料时提炼出对举概念进行“多元”分析，从而挖掘事物的本质。

（三）呈现材料

材料1：

古人说：“言为心声，文如其人。”性情偏急，则为文急促；品性澄淡，则下笔悠远。这意味着作品的格调趣味与作者的人品应该是一致的。金代元问好《论诗绝句》却认为“心画心声总失真，文章宁复见为人”，艺术家笔下的文雅不能证明其为人的脱俗。这意味着作品的格调趣味与作者人品有可能是背离的。

“人品”与“文品”之间的关系复杂，二者具有“相关性”，但不是简单的互相一致或彼此对立的关系。它们可能有几种关系呢？

材料 2：

舒伯特有一首名为《未完成》的交响曲，堪称舒伯特创造生涯中突起的奇峰。它的第一乐章和第二乐章风格非常特殊，以致连舒伯特本人都无法最终完成这部作品。他也曾经尝试做了第三乐章的一些片段。

不过，这些片段反而破坏了前两章的统一风格，给人以画蛇添足的感觉，因此，舒伯特最终还是放弃了第三乐章的构想，选择了以不完整的形式使作品传世，却赢得了空前的赞誉。

这部“不完整”的杰作是否也对你有所启发？

（四）指导学习

在辩证分析中，我们强调多角度看问题，“一分为二”地看问题，历史地看问题，发展地看问题……总之，特别强调“矛盾与多元”的眼光。

在语言中，有一些两两同时出现的概念，出现一个我们就会自然而然地联想到另一个。这样的概念可以称为“对举概念”。对举概念是人类思维的基本范畴。如：

主观与客观；现象与本质；对立与统一；相对与绝对；个性与共性；内容与形式；内因与外因；抽象与具体；偶然与必然；感性与理性；手段与目的；可能与现实；动机与结果……

在说理中，借助对举来阐释概念，往往能透过复杂的现象看出事物的本质，达到事半功倍的效果。

材料 1 中的“人品”和“文品”是对举的概念，存在复杂的关系，可能包含以下四种关系：

（1）人品好，文品好；

（2）人品好，文品不好；

（3）人品不好，文品好；

（4）人品不好，文品不好。

由此得出结论，“人品”和“文品”不是简单的对应关系，分析时应注意其复杂的关系，否则就无法把理性思考推向深入。

材料 2 中提炼出的“完整”与“残缺”、“美”与“丑”是对举概念，两组概念存在复杂的关系，可能包含以下四种关系：

（1）完整的是美的；

（2）残缺的是丑的；

（3）完整的是丑的；

（4）残缺的是美的。

由此可见，“完整”与“残缺”，“美”与“丑”并非简单对应，残缺也可能是美的，艺术创作需要打破常规，“完整性”与艺术美没有简单的对应关系。

（五）落实训练

2015 年重庆高考作文题：

一个刚上车的小男孩请公交司机等一等妈妈，过了一分钟，孩子妈妈还没到，车上乘客开始抱怨，说母子耽误了大家时间。这时，这位腿有残疾的母亲一瘸一拐地上了车，所有人都沉默了。

要求：①结合材料的内容和含义，选准角度，明确立意；②自拟标题，自选文体（诗歌除外），不少于 800 字；③不得套作，不得抄袭。

请运用对举概念分析法分析作文材料。

参考答案：

运用对举概念分析法，可从材料中提炼出“情”与“理”这组对举概念，材料中“情”与“理”之间存在复杂的关系，可能包含以下四种关系：

（1）小男孩让乘客等待他腿有残疾的母亲合“情”（孝顺）；

（2）小男孩让乘客等待他腿有残疾的母亲不合“理”（耽误其他乘客的时间）；

（3）乘客等待小男孩腿有残疾的母亲合“情”（有同情心）；

（4）乘客等待小男孩腿有残疾的母亲不合“理”（权利被侵犯）。

审题立意时，如果只看到乘客抱怨，而忽略他们等了一分钟，认为他们不尊重残疾人，没有同情心，这样的理解自然是偏离题意的。但若只写到乘客要关爱残疾人，多等几分钟又何妨？于是呼吁全社会更多地关爱残疾人。这样的立意虽然正面积极，但还是不够深刻和辩证。诚然，残疾人理应得到更多的关注，每辆车都设有残疾人专座，这已经体现出社会对残疾人的关爱，但在等候残疾人上车这件事上，车上乘客的权利应该得到尊重和保护，因为每个人的时间都是宝贵的。因此，立意不能做简单地否定和粗暴地道德审判。既要肯定小男孩让乘客等待他残疾的母亲的合“情”（孝顺），也要指出其耽误车上乘客时间的不合“理”；既要看到乘客等待小男孩腿有残疾的母亲的合“情”（有同情心），但同时要看到乘客等待小男孩腿有残疾的母亲的不合“理”（权利被侵犯）。一个文明和谐的社会，需要人与人之间相互尊重，平等相待。对话和沟通非常重要，如果小男孩能跟司机和车上乘客沟通好，相信大家都会没意见的。

（六）评估总结

学生分析问题的时候，容易陷入“二元对立”思维陷阱：将复杂的二元关系简化为极端的、粗暴的认知模式。那么，世界万物皆可二分，非黑即白，非善即恶，非对即错，非好即坏，非此即彼，非友即敌，非忠即奸，非先进即落后。如那个等待残疾母亲的儿子就是对的，那些稍有抱怨的乘客就是错的。其实，“二元”的关系很复杂，有对立的二元，如生与死，也有相关的二元，如善与恶、是与非、美与丑。二元之间不一定有对抗性，如智商与情商。写作不是对一个问题或现象做简单的肯定或否定的判断，也不是做非此即彼的单项选择。分析材料要深化理性思考，必须厘清问题复杂的关系，运用对举概念分析法，全面辩证地分析其内在原因，从而通过现象揭示其本质。

（七）迁移巩固

1764年的一天深夜，一场大火烧毁了哈佛大学的图书馆，很多珍贵的古书毁于一炬。突发的火灾把一名普通学生推到了一个特殊的位置。他在经过痛苦的思想斗争后，终于做出一个勇敢的选择。原来在大火发生之前，他违反图书馆规定——学生只能在馆内阅读，但他悄悄把哈佛牧师捐赠的一古本书带出了馆外准备阅读完后再归还。灾难过后，这本书成了稀世珍本。该学生怀着不安的心敲开校长办公室的门，说明情况后郑重地将书还给了学校。校长先是表示感谢，并对他的勇气和诚实予以褒奖，然后就把他开除出校。

请根据对以上材料的理解和体会，写一篇不少于800字的议论文。要求：选好角度，确定立意，自拟标题，不得套作，不得抄袭。

请运用对举概念分析法分析作文材料。

参考答案：

运用对举概念分析法，从材料中提炼出“情”与“法”这组对举概念，“情”与“法”之间存在复杂的关系，可能包含以下两种关系：

（1）校长开除那个学生是不合“情”的（因为该生“挽救”了一本珍贵的古书）；

（2）校长开除那个学生是合“法”的（因为该生违反校规）。

从客观结果看，这个学生的违反校规的行为恰好为哈佛大学保存了一本珍贵的古书，若按照“一分为二”的逻辑分析，这个学生就算不是功盖于过，也至少功过相抵，因而认为校长不近情理。但从动机上看，该生是明知故犯，悄悄把古书带到校外阅读。当然，他从未想据为已有，但此举已经违反了相关的校规，按其情节，理应开除。因此，校长不是不近人情，他感谢了这个学生，并对他的勇气和诚实予以褒奖，但在校规面前，人人平等，在规则面前，没有特例，这恰恰体现了对规则敬畏的理性精神。

（夏金城　中山市濠头中学）

尝试写小说评论

精略选读·段落制造·有机组合

——“尝试写小说评论”作文教学设计

写作主题解读

“小说评论”是文学评论的一种，尝试写“小说评论”是对小说的文体特征、叙事艺术、人物形象、主旨意蕴，进行剖析探究的写作过程。《普通高中语文课程标准（2017 年版 2020 年修订）》在“文学阅读与写作”任务群里指出：引导学生阅读古今中外诗歌、散文、小说、剧本等不同体裁的优秀文学作品，使得学生在感受形象、品味语言、体验情感的过程中提升文学欣赏能力，并尝试文学写作，撰写文学评论，借以提高审美鉴赏能力和表达交流能力。高中统编教材选择性必修中册第二单元选了《荷花淀》《小二黑结婚（节选）》《党费》三篇小说，展现了革命斗争的不同方面，也体现了中国人民在党的领导下不断走向新生的伟大历程。本单元研习任务之一是“选择你最喜欢的一个人物形象，分析其性格特征，并结合作品的时代背景和小说中的社会环境，说说人物的典型性体现在哪里”，这个任务的核心要求可以说是小说评论的基本雏形。要完成这个学习任务，高中生需要尝试对“小说评论”进行写作，这既是新课标的要求，也是提升文学欣赏能力，提高审美鉴赏能力的需要。当然，既然是尝试，我们应当立足于完成由“不会写”到“能够写”这个基本任务。

教学课时

2 课时。

设计亮点

（1）教、学、练一致。开发点评段落技术路径，并提供典型真实的文段范例。先有指导，再有示范，最后有练习，符合学生学习心理规律。

（2）提供写作路径。段落路径，让学生知道小说评论如何选择角度写评论段落；文章路径，开发了小说评论的谋篇布局技术。

（3）以选择性必修中册第二单元课文《荷花淀》为例，将小说评论写作路径化、具体化。

第一课时

教学目标

（1）掌握小说的叙事艺术和塑造人物形象的一般性知识。

（2）以《荷花淀》为例，以分析人物形象为目的，掌握阅读小说的方法：略读和精读。

（3）学会运用小说点评技术为指向人物的环境或情节进行点评段落创作：内容（引）转述＋特点概括＋小说理论（＋读者感受）＋人物特点（＋小说主旨）。

教学条件分析

高二的学生学过古典诗歌的文学短评，有一定的小说阅读量，做过一定量的小说检测题，对于评论和小说这两种体裁都是不陌生的。但是由于古典诗歌和小说的体裁有很大差别，所以相关的理论是隔离的。又囿于平时小说主观题的提问方式和答题步骤、字数限定的问题，所以学生尽管对小说的知识有一定的掌握，但这些知识点又是零碎不成系统的，他们对小说的阅读还停留在感性认识上。那么，在这一基础上如何写好小说评论呢？如何将理性思考引入到小说阅读上来呢？小说的评论有很多切入点，基于高中生的文艺理论基础薄弱的学情，教师可将切入点聚焦到人物形象上，提供小说的叙事艺术和塑造人物形象的支架性知识，训练以输出为目的的小说研读方法，提供“内容（引）转述＋特点概括＋小说理论（＋读者感受）＋人物特点（＋小说主旨）”文段点评技术，为尝试写小说评论提供多维度的指导。

教学步骤

（一）激发动力

本设计的小说评论主要以人物形象为切入点，在动笔之前，很多同学肯定头脑一片空白。一篇小说有哪些叙事艺术？面对一篇小说，如何做好写前的阅读准备？在阅读的过程中如何做好阅读笔记？如何把握人物性格特征？如何厘清塑造人物形象的艺术手法？如何把零碎的感想串联成段？又如何在小说的时代大背景下把握人物的典型性？设计一系列问题，既激起学生期待感，也蕴含了对教学过程的分析，将进一步引导学生掌握“内容（引）转述＋特点概括＋小说理论（＋读者感受）＋人物特点（＋小说主旨）”文段点评技术。

（二）告知目标

首先掌握小说的叙事艺术和塑造人物形象的一般性知识，再以《荷花淀》为例，以分析人物形象为目的，学会阅读小说的方法：略读和精读，最后掌握文段点评的基本技术。

（三）呈现材料

（1）展现小说的叙事艺术一般性知识。通过下表可以看出，小说情节铺排、细节刻画、环境描写、叙述方式的基本作用都为表现人物服务。

要素	基本作用	次生作用
情节	表现人物；突出主题；推动情节发展；铺垫；悬念；伏笔	提供叙事背景；暗示社会背景，铺垫后文冲突；促进矛盾展开；丰富内容层次；使结构更紧凑；承上启下；关联主次情节；推动结局逆转；场景互生；延宕叙事；矛盾维持……
细节	刻画人物；表现主题；推动情节	暗示（心理，变化）；丰富人物形象；情节转折；人物反转……
环境	推动情节发展；渲染氛围；暗示社会环境；深化主题；烘托、映衬人物	闲笔匠心；故事的连接点，提供故事背景；展现生活特点；强化情感；扭转情节进展的方向；传达价值取向；表现对比与张力；实现情节延宕与转折；使层次更丰富……
叙述	深化主题；表现人物	叙述方式：叙述主体、叙述角度（视角）与情感表达；多视角与艺术容量；双线结构；时空交错；调节情节进展；让文章虚实相生；增加多层次审美效果；强化或淡化情节；调节叙述节奏与表现作品风格；增强艺术真实…… 叙述语言：语言风格；陌生化与严肃性；克制与强烈；意趣和张力……

（2）鉴赏某个人物的形象，应包括两个方面：一是外在表现，即人物身份、外在特征、职业、技能、行为习惯等；二是内在特征，即人物精神、品

行、情感等。

①从分析环境入手，探讨影响人物命运与思想性格的社会因素。

②剖析人物在情节冲突中的行为选择，看人物深层性格特征。

③通过人物的典型细节、动作和语言，读出人物心声和心情。

④相关人物的对比塑造，或者人物自身前后表现的对比，碰撞出人物个性的火花。

⑤从侧面角度观照人物，了解人物隐蔽的一面，体会笔墨巧用之妙。

(3)《荷花淀》全文。

(四) 指导学习

1. 略读

快速浏览《荷花淀》，梳理情节梗概，并且找出小说的主要人物。

情节：抗日战争年代，冀中白洋淀地区女主人公水生嫂得知丈夫参军，跟丈夫话别。(夫妻话别) 水生嫂和几个青年妇女去马庄探望丈夫，在回家的路上遇到敌船。(探夫遇险) 水生嫂一行人躲进荷花淀，无意中把敌人引进伏击圈。她们和丈夫一起歼灭了敌人，从此迅速成长起来，成为抗日游击战士。(助夫杀敌)

人物：以水生嫂为代表的一群农村青年妇女。

2. 背景资料阅读

(1) 白洋淀背景：白洋淀又名西淀，属河北省安新、任丘、高阳、雄县、容城5县（市）所辖。白洋淀是华北平原上最大的淡水湖，总面积366平方公里。河淀相连、沟壑纵横，苇田星罗棋布，成为中国特有的一处自然水景区风光。白洋淀中有自然形成的千亩荷花淀，每年的农历五月至八月份，粉、白两种荷花盛开，淀内香气四溢。白洋淀物产丰富，盛产大米、鱼虾、菱藕和安州苇席，被誉为美丽的“鱼米之乡”。

(2) 作者背景：孙犁，原名孙树勋，河北安平县人。1945年，他以冀中抗日根据地人民斗争生活为题材，在延安窑洞里的一盏油灯下，用自制的墨水和草纸写成这篇小说。他的小说作品追求散文式的格调，追求诗歌般的意境，形成独特的艺术风格，被称为“诗体小说”，并对当代文学产生极大的影响，在他的影响下，一个作家群产生，被当代文坛誉为“荷花淀派”。《白洋淀纪事》是他的小说散文合集。

3. 全文精读

运用小说的相关人物形象的知识，以“写文段点评”的方式精读。

文段点评技术：内容（引）转述 + 特点概括 + 小说理论（ + 读者感受） + 人物特点（ + 小说主旨），顺序可以调换，因为本设计主要是从人物形象入手，所以读者感受和小说主旨不是必选项目。

示范：

指向人物的环境描写的评论技术：景物（引）转述 + 特点概括 + 小说理论（ + 读者感受） + 人物特点（ + 小说主旨）。根据这一技术，针对《荷花淀》前三段的评论文段如下：

“月亮升起来，院子里凉爽得很，干净得很。”（景物引述）小说开篇即以一幅明月当空、庭院静美的夏季月夜图，（特点概括）将读者带入一幅美好的画面。（小说环境描写作用的知识）

远景拉近，（小说手法的知识）水生嫂正在院中编织芦苇席。银白的月光下，水生嫂坐在白色的芦苇席上，宛如坐在一片洁白的云彩中；淀里的湖水在月光下呈现出一片银白，而在这一片银白的水面上，还笼着一层薄薄的雾。（景物转述）小说的画面宛如仙境，而且这仙境中还“带着新鲜的荷叶荷花香”。景物清新静谧，带着浓郁的北方水乡特色，（特点概括）小说《荷花淀》中白洋淀里的这群可爱的人正是在如此优美的环境中逐渐成长的。（人物形象特点）

（五）落实训练

训练：

指向人物情节安排的评论技术：情节转述 + 特点概括 + 小说理论（ + 读者感受） + 人物特点（ + 小说主旨）。根据这一技术，写一段评论文段：

水生嫂在夜里编着芦苇席，其原因更多的是在等待参加抗日队伍的丈夫回家。侵略者闯入家园，丈夫参加革命队伍保家卫国，作为妻子，她是担心的。这一时期以水生嫂为代表的女性还处在被动地适应战争的状态。之后，出于对丈夫的担心，这群妇女组团探夫，代表她们开始主动了解丈夫参与的战争。在归家的途中偶遇敌人，她们意外地将鬼子带入了丈夫部队设下的埋伏圈，却在消灭掉敌人后被丈夫戏称为“落后分子”。（情节转述、特点概括）了解真实的战争后，直接激起了她们追求成长与平等的斗志。

“我们没枪，有枪就不往荷花淀里跑，在大淀里就和鬼子干起来！”

“刚当上兵……谁比谁落后多少呢！”（情节引述）

这群生活在解放区的女人，在革命思想的影响下，男女平等的思想意识、革命乐观主义的精神力量促使她们参与了这场保家卫国的战争。就这样，一群在白洋淀土生土长的传统女性，不爱红装爱武装，主动走上了革命的道路。（人物形象特点）

（六）评估总结

本节课通过实例分析，明晰了小说的文体特征和叙事学知识，了解了小说评论的基本要求，掌握了小说阅读中略读和精读的方法，着重熟悉了先分段、分角度进行评论的文段点评技术，同学们对小说评论已经有了一定的了解，但是对整篇小说评论的结构和思路还有待进一步开发，“纸上得来终觉浅，绝知此事要躬行”，只有动笔写，才能真正掌握小说评论的方法。

（七）迁移巩固

以《荷花淀》为例，根据示范文段和训练文段，总结对人物直接描写或间接描写的段落点评公式，并写一段点评文字。

第二课时

教学目标

（1）以小说评论《〈边城〉中翠翠形象之我见》为例学会分析小说评论的思路和结构。

（2）以课文《荷花淀》为例，运用第一课时的点评文段，有机组合小说评论篇章。

教学条件分析

学生通过第一课时的学习，明晰了小说的文体特征和叙事学知识，了解了小说评论的基本要求，掌握了小说阅读中略读和精读的方法，着重熟悉了先分段、分角度进行评论的文段点评技术，对小说评论已经有了一定的了解，但是对整篇小说评论的结构和思路还没有一个清晰的把握，如何拟标题，如何把文段有机地组织起来，还是不得要领。在第二课时，教师将提供例文解析小说评论的基本结构和思路，提供一定的思维图式，将第一课时的点评文段进行有机组合，完成从“不会写”到“能够写”的基本任务，解决多数学生小说评论写作不知如何起好步、能上路的问题。

教学步骤

（一）激发动力

作为一名高中生，尝试撰写学术文章，提升学术素养，进行深度学习，可以提升分析能力、概括能力等，为以后职业生涯做好基础准备。那么，如何把零碎的段落笔记，分散的角度分析组织起来呢？一篇小说评论的基本结构和思路到底是怎样的呢？小说评论最终应该是以一篇观点明确、层次分明、逻辑清晰、有理有据的评论文呈现，教师将根据例文提供基本的小说评论的撰写图式，为学生提供撰写小说评论的支架，达到知识迁移的目的。

（二）告知目标

先以小说评论《〈边城〉中翠翠形象之我见》为例分析小说评论的思路和结构，再以课文《荷花淀》为例，运用第一课时的点评文段，有机组合小说评论篇章。

（三）呈现材料

小说评论例文：《〈边城〉中翠翠形象之我见》（略）。

（四）指导学习

该小说评论示范文章，1 800 字左右，分析相对浅显，着重于小说的人物分析。角度层次分明，采用并列式结构，比较适合高中生“尝试写”的水平。

首先从标题来看，“《边城》中翠翠形象之我见”，直接点明分析的对象和角度，风格简洁明快，一目了然。开头总写翠翠的形象特点，并高度凝练地概括了《边城》的情节，给读者一个总体印象。中间主体部分用三个小标题从环境、感情、心境三个角度对翠翠形象进行分析，也比较适合学生模仿。在第一课时里，我们已经从环境、情节、人物三个角度进行了分析训练，只需要编排段落逻辑顺序即可。结尾对整个人物形象进行总结，并结合社会环境和作者角度对文章进行升华。

综上所述，通过对例文的分析，一篇可以模仿和迁移的小说评论的基本结构和思路是：简明直接的标题、总体情节概括的开头、找准角度分析的主体段、总结升华全文的结尾。

（五）落实训练

根据以上分析，结合第一课时的阅读基础和点评基础，我们对《荷花淀》的人物形象分析的小说评论可以有机组合如下。

《荷花淀》的女性形象赞歌（简洁直接的标题）

《荷花淀》是孙犁及“荷花淀派”的代表作，被选入统编版高中语文教材选择性必修中册第二单元。小说运用散文笔法，将战争与白洋淀自然的风景美和人民淳朴的人性美紧密联系，描述以水生嫂为代表的白洋淀青年妇女由普通的劳动妇女成长为机智勇敢的抗日游击战士的过程，表现抗日根据地人民热爱生活、热爱祖国的精神。（总体情节概括的开头）

一、秀美之地孕育秀美之人

（第一课时示范文段：从环境描写的角度）

“月亮升起来，院子里凉爽得很，干净得很。”小说开篇即以一幅明月当空、庭院静美的夏季月夜图，将读者带入一幅美好的画面。

远景拉近，水生嫂正在院中编织芦苇席。银白的月光下，水生嫂坐在白色的芦苇席上，宛如坐在一片洁白的云彩中；淀里的湖水在月光下呈现出一片银白，而在这一片银白的水面上，还笼着一层薄薄的雾。小说的画面宛如仙境，而且这仙境中还“带着新鲜的荷叶荷花香”。景物清新静谧，带着浓郁的北方水乡特色，小说《荷花淀》中白洋淀里的这群可爱的人正是在如此优美的环境中逐渐成长的。

二、诗化情节里的成长之美

（第一课时训练文段：从情节推进的角度）

从夫妻话别到探夫遇险再到这群在美丽的白洋淀生活的女人们，最终却抛开了中国传统妇女的形象，水生嫂在夜里编着芦苇席，其原因更多的是在等待参加抗日队伍的丈夫回家。侵略者闯入家园，丈夫参加革命队伍保家卫国，作为妻子，她是担心的。这一时期以水生嫂为代表的女性还处在被动地适应战争的状态。之后，出于对丈夫的担心，这群妇女组团探夫，代表她们开始主动了解丈夫参与的战争。在归家的途中偶遇敌人，她们意外地将鬼子带入了丈夫部队设下的埋伏圈，却在消灭掉敌人后被丈夫戏称为“落后分子”。了解真实的战争后，直接激起了她们追求成长与平等的斗志。

“我们没枪，有枪就不往荷花淀里跑，在大淀里就和鬼子干起来！”

“我今天也算看见打仗了。打仗有什么出奇，只要你不着慌，谁还不会趴在那里放枪呀！”

“刚当上兵……谁比谁落后多少呢！”

这群生活在解放区的女人，在革命思想的影响下，男女平等的思想意识、革命乐观主义的精神力量促使她们参与了这场保家卫国的战争。就这样，一群在白洋淀土生土长的传统女性，不爱红装爱武装，主动走上了革命的道路。

三、反语运用里的含蓄之美

（第一课时巩固训练：从人物语言的角度）

马松亭的《汉语语法修辞》中言，“反语大多数含有讽刺意味，少数表示幽默”，但在本文中的反语不是嘲弄讽刺，而是表达出一种正面情感，能增强文章的生动性、趣味性，增强语言张力，形成幽默风趣的表达效果。成功地运用反语，深化了文章思想内容。

比如探夫遇险里，“狠心贼”“忘了家里人”“拴马桩也不顶事了”，这些看似粗俗冒昧的言语表达等说辞，表面上是在责怪丈夫们，实际是对丈夫的惦念。淳朴的中国农民形象跃然纸上，真挚的夫妻感情通过简单、不加修饰的词语表达出来。她们嘴上说着“狠心贼”，嘴角却忍不住以他们为傲，表现了以水生为代表的抗日战士保家卫国、舍小家为大家的献身精神。这里如果女人们不说“狠心贼”，而是说“亲爱的”，就少了许多农村人民的质朴气息，少了许多真实的属于夫妻之间的亲密默契。

作为一篇战争题材的小说，本文没有像其他战争题材的小说或影视作品一样写得那么残酷和悲壮，而是通过细腻而生动的语言，描写了诗情画意的环境、情节刻画了一群普普通通勤劳能干却深明大义的劳动人民形象，体现了人民幸福安宁和谐安康的生活。这样美丽的家园、勤劳的人民和幸福的生活是不允许任何帝国主义列强来侵犯和践踏的，过去如此，现在如此，将来也一定如此。（结尾总结升华）

（六）评估总结

小说评论的学习，跟其他文章体式的写作学习一样，都是复杂的。在教学中，一招见效，一蹴而就，毕其功于一役是不可能实现的。本课时在具体评论段落的点评技术上，以典型范例开发小说评论的思路和结构，把第一课时的点评段落有机组合起来，根据教师铺设的品读、点评、迁移等思维阶梯，实现了多数人小说评论的“入格”写成的教学目标。

（七）迁移巩固

按照品读、点评、迁移的小说评论步骤，为鲁迅的《祝福》写一篇祥林嫂形象的分析。

（陈鸣　中山市龙山中学）

因文定点　支架诊断

——“尝试写小说评论”作文教学设计

写作主题解读

“尝试写小说评论”是统编版高中语文选择性必修中册第二单元的写作

学习任务。本单元对应“中国革命传统作品研习”学习任务群，人文主题是“苦难与新生”，小说作品包括《荷花淀》《小二黑结婚（节选）》《党费》。“小说评论”属于“文学评论”的写作范畴，“尝试写”是对高中学生能力层级的规定，对标新课标中语言建构与运用、思维发展与提升等学科核心素养，有着鲜明的高考现实指向。

“小说评论”早在2005年高考语文（湖南卷）已有考核：从下面题目中任选一个，写一篇300字左右的赏析短文。要求考生从语言、肖像、侧面描写任一角度简析《贝多芬：一个巨人》。2021年八省联考（模拟卷）对接新课标要求，设置第9题：如欲以“一则‘新世说’”为题写一则《国文教员》的小评论，请结合文本，列出评论要点。引导学生从人物、时代内容、语言、文体或小说创作观念等角度评论小说。近几年，高考全国卷也有考查小说评论的倾向，如引进“冰山理论”“故事”“新编”等专业评论视角考查学生对文本的理解程度。新课标指出“结合自己的生活经验和阅读写作经历，发挥想象，加深对作品的理解，力求有自己的独到认识”。因此，作为凸显高考选拔功能和落实学科核心素养的重要测评要素，“尝试写小说评论”是“教学评一体化”理念指导下的应有之义。

“尝试写小说评论”面向高二学生，他们在高一阶段已经初步掌握“文学短评”（必修上册第三单元）的文体知识和写作要点等。基于此，笔者设计了“小说评论”课前调查清单。从结果反馈来看，学习难点集中表现在以下三个方面：一是难以确定“这一篇”小说独到的评论点；二是“叙”“议”联结松散，分析、议论不够有说服力；三是不知如何诊断、修正评论等。因此，本文设置两个任务：一是解决“这一篇”“写什么”的问题——因体依文，由“这一篇”聚焦定点；二是解决“怎么写”及“写得如何”的问题——搭建支架，由“段到篇”诊断修正。

教学课时

2课时。

设计亮点

（1）以真实问题为导向，尊重学情设置任务。课前问卷调查将教师“教的活动”转变为学生“学的活动”，充分尊重学生学习“文学短评”的真实学情，针对性设计聚集定点和写作升格的任务、活动，让学生有获得感。

（2）顺应学生认知规律，契合写作推进流程。读是写的基础。三级阅读支架逐步推进学生对文本的深度理解，让学生挖掘到“这一篇”的独到评论角度。写作要由段落到全文，让学生在典型真实的段落范例中实现由易到难地诊断修正，这符合学生学习的发展规律。

（3）提供写作支架，让写作可视化、过程化。其中，材料支架，拓宽了学生阅读视野，能够让学生在比较中接近理性；结构支架，让学生的写作不再是“盲人摸象”，而是有“法”可循；评价支架，让学生可以对照量规实现过程性评价，弥补结果性评价的弊端。

第一课时

教学目标

（1）知识目标：能够说出小说评论的情节、人物、环境、主题等基本评论点。

（2）技术目标：能够运用三级阅读支架，发掘“这一篇”小说的独有评论点。

（3）态度目标：能够逐步树立从通识性阅读过渡到聚焦性、批判性阅读的意识。

教学条件分析

1. 内部条件

（1）学生经由必修上册第三单元“文学短评”的写作训练，已具备短评的文体意识。结合以往学过的小说，很容易梳理出小说的情节、人物、环境等基本评论点。

（2）学生很难突破“这一类”文体的评论范围，往往局限于固有的小说评论点中，难以针对“这一篇”挖掘到独特的评论点，聚焦点仍处于“宽而浅”的层次。

（3）学生对如何挖掘到“这一篇”小说独特的评论点或如何质疑一篇经典性文本有极大的兴趣，个别同学虽有畏难情绪，但是能紧跟教师和同伴积极思考和回应。

2. 外部条件

（1）执教者具备阅读小说、评论小说的专业知识和指导三个层级阅读的教学能力，会适时运用技术支架指导学生以旧知带新知，形成对“这一篇”小说的独特认知。

（2）执教者在上课前已经深度阅读过孙犁的《荷花淀》，阅读了与之相关的论文和书籍，对此文有深刻的理解，并且精细挑选了与《荷花淀》对比阅读的材料。

（3）执教者对一课时的时间分配有合理的规划，教学环节能做到详略得当，以保证充分展开聚焦性阅读和批判性阅读这两个环节，真正将教学目标落到实处。

教学步骤

（一）激发动力

同学们，喜欢旅游吗？（生：喜欢）当过导游吗？（生：没有）读小说，就像作为游客进入作者的世界和他一起旅游，这是古人鉴赏作品所讲的要“入乎其内”。而评论小说则要“超乎其外”，需要我们当好导游来帮助读者领略小说的奥妙。评论的基础是对小说的深度理解，如若对小说一知半解或囿于小说“四大件”的固化理解，那样只能做一个“蹩脚导游”。现在，让我们先从做一个合格的游客开始，以《荷花淀》为例，对小说做三个层级的阅读理解。

（二）告知目标

（1）通识性阅读：能够说出小说的情节、人物、环境、语言等基本评论点。

（2）聚焦性阅读：能够发现小说突出、独有的评论点，纵深挖掘其价值。

（3）批判性阅读：能够学会于无疑处质疑，找寻小说中创新性的评论点。

（三）呈现材料

对比性材料：《荷花淀——白洋淀纪事之二》（选自孙犁《白洋淀纪事》，略）。

（四）指导学习

1．通识性阅读

布置任务：填写表1，明确《荷花淀》的基本评论点，并口头概括评论要点。

表1　《荷花淀》基本评论点

基本评论点	情节	主要人物	环境	语言	主题	手法	……
《荷花淀》							

学生示范1：首先，《荷花淀》的情节简单，即“夫妻话别—探夫遇险—助夫杀敌”，初读让人感觉无味，没有一波三折的反转，也没有出乎意料的结局。

学生示范2：主要人物是水生嫂和其他女人们，孙犁塑造了一群个性鲜明的美好女性。另外，孙犁的小说读起来有诗的美感，没有战争血腥的场面，这就是诗化小说的体现。

教师总结：我们花5分钟对情节、人物、环境、主题、语言等基本评论点做了回顾。问题是，《荷花淀》这一篇小说与其他小说不同的地方在哪里？我们能纵深挖掘下吗？

2. 聚焦性阅读

布置任务：你认为《荷花淀》“这一篇”独到的评论点是什么？如何深入理解？

教师示范：《荷花淀》1～3段的环境描写非常有特色。苇叶、荷花、荷香等景物让我不禁想起朱自清笔下的《荷塘月色》，同样的宁静、和谐、美好。孙犁本来是要写白洋淀中的一次战斗的，但是他却回避了战争常见的血腥和残酷，独辟蹊径选择了诗情画意的荷花淀，以承载他对战争中人、事、情的思考，可谓是本篇一绝。

学生成果1：我关注到了语言中的特殊句式。如倒装句“怎么了，你?”，为什么孙犁要把“怎么了”提前？我想是水生嫂看到水生笑得不像平常，出于对他的关心才急切脱口先问发生了什么重大事情，而后才补上称呼的。这和教师平时强调的话语信息前置原则一致，说话人会有意或无意把最重要的信息前置，以达到突出的效果。《祝福》里的“祥林嫂，你放着罢!”和“你放着罢，祥林嫂!”句式不同，后句更能显示出四婶对祥林嫂身份的厌弃和嫌恶，直接摧毁了祥林嫂活的希望。

学生成果2：《荷花淀》中的“笑”有深意。水生嫂“抬头笑着问”让我们看到了一个温和、体贴的妻子；还有女人们的两次“说笑”都让我觉得她们是如此的可爱，尤其最后一次“说笑”竟是在刚刚经历一场生死战斗后。孙犁对他笔下代表着真善美的女性是偏爱的，从一“笑”字可见一斑。

教师总结：学生在教师的引导下关注到了语言角度的倒装句式、出现在不同位置的动词“笑”等，这反映出学生已经有了文本细读的意识，这为下一步的批判性阅读打下了基础。

3. 批判性阅读

布置任务：小组合作，对比阅读《荷花淀》《荷花淀——白洋淀纪事之二》（课前已发材料），找出教材的改动之处，你认为哪个更合理？为什么？

完成表2。

表2 《荷花淀》版本对比差异

《荷花淀》	《荷花淀——白洋淀纪事之二》	哪个更合理？为什么？
每年出多少苇子，也不知道。	每年出多少苇子，不知道。	
你走，我不拦你。家里怎么办？	你走，我不拦你，家里怎么办？	
我有句要紧的话，得和他说说。	我有句要紧的话得和他说说。	
捉住了要和他们拼命	捉住了要和他拼命	
……	……	

学生尝试1：第一句的“也”字去掉更合理。去掉“也”之后的前后文语词逻辑变得更加对称。

学生尝试2：第三句的逗号去掉更合理。既然是要紧的话，一口气全部说出不加停顿才更符合语境和人物性格。

学生尝试3：我认为第四处的“他们”更好。作者应该不是特指某个日本鬼子，群体的“他们”比个体的某个“他”更能凸显出“拼命”的程度和对鬼子的憎恨。

教师解读：对比版本差异，是挖掘小说独特评论点的路径之一。教师不应苛求学生对差异处一定做出周全的解释，学生能自圆其说即可，毕竟学术界对某些变动仍有争议。此环节意在鼓励学生大胆假设，谨慎求证，培养学生于无疑处质疑的批判性精神、创造性思维。

（五）落实训练

请同学们依照《荷花淀》的三级阅读支架，从《小二黑结婚（节选）》《党费》中任选一篇，聚焦“这一篇”定点，写一段350字左右的小说评论。

（六）评估总结

一篇好的评论，一定是以对作品的深度研读和深刻理解为前提。本节课，学生通过教师搭建的三级阅读支架学会了阅读方法，明确了小说评论的基本要素，知道了如何聚焦“这一篇”独特的评论要点，并会主动运用批判性思维“再走一步”，思考具有创新性的评论点。基于此，学生对小说评论已经有了聚焦定点意识，也激活了为定点寻找理据的思维习惯，这对第二课时的学习大有裨益。

（七）迁移巩固

回顾《祝福》，确定“这一篇”的评论点，写一段 350 字左右的小说评论。

第二课时

教学目标

（1）知识目标：能够根据范文梳理出五种功能句，并能清晰阐述功能句的概念内涵。

（2）技术目标：能够运用结构支架诊断论证问题，依据量表支架完成全篇写作。

（3）态度目标：能够领会到两种支架的实用性，并产生继续使用其以规范写作的想法。

教学条件分析

1. 内部条件

①学生具备了聚焦“这一篇”定点评论的能力，能够写出一段有叙有议的评论。②学生写作的文段叙议结合不够紧密，对如何修正和提升没有技术支架的支撑。③学生对完成一段乃至一篇高质量的叙议结合紧密的评论有着强烈的内驱力。

2. 外部条件

①执教者深入了解叙议结合的概念和写作路径，能提供范例支架和量表支架。②执教者能够敏锐地抓到学生的论证问题，可以有针对性地处理学生的评论段落。③执教者对课堂上复杂的提问有着较为丰富的应对经验，能够有序推进教学。

教学步骤

（一）激发动力

同学们，找到“这一篇”独到的评论点只是第一步。如何写出叙议结合紧密，凸显理性高度的评论文段呢？想知道吗？拿出上节课的评论作业，这节课会告诉你该怎么做。

（二）告知目标

（1）理解结构支架“论证 = 中心句 + 展开解释 + 概述介绍 + 证据分析 + 推理结论”的使用规则，并能使用支架去诊断和修正叙议结合松散的评论文段。

（2）依据评价量表“文本阅读层级”“定点独有性”“叙议结合联结度”“段落逻辑性”四个维度，完成一整篇800字小说评论的写作。

（三）呈现材料

1. 分析性材料

《试谈〈荷花淀〉的语言特色》（王志芳）中的“水腥味”与“人情味”部分。

①以带着“水腥气味”的新鲜比喻，描绘白洋淀“水腥气味”的生活，是《荷花淀》叙述语言的特色之一。②小说中的比喻，表面看来大都属于明喻，但由于作者善于采取比喻连用的手法，就使得本体与喻体之间的联系，看似直接、简单，实则复杂，是明喻中有暗喻。③比如写突然遭遇敌人的青年妇女们摇船速度的“飞快”……④两个比喻，似乎都在强调速度之快，而细加分析，则可看出区别。前一个比喻既写了小船的速度，又描绘出小船灵活疾驶的形态。后一个比喻，则包含着船速之所以“飞快”，是由于摇船人的熟练的意思。⑤小说选用的喻体“打跳的梭鱼”“穿梭”“缝衣针”“雪地”“云彩”等，没有用那些习见的用滥了的词句，而是取自白洋淀水乡的生活实际，带有新鲜的“水腥气味”，又很好地表现了水乡人民“水腥气味”的生活内容。增强了作品浓郁的地方色彩。

2. 阐释性材料

文学短评写作要做到有理有据，必须“叙议结合”。“叙”是对原文的概括、简介等，“议”是分析和评价，分析是对作品思想内容或艺术特色解释的过程，评价是通过分析获得的结论。“叙议结合”要求高于“有叙有议”，区别关键点在于分析的质量。巧妙运用证据分析文本，借助有联结功能的分析性句子使叙述和评价更紧密，达到“叙议结合”紧密的目标。

（四）指导学习

（1）请同学们以《荷花淀》叙述语言的评论为例，分析论证过程，再提炼叙议结合的结构支架，完成表3。

教师提示：论证的过程即叙议结合的过程。如果想使叙议结合紧密，则要分析出这些句子承担了什么功能，每个功能句之间又是怎么衔接的。

表3 范例的句子功能分析

范例	《试谈〈荷花淀〉的语言特色》“水腥味”与“人情味”部分				
聚焦定点	《荷花淀》的叙述语言				
论证句的功能	①	②	③	④	⑤
结构支架提炼					

学生讨论：①中心句；②展开解释句；③概述句；④文本证据句；⑤结论句。

教师提问：由此，叙议结合紧密的结构支架可以提炼为?

学生总结：论证 = 中心句 + 展开解释 + 概述介绍 + 证据分析 + 推理结论。

（2）运用提炼的结构支架，诊断并修订第一课时的评论文段作业。

学生段落原文：对话讲究合作，违背合作原则之处必定隐含深意。（中心句）水生夫妻二人的第一次对话共有5组。第一组对话中水生没有直接回答妻子的问话，第二组对话中水生简单回答“还在区上”后迅速转掌握对话主动权，连问两次“爹哩”“小华哩”。直到妻子发现水生的不平常，询问“怎么了，你?”后，水生才小声道出明天要去大部队上的事实。（概述介绍）这里面蕴含了夫妻二人的交锋，也体现了二人体贴对方的真情。（推理结论）

论证问题：只叙不议，概述后直接推理结论，叙议之间联结松散。

学生修正成果：对话讲究合作，违背合作原则之处必定隐含深意。（中心句）比如水生嫂直接问：“今天怎么回来得这么晚?”“他们几个哩?”“他们几个为什么还不回来?”按照对话合作原则，水生应该在水生嫂第一次询问的时候就给出直接确定的答案：“我们开会决定明天要到大部队上去了。”水生中间却用“爹哩?”“小华哩?”转移话题，意图何在?（概述介绍 + 证据分析①）夫妻中间暗暗的交锋在此可见一斑。这中间，我们一方面看到了妻子的温柔贤惠和对丈夫的关心，另一方面，也将丈夫因心虚而不敢直言事实的形象描写出来了，心虚不代表作有亏心事，而是对妻子的愧疚。（证据分析②）对话看似是交锋，实则是二人美好感情的写照。（推理结论）

（五）落实训练

（1）请选择《小二黑结婚（节选）》《党费》进行小说评论写作的同学们，依照评论《荷花淀》的结构支架，诊断并修正自己的评论段落。

（2）请结合两个课时的学习内容，在段落评论的基础上，完成一篇800

字左右的小说评论，并依据评价量表（见表4）进行自评、组评、师评的三维评价，给出过程性诊断建议。

表4　小说评论的评价量表

角度	等级		
	A级	B级	C级
文本阅读层级	理解透彻，可做聚焦性阅读和批判性阅读	理解准确，能做聚焦性阅读，不能做批判性阅读	理解浅表，不能进行聚焦性阅读和批判性阅读
定点独有性	能抓准“这一篇”的评论点，定点具有典型性、新颖性	基本能把握“这一篇”评论点，定点有一定典型性	定点普通，无典型性
叙议结合联结度	中心明确，叙述简要，分析精辟，结论有力，叙议紧密结合	中心明确，叙述有概括，分析能围绕文本，叙议有一定联结	叙议分配不当，叙议缺乏联结
段落逻辑性	并列、递进、总分、对应等逻辑关系清晰	并列、递进、总分、对应等逻辑关系基本清晰	并列、递进、总分、对应等逻辑关系混乱

（六）评估总结

本节课主要是通过分析小说评论的范文，引导学生提炼出叙议紧密结合的论证结构支架，进而实现段落的自我诊断修正。评价量表支架则服务于“由段落到篇章”的小说评论，对全文各个关键点的写作都有了可视化的支架式指导。如果学生可以遵照要求循序渐进地完成任务，小说评论的写作将进入新阶段。

（七）迁移巩固

联读《祝福》《孔乙己》，以“看客”为评论点，写一篇800字左右的小说评论。

（黄媚　中山市桂山中学）

尝试写历史评论

历史人物纵横谈，青梅煮酒话英雄
——“历史人物短评”作文教学设计

写作主题解读

历史启发人们思考，历史给予人们启示。历史人物短评，是结合人物的主要事迹，对人物的精神特点、行为以及对后世的影响进行的简要评价。翻开历史的浩繁卷帙，一个个鲜活的人物纷至沓来，读历史人物传记，就是与古人相识与相知，评历史人物事迹，也是对现实的理解与反思。本单元选入了《史记》和《汉书》中的两篇经典作品《屈原列传》和《苏武传》，传记中的历史人物或爱国爱民，或舍生忘死，或为理想信念坚持到底，他们的行为让人感动，他们的精神让人钦佩，他们的遭遇也让人扼腕叹息。读了他们的故事，学生很容易产生精神的触动，也会对人物做出评价。学写历史人物短评，有助于使学生更加深刻地理解史学家的历史观念，学习借鉴史学家思考社会现实问题的方法和态度，培养批判性思维能力，为全面提高语文学科核心素养打下基础。

教学课时

2 课时。

设计亮点

（1）依照学生的认知规律，注重知识的内化过程。从开始呈现材料，让学生对历史人物短评形成初步的整体印象，再到强化思维方法训练，解决学生找历史资料和根据人物言行提炼精神品质的现实问题，最后指导写作。整体而言，能有目的、有条理地引导学生深入思考和探究。

（2）为学生写作提供了切实可操作的方法路径。明确历史人物短评的写作方法和步骤，结构上采用的是先对人物进行总评，再分别对不同事件所体现的人物精神进行论述，最后结合他人评价，联系社会现实，谈历史人物对今人的启示意义。在写作正文部分，还要引导学生通过史料提炼出具体写作句径，降低学生写作历史人物短评的难度。

第一课时

教学目标

（1）理解什么是历史人物短评。

（2）理解历史人物评论的写作内容。

教学条件分析

本单元学生学习了《史记》和《汉书》中的两篇经典作品《屈原列传》和《苏武传》。读了历史人物的故事，学生很容易产生精神的触动，也会对人物做出评价。但是学生的评价仍处于零散化状态，如何将评价通过短评的形式表达出来，对学生来说仍然有难度。本课主要目的是，通过借鉴司马迁在《屈原列传》等人物传记文末以“太史公曰”的方式发表对人物评价的方法，让学生了解历史人物短评的写作内容和写作要求。

教学步骤

（一）激发动力

评价就是发表对评论对象的看法，表达对评论对象的态度。李清照的《夏日绝句》写道：“生当作人杰，死亦为鬼雄。至今思项羽，不肯过江东。”诗歌表达了她对项羽的赞扬和敬佩之情。我们在读了历史人物的故事之后，也会像李清照一样，产生对于历史人物或褒或贬的看法，如果我们按照一定的要求将看法简要地写出来，就是一篇历史人物短评。今天就让我们借鉴司马迁在人物传记文末以“太史公曰”的方式发表对人物评价的方法，一起来学习如何写历史人物短评。

（二）告知目标

了解什么是历史人物短评，掌握历史人物短评的写作内容。

（三）呈现材料

呈现三则材料：

材料1：太史公曰：余读《离骚》《天问》《招魂》《哀郢》，悲其志。适长沙，观屈原所自沉渊，未尝不垂涕，想见其为人。及见贾生吊之，又怪屈原以彼其材，游诸侯，何国不容，而自令若是。读《服鸟赋》，同死生，轻去就，又爽然自失矣。（《屈原贾生列传》）

材料2：太史公曰：知死必勇，非死者难也，处死者难。方蔺相如引璧睨柱，及叱秦王左右，势不过诛，然士或怯懦而不敢发。相如一奋其气，威信敌国，退而让颇，名重太山，其处智勇，可谓兼之矣！（《廉颇蔺相如列传》）

材料3：太史公曰：吾闻之周生曰“舜目盖重瞳子”，又闻项羽亦重瞳子。羽岂其苗裔邪？何兴之暴也！夫秦失其政，陈涉首难，豪杰蜂起，相与并争，不可胜数。然羽非有尺寸，乘势起陇亩之中，三年，遂将五诸侯灭秦，分裂天下，而封王侯，政由羽出，号为“霸王”，位虽不终，近古以来未尝有也。及羽背关怀楚，放逐义帝而自立，怨王侯叛己，难矣。自矜功伐，奋其私智而不师古，谓霸王之业，欲以力征经营天下，五年卒亡其国，身死东城，尚不觉寤而不自责，过矣。乃引“天亡我，非用兵之罪也”，岂不谬哉！（《项羽本纪》）

小组讨论：

以上三则材料是司马迁以“太史公曰”的方式，分别对屈原、蔺相如和项羽三位历史人物进行的短评。请大家讨论：“太史公曰”的评价内容是什么？运用了什么样的表达方式？

（四）指导学习

引导学生用一个表格来概括“太史公曰”的评价内容：

屈原	蔺相如	项羽	评价内容
余读《离骚》《天问》《招魂》《哀郢》，悲其志	知死必勇，非死者难也，处死者难		志与情
适长沙，观屈原所自沉渊，未尝不垂涕，想见其为人	蔺相如引璧睨柱，及叱秦王左右。相如一奋其气，威信敌国，退而让颇	三年，遂将五诸侯灭秦，分裂天下，而封王侯，政由羽出，号为“霸王”。羽背关怀楚，放逐义帝而自立，怨王侯叛己，难矣。五年卒亡其国，身死东城	行为
及见贾生吊之，又怪屈原以彼其材游诸侯，何国不容，而自令若是			他人评价

由上表可得知，“太史公曰”历史人物短评的主要内容就是对人物志与

情的评价和对人物行为的评价，还有结合他人对该历史人物的评价做出评判。在表达方式上，主要运用的是夹叙夹议的方式，议论中饱含着对人物的情感。

（五）落实训练

通过以上学习，了解到历史人物短评的主要内容，就是对人物志与情的评价和对人物行为的评价，而人物的情志也是由人物的行为体现出来的。所以在写历史人物短评时，要特别注意人物的言行。请学生们阅读课文《苏武传》，找出文中苏武的主要行为，并用简短的一两句话对其行为分别进行评价。

重要经历	他人评价	我的评价
出使被扣，自杀殉汉	单于壮其节	节操壮烈，坚贞忠诚
被置于大窖，武卧啮雪，数日不死	匈奴以为神	内心强大，意志坚强
拒绝李陵劝降，愿效死于前	李陵曰：嗟乎，义士	抵御诱惑，坚定不移
……	……	……

学生分享，教师点评。

（六）评估总结

本课时主要了解了什么是历史人物短评，以及历史人物短评的主要内容。历史人物短评主要评论的就是历史人物的主要行为，在进行评价时要广泛搜集历史人物的相关史实，尊重历史伦理，确保评论的准确性，切忌信口雌黄。

（七）迁移巩固

请学生们再次阅读课文《苏武传》，按照时间顺序找出人物的主要行为，提炼出人物主要精神品性，借鉴“太史公曰”的评价方法，揣摩班固对苏武的认识和评价，以“兰台令史曰”开头，写一则200字左右的人物短评。

第二课时

教学目标

（1）理解历史人物短评的写作原则。

（2）掌握历史人物短评的写作方法。

教学条件分析

通过上一节课的学习，学生已经了解了什么是历史人物短评；了解了历史人物短评是对人物志与情的评价和对人物行为的评价，会结合他人对该历史人物的评价做出评价；了解了在表达方式上，主要运用的是夹叙夹议的方式，议论中饱含着对人物的情感。学生已经初步具备针对人物的主要行为进行简要评价的能力，但此时大多数学生的评论还是零散的。这节课主要是了解历史人物短评的写作原则和写作步骤。

教学步骤

（一）激发动力

同学们，上节课我们已经了解了什么是历史人物短评和历史人物短评的主要内容是什么。昨天大家牛刀小试，已经分别从《苏武传》和《屈原列传》中找出了人物的主要行为，并用简短的一两句话对其行为分别进行评价。这些一两句话评论就是我们写作历史人物短评的基本材料。现在基本材料已经准备好了，大家一定跃跃欲试，想写一则完整的历史人物短评，来发表自己的看法了吧？别急，通过这节课的学习，你就可以写出一篇像模像样的历史人物短评。

（二）告知目标

本节课主要学习历史人物短评的写作原则和写作方法，了解历史人物短评思维突破的策略。

（三）呈现材料

以两篇材料为例，学习历史人物短评的写作原则和写作方法。

材料1：

怀爱国之心，守高洁之性

在波涛滚滚的汨罗江畔，我们仿佛仍然能在迷蒙的水汽中望见屈原朦胧的身影。他身披江离，将秋兰连缀为佩饰；他吟诵着“长太息以掩涕兮”，将百姓的疾苦铭记心中；他虽“怨灵修之浩荡兮”，却在楚国灭亡时仍然选择以身殉国。屈原一生短短几十年，却让爱国精神闪耀着灿烂光辉，“身既死兮神以灵，子魂魄兮为鬼雄”。他高尚的情操“虽与日月争光可也”！

为国，尽其能。战国时代，诸侯征战，烽烟四起。想要谋求国家发展，就必须对外联合，对内改革。在为国家贡献力量与智慧的道路上，屈原永远是上进务实的姿态。作为一位富有胆识与才华的政治家，他将满腔热血倾注于改革斗争中。他力主新政治、举贤授能、除残去秽、励精图治，致力于美政理想，有助于楚国国富兵强。然而，一个人的力量实在太渺小，寄托他的美政理想的改革终究在反动势力的顽固阻挠下失败，楚国兵败灭国，他心中熊熊烈火沦为一团死灰。迫不得已，他只能投身汨罗江湍流之下，以表他的清白与忠贞。

为国，藏其怨。屈原空有才华，却得不到君主的赏识，“众女嫉余之蛾眉兮，谣诼谓余以善淫”。由于令尹子兰，南后郑袖等奸佞之人排斥、谗谄，屈原被流放汉北，放逐江南。“岂知千丽句，不敌一谗言”的怀才不遇令人伤悲，后人司马迁“悲其志，未尝不垂涕，想见其为人”。屈原虽被放逐，但从来没有弃楚不顾，“眷顾楚国，系心怀王，不忘欲反”，想要回朝振兴楚国，在文章中再三表达自己想要报效祖国的意愿。他放下个人委屈，藏其私怨，毫不犹豫地将国家的利益放在首位。他的高尚情操和理想信念早已在后世人心中树起一座丰碑。

为国，净其身。“举世皆浊我独清，众人皆醉我独醒。”在这样一个浊世之中，屈原仍能保持高洁之性。屈原心系百姓，“长太息以掩涕兮，哀民生之多艰”；致力于革新政治，“乘骐骥以驰骋兮，来吾道夫先路”；坚守初心，“进不入以离尤兮，退将复修吾初服”。他以美人托美政，将其爱国本心融入对美人的渴慕之中。官场失意。可他没有因此与小人同流合污，而是写下《离骚》抒发内心的怨愤。即使被诋毁、放逐，也不忘洁身自好，最终以死明志。后世司马迁评价他：“其志洁，故其称物芳；其行廉，故死而不容。”以死殉国，他的灵魂得到了升华，屈原的美德和志向，可与日月争光，他的坦率和正直，也使得他被崇敬与景仰。

“亦余心之所善兮，虽九死其犹未悔”。屈原怀爱国之心，守高洁之性，他的精神激励着中华儿女。站在世界百年未有之大变局的时代浪潮上，我们要学习屈原高尚的品德，弘扬爱国主义精神，将个人成就与国家相连，以国家利益为宗旨，牢记爱国初心，描绘家国壮丽蓝图。

材料2：

坚守初心，矢志不渝

面对“拥众数万，马畜弥山，富贵如此”的诱惑，他心志不乱；面对苦难磨砺，他“杖汉节牧羊，卧起操持，节旄尽落”。他，便是苏武。他是中国古代忠贞爱国、崇尚气节的典型代表，他对国家矢志不渝的忠诚激励着一代又一代人。

他忠诚，他爱国，爱国的信念是苏武的精神支柱。他处处维护国家的尊严和利益，抱着必死的决心，绝不辜负使命。当卫律逼迫他投降匈奴时，他毅然决然道："屈节辱命，虽生，何面目以归汉！"拔出佩戴在身上的刀，猛刺自己的胸膛，他将"生是大汉人，死是大汉臣"的忠诚铭记在心灵深处。当李陵告知他家中变故时，他深知兄弟自杀，妻子改嫁都不是他背叛国家的理由。他沸腾的血与炽热的心燃烧着一个至死不渝的信念——铭记誓言，精忠报国。

他有着顽强的意志和坚定的信念。苏武被置于大地窖中"绝不饮食"，合着毡毛与雪一起下咽；苏武被流放北海，"杖汉节牧羊，卧起操持"，每天手持旄节遥望汉朝的方向，晚上睡觉都将旄节抱在怀中。生活再艰难，环境再恶劣，他始终不忘自己是汉朝的使者。当李陵劝降，苏武义正辞严地表明绝不负汉恩，绝不投降时，连李陵都为之感动："嗟乎，义士！陵与卫律之罪上通于天！"面对苦难，苏武始终意志顽强，信念坚定，纵然生命安危受到严重威胁，仍然坚守气节、不辱使命。

爱国主义根植于中华民族的基因中，是中华民族最深厚的思想传统，最能感召中华儿女团结奋斗。文天祥曾写下赞颂苏武的诗句："独伴羝羊海上游，相逢血泪向天流。忠贞已向生前定，老节须从死后休。"北海的苏武，那流放于荒山野原的铁血男儿，用不屈与铮铮傲骨为"坚守"二字做了最完美的诠释。苏武的崇高气节、爱国情操等，在当今时代依然闪烁着耀眼的光芒。

讨论：两篇文章在选材上有什么特点？材料事例都选自哪里？文章结构有什么共同特点？先写什么？再写什么？最后写什么？

学生代表回答，教师点评。

两篇文章列举的人物事例分别出自《史记》《汉书》，选材上注重真实性，在论述人物真实故事的基础上，加入作者自己的评论。结构上采用的是先对人物进行总评，再分别对不同事件所体现的人物精神进行论述，最后结合他人评价，联系社会现实，谈历史人物对今人的启示意义。

（四）指导学习

1. 历史人物短评的写作原则

结合大家对历史人物短评的讨论意见，我们可以概括出两个原则：

第一，真实性原则。被鲁迅先生称为"史家之绝唱，无韵之离骚"的《史记》具真实性和文学性。写历史人物短评，可以从模仿《史记》的写法出发，因而历史人物短评也需要具备真实性的特征，这要求选取的历史史料一定是可靠的。高中阶段写历史人物短评，学生们需尽量选取《史记》《汉书》等权威史学论著中的史实来评价人物。

第二，客观性原则。历史人物有其时代局限性，需要将其放在具体的时代背景中来客观看待。

2. 历史人物短评的写作方法

将2篇文章的写作观点和内容进行梳理，可以得出下表：

文章结构	《怀爱国之心，守高洁之性》	《坚守初心，矢志不渝》
开头（对人物进行总体评价）	屈原的爱国精神闪耀着灿烂的光辉	苏武是中国古代忠贞爱国、崇尚气节的典型代表
分论点1（分述人物特点1）	为国，尽其能	爱国主义一直是苏武的精神支柱
分论点2（分述人物特点2）	为国，藏其怨	苏武有着顽强的意志和坚定的信念
分论点3（分述人物特点3）	为国，净其身	
结尾（结合他人评价，联系实际提出呼吁或谈影响）	呼吁个人以国家利益为宗旨	苏武的崇高气节、爱国情操等，在今天依然闪烁着耀眼的光芒

将2篇文章的结构进行梳理，可以得出以下写作步骤方法：

结构上采用的是先对人物进行总评，再分别论述不同事件所体现的人物精神，最后结合他人评价，联系社会现实，谈历史人物对今人的启示意义。

方法步骤如图：

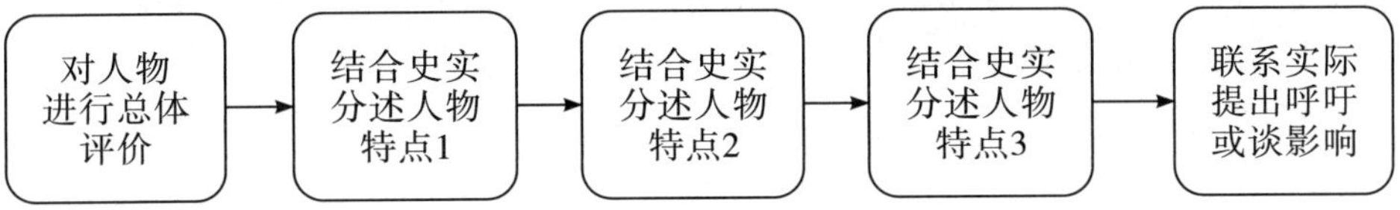

（五）落实训练

请再次阅读《苏武传》，运用本节课所学的方法步骤，将上节课所写的200字的小评论扩展为一篇800字以上的历史人物短评，提出自己的看法。请学生们利用课堂时间先列出写作提纲。

（六）评估总结

学生们通过本节课的学习，基本掌握了历史人物短评写作真实、客观的原则，并能够运用总体评价、分别论述、联系实际提出呼吁或者影响的写作方法，初步完成了对历史人物短评的学习。但是多数学生对于写作角度的划分还不够合理，对写作结构的掌握还不够熟练，这还需要学生进一步地练习。

（七）迁移巩固

太史公曰：《诗》有之："高山仰止，景行行止。"虽不能至，然心向往之。余读孔氏书，想见其为人。适鲁，观仲尼庙堂车服礼器，诸生以时习礼其家，余祗回留之不能去云。天下君王至于贤人众矣，当时则荣，没则已焉。孔子布衣，传十馀世，学者宗之。自天子王侯，中国言六艺者折中于夫子，可谓至圣矣！（《孔子世家》）

请运用所学方法，结合史实，写一篇关于孔子的历史人物短评，要求800字以上，有自己独到的见解。

（王旋　中山市第一中学）

放收之间，别有洞天

——"尝试写历史评论"作文教学设计

写作主题解读

注重核心素养的培养，强调语言文字运用的实际落实，突出具体情境下的任务驱动是新课标写作教学的重要指向。本单元要求学生尝试写作历史评论，以落实了解历史、尊重历史、以史为鉴的课程目标，融合语言建构与运用，思维发展与提升等学科核心素养。新课标要求教师在写作教学中提供丰富的学习资源，进行有针对性的具体指导，搭建通向写作目标的有效支架。高二的学生在历经一年多的高中学习后，掌握了一定的历史知识与议论文写作规范，但如何让文章变得内容丰富、论述清晰，仍是个不小的难题。本单元写作设计关注学生的写作过程，旨在为学生构建写作思维策略，提供具体可行的写作指导，让学生在具体的情境任务中掌握方法，完成任务，并将知识迁移到类似文章的写作中。

教学课时

2 课时。

设计亮点

（1）创建具体的思维模式，提供切实可行的写作支架。借助具体熟悉的语篇，详细地分析，提炼出以“放”（放眼过去、现在、整段历史）和“收”（向论点收束）为核心的写作策略，提供诸如重回历史，立足当下，筛选材料等清晰的写作方法，便于学生上手练习。

（2）创设真实情境，激发写作动力。以学生熟悉的文本、材料作为导入、分析的凭借，消除学生尝试写作的恐惧心理。设置“头脑风暴”活动，激发学生对历史写作的兴趣，锻炼表达、分析能力。让学生分析自己、同学的习作，贴合学生的写作实际，让作文教学更有针对性。

第一课时

教学目标

（1）领会历史评论写作客观、全面的基本要求，深化对历史评论的相关了解。

（2）掌握立足历史，超越历史，跨越时代的“放眼”写作策略与思维，能够将之运用到具体的历史评论写作中。

（3）鉴赏著名历史评论的写作优点，领略历史风采，激发历史评论写作的兴趣，树立历史评论写作的信心 。

教学条件分析

学生在平时的学习、生活中已积累一定的历史知识，也有一定的议论文写作基础。但历史评论对于学生来说较为陌生，学生难以进行有条理化的写作，更多的是一种随意的感性抒发。在本课的学习中，学生应该消除对历史评论的恐惧感，紧跟课堂，打开思路与视野。能够运用相关的思维模型，从过去、当下，跨越时空多个角度看待历史人物与事件，让历史评论写作条理化、深刻化。

教师可以采用“头脑风暴”的形式为学生提供合适的探讨形式，营造轻松活泼的课堂氛围，激发学生发表意见的欲望。在给学生讲授相关的写作方法时，提供以课内文本为主的事例材料，降低理解的难度，增强学生的信心。最后，在落实训练阶段，可以选取学生普遍感兴趣的历史人物、事件，或以当下较为热门的历史影视剧为线索，引导学生展开对相关评论的思考，将思维训练拓展到日常生活中，让学生在具体的情境中强化方法的运用。

教学步骤

（一）激发动力

（1）创设情境：班级将要举办一次主题为“历史纵横谈”的专题讨论会。每个同学都可以选择自己最感兴趣的历史人物或事件，谈谈你的认识和评价，形成一份发言提纲，在同学面前进行分享。

（2）头脑风暴：同学们来谈谈，当你选择一位历史人物或一件历史事件进行评论时，你会从哪些方面展开评论？如何让其他同学快速、清晰地了解你的观点？

预设：

①如何做到评论全面，避免“一叶障目”的片面？

②如何做到条分缕析地阐述相关观点？

（二）告知目标

（1）学习以“放眼”历史为核心的历史评论的立体写作思维。

（2）能够在具体写作中，运用相关的写作策略。

（三）呈现材料

在《屈原列传》中，司马迁对历史人物屈原进行了深刻的评论。司马迁如何展开对这一历史人物的评论呢？同学们进行了积极的思考，我们先来品读A同学的报告，同学们说说是否赞同他的见解，是否还有其他补充。

A同学：司马迁基于详尽的历史材料，对屈原进行了高度的评价。一方面，文章仔细记录了屈原的个人情况与遭遇。如文章说他“图议国事，以出号令；接遇宾客，应对诸侯”，从而做出“博闻强识”的评价。另一方面，文章还把屈原个人的身世浮沉置于楚国盛衰变化的历史背景下，揭示出两者之间的紧密联系，从而揭示出屈原所具有的“眷念祖国，心系怀王”的家国情怀。不论是对个人才华的高度赞扬，还是对爱国精神的无限崇敬，司马迁的这些评价都来自于翔实的历史材料，可见历史评论写作要立足真实的历史材料，“回到历史现场”。

在A同学汇报的基础上，引导同学们讨论，使学生肯定“回到历史现场”的写作认识，还要意识到还有其他的路径。

（四）指导学习

1．阅读分析精彩语段，提炼行文中的写作思路

【语段一】《屈原列传》中的相关评论：

屈平正道直行，竭忠尽智以事其君，谗人间之，可谓穷矣。信而见疑，忠而被谤，能无怨乎？屈平之作离骚，盖自怨生也。国风好色而不淫，小雅怨诽而不乱。若离骚者，可谓兼之矣。上称帝喾，下道齐桓，中述汤武，以刺世事。明道德之广崇，治乱之条贯，靡不毕见。其文约，其辞微，其志洁，其行廉，其称文小而其指极大，举类迩而见义远。其志洁，故其称物芳。其行廉；故死而不容。自疏濯淖污泥之中，蝉蜕于浊秽，以浮游尘埃之外，不获世之滋垢，皭然泥而不滓者也。推此志也，虽与日月争光可也。

（1）完成下列表格，划分语段中的历史事实与历史评论，进一步深化历史评论基于历史事实的认识。

历史事实	历史评论
屈平正道直行，竭忠尽智以事其君，谗人间之	可谓穷矣
信而见疑	能无怨乎
……	……

（2）教师进一步追问，学生讨论：除了基于历史事实的“回到历史现场”的方法，在这一段中，我们还可以看到历史评论写作的其他角度吗？

提示：跨越时代，领略到历史人物优秀的精神品质。

“淖污泥之中，蝉蜕于浊秽，以浮游尘埃之外，不获世之滋垢，皭然泥而不滓者也。推此志也，虽与日月争光可也。”

这一段文字以强调的方式高度评价了屈原不同流合污的高尚品质，最后的“推此志也，虽与日月争光可也”将屈原的品质上升到与日月同光的高度，也说明屈原的精神将光耀千古，影响后世。可见司马迁在此，拓宽了视野，看到历史人物身上跨越时代的精神品质。

小结：除了基于历史事实的“回到历史现场”，同学们还可以进一步放开视野，拓展思维，看到历史对后世的影响。

【语段二】《五代史伶官传序》中的相关评论：

《书》曰：“满招损，谦得益。”忧劳可以兴国，逸豫可以亡身，自然之理也。故方其盛也，举天下之豪杰，莫能与之争；及其衰也，数十伶人困之，而身死国灭，为天下笑。夫祸患常积于忽微，而智勇多困于所溺，岂独伶人也哉！

（1）完成下列表格，看看哪些是基于历史事实的评价，哪些是跨越时代的认识。巩固语段一提炼的写作知识。

回到历史	跨越时代
故方其盛也，举天下之豪杰，莫能与之争；及其衰也，数十伶人困之，而身死国灭，为天下笑	忧劳可以兴国，逸豫可以亡身，自然之理也。 夫祸患常积于忽微，而智勇多困于所溺，岂独伶人也哉！

（2）教师引导学生回顾所学内容，引导学生掌握新的写作策略。提问：《五代史伶官传序》提到的欧阳修写作这篇文章的背景是什么？

明确：欧阳修进入政界时，正是北宋王朝开始由盛到衰的时期。国内人民暴动接踵而起，边境屡遭北方少数民族的进犯。欧阳修、范仲淹等人力图实行政治改革，以化解北宋王朝的危机，却接二连三地遭到当权派的打击。在这种情况下，欧阳修忧心忡忡，很担心五代的惨痛历史会重演，于是自己动手撰写了七十四卷的《新五代史》，告诫北宋统治阶级要以史为鉴。

可见，欧阳修的这篇文章其实有着很强的现实针对性。这一点在文章中也有体现，如果不是有对现实强烈的关怀，为什么文章会以“呜呼”这一饱含深情的叹词起笔？

小结：除了回到历史、跨越时代的写作方法，我们还可以将写作的视野扩大到“当前”。立足当下，认识到历史的当下意义，甚至以今天的目光审视历史，看到其中的局限与不足。

2. 构建思维操作模型，增强行文的“深刻性”

历史评论的写作并非无章可循，我们可以采用“思接千载”的“放眼”法，从回到历史，超越历史，跨越时代的角度组织文章，让文章更加立体、有深度。

（1）回到历史，体会情景。

技法点拨：搜集真实、翔实的历史材料，把历史人物、历史事件放回历史语境中，体会真实处境，理解人物的选择与坚守，事件的产生与发展。

（2）超越历史，立足当下。

技法点拨：坚持正确的思想观念，运用现代化眼光审视历史人物与事件，认识到它们对当下的意义，也意识到它们所含有的历史局限性。

（3）跨越时代，领略风采。

跨越整个时代，体悟到历史人物、事件所包含的超越时代的品质、智慧。领略历史的风采，感受历史人物精神世界的美好、高洁、担当和历史事件中的深邃、智慧，丰富我们的内心世界。

方法、思维小结（思维导图）：

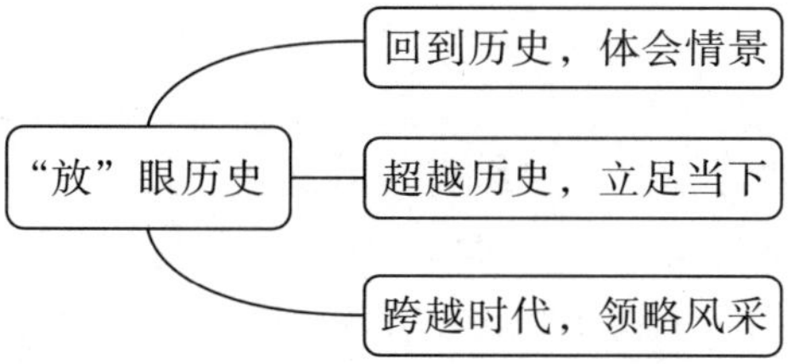

（五）落实训练

仰望历史的星空，一个个历史人物如同一颗颗闪烁的明星，熠熠生辉。读着历史人物的故事，我们会心有所感，做出评论。同学们再次回顾《屈原列传》的内容，运用本节课所学的“放眼”思维模式，写一份评论屈原的论点提纲。

示例：

（1）屈原身处政治黑暗的社会环境中，依然保持高洁的品质，值得敬佩。

（2）在可以选择投靠其他诸侯国的战国时期，屈原却始终心眷楚国，遭受打击也未曾离开。强烈的家国情怀令人动容，在今天也有着现实意义。

（3）屈原爱国、志洁的高尚品格跨越千古，激励着一代又一代的仁人志士。

……

（六）评估总结

（1）学生在分析历史人物、事件时，能够运用思维模式，基本能够写出完整、有层次的论点与分论点。

（2）阐述观点的过程中，有些论点的表述过于简单，没有体现出分析的角度；有些观点则过于细微，不利于论述的展开。

（七）迁移巩固

2022 年，秦始皇陵考古工作进行到第六十个年头。一个甲子，秦陵精彩不断。请同学查找《史记·秦始皇本纪》等拓展资料，联系所学的《过秦论》《六国论》《阿房宫赋》等文章，以“我眼中的秦始皇”为题，写一份历史人物评论的提纲。要求运用课堂所学的“放眼”思维模式，做到语言表达清晰、简洁。

第二课时

教学目标

（1）了解历史评论写作中容易出现的逻辑问题。

（2）运用限定条件等以“收缩”为核心的写作方法，强化论点与论据的联系，增强历史评论写作的逻辑严密性。

（3）培养在具体写作过程中不时反观、回扣观点的意识。

教学条件分析

学生对历史评论写作已经有初步的感知，了解了立足历史，超越历史，跨越时代的“放眼”写作思维模式，并进行了初步运用。但在具体的论述中，学生往往缺乏对逻辑严密性的追求，容易出现两者关联性不强甚至偏移的情况，削弱文章的严谨性、说服力。本课时的学习力求引起学生对论点、论据两者契合的注重，让学生掌握材料选取、设定限制等以“收缩”为核心理念的具有较强实操性的写作策略，根据这些具体可行的写作方法完善自己的论证推理过程，让文章的表达更加严谨可信。最后，还可以引导学生将这些方法迁移到其他论述类文章的写作中，提升相关的写作水平。

课本是学生熟悉的文本，学生的习作贴合学生的实际情况。通过选取课本中的相关段落，学生作文中的部分文段，让学生更加直观、深切地体会到论点、论据两者偏移情况的普遍存在，认识到两者契合的重要性。在具体的文段分析过程中，教师要给学生足够的时间去分析、回味，深化相关的思考。此外，可以通过列表格、画思维导图等直观的方式辅助学生理解知识。

教学步骤

（一）激发动力

导入：上网时，我们常常看到许多以历史品评为主要内容的文章。上次老师在浏览一篇评论苏轼的公众号文章时，看到这样的说法（展示截图）：四处贬谪、流放的经历让苏东坡在文学上取得了辉煌的成就。同学们是如何看待这个推论的呢？请大家讨论讨论，发表自己的意见。

明确：在这段文字中“苏东坡在文学上取得辉煌的成就”的观点没错，“四处贬谪、流放的经历”的材料也是真实的。但材料与观点之间不构成必然的联系，也就是说根据这段材料不一定得出这样的结论。

（二）告知目标

（1）意识到论证过程中经常出现的论点、论据偏移问题。

（2）学习材料筛选、添加限定的写作方法，运用到具体的写作过程中。

（三）呈现材料

学生作文片段展示：

司马迁少时承袭父亲遗命，年轻时便周游四方，跋山涉水，搜集了许多历史素材。后来李陵战败消息传来，面对鸦雀无声的朝堂，他挺身而出，力辩李陵之冤。不想触怒了皇帝，惨遭腐刑。身体上的伤痛，世人的诋毁都没有动摇他撰写史书的决心。历经十余年的努力，终于修成一代史学名著——《史记》。司马迁用自己的一生生动地诠释了苦难对于成功的重要意义，正如孟子所言："故天将降大任于是人也，必先苦其心志，劳其筋骨。"

提问、讨论：学生思考该同学的论点、论据之间的关联，试提出修改意见。

（四）指导学习

1. 筛选材料，紧扣论点

一段历史往往包含着丰富的内容，学生可以从中解读出不一样的内容。因此在写作历史评论时，要通过逐句解读，仔细分析材料包含的不同内容，再缩小采用范围，只选取与论点紧密相关的材料，从而加强论点与材料之间的联系。

活动一：分析上述同学习作片段。

明确：该同学的论点是苦难对成功有着重要意义。仔细分析，论点、论据存在着关联性不强的问题。该同学虽然引用了丰富的历史材料，但许多材料与所论观点无关。

材料	含义
周游四方	开阔眼界，脚踏实地……
力保李陵	正直勇敢，不畏强权……
惨遭腐刑	直面苦难，顽强不息……

从上表的简单分析中可以看出一则历史材料中包含着丰富的内涵。学生所举的例子中，与苦难直接相关的也就惨遭腐刑这一段。修改时，应把无关的材料删去，保留与论点关系密切的材料。

活动二：分析《过秦论》的论点、论据。

引导学生回顾《过秦论》的相关知识，思考“仁义不施而攻守之势异也”的论点与前文秦国崛起、始皇一统、陈涉起义等历史事件是否存在紧密的联系？

进一步引导同学展开“头脑风暴”：从文章的这些历史事件中，同学们还可以得出其他的论点吗？

明确：《过秦论》前文援引大量的历史材料，从秦孝公开始一路写到秦的灭亡。但除了文中“振长策而御宇内”“执敲扑而鞭笞天下”等语句，很难找到与“仁义”相关的内容。因此，最后的结论与前文的论据之间没有必然的联系。

“头脑风暴”示例：从文中还可以得出这些观点，如：

①“不与民休息而攻守之势异也”。

②“始皇暴政而攻守之势异也”。

③“秦法不变而攻守之势异也”。

小结：“弱水三千只取一瓢”，在历史评论写作中，要根据与观点的契合度，从历史事件、历史人物众多的相关材料中进行合理的筛选，缩小范围，让论据、论点之间的关系更加密切。

2. 设置限定，突出特征

有时候，即使是一件很具体的历史事件，我们也可能从不同的维度解读出不同的内容。这时候，我们可以增添一些限定条件，如限定性词语、特定的情景，来突出材料中的某一特征，从而让材料更有针对性地证明观点。

头脑风暴：

《五代史伶官传序》一文最后落脚为“忧劳可以兴国，逸豫可以亡身”，这一观点与前文是否存在必然联系？同学们能否依据前文的材料得出其他的结论？

明确：最后的结论与前文后唐庄宗的史料没有必然联系。我们还可以得到其他的结论，如：

①不辨忠奸而招致最后的失败。

②君臣不团结导致最后的恶果。

③骄傲是失败的重要因素。

……

追问：如果要加强“忧劳可以兴国，逸豫可以亡身”这一论点与论据的联系，我们可以做怎样的修改？

步骤一：采用上述第一种方法——筛选材料，是否可行？

明确：《五代史伶官传序》集中于后唐庄宗因宠信伶人这一事件而招致最终失败的历史，材料具体而集中，难以进行再次筛选。

步骤二：方法演示。

我们可以增添限定条件：以忧劳、逸豫为限定词，统摄、限定材料，突出这两者，从而让论点、论据之间的联系更加紧密。

示例：在庄宗得天下的过程中，他心有忧患，奋勇前行。父亲临终前的“三恨”始终围绕在他的心头，父仇能否得报是他心中所忧之事。为报父仇，他四处用兵，南征北战，劳苦其身。最终，父仇得报，赢得天下。然而，取得天下后的庄宗，将忧患完全抛掷，走上了安逸享受的歧途。他整日待在富贵闲逸的宫中，与一群伶人玩耍嬉戏，以致政务荒废了、军队离心了，最终招致毁灭性的灾难。前后的鲜明对比，提醒着人们“忧劳可以兴国，逸豫可以亡身”。

小结：从上述示例中可以看出，我们保留了原来的材料，通过把论点的关键词“忧患”“逸豫”设置为限定词来统摄材料。在议论中突出了关键词，进而强化论点、论据间的联系。

方法总结：针对历史评论写作中容易出现的论点、论据联系不紧密的问题。可以采用以“收缩”为核心的筛选材料、设置限定的写作方法来改进。

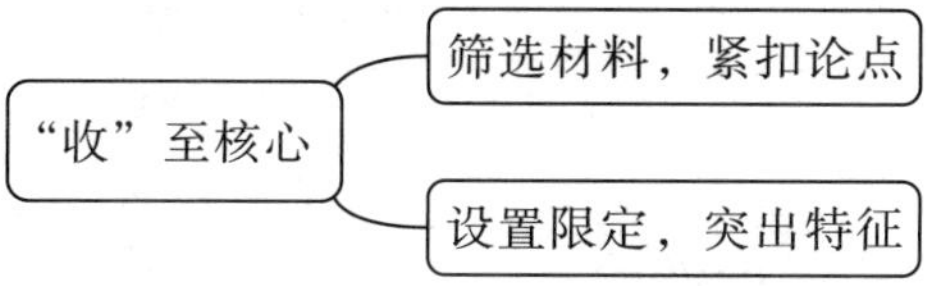

（五）落实训练

展示某同学段考作文中的片段，让学生们进行判断、分析：论点、论据之间的关系是否紧密？如果不紧密，是否可以运用课堂所学方法进行修改？

苏轼的谦逊好学值得我们学习。饱读诗书的苏轼，积累了丰富的文化知识，在科举考试中大放异彩。不想因为欧阳修的避嫌之忧，而屈居第二。但苏轼并没有因此而大发牢骚，相反真诚地接受欧阳修的道歉，并且与欧阳修互相切磋诗文，提升了自我水平。谦逊好学的人生态度让苏轼在与欧阳修的交往中不断增长自己的学识，最终成为一代诗文大家。

（六）评估总结

（1）学生能够判断出材料与论点之间存在联系不紧密的逻辑问题。

（2）在修改的过程中，大部分学生采用了筛选材料的方法，删去论据中“饱读诗书”等与论点不紧密的内容，但语言表达存在干涩、过于简单等问题。少数学生选择设置限定的方法，如在饱读诗书部分前增添诸如“博览群书”等限定词，能够满足统摄材料的要求，但表达有些生硬。方法运用的熟练度与语言的锤炼需要进一步的强化训练。

（七）迁移巩固

同学们运用课堂所学的筛选材料、设置限定的方法，审视自己的段考作文（有关欧阳修、苏轼的人物评价），看看自己的作文是否存在论点、论据联系不紧密甚至偏移的问题。选取其中的一段，运用课上所学的方法进行修改。

（张应麟　中山市第一中学）

学写申论

基于“给定材料”的申论写作
——“学写申论”作文教学设计

写作主题解读

“申”是申述，“论”是议论，“申论”，就是要求作者就特定的材料、事件或者问题进行陈述、说明、概括，并据此发表见解，阐述理由，推断逻辑关系。《普通高中语文课程标准（2017 年版 2020 年修订）》在学习任务群 7“实用性阅读与交流”中指出“学习多角度观察社会生活，掌握当代社会常用的实用文本”“增强适应社会、服务社会的能力”。该任务群明确了选修性教材选择申论写作作为教学点的意义。作为公选、公考中的一门科目，申论写作具有“写作文体的独特性”“写作主题身份的限定性”“写作主题的方向性”“写作体式的非限定性”“写作过程的程序性”等特点。申论写作不仅考查学生在政治、文化、思想、科学等方面的综合素质，还考查学生对有关国计民生的现实问题的关注和思考，具有很强的实用性。

教学课时

2 课时。

设计亮点

（1）本设计基于建构主义理论，学生在课堂上通过分析，自己发现写作的规律和方法，并且在总结的基础上，将其方法运用到真实的写作中，可以大大调动学生的积极性，有利于提高课堂教学的效率。

（2）本设计将申论的写作分为两个过程，首先是对“给定材料”的理解概括，然后运用“给定材料”进行观点论证，将写作的陈述性知识转化为程序性知识，形成申论写作的技术，有利于学生快速掌握写作的技巧。

第一课时

教学目标

（1）理解申论中“给定材料”的内容，并能对“给定材料”进行分析。

（2）分析题干要求，运用“给定材料”的内容撰写论文观点。

教学条件分析

1. 内部条件

经过小学六年、初中三年以及高中一年的学习，学生具备了对“给定材料”阅读理解的能力，对“给定材料”进行分析概括的能力，这是学生对材料进行深度处理的第一步。而透过材料的现象看到本质，则需要学生具有思辨的眼光，还要求学生具有写作主体的意识。

2. 外部条件

教师利用网络的优势，可以搜集到大量的申论的优秀范文，可以给学生提供大量的示范案例。同时，根据学生的认知特点，帮助学生树立对“给定材料”进行深度解读的意识，教会学生深度处理“给定材料”的程序与方法。

教学步骤

（一）激发动力

请比较下面2021年国家公务员考试申论真题（地市级）试题中的材料1、2和范文《“治”慧》中的两个片段，谈谈你对申论写作的理解。

展示1：

2021年国家公务员申论试题（地市级）给定材料1	2021年国家公务员申论试题（地市级）范文《“治”慧》作文片段
…… “物无妄然，必由其理。风林村因地制宜，遵循自然规律，从坐吃山空到山绿人富，走上了一条绿色发展之路。”有环境治理专家评论道，“‘村寨银行’与生态环保联动，通过对人们观念和行为方式的改变，进而影响自然的改变，最终实现人与自然关系的平衡和发展。”	“治”慧之道，在于因势利导，引导群众自治。竭泽而渔地对林木资源的掠夺，不仅极大地破坏了生态环境，破坏了人与自然的和谐，还因为发展的不可持续使得村民的生存都成了问题。而传统的监管方式，收效甚微，成本高企。引导村民因地制宜制定村规民约，让大家在讨论中实现了自治，不仅有效遏制了滥砍滥伐，保护了自然环境，发展了生态经济，实现了循环可持续的发展动力；还因为全村的积极参与，一事一议落到实处，村里更和谐，民风更和睦，民心更凝聚

展示 2：

2021 年国家公务员申论试题（地市级）给定材料 2	2021 年国家公务员申论试题（地市级）范文《“治”慧》作文片段
“曹团长今天下午又要来教戏了。”…… “我们不仅仅是为乡村群众唱几场戏，更重要的是要‘种戏’。”张学敏说，“戏曲生长在民间、活跃在民间、变革在民间。戏曲的生存与发展有其自身的规律，只有回归民间，回归群众，才能在乡村留得住、传得开、唱得响。”	“治”慧之道，在于春风化雨，传承民间艺术。发展不仅需要物质上的充足，同样需要精神上的抚慰，而民间艺术的有机传承，在提供精神给养的同时，也增强了我们的文化软实力。借助民间生活礼仪，培育民间艺术的乡村发展土壤；通过现代化的改进创新，满足不同层次观众的文艺需求；通过对民间艺术团体的传帮带，改送戏下乡为种戏下乡。这些举措，不仅让民间艺术生根发芽，还让乡村更有文化

分析：范文《“治”慧》与平时所写的议论文的结构基本一致，但是在立论上，分析的角度是从政府的角度出发，符合申论这种文体的写作要求；另外，所写的观点从材料出发进行引申。

（二）告知目标

（1）理解申论中“给定材料”的内容，并能对“给定材料”进行分析。

（2）分析题干要求，运用“给定材料”的内容撰写论文论点。

（三）呈现材料

问题五：“给定材料 1”中说“物无妄然，必由其理”，这句话对改善治理效能有深刻的启示。请你参考给定材料，联系实际，以“‘治’慧”为题，写一篇文章。

要求：（1）观点明确，见解深刻；（2）参考“给定材料”，但不拘泥于“给定材料”；（3）思路清晰，语言流畅；（4）字数 1 000 ~ 1 200 字。

（四）指导学习

活动一：审题立意，搭建表达框架。

根据题目的材料确定文章中心，并根据内容给学生搭建一个写作的句式框架。

分析：本题是一篇命题作文，标题是“治”慧，意思是“治理的智慧”。结合前句“……这句话对提升治理效能有深刻的启示”来理解，可以将文章的中心论点理解为：提升治理效能需要智慧。而提升治理效能需要的智慧主要体现在具体的做法上，可以用“提高治理效能，要……，体现……的智慧”的句式来进行表述。

活动二：分析“给定材料”，运用搭建的句式组织论点。教师示范给定材料 1 的分论点句填写，其余的材料学生按照下面要求完成填写。

项目	具体内容	分论点
给定材料 1	风林村通过实施“村寨银行”项目改变了村民“靠山吃山，砍树卖钱”的传统生活逻辑	提高治理效能，要推陈出新，体现保护生态的智慧
给定材料 2	要培养乡村戏曲人才，让戏曲扎根在农村，根植于百姓心中	（1）
给定材料 3	清河社区的治理方法表现在：治理污染，改善环境；关爱老人、精心服务；民主共商	（2）
给定材料 4	（3）	（4）

预设：

（1）提高治理效能，要传承民间艺术，体现促进文化繁荣的智慧。

（2）提高治理效能，要民主共商，体现达成社区和谐的智慧。

（3）有“政治建设”的内容，如“以人为本，科学决策”，也有“社会建设”的内容，如“以人为本，规范城市道路改造”等。

（4）提高治理效能，要使用科学决策，体现赢得政治文明的智慧。

分析：

搭建表达的句式，可以让表达看起来更清晰，也更有层次；文章分论点的形成，是根据材料的内容进行总结的，可以是一一对应的关系，当然，最后写成文章还需要对其顺序进行调整。

总结：

申论写作的技巧：

（1）审题立意，搭建表达框架。

（2）分析“给定材料”，运用搭建的句式组织论点。

（五）落实训练

要求：写出下面这道写作题的论点。

问题五：“给定材料 1”中说“夜色难免黑凉，前行必有曙光”，“给定材料 2”中说“我们的改革之所以成功，离不开务实的精神和理性的思考”。

请深入理解这两句话的含义，参考给定资料，联系实际，自拟题目，写一篇文章。

要求：(1) 观点明确，见解深刻；(2) 参考“给定材料”，但不拘泥于“给定材料”；(3) 思路清晰，语言流畅；(4) 字数1 000～1 200字。

［2021年国家公务员考试申论真题（副省级）］

分析：这则题目中“给定材料1”中的关键词是：夜色、前行；“给定材料2”中的关键词是：改革、务实、理性。这则作文要求相比之前的作文要求，没有明确指定命题，需要对作文要求进行分析。结合给定材料中的内容，可以得到此题是从对策的角度入手，可以分析得出本题的写作立意为：深化改革要成功，需要具备怎样的条件。可以搭建“深化改革，必须……”的表达句式，表达文章的论点。

项目	具体内容	分论点
给定材料1	在小谷村改变的过程中，村干部的许多工作是非常难做的。最终通过他们的努力，小谷村迎来多方面的好的变化	深化改革，必须增强坚持的定力
给定材料2	S市“局区合一”改革的措施、成效	深化改革，必须秉承务实的精神
		深化改革，必须坚持理性的思考

（六）评估总结

申论写作：论点发展性评价参考层级表。

层级	细则
C级	①没有论点，全文缺少逻辑性，也无法归纳论点； ②论点表述模糊不清，缺少对写作要求以及给定材料的针对性； ③论点低幼化，没有注意申论写作的立场、身份
B级	①论点只是使用“给定材料”中的原句，缺少针对性、准确性； ②论点内容正确，但是论点之间没有一定的逻辑关系
A级	①论点是对“给定材料”的内容的概括； ②论点的表述简洁有力，论点之间有合理的逻辑关系
A+级	①论点是对“给定材料”的内容的准确概括； ②论点表述准确，逻辑关系正确，并且有文采，具有美感

分析：教师与学生可以凭借量表发现问题，并且用以帮助修改上面的论点写作。

（七）迁移巩固

要求：写出下面这道写作题的论点。

问题五：近期，S省开展乡村治理先进典型评选工作。M市打算推荐莱康村参加评选，如果你是该市有关部门的工作人员，请根据“给定材料5”写一份莱康村参评的推荐材料。

要求：（1）紧扣资料，内容全面；（2）逻辑清晰，语言准确；（3）字数800～1 000字。

［2020年国家公务员考试申论真题（副省级）］

分析：这则材料写作题，在上面两则材料写作题的基础上，设置了一个写作的情境：写推荐材料。在对材料进行分析，对其内容进行概括的基础上，还需要在写作的过程中，注意推荐材料的写作的要求。

第二课时

教学目标

（1）了解申论写作的过程，理解对“给定材料”的阅读与处理的重要性。

（2）掌握运用“给定材料”进行论证观点的思路。

教学条件分析

1. 内部条件

经过第一课时，学生已经理解申论中的“材料写作题”，并非高考中的“给材料”作文题，而是让考生“写材料”的试题。对“给定材料”的阅读和处理，是进行申论写作的第一步。本课时主要是让学生在论证过程中，如何运用“给定材料”对论点进行分析。

2. 外部条件

教师可以运用“先行组织者”的教学方法，展示申论范文，通过小组合作、教师协助的方式，总结一些常见的论证思路，以便学生可以在训练的过程中快速掌握申论写作的方法。

教学步骤

（一）激发动力

提问：申论写作的过程有哪几个步骤？

分析：①阅读资料；②概括要点；③提出要点；④进行论证。进行论证时申论写作的最后一个环节。这个环节是充分展示学生自我知识基础、能力水准、思维品质、文字表达能力的关键环节，因而在写作的过程中要注意其科学性、严密性。

（二）告知目标

（1）了解申论写作的过程，理解对“给定材料”的阅读与处理的重要性。

（2）掌握运用“给定资料”进行论证观点的思路。

（三）呈现材料

（1）呈现2021年国家公务员申论真题（地市级）中的材料以及问题五的题目要求（略）。

（2）呈现2021年国家公务员申论真题（地市级）问题五的范文的片段。

片段1：

①“治”慧之道，在于因势利导，引导群众自治。②竭泽而渔地对林木资源的掠夺，不仅极大地破坏了生态环境，破坏了人与自然的和谐，还因为发展的不可持续使得村民的生存都成了问题。③而传统的监管方式，收效甚微，成本高企。④引导村民因地制宜制定村规民约，让大家在讨论中实现了自治，不仅有效遏制了滥砍滥伐，保护了自然环境，发展了生态经济，实现了循环可持续的发展动力；⑤还因为全村的积极参与，一事一议落到实处，村里更和谐，民风更和睦，民心更凝聚。

片段2：

①“治”慧之道，在于春风化雨，传承民间艺术。②发展不仅需要物质上的充足，同样需要精神上的抚慰，而民间艺术的有机传承，在提供精神给养的同时，也增强了我们的文化软实力。③借助民间生活礼仪，培育民间艺术的乡村发展土壤；④通过现代化的改进创新，满足不同层次观众的文艺需求；⑤通过对民间艺术团体的传帮带，改送戏下乡为种戏下乡。⑥这些举措，不仅让民间艺术生根发芽，还让乡村更有文化。

片段3：

①“治”慧之道，在于善用科技，体现科技温度。②有温度的科技，提

供了城市管理新的解决方案。③重点区域的全天候监控，可以对城市的违规行为和不文明现象实时干预，微信群的灵活应用，在提升工作效率的同时，也增加了监管各方的温馨互动。④有温度的科技，也注重消除技术带来的数字鸿沟。⑤充分照顾老年人的精神需求，保留弱势群体的绿色窗口，寻找边缘群体与时代的归属感和共鸣点，让科技便利惠及社会的每一个角落。

（四）指导学习

活动一：将学生分成三个小组，每个组负责一个文段，结合“给定材料”，分析三个范文片段的写作内容。

	写作内容分析
片段 1	①论点：群众自治；②对林木资源的掠夺造成的影响；③对传统的监管方式的评价；④⑤回应论点，指出群众自治的好处
片段 2	①论点：传承民间艺术；②发展需要的条件以及传承民间艺术的好处；③④⑤传承民间艺术的具体做法；⑥总结，回应观点
片段 3	①论点：善用科技；②有温度的科技对城市管理的好处；③好处的具体表现；④有温度的科技对数字鸿沟的影响；③影响的具体表现

活动二：总结对这些写作内容进行论证的逻辑路径。

预设：

路径一：论点 + “给定材料”中事件的影响 + 对“给定材料”中原来处理方式的评价 + 所采取的措施的好处；

路径二：论点 + “给定材料”中事件的好处 + 所采取措施的具体做法 + 总结回应论点；

路径三：论点 + 分类写出“给定材料”中事件的好处 + 具体做法。

结论：

（1）写作的片段有一定的结构，条理更清晰；

（2）论证的要围绕每则“给定材料”中的事件展开；

（3）申论写作的论证过程更侧重于解决问题的措施以及具体的做法。

（五）落实训练

请阅读 2021 年国家公务员考试申论真题（地市级）的“给定材料”以及问题五的题目要求，选择上面总结论证的逻辑路径中的一条，完成一个申论片段的写作。

示例：

深化改革，必须秉承务实的精神。“空谈误国、实干兴邦”，改革必须秉承求真务实的精神和作风，“抓铁有痕、踏石留印”。要深入调查研究，从实际出发谋划事业和工作，真抓实干，不脱离群众。面对产业功能区职能太弱、功能不齐备等问题，S市不是简单修补，而是创新体制机制，进行了实实在在的“局区合一”改革，激发了企业的内生动力。近年来，政府取消和下放数百项行政审批事项，推行公司注册资本“零门槛”，坚持反腐倡廉“老虎苍蝇一起打”，要求一律叫停公款考察性出访，等等，这些具体、及时的举措，都体现了务实的精神，让深化改革之路一步一个脚印踏实前行。

（六）评估总结

申论写作论证过程发展性评价参考层级表：

层级	细则
C级	①作文片段缺少逻辑性，主次不清晰； ②作文片段信息传输有误，文字表达有语病，不通顺； ③论点和论据不协调，说服力不强
B级	①作文片段有一定的论证逻辑； ②作文片段信息传输基本正确； ③论据能论证论点，有一定说服力
A级	①写作条理清楚，主次清晰，能提出基本的解决措施； ②文字表达规范，论据围绕论点展开论证
A+级	①写作的片段有一定的结构，条理清晰，能提出具体的解决措施； ②作文片段围绕“给定材料”中的事件展开，有很强的实用性； ③文字表达深刻，论点和论据相协，有说服力

（七）迁移巩固

请阅读2019年国家公务员考试申论真题（地市级）的材料，根据这两个课时的学习内容，按照问题五的作文要求，完成一篇申论。

问题五：“给定材料5”结尾写到，“城市文明和乡村文明，人造文明和自然文明，都是应该而且可以互补的；理想的生活状态可能还是在城、乡之间自由游走。”请结合你对这句话的思考，自选角度，联系实际，自拟题目，写一篇文章。（40分）

要求：（1）观点明确，见解深刻；（2）参考“给定材料”，但不拘泥于“给定材料”；（3）思路明晰，语言流畅；（4）总字数1 000～1 200字。

（杨宇燕　中山市龙山中学）

“申”之有术“论”之有道

——“学写申论”作文教学设计

写作主题解读

申论是随着公务员录用考试制度而出现、推行的一种新兴文体，是针对给定材料或特定话题而引申开来、展开议论的一种文体。但如果从高中生考试的角度来说，不论是写作字数还是写作规定的时间、给定材料的容量，还是对写作者身份的界定，申论写作都不符合对高中生的考查要求，那么教材设置这一写作内容的深意何在呢？

首先，申论与时评、其他议论性文章一样，都要培养学生联系现实分析的意识，加强透过现象看本质的深刻能力，同时增加说理的条理性、逻辑性。这符合《普通高中语文课程标准（2017 年版 2020 年修订）》里“语文学科素养”中对学生通过语言运用，发展运用语言进行交流沟通的能力，获得逻辑思维、辩证思维和创造思维的发展的要求。其次，申论写作虽然对高中生的分析问题能力和逻辑自洽能力提出了更高的要求，但是高二的学生已经具备了一般议论文的构篇成文的能力。申论与一般新材料作文有区别，也有联系。区别在于申论无论是审题立意、拟写分论点，还是最终撰写成文，必须紧紧依托于“给定材料”。考生要做的更多是“改造”材料，根据这一核心指导思想再对学生进行针对性的写作训练，就可以达成写作目的。

正如写作指导中所言：“从琐碎的日常生活现象以及纷繁的社会信息中发现、思考并解决问题，是一个高中生应该具备的基本素质。”教材的编写者和课标的制定者通过这样的设计，希望高中生能尝试运用政府化思维和客观辩证思维来分析问题，解决问题。显然，他们对高中生的语文能力和语文素养有了更高的期待。

教学课时

3 课时。

设计亮点

（1）写好申论，关键要掌握三个技术：一是读文技术，二是提炼分论点技术，三是材料的改造技术。要在 3 个课时让学生掌握申论写作的秘密，非常考验教师选择教学切入点的智慧。这篇设计从申论的“给定材料”入手，去进行这三个方面的突破，无疑是抓住了“学写申论”的牛鼻子。

（2）设计中的三个技术“摸象式批注法”“拣金式提炼法”“三变改造法”命名生动形象，且每一个技术的训练有清晰的步骤，可学习，可训练。把思维的提升落实在语言的运用与实践之中，也符合新课标的理念与要求。

第一课时

教学目标

学生能掌握对给定材料的读文技术：“摸象式批注法”。

教学条件分析

1. 内部条件

高二学生已经具备了议论文写作的一般能力。申论虽然字数多、难度大，但是申论写作也具有议论文一般性特征，对于学生而言，并不完全陌生。对作文材料的解读，也是平时作文训练的重点，在这个基础上，学生对申论“给定材料”的解读技术就能较快掌握。

2. 外部条件

申论写作强调的是考生对材料的解读和提炼改造能力，这也有利于统一改卷标准。因此，“给定材料”是设计“申论写作”教学的出发点。

教学步骤

（一）激发动力

“申论”一词出处：

可谓具有卓识而未言三家之失于传讹，兹故申而论之。

——（清）《四库全书御制读史记儒林传》

恐后人之谬为比拟，是以申而论之。

——（清）《四库全书钦定日下旧闻考卷八十》

明确：“申”即申述、申辩，“论”即论述、论证。申论，一般用于考查作者观察社会现象、分析和解决社会问题的能力。

（二）告知目标

通过此节课，同学们需要掌握读文技术：“摸象式批注法”。

（三）呈现材料

下面的给定材料，给你提供了哪些启示？要求：（1）分析全面，条理清晰；（2）字数不超过300字。

某地市委副书记严某的女儿就读于当地一家收费不菲的幼儿园，在幼儿园经常欺负同学。老师表示要给她一个单独的座位，结果将该信息误发到家长群，引起这名女童的母亲在家长群中当场发飙，倚仗“严书记”的“官威”，要求老师公开道歉，并表示要找学校开除老师。对此，学校回应称并没有开除老师，网上随后流传一份“严书记”本人的情况说明，表示之前已与孩子的母亲离婚，自己对此事不知情。

（四）指导学习

1．对申论写作者身份和对“给定的材料”的认知

（1）明确申论写作者的三重身份：准公务员、基层治理中的执行者、有志于成为国家公职人员为人民服务的年轻人。

（2）明确申论“给定的材料”的两大作用：提供写作观点和提供写作素材。

（3）总结：要以基层治理执行者的身份来读“给定材料”，即考生读文时就要有政府化思维，从整体考虑，要客观承认问题，辩证分析问题，智慧地解决问题，即做到客观、理性、积极地处理问题。

2．实例剖析

（1）预设分析：孩子母亲仗着书记的官威，在家长群大发雷霆，不理智；要求学校因此开除老师，不合法。

（2）PPT展示。

①认知吝啬：

经常依赖简单有效的策略评估信息并作出决策的个体，即利用直觉判断系统，以减轻认知的负担。

——社会心理学家 麦圭尔（McGuire）

②总结：阅读申论的给定材料，只凭对生动性与鲜活性信息的敏感就做出判断，就会出现“宕机式阅读”，只见树木，不见森林，无法真正读懂材料。

（3）示范阅读：读文技术——“摸象式批注法”。

①“摸象式批注法”四个步骤：

A．标号：段中以句号为单位标示，如①；多段，以段落为单位标示，如（一）。

B．分层：以话题转移或对象变化或事理逻辑为标准。

C．批注：运用删除法提炼出该层的主要观点标示在材料边；可删除背景、细节、程度、阶段性效果、抽象效果等词、短语或句子。

D．整合：运用政府化思维和辩证客观思维整合这些观点。

②示范阅读分析：

<table>
<tr>
<td rowspan="3">①某地市委副书记严某的女儿就读于当地一家收费不菲的幼儿园，在幼儿园经常欺负同学。②老师表示要给她一个单独的座位，//结果将该信息误发到家长群，引起这名女童的母亲在家长群中当场发飙，倚仗“严书记”的“官威”，要求老师公开道歉，并表示要找学校开除老师。//③对此，学校回应称并没有开除老师，网上随后流传一份“严书记”本人的情况说明，表示之前已与孩子的母亲离婚，自己对此事不知情</td>
<td>第一层：事件起因　书记女儿经常欺负同学。老师想给她单独座位</td>
<td rowspan="3">政府化思维＋辩证客观思维：
1. 全面眼光：女童母亲不合理不合法；老师惩戒行为也不妥当。
2. 联系的眼光：（消极）不妥当的惩戒诱发不合理不合法的反应。（积极）对强权不媚从；对权力应被约束的清醒认知。
3. 发展的眼光：临时性的惩戒自不可少，长期冷暴力方式则违反教育根本原则</td>
</tr>
<tr>
<td>第二层：矛盾激化　女童母亲在家长群表示要学校开除老师</td>
</tr>
<tr>
<td>第三层：事情结果　学校没开除老师；网传书记回应离婚不知情</td>
</tr>
</table>

整合：

一方面，孩子的母亲在家长群中大发雷霆，对学校和老师摆出十足“官太太”的架子，显然是非常不理智的做法。学校不是私人的自留地，老师不是私人家教，班上同学也不是自家孩子的伴读，即使自己占了理，也不该如此趾高气扬。如果家长认为学校和老师的做法有问题，应当通过合法合理的途径解决。

另一方面，此次风波的起因在于老师准备给女童安排单独的座位，通过这种办法孤立还在幼儿园阶段的孩子，也不是正确的做法。如果给这名女童安排单独的座位是临时性的举措，倒也无可厚非，但如果是长期性的举措，让其他孩子孤立该女童，确实不妥。孩子进入学校，自然应当服从学校和老师的教育管理，但老师应该从孩子的年龄和性格特点出发，不能采取这种冷暴力的方式对待孩子，这是原则性的教育理念问题。

（五）落实训练

1. 材料呈现

阅读下面的材料，提炼观点，围绕“文化走出去”的话题，联系社会生活，任选一个角度，写一篇不少于1 000字的申论。要求立意明确，有思想性；在90分钟之内完成。

“一个故事胜过一打道理。”讲好中国故事是外宣工作的基本方法，也是提升中华文化影响力的基本途径。从毛泽东同志向美国记者斯诺、史沫特莱等人讲述“延安故事”，到习近平总书记通过讲故事介绍中国道路和共建美好世界的理念主张，善于通过故事传播理念、以理服人、以情动人，是中国共产党人的优良传统。今天，中国故事最精彩的主题，是讲清楚中国共产党为什么“能”、中国特色社会主义制度为什么管用。我们要围绕国际社会关注的问题，主动宣介习近平新时代中国特色社会主义思想，主动讲好中国共产党治国理政的故事、中国人民奋斗圆梦的故事、中国坚持和平发展合作共赢的故事，让世界更好地了解中国。同时，要采用外国人听得懂、易接受的话语体系和表述方式生动鲜活地讲，贴近中国实际、贴近国际关切、贴近国外受众入情入理地讲，平等待人、虚怀若谷、真诚亲和地讲。

文化是一个国家、一个民族的灵魂。做好外宣工作，不断提升中华文化影响力，既要宣介优秀传统文化，也要传播优秀当代文化。中华优秀传统文化是中华民族的文化根脉，其蕴含的思想观念、人文精神、道德规范，不仅是我们中国人思想和精神的内核，对解决人类问题也有重要价值。推动中华优秀传统文化走出去，不能停留在舞个狮子、包个饺子、耍套功夫上，不能满足于向国外提供一些表层的文化符号，关键是要把优秀传统文化的精神标识提炼出来、展示出来，把优秀传统文化中具有当代价值、世界意义的文化精髓提炼出来、展示出来。同时，提升中华文化影响力不能厚古薄今，更要注重展示当代中国的发展进步、当代中国人的精彩生活，推动反映当代中国发展进步的价值理念、文艺精品、文化成果走向海外，既要入乡随俗又要入情入理，努力进入主流市场，影响主流人群。

（摘自《不断提升中华文化影响力——论学习贯彻习近平总书记在全国宣传思想工作会议重要讲话精神》，2018年9月2日《人民日报》）

2. 请用“摸象式批注法”进行读文

（1）标号。

A. ①②③④⑤

B. ①②③④⑤

（2）分层。

A. ①②③//④⑤//⑥

B. ①②//③④//⑤

（3）批注。

删减法示范第一段：

①“一个故事胜过一打道理。”②讲好中国故事是外宣工作的基本方法，也是提升中华文化影响力的基本途径。③从毛泽东同志向美国记者斯诺、史沫特莱等人讲述“延安故事”，到习近平总书记通过讲故事介绍中国道路和共建美好世界的理念主张，善于通过故事传播理念、以理服人、以情动人，是中国共产党人的优良传统。//④今天，中国故事最精彩的主题，是讲清楚中国共产党为什么“能”、中国特色社会主义制度为什么管用。⑤我们要围绕国际社会关注的问题，主动宣介习近平新时代中国特色社会主义思想，主动讲好中国共产党治国理政的故事、中国人民奋斗圆梦的故事、中国坚持和平发展合作共赢的故事，让世界更好地了解中国。//⑥同时，要采用外国人听得懂、易接受的话语体系和表述方式生动鲜活地讲，贴近中国实际、贴近国际关切、贴近国外受众入情入理地讲，平等待人、虚怀若谷、真诚亲和地讲。

批注内容：

第一层：讲好中国故事对文化走出去的价值与意义。

第二层：中国故事最精彩的主题。

第三层：对外讲中国故事的方式。

第四层：外宣工作既要宣介传统文化，也要传播优秀的当代文化。

第五层：对传统文化走出去内容的建议。

第六层：对当今文化走出去方式的建议。

（4）整合。

政府化思维＋辩证客观思维。

①全面的眼光：有效地使中华文化走出国门走向世界，进入主流市场，影响主流人群。

②联系的眼光：讲好中国故事的途径有哪些？过去经验可借鉴，当下做法可创新。

③发展的眼光：采用外国人可接受的方式，提炼出传统文化的精髓，展示当代文化的进步。

④小结：有效地使中华文化走出国门走向世界，过去经验可借鉴，当下做法可创新，采用外国人可接受的方式，提炼出传统文化的精髓，展示当代文化的进步。

（六）评估总结

读文技术：“摸象式批注法”总结（PPT 展示）。

（1）所谓“摸象”，借用寓言故事反其道而用之。即要对涉及的多个主体分别进行分析，也就是用全面的眼光来看问题。

（2）“批注”有助于梳理行文脉络，并落实于纸面，更容易发现给定材料的逻辑和重点，也是用联系的眼光来看问题。

（3）“删减”有助于提炼信息，提高了概括信息的能力，有助于提高思辨能力。

（4）始终要有政府化思维，客观看待事实，不遮掩问题，亦不无视成就。

（5）读文后得出的立意要注意政治导向、民生导向、问题导向、行动导向。

（七）迁移巩固

请于课后用“摸象式标注法”读文。

问题五：假设你是S省省委人才发展局的工作人员，请根据“给定材料5”，以“海纳百川聚四方之才”为题，为S省省委人才发展局有关负责人撰写宣讲会上的推介讲话稿。

要求：（1）角色定位准确；（2）内容切合主题；（3）语言流畅，有感染力；（4）字数800～1 000字。

［2020年国家公务员考试申论真题（副省级）］

第二课时

教学目标

学生能掌握从给定材料中提炼分论点的技术：“拣金式提炼法”。

教学条件分析

1. 内部条件

学生通过“摸象式批注法”深入解读给定材料，能够准确立意，为后面分论点的提炼奠定了良好的基础。

2. 外部条件

申论的给定材料与新材料作文的材料相比，篇幅长，内容多，可提炼出分论点。另外，教师能够提供清晰的训练步骤，根据不同的逻辑思路进行论点的组合。

教学步骤

（一）激发动力

会写议论文就会写申论大作文？不一定！因为，虽然两者文章结构相似，写法相似，但申论大作文的分论点都是从给定的材料中提炼的，这是与新材料作文最大的不同。掌握了提炼分论点的方法，就掌握了申论大作文写作的通关密码。

（二）告知目标

本课时要达到的目标：能从给定的材料中提炼分论点。

（三）呈现材料

阎肃是我国著名的艺术家，作品影响了几代人。他曾经感慨："我没有决定过自己一生的道路，或者说去想我这一生必须要怎么样。跟着时代的大潮往前走，尽到我所有的力量，做好我要做的事情。不要去挑生活，让生活来挑你。时代也好、组织也好、环境也好，需要你做什么事，努力把它做好，对你自己就是一件非常快乐的事情，别人也会觉得快乐。我的一生作品不少，只要能在老百姓的心里留下一点记号，那我此生无憾。我对我的子女也是这样的要求，不去安排自己的人生道路，听时代的招呼，做一个对社会有用的人，对得起这个时代就够了。"

给定材料5提到"跟着时代的大潮往前走，尽到我所有的力量，做好我要做的事情"，请深入思考这句话，自选角度，联系实际，自拟题目，写一篇文章。

要求：（1）观点明确，见解深刻；（2）参考给定材料，但不拘泥于给定材料；（3）思路清晰，语言流畅；（4）字数1 000~1 200字。

［2019年国家公务员考试申论真题（地市级）］

（四）指导学习

1. 申论作文与新材料作文拟写分论点的区别

（1）申论作文的分论点基本都是从材料中提炼，新材料作文并非全都如此。

（2）申论作文的分论点中措施、做法一般都是必须要有的，新材料作文并非全都如此。

2. "拣金式提炼法"实例剖析

（1）定域：确定与题目中"跟着时代的大潮往前走，尽到我所有的力量，做好我要做的事情"这句相关的区域。回归材料，这句话出现在阎肃说的那段话里。

（2）挑选：以逗号为单位挑选出与题目中“跟着时代的大潮往前走，尽到我所有的力量，做好我要做的事情”意思相关句，重复句保留一句即可。

跟着时代的大潮往前走

尽到我所有的力量，做好我要做的事情

不要去挑生活，让生活来挑你

时代也好、组织也前、环境也好，需要你做什么事，努力把它做好

我的一生作品不少，只要能在老百姓的心里留下一点记号，那我此生无憾

听时代的招呼

做一个对社会有用的人

对得起这个时代就够了

（3）提炼：向上升华。

①跟着时代的大潮往前走 ②尽到我所有的力量，做好我要做的事情 ③不要去挑生活，让生活来挑你 ④时代也好、组织也前、环境也好，需要你做什么事，努力把它做好 ⑤我的一生作品不少，只要能在老百姓的心里留下一点记号，那我此生无憾 ⑥听时代的招呼 ⑦做一个对社会有用的人，对得起这个时代就够了	→	①顺应时代潮流或在时代发展中把握机遇 ②要有功成必定有我的历史担当或要做时代的“见证者”。 ③无论顺境逆境，锻炼成长 ④在团队协作中干事创业 ⑤要做人生的“探路者”，为人民做出一些贡献 ⑥把握时代的特点 ⑦要有功成不必在我的精神境界或勇担历史使命或做社会主义“建设者”

（4）组合。

第一种：递进式⑥①⑦或②⑤⑦。

A. ①把握时代特点；②顺应时代潮流；③勇担时代使命。

B. ①做时代的见证者；②做人生的探路者；③做社会主义的建设者。

第二种：并列式②⑦或①④③。

C. ①要有功成必定有我的历史担当；②要有功成不必在我的精神境界。

D. ①时代发展中把握机遇；②在团队协作中干事创业；③顺境逆境中锻炼成长。

（五）落实训练

（1）材料呈现见第一课时中“（五）落实训练”中的“材料呈现”。

（2）请用“拣金式提炼法”拟写分论点。

①定域：这两段的内容都和“与文化走出去”的主题相关。

②挑选：挑选一些和“与文化走出去”直接关联的区域，事例可不选。（略）

③提炼：

A. 文化走出去最基本的方式是讲好中国故事。

B. 讲好中国故事就要讲最精彩的主题——党的故事和社会主义制度。

C. 讲好中国故事要用外国人能接受的方式 。

D. 文化要走出去就要宣传传统文化和当代文化。

E. 宣介传统文化就要提炼传统文化精神标识，展示精髓。

F. 宣介当代文化就要展示当代中国的发展进步。

（3）组合。

第一种总分式 ABC 或 DEF。

①A. 文化走出去最基本的方式是讲好中国故事；B. 内容：党的故事和社会主义制度；C. 方式：用外国人能接受的方式。

②D. 文化要走出去就要宣传传统文化和当代文化；E. 宣介传统文化就要提炼传统文化精神标识，展示精髓；F. 宣介当代文化就要展示当代中国的发展进步。

第二种并列式 AD 或 BEF。

③A. 文化走出去最基本的方式是讲好中国故事；D. 文化要走出去就要宣传传统文化和当代文化。

④B. 文化要走出去就要讲好党和社会主义制度的故事；E. 文化要走出去就要提炼传统文化精神标识，展示精髓；F. 文化要走出去就要展示当代中国的发展进步。

（六）评估总结

“拣金式提炼法”总结（PPT 展示）：

（1）申论给定材料篇幅长，信息量大，提炼时要紧扣材料，对材料进行细致的解读，从中提炼分论点，这也与新材料作文最大的不同之处。

（2）在进行分论点提炼时，如果材料仅是具体现象，就要向上升华；如果已有观点，就不要缺漏。

（3）观点进行组合时，要有政府化思维，不仅善于分析问题，更要有解决问题的能力，应为全体人民服务。

（七）迁移巩固

请用“拣金式提炼法”给这则材料提炼分论点。

给定材料5结尾写道：“城市文明和乡村文明，人造文明和自然文明，都是应该而且可以互补的；理想的生活状态可能还是在城、之间自由游走。”请结合你对这句话的思考，自选角度，联系实际，自拟题目，写一篇文章。

要求：（1）观点明确，见解深刻；（2）参考给定材料，但不拘泥于给定材料；（3）思路清晰，语言流畅；（4）字数1 000 ~ 1 200字。

［2019年国家公务员考试申论真题（副省级）］

第三课时

教学目标

学生能掌握申论写作中对给定材料的“三变改造法”。

教学条件分析

1. 内部条件

学生已经能够精准解读给定材料，准确立意，能从给定材料中提炼出分论点，对给定材料已经理解得比较充分。

2. 外部条件

申论写作不宜照搬照抄给定的资料，但也不宜完全原创，这是申论考试特殊性所在。它和一般材料作文不太一样的地方就是，它论述的过程就是将给定材料入文的过程，虽然会有改造，但不会改变材料的本质。这就为改造给定材料提供了条件。

教学步骤

（一）激发动力

申论作文题目中一般都有这个要求“参考给定材料，但不拘泥于给定材料”，前两个课时主要是解决如何“参考给定材料”读文和提炼分论点，那写作时如何能做到“不拘泥于给定材料”呢？其实就是对给定材料进行改造。

（二）告知目标

掌握申论写作中的对给定材料的“三变改造法”。

（三）呈现材料

（1）A．电视剧《觉醒时代》中陈独秀、李大钊、鲁迅等历史人物。

B．革命前辈。

（2）A．2020 年国家最高科学技术奖得主顾诵芬院士，因病做过手术仍坚持上班。

B．顾诵芬院士说：“我现在能做的就是看一点书，翻译一点资料，尽可能给年轻人一点帮助。”

（3）A．国家印发《关于进一步减轻义务教育阶段学生作业负担和校外培训负担的意见》，很多中小学生觉得作业负担和校外培训负担减轻了。

B．要实现作业负担减下去，关键是课堂教育教学质量“增”上来。

（四）指导学习

1．分析三组材料之间的关系

明确：第一组是个别和一般的关系，即个性与共性、特殊性与普遍性的关系。

第二组是现象与本质的关系，即表面特征与根本性质的关系。

第三组是正面和反面的关系，即矛盾对立的关系。

2．根据这三种关系，联系社会生活举例

个别与一般：开心——情绪；玫瑰——花朵；白马、黑马、黄马——马；长江、黄河、珠江——河流。

现象与本质：月亮晚上发光——反射太阳的光；月亮比星星大——月亮比星星离地球近。

正面和反面：热闹—冷清；积极—消极；增—减。

（五）落实训练

1．真题训练Ⅰ：挑选给定的材料中部分内容，运用“三变改造法”进行材料改写

瑞丽花园小区是 x 市近年来新开发的商品房小区，位于市区两大主要交通干线的交汇处。因位置临近商业中心，地价昂贵，住宅楼比较密集。为了体现其景观的生态性，小区内有一条人工河道蜿蜒而过，把小区的空地分割成大小不一的碎片。河边花香草绿，绿柳成荫，不少凉亭假山点缀其间。但仔细观察便可发现，小区里可供居民活动健身的空地却十分有限，最大的一块空地，只能容纳 30 人共同活动。每次看到“芳草青青、留心脚下”的木

牌时，李奶奶总免不了要叨唠一句“景有了，可人没了”。事实上，瑞丽小区内也建有设备完善、宽敞明亮的室内舞蹈室、羽毛球馆及各类文体活动室。但羽毛球馆和健身房是不对瑞丽社区居民免费开放的，需要瑞丽花园小区居民办理会员卡。小区的舞蹈室在有对外演出活动时用于排练使用，平时都上着锁。其他文体活动室都有一定的开放时限，利用起来并不方便。

给定材料4提到，“城市建设与管理的目的如果仅仅是为满足经济或某种美观诉求，显然是片面的，甚至是短视而危险的。”请根据给定材料3和给定材料4，谈谈你对这句话的理解。

［2018年国家公务员考试申论真题（地市级）］

明确：

（1）“个别到一般”改写：

现在人们的生活区域设施空前丰富，改善了人们的生活条件。生活中便捷的商业服务，宜人的小区景观，多样的文娱设施，为提升人们的幸福感、获得感、安全感提供了物质基础。但收费或是办卡的要求，阻拦了人们利用这些设施的脚步。（瑞丽花园——生活区域；室内舞蹈室、羽毛球馆——文娱设施）

（2）“现象到本质”改写：

现在人们的生活区域设施空前丰富，改善了人们的生活条件。商业贸易的繁华，为人们提供了越来越多样的商品和服务，所想即所得；科学技术的进步，为人们生活、交往提供了诸多便利的工具；治理能力的提升，让社会活动充满活力，让群众有更切实的获得感、幸福感、安全感。但是一些人为的因素却阻拦了人们利用这些设施的脚步。（瑞丽花园——科学技术、治理能力）

（3）“正面到反面”改写：

现在人们的生活区域设施空前丰富，改善了人们的生活条件，但也挤占了人们的生活空间、内心空间。在现代化的小区中，有一栋栋华丽的楼宇，有一处处精致的景观，有一间间活动的场所，但是，这些建筑设施在充满了人们生活空间的同时，也把空间分割成了碎片、加挂上了铁索。以至于有人感叹，“景有了，可人没了”。（肯定优点—指出问题）

2. 真题训练Ⅱ：挑选给定的材料中部分内容，运用“三变改造法”进行资料改写

中央电视台、国家统计局等联合发起的“中国经济生活大调查”结果显示，除去工作和睡觉，2017年中国人每天平均休闲时间为2.27小时，较三年前（2.55小时）有所减少；其中，深圳、广州、上海、北京居民每天休

闲时间更少，分别是1.94、2.04、2.14和2.25小时。相比而言，美国、德国、英国等国家国民每天平均休闲时间约为5小时，为中国人的两倍。

“我喜欢书店的味道。”每逢周末，“70后”张英涛都会“泡”在国家图书馆里。

“我平时工作很忙，真正有了休息的时间，也不愿意外出奔波，更多的时候会选择上网度过休闲时光。”关于休闲，“80后”王强的偏好是滑动鼠标探知世界。

“我的假期一般都是在打游戏中度过的，在游戏的世界中驰骋，很畅快。”“90后”赵兵最近喜欢上了一款新游戏，在他看来，网络游戏为他的休闲生活打开了一扇大门。

与父母同住的徐璐是刚刚入职的公务员。“下班后回家吃晚饭，饭后刷盘子，洗碗筷，然后陪父母一起看看电视剧。刷微博、看手机，铺开瑜伽垫锻炼会儿，感觉也没干啥，一天就过去了。”

“我工作很忙，只有休长假才能享受休闲。”高女士是某上市公司职业经理人，每年有10天带薪年假。在她眼中，真正放松的休闲方式就是自由行。“今年我从泰国曼谷自由行回来，同事们都说我精神焕发，像换了个人似的。现在我基本上都是自己挑一个有特色的地方，平时抽空研究线路、规划行程、发掘当地的亮点，然后利用带薪年假去实践自己的旅行计划，那真是一年中最快乐的时光。”

亚里士多德说：“幸福存在于闲暇之中，我们是为了闲暇而忙碌。”根据你对这句话的理解，结合给定材料，联系实际，自拟题目，自选角度，写一篇议论文。要求：（1）观点明确，立意深刻；（2）思路清晰，语言流畅；（3）参考“给定材料”，但不拘泥于“给定材料”；（4）总字数800～1 000字。

［2019年国家公务员考试申论真题（省级）］

明确：

（1）“个别到一般”改写：

现代人逐渐在升级休闲品质。品质的提升要摒弃低级的休闲方式，寻求读书、健身、旅游、陪伴父母妻儿等健康的休闲方式充实自己，使休闲生活焕发生机。（“泡”图书馆、上网、打游戏、陪父母、自由行——健康的休闲方式）

（2）“现象到本质”改写：

现代人逐渐在升级休闲品质，休闲生活焕发了无限生机，无论何种健康的方式，都需要外力的成全。如：完善公共服务，降低长假出行痛苦指数、

热门景点拥挤指数，加大社区公共文化活动设施的密度，推动休闲升级。（升级休闲品质——完善公共服务等）

（3）“正面到反面”改写：

物质繁荣为精神休憩创造了更好的条件。“普通休闲”时代已经来临，然而身心却未能休憩下来，只因不断追求而不停忙碌，使“更好休闲”的话题悬而未决。幸福在于闲暇，闲暇的种种乐趣使人感到幸福。忙碌的目的是享受闲暇，无止境的忙碌只会使人缺乏幸福感。（精神休憩—无止境忙碌）

（六）评估总结

用“三变改造法”改写给定材料总结：

（1）用“个别到一般”的思路改写时，给定材料所举之例是个例，我们要从个例中找到共性，一般是由个体到类别。

（2）用“现象到本质”的思路改写时，给定材料所描述的往往是现象，我们要从现象中找到导致现象发生的根源，找到其本质。

（3）用“正面到反面”的思路改写时，给定材料采取一个角度进行描述，我们要采取逆向思维，从另一个角度分析。

（七）迁移巩固

（1）请用“三变改造法”改写给定材料（见第一课时中“（五）落实训练”中的“材料呈现”）。

（2）请按照要求完成此篇不少于1 000字的申论作文。

（申玉　中山市永安中学）

新教材高中语文写作教学设计·选择性必修下册

尝试写诗歌评论

聚焦选点·创设支架
——“尝试写诗歌评论”作文教学设计

写作主题解读

诗歌评论属于文学评论的范畴。高中生写诗歌评论，一般只要求对具体的作品进行评论，评论的重点是作品的思想内容、意象意境、语言表达和艺术技巧，要求写一篇结构完整、层次清晰、观点明确、叙议结合、短小精悍的鉴赏文章。

本单元展示了不同时代、不同体式的诗词名作。优秀的古诗词作品往往具有深刻的文化意蕴和独特的艺术匠心。对诗歌的鉴赏与评价主要包括赏析形象、情感、语言、表达及构思技巧等。本专题写作任务是选择本单元所学的一首诗歌，或拓展阅读单元研习任务下面所列古代诗词，写一篇不少于800字的鉴赏文章。可从语言、构思、意象、情感等方面选择一两个角度，发现作者独特的艺术创造，分析自己阅读欣赏时获得的审美体验。对评论对象的整体理解、深入体会是开展评论的基础。对诗歌的整体理解，除了把握文本自身外，还应知人论世，了解作者及相关历史背景，力求对文本进行客观、全面的把握。同时，还应拓展阅读作者的其他作品以及其他诗人的同题材作品，从而站在更高的时空维度上理解评论对象。

教学课时

2课时。

设计亮点

（1）先让学生对诗歌评论这种文体产生感性认识，再进行写法指导，引导学生在感性学习中进行理性分析；学生在语言实践活动中学写诗歌评论，将学生的学习活动贯穿课堂的始终，符合学习心理的科学规律。

（2）第一课时提供深入阅读作品的策略知识，归纳选择评论角度的知识。通过研究文章标题，让学生懂得如何选择评论的角度，解决诗歌评论“写什么”的问题。

(3) 第二课时从写作过程的角度入手，提供示范支架，使学生学会叙议结合，知道如何结构布局，学会评价修改，让学生懂得创设自己的写作支架，解决诗歌评论“怎么写”的问题。

(4) 针对诗歌评论写作的方法和写作学习的任务，教师设计丰富的学习支架，如：研读诗歌的读文支架，选择评论角度的知识支架，叙议结合的表达支架，便于评价修改的评价量表支架，聚焦评论点的写作构思支架等，从而促进学生调动写作知识，降低学生写作诗歌评论的难度。

第一课时

教学目标

(1) 通过实例了解诗歌评论的文体特点，归纳梳理诗歌评论的写作知识。

(2) 了解诗歌评论的写作过程，懂得深入阅读作品的策略知识。

(3) 归纳诗歌评论的角度、内容。

教学条件分析

该教学内容编排在选择性必修下册第一单元，教学对象是高二学生，教学时段是高二下学期。此阶段，学生已经在高一学习过文学短评的写作，能区分读后感与文学评论，具有诗歌评论的写作基础。

教学步骤

(一) 激发动力

明代诗人于谦曾说：“书卷多情似故人，晨昏忧乐每相亲。”自古以来，文人雅士乐读书以怡情，品嗅书香之后，更喜论文说语，赏评一番。诗歌学习踩着“评论”的小碎步登场于我们高中的语文课堂，可谓是我们学习语文的一件乐事。学习诗歌评论写作，将会提高我们的审美鉴赏能力和表达交流能力。

(二) 告知目标

本节课的学习任务是了解诗歌评论的特点，梳理诗歌评论的写作知识；了解诗歌评论的写作过程，懂得深入阅读作品的策略知识；知道评论的角度和切入点，解决诗歌评论“写什么”的问题。

（三）呈现材料

南宋岳珂认为《永遇乐·京口北固亭怀古》用典太多。但是明代杨慎却说“谓此词用人名多者，当是不解词味。”

学习活动一：

对上面所说内容，你认同谁的说法？请有理有据地说明原因。

设计意图：聚焦本词特色“用典”（即选择评论点），结合文本探讨用典的作用，有理有据地说明原因（即叙议结合），让学生在具体的语言情境中走进诗歌评论。

学生发言，教师总结。提供范例。

我认同杨慎的说法。

辛弃疾是古代词史中的用典大家，辛弃疾在这首词中借助典故抒发自己报国的决心和勇气以及不受重用的壮志难酬，既构思巧妙又意蕴深邃。

首先，典故虽繁多，却能切合主题，成为构建词篇章法的巧妙手段。孙权、刘裕、刘义隆、拓跋焘四位历史人物都和京口有着千丝万缕的联系，在京口想到这些人物和他们的故事，自然合理，最后以跟自己处境相似的廉颇自喻收尾，借以抒发心中无法排解的复杂情感，首尾圆合。五个典故与内容不可分割，浑然一体。全词典故运用可谓环环相扣。此词在以典故连缀全篇时，亦注意布局安排，以求章法之严谨。此词以典故结构全篇，突破了前人以典故罗列故事或仅限于局部运用的做法，从而使得典故成为词篇结构布局的手段，表现出辛弃疾用典故建构词体章法结构的高超技艺。

其次，典故虽多，但全词语言却简洁疏朗，意味无穷。如刘裕的典故“斜阳草树，寻常巷陌”，借用刘禹锡《乌衣巷》的诗词意境，形象地展现了一幅草树掩映、斜阳映舍的平常巷陌图，紧扣刘裕的平民出身和非凡气度加以刻画，采用眼前之实和想象之虚结合的手法来写出，将平民出身的英豪写得豪气万丈。辛弃疾以出身平凡的北伐英主刘裕自比，既突出了词人对出身“寻常巷陌”却“气吞万里如虎”之北伐雄主英风豪气的无限钦仰，又表现了烈士暮年、豪情不减的英雄本色。所以典故虽多，却并不晦涩，言有尽而意无穷，更有玩味之处。

最后，用典可使情感和思想表达更含蓄，借古抒怀。用典是对陈言旧事的裁剪和叙述，本质上也是一种叙述，像辛弃疾那样饱读诗书而又情感勃郁的词人，以情铸典，将典故融入了他的浓郁感情。“佛狸祠下，一片神鸦社鼓”，辛弃疾是用“佛狸”代指金主完颜亮。完颜亮曾驻扎在佛狸祠所在的瓜步山上，佛狸很自然地就成了完颜亮的影子。词人描写了长江北岸前线百姓民族意识的缺乏和毫无斗志的民心疲软，实则是对南宋统治者偏安一隅的抨击。词人不便明说，只能通过典故将自己的壮志豪情和爱国忧心隐晦地表达出来。最后三句，情感蕴含极为深刻丰富，“凭谁问”的追问，道出了英雄世无知音的沉痛，也包含在有生之年能得到重用的企盼，借助典故抒写复杂的人生感慨。

综上所述，用典是词人抒发内心感受的高超艺术手法，将词人与典故合二为一达到精妙的效果，既构思巧妙又意蕴深邃。

（四）指导学习

1．分析诗歌评论在写法上的特点

学习活动二：

依据上面教师提供的范例，借助下面的表格，分析诗歌评论在写法上有何特点。

项目类别	内容	特点
评论角度		
表达方式		
思路结构		

设计意图：让学生对诗歌评论这种文体先有感性认识，再进行理性分析，从理论上了解诗歌评论的文体特点。

明确：

项目类别	内容	特点
评论角度	用典：孙权、刘裕、刘义隆、拓跋焘、廉颇	聚焦 小处切入
表达方式	叙述：“孙权、刘裕、刘义隆、拓跋焘四位历史人物都和京口有着千丝万缕的联系。” 议论：“以典故结构全篇，突破了前人以典故罗列故事或仅限于局部运用的做法，从而使得典故成为词篇结构布局的手段，表现出辛弃疾用典故建构词体章法结构的高超技艺。”	叙议结合 有理有据
思路结构	“既构思巧妙又意蕴深邃”，开头用简短的语言，把总的评论内容概述出来。中间分解成三个维度“构建词篇章法的巧妙手段”“简洁疏朗，意味无穷”“情感和思想表达更含蓄，借古抒怀”，结尾回扣开头	总—分—总

2. 梳理诗歌评论的写作知识

学习活动三：

要写好诗歌评论，需要一定的知识储备，请同学们依据表格对相关知识进行分类、梳理。

知识分类	知识内容		
文本			
方法			
表达			
评价			

设计意图：为诗歌评论写作建构知识储备。

明确：

知识分类	知识内容		
文本	意象、意境、声韵、体裁	题材、主题、情感	炼字炼句、章法考究
方法	聚焦一个评论点（语言、情感、意象、构思等）	策略及写作支架（思维导图、表格等）	小切口，深挖掘，见解深刻
表达	叙述（转述、描述或介绍）	议论	叙议结合
评价	评论角度聚焦	叙议结合紧密	文本解读深入

3. 诗歌评论的写作过程

诗歌评论的写作过程包括四个步骤：深入阅读作品（研读文本，深入思考）；选择评论角度（善于聚焦，小处切入）；撰写初稿（叙议结合，结构清晰）；评价修改（评价反思，修改完善）。

（1）深入阅读作品。

学习活动四：

诗歌内容和形式高度凝练，内容富于跳跃性。对诗歌内容的准确理解是写作诗歌评论的前提条件。下面探讨深入阅读作品需要具备哪些策略知识。

设计意图：为学生提供了深入阅读作品的策略知识。

明确：不仅要知道诗人写了什么，还要知道是怎么写的，以及为什么这样写。下面提供研读诗歌的策略支架。

解读思路	认知规律	解读项目
是什么	这首诗是什么意思	逐句翻译，内容情感
	这首诗是谁写的	了解作者，知人论世
为什么	在什么情况下写的	时代背景，写作背景
	为什么这样写	艺术手法，写作目的
怎么样	这首诗好在哪里	名句欣赏，名家点评

（2）选择评论角度。

学习活动五：

适恰的评论角度决定着写作的广度与深度。选题过大，容易变成泛泛而谈；选题过小，又无话可说。同学们借助下面的表格，整理诗歌评论的角度。

项目类别	内容
语言	
意象	
表达方式	
修辞	
表现手法	
景情关系	
思想情感	
章法考究	

设计意图：为诗歌评论写作建构评论点和切入点的知识储备。

明确：

项目类别	内容
语言	炼字炼句（词类活用、重要的动词、形容词、数量词、副词等） 声律（双声、叠韵、叠字、押韵、平仄等）
意象	人物、动物、植物等

续上表

项目类别	内容
表达方式	记叙、议论、描写、抒情。描写方式有正面描写和侧面描写（衬托、渲染、动静、点面结合）；抒情方式有直接抒情（直抒胸臆）和间接抒情（借景抒情或融情于量）
修辞	比喻、比拟、借代、对偶、夸张、设问、反问、用典、互文、反复等
表现手法	联想、想象、比兴、虚实相生、托物言志、衬托、渲染、象征、白描、抑扬、照应等
景情关系	从景与情之间的距离的角度来说，景与情的关系有触景生情、借景抒情、因情造景、寓情于景、情景交融等；从景与情的感情色彩角度来说，景又有乐景与哀景，情也有乐情与哀情，这又有了以下四种关系：以乐景写哀情，以哀景写乐情，以乐景写乐情，以哀景写哀情
思想情感	羁旅愁思、思念亲友、征人思乡、思妇闺情、安逸恬淡、建功立业、壮志难酬、怀古咏史等
章法考究	起承转合、卒章显志、以景结情、铺垫、呼应等

（五）落实训练

学习活动六：

下面是知网收录的关于柳永的《望海潮》的赏析文章，可以通过标题看出它们分别是从什么角度评论吗？提取标题的关键词并与同桌交流。

①盛世美景，词家绝唱——《望海潮·东南形胜》赏析

②千古乐章今回响——《望海潮》之节律美赏析

③层层铺叙 状景如画——柳永《望海潮》赏析

④和谐的音符 都市的乐章——柳永《望海潮》赏析

⑤绘湖山壮丽风光 展都市繁华画卷——柳永《望海潮》赏析

关键词是什么？分别是从什么角度切入的？

设计意图：让学生知道可供选择评论的角度和切入点。

学生交流并明确：

①“美景”，表达技巧的角度。

②“节律美”，语言角度。

③“铺叙”，表现手法的角度。

④“和谐”，情感角度。

⑤“壮丽”“繁华”，景情之间关系的角度。

（六）评估总结

本节课，学生通过实例了解了诗歌评论的文体特点，归纳整理了诗歌评论的写作知识：诗歌评论的写作过程包括深入阅读作品、选择评论角度、撰写以及评价修改四个步骤。此外，提供了深入阅读作品的策略知识，归纳了选择评论角度的知识。通过研究文章标题，让学生懂得如何选择评论的角度，解决了诗歌评论“写什么”的问题。

（七）迁移巩固

从本单元的诗歌《蜀相》中选一个评论点，分解成三个分论点，尝试写一篇不少于800字的诗歌评论。

第二课时

教学目标

（1）学会聚焦选点，懂得从小处切入。

（2）学会叙议结合，知道如何结构布局。

（3）学会评价反思，知道如何评价修改。

（4）创设写作支架，拓展写作思维图式。

教学条件分析

通过上一节课的学习及课后习作，学生有了诗歌评论的文体写作意识，已针对杜甫的《蜀相》完成了一篇诗歌评论初稿。

教学步骤

（一）激发动力

从文体角度来讲，所谓诗歌评论就是一篇解读、点评、品味诗歌的文章。这节课我们从诗歌评论写作步骤入手，一步一步地学习，解决诗歌评论“怎么写”的问题。

（二）告知目标

这节课我们学习如何写作诗歌评论。要学会聚焦选点，懂得从小处切入；学会叙议结合，知道如何结构布局；学会评价反思，知道如何评价修改；学会创设写作支架，拓展写作思维图式。

（三）呈现材料

诗歌评论的写作步骤和要领有哪些？

学生先发言，教师再展示。

设计意图：回顾上节课内容，温故而知新。

明确：

诗歌评论的写作过程包括四个步骤：一是深入阅读作品，即研读文本，深入思考；二是选择评论角度，要善于聚焦，从小处切入；三是撰写初稿，要做到叙议结合，结构清晰；四是评价修改，要学会评价反思，修改完善。

（四）指导学习

1. 研读作品，深入思考

学习活动一：

请从本单元选择一首诗词，从最有感触的地方开始精细阅读，阅读求“精”，精细阅读时要发现精彩，精彩发现处恰好是作品精心成文的精华所在。在阅读中，可采用批注的形式，记下阅读见解、鉴赏感受，读中有评、以评促读。

请同学们就感触最深的一点，谈谈自己的理解、启示与发现，或写出阅读中的困惑与思考，如：诗人杜甫在诸葛祠吊古，但题为“蜀相”而非“诸葛祠”，为何？

设计意图：让学生从最有感触的地方开始精细阅读，对作品的情感、形象、思想内涵、艺术特点展开分析，逐渐对作品形成深入的了解和准确的判断，完成由感性体悟到理性评价的提升。

明确：诗人写这首诗，是为了追思、仰慕、钦敬诸葛亮。写武侯祠，是因为“盖千古人物，莫可亲承；庙貌数楹，临风结想”，可以由祠写到诸葛亮。写祠是为了写人，因此题为“蜀相”。

2. 善于聚焦，小处入手

学习活动二：

诗歌评论，要善于“聚焦”，从“小处”切入。下面两则文题，哪个适合做诗歌评论的标题？

①《蜀道难》中的艺术手法赏析。

②《蜀道难》结构艺术辨析。

设计意图：通过两则文题的对比分析，让学生理解“善于聚焦，小处入手”的内涵。

明确：就文学作品而言，值得评论的点很多，要注意选择小的切口，做到开合自如。“《蜀道难》中的艺术手法赏析”指向过于宽泛，艺术手法包括修辞手法和表现手法等，写起来容易变成面面俱到，蜻蜓点水。以“结构艺术辨析”作为评论的切入口，聚焦度高，适合做诗歌评论的标题。

学习活动三：

下面的表格提供了本单元的诗歌《蜀相》中相关词句与切入点、切入点的内涵以及切入点与整首诗之间的内在联系。从《蜀相》中再任选两个切入点，借助表格进行梳理。

相关词句	评论角度（切入点）	切入点的内涵	切入点与整首诗的关系
丞相祠堂何处寻？	炼字（寻）	追寻古人踪迹以表自己登临凭吊之情	追慕先贤虔诚造谒，形成浓重的感情氛围，笼罩全篇

设计意图：聚焦“小”处能避免评论面面俱到、浅尝辄止，但聚焦的前提是知道有哪些切入点并理解这些切入点的内涵，还需要把握诗句与切入点、切入点与整首诗之间的内在联系。

3．叙议结合，结构清晰

学习活动四：

《蜀相》中首句的“寻”字有何妙处？参照下面的表格，请用叙议结合的方式分析，叙和议至少各写两句话。

评论点	仿写点	叙议	内涵	例句	仿写	篇幅
炼字（自、空）	叙议结合	叙	就原作内容进行复述、介绍、引用	阶草春天片片碧绿，年年如此，为谁而绿呢？隔叶黄鹂叫得那么动听，有谁听呢？	炼字（寻）	两句话
		议	开门见山地提出论点，分析、评价	祠庙寂寥冷清，只有诗人形单影只、孤寂伤怀。这两句景中含情，情景交融，而得力于“自”“空”二字的巧妙运用		两句话

设计意图：诗歌评论写作可从片段训练开始，逐渐写成结构清晰的篇章。教师设计仿写式支架，通过为学生提供叙议结合的示例，促使学生观察和体悟示例中蕴涵的写作规则，进而调动写作知识和激发写作热情，最终完成写作任务。

学习活动五：

教师提供资料，让学生梳理第一课时关于《永遇乐·京口北固亭怀古》用典好处的结构思路。

设计意图：通过梳理例文，让学生明白如何将评论点分解为几个分论点加以多维评述，如何做到结构精巧，条理清晰。

明确：

借用总分总结构，通过明晰的分段来展示层次和条理。

（1）开头部分总说（开头段50字左右）。先总括作品或作者特点，引入评论："辛弃疾是古代词史中的用典大家"；再用简短精练的语句，提出评论的中心观点："借助典故抒发自己报国的决心和勇气以及不受重用的壮志难酬，既构思巧妙又意蕴深邃。"

（2）中间部分分说（两到三段，每段280字左右）。将评论点分解为几个分论点，从不同角度，分别对照作品，举例解说上文的中心观点：

"首先，典故虽繁多，却能切合主题，成为构建词篇章法的巧妙手段。"

"其次，典故虽多，但全词语言却简洁疏朗，意味无穷。"

"最后，用典可使情感和思想表达更含蓄，借古抒怀。"

（3）结尾总结（结尾段50字左右）。对上文归纳总结，"用典是词人抒发内心感受的高超艺术手法，将词人与典故合二为一达到精妙的效果，既构思巧妙又意蕴深邃。"回扣第一段。

4. 评价反思，修改完善

学习活动六：

请同学们拿出关于《蜀相》诗歌评论的习作初稿，结合下面的评价标准量表，同桌之间交换评改，指出写作中的优点和缺点。

评价维度	评价标准	
评论角度	是否能从语言、构思、意象、情感等角度细化切入点	是否具有典型性、适切性和新颖性
叙议结合紧密度	是否对作品内容进行概括、复述、介绍或摘录引用，"叙"是否精当，是否为"议"提供支撑或依据	"议"是否紧密结合"叙"
文本解读深入度	解读是否准确深入，分析是否围绕切入点	评价是否合理、中肯

设计意图：就写作来说，完整的写作学习过程，评价是不可或缺的。评价具有检验、诊断和改进的作用。对此，运用诗歌评论的评价量表，让学生交换评改，有助于学生互助学习、取长补短。

（五）落实训练

学习活动七：

下面提供赏析《望海潮》情景交融关系的写作构思支架，请同学们另外选一个评论角度，创设一个写作构思支架。

诗题	评论点	切入点	论据	论证方法过程
望海潮	赏析情景交融的关系	景	是什么（意象选择）：烟柳、画桥、风帘、帐幕、云树、怒涛、珠玑、罗绮、青山（叠巘）、桂花、荷花、羌管、菱歌、钓叟、莲娃、箫鼓、烟霞……	怎么写的，角度、方式分析。点染手法的娴熟运用："点染"在《望海潮》表现为"点"即抽象评点，"染"为具体描写，二者紧密相连，表现鲜明的情志
		情	抒什么情（思想情绪、志向追求）：抒发了词人对都市繁荣景象的赞美之情，对投赠者的称颂和祝愿	如何抒情，抒情方式分析（直接抒情、间接抒情）
		融合方式	触景生情、借景抒情、因情造景、寓情于景	从景与情之间的距离的角度分析
			乐景与哀景	从景与情的感情色彩角度分析

设计意图：在教学过程中教师提供了一些支架，如：研读诗歌的读文支架，选择评论角度的知识支架，叙议结合的表达支架等。根据上述训练，学生已经形成了写作诗歌评论的图式。在此基础上，教师再提供聚焦评论点的写作构思支架范例，让学生模仿并创设自己的写作支架，可以丰富和拓展学生的思维图式，朝着鉴赏一首诗歌可以选择不同评论点写作的思路发展。

（六）评估总结

这节课从诗歌评论写作的过程入手，提供示范支架，学习了如何聚焦选点，如何叙议结合，如何结构布局，如何评价修改，如何创设自己的写作支架，解决了诗歌评论"怎么写"的问题。

（七）迁移巩固

选择本单元的一首诗歌，或拓展阅读单元研习任务所列古代诗词，选一个评论点，分解成三个分论点，写一篇不少于800字的诗歌评论。

（郝友斌　中山市第一中学）

着眼学情谋篇段，巧用量表兴味长
——“尝试写诗歌评论”作文教学设计

写作主题解读

诗歌评论是文学评论的一种。相对于小说等其他文学样式，诗歌有其独特的风貌，如语言的凝练和陌生化、意象的特定文化意蕴、诗意的不确定性等。因此，诗歌评论的写作也通常以意象的使用、意境的捕捉、语言的锤炼、技法的妙用以及主旨意蕴的探究作为评论的切入点。“尝试写诗歌评论”是统编版高中语文教材选择性必修下册第一单元的写作任务，本单元的人文主题是“诗意的探寻”，隶属于“中华传统文化经典研习”学习任务群。《普通高中语文课程标准（2017年版2020年修订）》在该任务群的“学习目标与内容”中写道:“阅读作品应写出内容提要和阅读感受。选择一部（篇）作品，从一个或多个角度讨论分析，撰写评论。”这就要求教师提供有效的写作路径，引导学生在读懂、读透诗歌作品的基础上选取一定的角度进行评论性写作。当然，既然是“尝试写”，所以对学生的要求略低。对于高二的学生来说，能结合一首具体的古诗词，合理选取一个角度写出一篇结构清晰、有理有据、语言流畅的文章，已是难能可贵的。

教学课时

2课时。

设计亮点

（1）立足学情，提供多种学习支架。布置前置性写作任务和课后的迁移训练作业，来了解学生写作诗歌评论的过程，从而进行有针对性的指导。同时提供多种学习支架，如范例型支架、评价量表支架、资源型支架和方法型支架等，提供操作性强的写作路径，引导学生的写作活动一步步落到实处。

在尝试写作的过程中，学生的合作交流能力、阅读鉴赏能力、高阶思维能力、语言表达能力等均得到锻炼和提升。

（2）制作评价量表和进行文章修改。传统的作文教学设计通常到第一课时就结束了，学生按照教师的方法写出一篇文章交上去，写作活动似乎就完结了。但事实上学生写得怎么样、怎么进一步提升，这些问题都没有解决。因此本设计的第二课时放在了评价量表的制定和文章的修改上，通过教师的引导，学生合作探讨制定评价量表，并用量表去审视自己的文章，这是个素养提升的过程。

第一课时

教学目标

（1）能说出诗歌评论写作的基本要领和一般步骤。

（2）会使用脉络句彰显文章的思路。

（3）会使用恰当的方法将叙述和议论有机融合。

教学条件分析

统编教材必修上册第三单元已经介绍过“文学短评”的写作方法，学生对“文学评论”的文体特征和写作要求有了一定的了解。但选择性必修下册第一单元所选诗词相比必修阶段难度加大。为了准确把握学情，让本课的写作指导能够有的放矢，教师课前布置了如下写作任务：选择一首诗歌，任选一个角度，写一篇不少于500字的评论文章。但从作业反馈情况来看，有两个问题最为突出：其一，思路混乱；其二，叙议失当。诗歌评论属于议论文写作的范围，无论是从全文来看还是从段落内部来看，清晰的写作思路可以反映出学生的逻辑思维水平，而结构混乱的现状正好映射出学生逻辑思维能力欠缺的问题。统编教材中的《学写文学短评》有言：“写文学短评主要运用叙议结合的方式，要在适当复述、介绍或者引用作品内容的基础上，展开分析和评论。‘叙’要精当，为‘议’提供支撑或依据；‘议’要紧密结合‘叙’，思路清晰，态度鲜明，最好有自己独到的见解。叙议有机融合，才能将见解表达清楚，有理有据，令人信服。”但学生的习作普遍出现以叙代议的情况。基于此，本课时除了重申诗歌评论写作的基本要领和一般步骤，还将重点突破厘清思路和叙议结合两个难点。

教学步骤

（一）激发动力

同学们，诗歌是我们中华民族的瑰宝，传承我们的文化，润泽我们的心灵。如果想要对诗歌的理解更深刻、更理性，就要尝试着写一写诗歌评论类文章。

（二）告知目标

本课时结束后，学生要能说出诗歌评论类文章写作的基本要领和一般步骤，会使用脉络句彰显文章的思路，会使用叙议结合的写作方法谋篇和构段。

（三）呈现材料

（1）统编版高中语文教材必修上册第三单元写作知识《学写文学短评》。

（2）程翔《〈氓〉：直击心灵的诗篇》（《语文建设》2022 年第 5 期）。

（3）刘洪峰《夸张蓄势 一咏三叹——李白〈蜀道难〉笔法探析》（《语文教学通讯》2020 年第 6 期）。

（四）指导学习

1. 复习教材中写作知识《学写文学短评》，小组合作，填写下表

学生习作中出现的问题	措施	
	写作要点	写作步骤
①对诗歌缺乏精确而深刻的理解		
②角度过多，失之浮泛		
③文章思路混乱，欠缺逻辑		
④叙议失当		

明确：

问题	措施	
	写作要点	写作步骤
①对诗歌缺乏精确而深刻的理解	阅读要“细”：结合文献资料，研读诗歌文本，分析其意象、艺术手法、情感等	第一步：收集文献资料，细读文本
②角度过多，失之浮泛	定题要“小”：聚焦式写作，通过一个“小切口”（如语言、形象等）来揭示作品深刻的思想内涵和诗人独特的艺术创造	第二步：选好角度，确定评论点

续上表

<table>
<tr><th rowspan="2">问题</th><th colspan="2">措施</th></tr>
<tr><th>写作要点</th><th>写作步骤</th></tr>
<tr><td>③文章思路混乱，欠缺逻辑</td><td>结构要“清晰”：使用有逻辑关系的词语标示行文思路</td><td>第三步：搭建框架，厘清思路</td></tr>
<tr><td>④叙议失当</td><td>评论要“透”：议论要紧密结合叙述的内容</td><td>第四步：叙议结合</td></tr>
</table>

2. 利用脉络句训练法，彰显文章思路

任何一篇文章都有一条贯穿始终的脉络，而体现文章脉络的句子就叫脉络句。脉络句的使用，使文章从整体上看思路清晰，也易于读者接受和理解。程翔说：“在议论性的文章中，脉络句体现思维的逻辑性。”针对学生作业中思路混乱、缺乏逻辑的现象，脉络句训练法是一种易学、易用的谋篇布局之法。

例文	《〈氓〉：直击心灵的诗篇》
脉络句	①这主要是通过“赋”的手法实现的 ②“赋”有铺排的功能 ③《氓》的“赋”法还有一个突出特点，就是自我倾诉 ④除了“赋”，本诗还运用了“比”的手法 ⑤《氓》也用了“兴”的手法 ⑥当然，学习《氓》绝不仅仅是为了掌握艺术手法，更重要的是对人物形象有认识和感受 ⑦在《诗经·邶风》中还有一首著名的《谷风》，与《氓》相比，同中有异

那么，如何写出脉络句呢？根据例文，归纳出脉络句的构建方法，即利用有逻辑关系的词语，如例文中“有一个”“还有一个”“除了”“也”“当然”等，这些词语位于每段段首，能够有效体现段落之间的逻辑关系和文章的行文思路。

3. 将“叙”和“议”有机结合

那么如何才能做到叙议有机融合呢？

任务：以《夸张蓄势 一咏三叹——李白〈蜀道难〉笔法探析》为例，找出谋篇和构段的写作路径。

明确：从全篇来看，本文先概述诗意引出中心论点——“本文通过分析《蜀道难》的独特笔法，以帮助读者更深刻地领悟作品的情感主旨”；接着从夸张、虚写、摹写、绘景、复沓等角度展开分析和评论；最后予以总评。由此得出在谋篇上，叙议结合的写作路径：概述或引用 + 中心论点 + 逐点分析评论 + 总评。从局部来看，以“以夸张蓄足气势”一节为例，先提出中心句：“他非常擅长用夸张的手法来描绘山水景物，抒发自己内心强烈的情感。”继而是阐释句：“在《蜀道难》中，诗人大量运用夸张手法来形容山峰之高、峭壁之险，极力营造惊心动魄的气氛……”接着举例分析：“如‘尔来四万八千岁，不与秦塞通人烟’……”最后是评论：“诗人笔力雄厚，开阖自如……”由此可得出在构段上，叙议结合的写作路径：中心句 + 阐释句 + 例句 + 分析句 + 评论句。

（五）落实训练

情境创设：某中学文学社“诗歌评论”栏目发布了“征稿启事”，编辑老师对来稿中一篇名为《〈孔雀东南飞〉中焦仲卿形象分析》的文章情有独钟。可是，在做文字修改的过程中，误删了其中的两处脉络句和第四段中部分文字。

任务一：根据语境，补上两处脉络句。

任务二：补写误删段落，不少于 200 字，注意叙议结合。

《孔雀东南飞》中焦仲卿形象分析

《孔雀东南飞》讲述了焦仲卿和刘兰芝的婚恋故事，二人本为恩爱夫妻，却被迫离异以致最终双双殉情。很多人往往将悲剧归因于焦仲卿软弱的性格，而笔者认为这种看法过于片面，焦仲卿的性格是复杂多重的。

____①____。当刘兰芝迫于焦母的威压自请遣归时，他求情无果，遵从母命将刘兰芝驱赶回娘家。他不仅把责任全部推给母亲，还以“吾今且赴府”作为逃避现实的借口。当听闻刘兰芝要高嫁太守之子时，他又控制不住自己脆弱的自尊心，赶来兴师问罪，以“贺卿得高迁”冷嘲热讽，以“吾独向黄泉”相威胁。尤其是到了最后，与刘兰芝“举身赴清池”的果敢决绝相比，焦仲卿在殉情前，在庭树下徘徊良久。

____②____。首先，他的社会身份是卑微的。身为“庐江府小吏”，位卑势弱，他对此也有清醒的认知，亲口对母亲说“儿已薄禄相”。在家庭发生重大变故时，他依然想着“且赴府”，说明他不敢轻易告假。其次，他在专横强势的母亲面前是没有话语权的。从宗法制度和伦理道德的层面上讲，“孝亲”是悬在他头上的利剑，他承担不起“忤逆”的罪名。从家庭的角度讲，在一贯强势的母亲的威压下，他卑怯成性。最后，他在优秀倔强的妻子面前没有自信。当听闻妻子高嫁时，他气急败坏、以死相逼，就是不自信的表现。总之，在“孝”与“爱”的双重重压下，他痛苦挣扎、艰难取舍。

当然，焦仲卿性格中也有反抗的一面。__________③__________

____

总之，这是一个性格复杂的人物，正是这种复杂性将故事推向了悲剧结局。

（六）评估总结

本节课重申了诗歌评论写作的基本要领和一般步骤，并针对学生诗歌评论写作的两大薄弱环节提出具体的写作路径重点突破，且及时落实训练，激活了学生的思维。

（七）迁移巩固

选择本单元中的一首诗词，从语言、构思、意象、情感等方面选择一个角度，写一篇不少于800字的评论文章。要求：①标示出文中的脉络句；②注意叙议得当。

第二课时

教学目标

（1）会根据范文制作诗歌评论类文章的评价量表。

（2）会依据评价量表修改诗歌评论类文章。

教学条件分析

笔者在长期的课堂观察中发现，在传统的作文写作指导课上，教师讲完写作知识，就想当然地以为学生已经会写了，错误地把教师的“教”等同于学生的“学”，其教学效果可想而知。叶圣陶先生说：“教师改文，业至辛勤，苟学生弗晓其故，即功夫同于虚掷。”传统的作文评改方式充满了随意性，无论是打分数、写评语，还是面批，往往停留在感性的层面，不能有效地设计和使用科学合理的评价量表，从而导致作文批改“勤而无功”。教师批改完毕，作文本发给学生后，多数学生看完评语后便将其束之高阁，个别学生甚至连评语都懒得看，更不要提后续的修改，长此以往，学生的写作水平始终在原地徘徊。教师批改作文的最终目的是指出学生作文中的问题并教会他们改进的方法，力求使学生受到启发掌握同类文体的写作方法。如果缺乏后续的修改指导，长期下来，学生的写作水平无法提升，教师的写作指导就没有效果。基于此，教师可提供名家写作范例，引导学生自行总结出评价指标，并制作评价量表，从而提高学生的元认知能力，使学生能从上位的角度看到自己文章的不足进而找到改进的方法。

教学步骤

（一）激发动力

同学们，叶圣陶先生在《文章的修改》一文中说："修改就是就原稿再仔细考虑，全局和枝节都要考虑到，目的在尽可能做到充分地确切地表达出所要表达的意义。"诚如斯言，好文章离不开修改。一篇成型的文章，立意是否集中深刻，材料是否恰当典型，布局是否合理，层次是否分明，语言是否简洁生动，都需要经过认真严肃的修改才能做到。那么如何修改？依据什么进行修改？这是我们这节课所要解决的问题。

（二）告知目标

本节课的目标是在教师引导下，在分析范文的基础上学会制作诗歌评论类评价量表，并依据此量表修改诗歌评论类文章。

（三）呈现材料

唐圭璋，潘君昭：《论姜夔的〈扬州慢〉》。

（四）指导学习

提供专家范例，引导学生学会制作诗歌评论类文章的评价量表。

任务一：边读边勾画《论姜夔的〈扬州慢〉》。

任务二：从篇章结构、思想内容、语言表达、形式规范四个维度分析范例特点。

在小组合作研讨的基础上，经过全班同学的反复讨论和修改，制定诗歌评论文章评价量表如下：

维度	优秀	良好	一般
篇章结构	能很好地使用脉络句搭建文章框架，脉络清晰，结构完整	能使用脉络句搭建文章框架，脉络比较清晰，结构完整	不能使用脉络句搭建文章框架，脉络不清晰，结构不完整
思想内容	理解精准透彻，能聚焦评论角度，论据典型丰富，论证严密，叙议得当	理解精准，能聚焦评论角度，论据比较典型但不够丰富，论证完整，叙议结合	理解不准确，不能聚焦评论角度，论据单一，论证不严密，以叙代议

续上表

维度	优秀	良好	一般
语言表达	语言流畅，无语病，准确生动，富有表现力	语言流畅，有较少语病，表意准确，有一定的表现力	语言不流畅，有较多语病，缺乏表现力
形式规范	文体明确，字数符合要求	文体基本明确，字数符合要求	文体不明，字数不符合要求

（五）落实训练

依据评价量表，修改以下习作：

论《望海潮》的点染艺术

点染原本是一种绘画技巧，后来被引入到词的创作中。刘熙载在《艺概》中说："词有点，有染。柳耆卿《雨霖铃》云：'多情……晓风残月。'上二句点出离别冷落，'今宵'二句乃就上二句意染之。"简言之，"点"即点明词意或题旨，"染"即紧承之而做多层次、多角度的具体形象的烘托渲染。《望海潮》一词的成功，就得益于点染手法的巧妙运用。

首先，本词上片，起手三句用"点"，"形胜"和"繁华"二字即点明题旨。紧接着层层渲染，①首先以"烟柳画桥，风帘翠幕，参差十万人家"写出了杭州城好美好美的风景和十几万户人家摩肩接踵鳞次栉比的热闹景象；接着以"云树绕堤沙，怒涛卷霜雪，天堑无涯"写出了钱塘江岸绿柳成荫、钱塘江潮雄伟壮观的景象；又以"市列珠玑，户盈罗绮，竞豪奢"写出了杭州城的民殷财阜。三处渲染，紧扣"繁华"层层铺开，使上片结构先总后分，层次分明，易于读者接受。

其次，陶文鹏在《论"唐宋词"点染的艺术》一文中说："点与染在词中各占比例的多少，会直接影响到词情、词境呈现出不同的特点：点笔多，词意显豁；染笔多，词情蕴藉。"《望海潮》一词属于"点"少"染"多，以词的下片为例分析。词的过片"重湖叠巘清嘉"中以"清嘉"为点，紧跟着从湖山之美、百姓游湖之悠然自得、官员饮宴之风流儒雅三个方面进行渲染。"桂子""荷花"本为不同时节之景，此处作者借此最具代表性之景物极写西湖湖山之美，为杭州百姓游乐铺垫了背景。②白天羌管悠扬，夜晚菱歌醉人，无论是钓鱼的老头还是采莲的美女都满怀喜悦，还有那微醉的官员，在抑扬顿挫的箫鼓声中陶醉。篇末更是以"好景"二字为点，以前面全文为染，含不尽之意于言外。词的语言本贵含蓄蕴藉，而点染手法的使用，正是为全词营造了这种意境。

总之，本词运用点染手法，写出了杭州城山水之美、百姓和平安定的欢乐生活。

修改建议：

一是篇章结构方面，总体上呈“总—分—总”结构，有“首先”“其次”“总之”等表明文章脉络的词语。但中间两段是并列关系，建议将“首先”改为“从形式上看，点染手法使整首词层次分明”；将“其次”改为“从内容上讲，点染手法有利于营造蕴藉深婉的词境”。修改后的句子，既是脉络句，又是分论点，一举两得。

二是思想内容上，本文的着眼点是《望海潮》的点染手法，虽不够新颖，但也符合聚焦凝练的要求。但是论据比较单一，第二段仅仅是扣住上片内容论证，完全可以也很有必要援引“旁证”，比如古代评论家的点评或现当代名家的观点。在论证上，全文只有例证和引证，论证方式不够多样。且叙例过多，分析和评论过少。

三是语言表达上，整体来说，语言表现力强。但个别句子有口语化倾向或语病，如①句中“好美好美”不属于规范的书面语，“摩肩接踵鳞次栉比”使用对象有误，建议将①处改为：首先以“烟柳画桥，风帘翠幕，参差十万人家”写出了杭州城风景如画的街巷河渠、大大小小的楼阁里张帘挂幕背后人民生活的宁静祥和。此外，有的句子不够简洁，也没能紧扣论点，如②句，建议将②处改为：“羌管”“菱歌”写百姓之乐，“吟赏烟霞”写官员之乐，二者均是从人事方面渲染西湖之“清嘉”景象。

四是形式规范上，本文符合诗歌评论文体规范，但是字数不符合800字的常规要求。

（六）评估总结

本课时以名家范文为例，引导学生制作诗歌评论类文章的评价量表，继而以此量表为标准来评价修改文章，并当堂落实训练。讲练结合，效果较好。

（七）迁移巩固

根据评价量表修改自己或同学的诗歌评论文章。

（张海蕴　中山市华侨中学）

语言的锤炼

思想美在矛盾　形式美在对称

——“语言的锤炼”作文教学设计

写作主题解读

浙江师范大学教授王尚文先生曾经说过：“有结构不完整的优秀之作，可从来没有在语言上失败而能及格的作品。”这句话充分说明了语言对文学作品的重要意义。新课标要求，语言表达不仅要做到规范、准确，还要新颖、独特、富于艺术性，这就要求学生注意语言的锤炼。然而在现实的语言使用情境中，同一个语义，不同人的表达却千差万别。有的人语言表达流畅优美，富有深刻内涵；有的人语言表达却生涩乏味，言之无物。议论文要想抓住读者的眼球，更要在语言的锤炼上下功夫。汉字是形、音、义三者的结合体，因此，语言的形式和语言的意义这两方面是议论文语言锤炼的重要抓手。要想在视觉上引起读者的兴趣，就要在语言的形式美上下功夫；要想在语言表达上富有哲理，引人深思，就要在语言的思想美和深刻性上做功课。因此，锤炼语言的形式美和思想美是语文教师在作文教学中的重要课题，也是当下作文备考的重要任务。

教学课时

2 课时。

设计亮点

本文主张教师带领学生，通过品读文学作品中的关键词句、精彩段落，对其进行分类和提炼，形成语言运用的“核心技术”，帮助学生从语感走向语言理性，从而提高学生语言建构的能力，并在写作中发展个体的语言运用能力。第一课时，教师将从语言的内容入手，带领学生感受语句的表面上矛盾但内里精炼、含蓄而又满含哲理和逻辑力量，引导学生明确思辨对象，利用两分法找出一组对立统一的关系，并选用合适的动词或形容词描述这一组关系，最后通过关联词语连接起来，形成一句表面矛盾的观点句。第二课时，教师从语言的结构入手，聚焦语言的形式美，剖析述点对称、字数相等、语法结构一致的对称技术，探求词汇和句子的审美选择，引导学生感受语言的形式美，让睿智的思想闪耀光芒、照进心灵。

第一课时

教学目标

（1）在广泛阅读基础上，积累储备一系列表面矛盾但内里充满哲理和逻辑力量的语句，领会这些语句精炼、含蓄、有深刻思想的魅力。

（2）利用两分法找到思辨角度，即找出一组对立统一的关系。

（3）利用矛盾技术，拟写一句矛盾的观点句。

教学条件分析

1. 内部条件

学生阅读时的语言感知力弱，不能体会经典作品的语言张力，在写作时也不能很好地学习借鉴优秀作品的经验，使得阅读与写作无法相辅相成。学生平时没有积累经典语句的习惯，缺乏含深刻思想的语句生成支架，因此考场上的语言表达言之无物，内容空洞，思想肤浅，但学生有强烈的生成高品质语句的需求。

2. 外部条件

让阅读目的明确，让遣词造句“有技可寻”，是中学语文教师的责任担当。这就要求教师在阅读教学中通过品读文学作品中的关键词句、精彩段落，进行分类和提炼，形成语言运用的“核心技术”，帮助学生从语感走向语言理性，从而提高学生语言建构的能力，并在写作中发展个体的语言运用能力。

教学步骤

（一）激发动力

多少人走着却困在原地
多少人活着却如同死去
多少人爱着却好似分离
多少人笑着却满含泪滴

——《存在》

设问：同学们，听完《存在》这首歌，你有什么样的感受？为什么会有人“走着却困在原地”？

学生充分讨论歌词中耐人寻味的句子。

明确：没错，我们每位同学都面临着歌词描绘的处境，都在向梦想的殿堂进发，如果每日有所收获、有所得，你就是前进的，但如果只是浑浑噩噩，混天熬日，那么你的时间是在“走着”，你自身却被困在了原地。

设问：这些歌词都有些什么样的特点？你觉得歌词写得好不好？好在哪里呢？

学生充分讨论歌词中令人寻味的含义。

明确：歌词里类似这样深刻有哲理的话还有很多。如果它们能够在我们作文的论点里出现，阅卷老师看到我们的作文时，一定会为之精神一振，发出感慨：这是一位很有思想的考生，这是一篇很有深度的文章。

引出课题：论点的深刻性也是我们高考作文备考的一个重点，所以老师准备了这样一节课，带领大家用“矛盾技术”，让论点走向深刻。接下来就让我们一起看看，这是一种什么样的技术吧。

（二）告知目标

今天老师将带领学生学习一种警语技术——矛盾技术，可以让考场作文的语句变得更加深刻，更具有思想性，引起评卷者的心理冲击。本节课主要目标是，掌握用矛盾技术提升论点深刻性的办法，分三个步骤：

（1）利用两分法，明确思辨话题的对立统一关系。

（2）使用反义词，描述选定的对立统一关系。

（3）选择关联词，生成一句表面矛盾但内蕴深刻的语句。

（三）呈现材料

1. 评析经典句子

例1：“有的人活着，他已经死了；有的人死了，他还活着。”（臧克家《有的人》）

例2：“什么也看不见，又什么都看见了。”（余秋雨《壮士》）

例3：“我觉得，你看我时很远，你看云时很近。”（顾城《远和近》）

例4：“其实雨下得并不大，却是一生一世中最大的一场雨。”（陈启佑《永远的蝴蝶》）

学生充分讨论这些句子的深刻含义，体会其中蕴含的深刻哲理和思想。

明确：

例1：“有的人活着，他已经死了；有的人死了，他还活着。”（臧克家《有的人》）

这是当代诗人臧克家为纪念鲁迅逝世十三周年而写的一首抒情诗。诗人以简练的诗句，总结了两种人的人生选择，讴歌了鲁迅先生甘为孺子牛的一生，抒发了对那些为人民而活的人们由衷的赞美之情。

例2：“什么也看不见，又什么都看见了。”（余秋雨《壮士》）

余秋雨的散文《壮士》讲述了这样一个故事：1980年，生物化学家彭加木深入罗布泊进行植物病毒研究，后来不幸失踪，探险壮士余纯顺在十几年以后，又一次挑战进入罗布泊，跋涉八年，最终倒在罗布泊一场铺天盖地的沙暴之中。壮士临终前面临的真实情况是“什么也看不见了”。而“什么都看见了”实际上应当是“仿佛”什么都看见了。作者运用想象手法，联想壮士所看见的，“远处是自己无数的脚印，而远处的远处，则隐隐约约是黄浦江外滩的剪影”。

例3：“我觉得，你看我时很远，你看云时很近。”（顾城《远和近》）

人与人，虽然近在咫尺，但心理上却存在各种隔膜与不可逾越的鸿沟，因而觉得“很远”。人与云、人与大自然却能沟通感情，因而觉得“很近”。这首诗表达了对人与人之间良好关系的向往与追求。

例4：“其实雨下得并不大，却是一生一世中最大的一场雨。”（陈启佑《永远的蝴蝶》）

第一处“雨”是自然之春雨，第二处“雨”是情感之心雨。两场雨的雨势构成“矛盾”反差，写出了失去樱子成为“我”人生中最大的打击，成为了“一生一世”的心灵创伤。

总结：分析其表达隐藏的秘密，评析的角度——句式、修辞、情感。

2. 探究经典语句的共性特征

探究：看完这些经典的语句，我们发现，这些内蕴丰富、震撼人心的语句都有什么共同的特点？

学生充分讨论以上语句的特点。

明确：有矛盾性。

引证：

王希杰在《汉语修辞学》中说：“汉语的社会变体是对核心汉语的偏离……在文学作品中，采用语言的社会变体有利于渲染气氛和塑造人物形象。”

明确定义：语言的社会变体就是矛盾技术创造的成果。老师姑且给矛盾技术下个定义：在一句话或一段话中，故意用自相矛盾的话来表达深刻而丰富的含义的一种技术。

特点：表面上自相矛盾，实际上却符合辩证法中对立统一的原则，精炼、含蓄而又充满哲理和逻辑力量。

在思辨角度和遣词造句方面：

（1）选词特点。

①反义词：

活着 vs 死去　远 vs 近

②否定副词：

看见 vs 看不见　大 vs 不大

（2）句式特点。

①并列式：

有的人活着，他已经死了；有人的死了，他还活着。

你看我时很远，你看云时很近。

②转折式：

什么也看不见，又什么都看见了。

其实雨下得并不大，却是一生一世中最大的一场雨。

（四）指导学习

在揣摩语句的基础上，学生对矛盾语句的选词和句式有一定的感悟和认知。接下来教师进行技术指导，利用两分法，明确思辨话题的对立统一关系；使用反义词，描述选定的对立统一关系；选择关联词，生成一句表面矛盾但内蕴深刻的语句，从而使学生快速写出有品质的语句。

1. 利用两分法，明确思辨话题的对立统一关系

首先，我们根据材料，找到要论述的中心话题：一个人/一件事。利用两分法在话题中找出一组对立统一的关系。

①客观与主观：活着 vs 死去　看不见 vs 看得见　大 vs 不大

②历史与现实：陌生 vs 熟悉

③暂时与长远：苦 vs 甜

④过程与结果：慢 vs 快

⑤表象与内涵：春天 vs 秋天

2. 找到一组矛盾的词语（动词或形容词）描述这组关系

①可以通过寻求反义词：A 和反义词 B。

②可以通过否定副词实现：A 和不 A、A 和非 A。

3. 选择关联词，生成一句表面矛盾但内蕴深刻的语句

①并列式：

一个人/一件事，既 A，又/也不 A/B。

②转折式：

一个人/一件事，虽然 A，却不 A/B。

（五）落实训练

下面我们就以2021年八省联考中的材料为例，进行实战演练。

1950年，新中国刚刚成立，百废待兴。朝鲜战争的战火烧到鸭绿江边，国家安全面临严重威胁。危急关头，在极不对称、极为艰难的条件下，中国人民奋起抗美援朝，保家卫国。先后有290余万志愿军将士赴朝参战，19万7千多名英雄儿女献出宝贵生命，涌现出杨根思、黄继光、邱少云等30多万名英雄功臣。中华大地，万众一心，支援前线。历时一年的捐献武器运动，募得的捐款可购买3 700多架战斗机。两年零9个月艰苦卓绝的浴血奋战，拼来了山河无恙、家国安宁，稳定了朝鲜半岛局势，维护了亚洲与世界和平。伟大的抗美援朝精神一直激励着中国人民。

例一：

第一步：中心话题——抗美援朝战争。利用两分法解析。

历史：距今70年。

现实：精神历久弥新。

第二步：组词。

远 vs 近　已经过去 vs 永不过时

第三步：造句。

抗美援朝战争，似乎离我们有些远，但又离我们很近。远的是浴血奋战的历史已经过去，因为伟大的胜利已将战火熄灭；而近的是众志成城的精神永不过时，因为这是民族复兴的根基。

例二：

第一步：中心论点——抗美援朝战争。利用两分法解析。

表象：战争残酷。

内涵：人心凝聚。

第二步：组词。

冰冷 vs 火热　残酷 vs 动人

第三步：造句。

抗美援朝战争，战火已停，硝烟未散。它既冰冷/残酷，又火热/动人。冰冷是因为________________；火热是因为__________________。

（六）评估总结

课堂上按照矛盾技术评价量化表进行评价和反馈，从定性的角度审视观点句的深刻性和思想性，可以通过适当调整，达到语句连贯和语义深刻的目的，以满足高品质的表达需要。

评价标准	分值	得分	问题	修改
两分法的使用	25			
反义词的选用	25			
关联词语的选用	25			
语句的连贯性	25			

（七）迁移巩固

（1）根据下面语段，利用矛盾技术拟写一个议论文的观点句。

2016 年，黄文秀从北京师范大学硕士毕业后，毅然回到家乡支援建设，担任驻村支部书记。她帮村里引进了砂糖橘种植技术，教村民做电商。村里绝大多数贫困户顺利脱贫，村集体经济项目收入翻倍。2019 年 6 月 17 日，黄文秀遭遇突发山洪，不幸遇难，年仅 30 岁。《感动中国》给她的颁奖词是："有些人从山里走了，就不再回来，你从城里回来，却再没有离开。来的时候惴惴，怕自己不够勇敢，走的时候匆匆，留下最美的韶华。百色的大山，你是最美的朝霞，脱贫的战场，你是醒目的黄花。"

第一步：话题中心——扶贫干部。两分法确立对立统一关系。

自身：牺牲了。

对象：重生了。

第二步：使用反义词，描述选定的对立统一关系。

割舍 vs 凝露

第三步：选择关联词，生成一句表面矛盾但内蕴深刻的语句。

扶贫干部虽然牺牲了，但她却使贫困的百姓们重生了。她虽然离开了大山，但从此却永远地留在了大山。

（2）根据下面语段，利用矛盾技术拟写一个议论文的观点句。

就地过年是为了减少流动，不给病毒乘虚而入的机会，保护大家的生命健康与安全；这短暂的分离过后，春暖花开之时，我们一定会在一起！

第一步：话题中心——就地过年。两分法确立对立统一关系。

当下：减少流动，分离。

长远：健康平安，团圆。

第二步：使用反义词，描述选定的对立统一关系。

割舍 vs 凝聚

第三步：选择关联词，生成一句表面矛盾但内蕴深刻的语句。

就地过年，虽经历了暂时的__________；却拥抱了未来更长久的__________。我们割舍此刻的__________，正是为了凝聚__________。

第二课时

教学目标

（1）在广泛的阅读基础上，积累、储备一系列形式对称的精彩语句，对其进行分类和提炼，形成自己积累的语句库。

（2）引导学生利用对称技术，理解语句述点对称、字数相等、语法结构一致的要求，揣摩词汇和句子的审美选择，生成一个形式对称的观点句。

教学条件分析

1. 内部条件

学生阅读时的语言感知力弱，不能体会经典作品的语言形式美，在写作时也不能很好地学习借鉴优秀作品的经验，使得阅读与写作无法相辅相成。学生平时没有积累经典语句的习惯，缺乏形式美观语句的生成支架，因此考场上的语言表达零散错乱，不具有整齐的美感，但学生有强烈的提高语言形式美的需求。

2. 外部条件

让阅读目的明确，让遣词造句“有技可寻”，是中学的语文教师的责任担当。这就要求教师在阅读教学中通过品读文学作品中的关键词句、精彩段落，对其进行分类和提炼，形成语言运用的“核心技术”，帮助学生从语感走向语言理性，从而提高学生语言建构的能力，并在写作中发展个体的语言运用能力。

教学步骤

（一）激发动力

导入：俗话说，爱美之心，人皆有之。美的事物不仅给人美的视觉感受，更能带来愉悦的精神感受。

教师引导学生通过欣赏三组美丽的图片，感受美的共性。

第一组图片：天坛、宅院。

第二组图片：盘扣、凤钗。

第三组图片：玉佩、花瓶。

学生充分讨论图片带给人的视觉感受。

明确：整齐、有序、舒适的感觉。

共同探究它们能给人这种美的视觉感受的原因、它们的共性特征。

明确：它们都是对称的。

引证：

毕达哥拉斯曾经说过："美的线条和其他一切美的形体都必须有对称的形式。"

（二）告知目标

今天教师将带领学生学习一种丽语技术——对称技术，可以让考场作文的语句变得更加具有视觉美感，吸引评卷者的目光。本节课主要目标是，掌握用对称技术提升语句视觉美的办法，主要为三个要点：

（1）字数相等。

（2）述点对称。

（3）语法结构一致。

（三）呈现材料

教师通过对称的事物启发学生思考对称的含义。

明确：多媒体展示对称在数学、哲学和更广泛领域的三个定义，探讨拥有对称属性的事物都有哪些。

在日常生活中和在艺术作品中，"对称"有更多的含义，常代表某种平衡、比例和谐之意，而这又与优美、庄重联系在一起。

文学艺术作品中也存在对称现象：

①商业广告：钻石恒久远，一颗永流传。

②公益广告：感受阳光，给予希望。宁等三分，不抢一秒。

③对联：一帆风顺吉星到，万事如意福临门。

④诗词：两个黄鹂鸣翠柳，一行白鹭上青天。

引证：

语文教育家章熊曾说："对称句式如果运用得当，意味着学生的语感能力已发展到一定水平，并且掌握了一定的语言变化的技巧。"

多媒体展示一组语料：

①增强拒毒防毒意识，积极投身禁毒工作。（禁毒宣传标语）

②无书简之文，以法为教。无先王之语，以吏为师。（诸子《韩非子·五蠹》）

③长桥卧波，未云何龙？复道行空，不霁何虹？（杜牧《阿房宫赋》）

④或取诸怀抱，悟言一室之内；或因寄所托，放浪形骸之外。（王羲之《兰亭集序》）

⑤落霞与孤鹜齐飞，秋水共长天一色。（王勃《滕王阁序》）

⑥浩浩乎如冯虚御风，而不知其所止；飘飘乎如遗世独立，羽化而登仙。（苏轼《赤壁赋》）

⑦横眉冷对千夫指，俯首甘为孺子牛。（鲁迅《自嘲》）

⑧不在困难面前低头，不在挑战面前退缩。（新华社评论《千磨万击还坚劲》）

⑨两度夜宿溪头，树香沁鼻，宵寒袭肘。（余光中《听听那冷雨》）

⑩上帝创造了乡村，人类创造了城市。（英国诗人库伯）

师生充分讨论、分析上述语料的美感所在及语言构成特点。

（四）指导学习

1. 知识层面

在以上感性认知基础上，师生共同探讨对称技术的含义及其本质：

对称技术就是采用字数相等、述点对称或语法结构一致等手段，使语句在形式上产生相对平衡与整齐的表达效果的一种语言控制方式。

从这个概念中可见，使用对称技术的语句往往具备这三点：一是字数相等，二是述点对称，三是语法结构一致。

在实际的语言表达中，字数相等、述点对称或语法结构一致方面要求并不十分谨严，三者不必同时具备，可以根据语境适当放宽。

2. 技术层面

（1）述点切分。

明确概念“述点”：

对称表达总是涉及两个及以上方面或一个方面的两个及以上组成部分。对于这个“方面”或“部分”，我们称之为“述点”。

单一述点是不能形成对称表达的。这就要求我们在写作过程中，要有意识地养成述点切分的意识和习惯。就高考作文来说，对于任何一个述点，我们都可以采用以下两种切分视角：一是相近切分，二是相反切分。

①相近切分。

可以通过述点内容“由 A 到 A”找到相近述点。

比如“读书，可以让我们足不出户就欣赏到大漠孤烟。”

这个句子中，我们可以由“欣赏”联想到“领略（视觉）”“聆听（听觉）”。

我们可以由“大漠孤烟”联想到“长河落日（视觉）”“小桥流水（听觉）”。

于是可以组成对称句：“读书，可以让我们足不出户就欣赏到大漠孤烟，领略到长河落日，聆听到小桥流水。”

②相反切分。

可以通过述点内容“由A到B”找到相反述点。

比如由“横眉”可以联想到“俯首”。

由“冷对”可以联想到“甘为”。

由“千夫指”可以联想到“孺子牛”。

于是就组成了鲁迅的经典对联：横眉冷对千夫指，俯首甘为孺子牛。

（2）成分组合。

将切分好的成对的述点按照字数相等和语法结构相近的原则组成对称句。

①字数相等。

感受阳光，给予希望。（四言）

唯恕则情平，唯俭则用足。（五言）

让城市更文明，让生活更美好！（六言）

横眉冷对千夫指，俯首甘为孺子牛。（七言）

不为一时之曲折而动摇，不为外部之干扰而迷惘。（不限）

②语法结构一致。

语法结构包括主谓结构、动宾结构、主谓宾结构、偏正结构等。

试看今日之美国，贫富分化日益严重，种族歧视变本加厉，性别歧视触目惊心，移民悲剧不断上演。（新华社评论《自身劣迹斑斑，何谈指责别人?》）（主谓结构）

感受阳光，给予希望。（动宾结构）

水袖舞青衣，鼓点动腰肢。雅俗共欢乐，幸福满中国。（2017年高考作文《雅俗皆乐，幸福中国》）（主谓宾结构）

一百年沧桑，七十载家国。（新华社评论《走向春天，心中充满阳光——写在2019年春节来临之际》）（偏正结构，定中结构）

不在困难面前低头，不在挑战面前退缩。（新华社评论《千磨万击还坚劲》）（偏正结构，状中结构）

（五）落实训练

利用本节课所学的对称技术补写出空缺的句子。

中国人民用勤劳书写历史，________________________，完美诠释了幸福是奋斗出来的。

（六）评估总结

课堂上按照对称技术评价量化表进行评价和反馈，从定性的角度审视语句的对称美，以满足高品质的表达需要。

评价标准	分值	得分	问题	修改
字数相等	25			
述点对称	25			
语法结构一致	25			
语句的连贯性	25			

（七）迁移巩固

利用本节课所学的对称技术修改自己月考作文的分论点，使之形成对称美。

（程超　中山市东区中学）

叠加技术在议论文中的有效运用

——“语言的锤炼”作文教学设计

写作主题解读

语言的表达，不仅要做到规范、准确，很多时候还要讲究新颖、独特，富有艺术性，这就需要注意语言的锤炼。

议论文写作教学是高中写作教学的重要组成部分，其中议论文的语言表达力，既体现学生的思维力，也体现其表达技术力。著名作家贾平凹说：“怎么写关乎智慧、聪明、技术、技巧，而无论什么题材，最终都要落实到文字上，它的秘诀都在于技术。”开发一系列适合写作学情的议论文语言技术，对于一线教师来说，任重道远。

议论文的语言锤炼非常重要。不仅要让语言富有理趣，还应该要有情趣；不仅要准确严密，还应该富有情感的感染力。而叠加技术的开发，能让学生的议论文语言更为出彩。

教学课时

2课时。

设计亮点

1. 给学生较好的写作支架

本课基于学生的学情进行写作设计，重视给学生搭建写作支架，提供范例支架、写作句式支架，激发学生的写作热情，可以有效打开学生的思维窗口。正像荣维东教授所说的："写作教学的核心任务，可以说就是：创设各种写作支架，帮助学生从写作的低水平状态走向高一级水平状态。"

2. 重视程序性作文指导

本课不再停留于陈述性写作知识指导，而向程序性写作知识转化，由传统的静态写作指导，向动态写作指导变革。基本遵循学生的认知规律来设计教学，设计"问题导入→概念认知→范例研讨→模仿训练→交流展示"环节，采用层层深入的写作训练程序，重视学生作文的技术指导，尤其是开发程序性知识，如对"写作锦囊"和"写作模板"的开发，都给学生以很好的写作技术支持。

第一课时

教学目标

（1）了解叠加技术的概念，并能判断出运用叠加技术的语段。

（2）了解"点例"叙述和"面例"叙述的语段样式。

（3）能运用叠加技术聚焦分论点进行"面例"叙述。

教学条件分析

（一）内部条件

1. 叙例不当或空泛论述

从学生的习作来看，学生在写作议论文时，不能聚焦中心话题词来叙例，选用事例不恰当的现象比较严重，所选的事例多从自己的身边人或自己的经历谈起，不具权威性和说服力。有的议论文索性没有事例，泛泛而论。

2. "点例"叙述比较多

从学生的议论文习作来看，学生喜欢用叙例来凑字数，一个议论段常常只叙写一个事例，且叙述语言达到200字甚至300字，严重削弱了议论文的文体性和语言的精炼性。而“点例”叙述本身让议论文的说服力比较弱。

（二）外部条件

1. 教师给学生提供素材运用的技术支持

基于学生叙例不当和空泛论述的学情，教师引导学生多角度搜集素材，如教材中的素材、“感动中国”人物素材、最新时事素材，聚焦不同话题构建自己的素材库；引导学生增强“一材多用”的意识，给学生搭建聚焦中心话题词叙例的范例支架，进行课堂叙例强化训练。

2. 教师给学生提供叙例的技术支持

教师搜集议论文典型语料，并开发语言技术——叠加技术，给学生提供可支持的范例支架，供学生模仿学习；开发程序性写作知识，让学生有章可循，从而提高议论文语言的表达力。

教学步骤

（一）激发动力

1. 导入，激发学生对语言表达研究的兴趣

多媒体展示，提示思考：这些语段在语言上有什么特点？有什么效果？

语段1：灯下玩花，帘内看月，雨后观景，醉里题诗，梦中闻书声，皆有别趣。

——陈继儒《小窗幽记》

语段2：富贵不能淫，贫贱不能移，威武不能屈。

——《孟子·滕文公下》

语段3：盖文王拘而演《周易》；仲尼厄而作《春秋》；屈原放逐，乃赋《离骚》；左丘失明，厥有《国语》；孙子膑脚，《兵法》修列；不韦迁蜀，世传《吕览》；韩非囚秦，《说难》《孤愤》；《诗》三百篇，大底圣贤发愤之所为作也。

——司马迁《报任安书》

学生自由回答。

明确：三个语段都运用了叠加技术。都将三个或三个以上的类同事物或现象叠加在一起，从而形成一种规模效应。在句式上，比排比修辞更灵活，不一定使用相似句式，还可以是词语、短语的叠加。

2. 引入课题

今天我们来学习采用叠加技术让叙例丰富，引发共情。

（二）告知目标

多媒体展示，学生朗读：

（1）了解叠加技术的概念，并能判断出运用叠加技术的语段。

（2）了解“点例”叙述和“面例”叙述的语段样式。

（3）能运用叠加技术聚焦分论点进行“面例”叙述。

（三）呈现材料

1. 了解概念：关于叠加技术

思考：叠加技术的含义为何？你能否口头给叠加技术下一个定义？

学生自由发言。

多媒体展示：叠加技术，就是通过三个或三个以上同质现象与实质的正向重叠累加所产生的独特表达效果的一种语言运用技术。

提示：关键点在哪？

明确：同质现象，正向叠加，至少三个才能形成规模效应。

2. 理解概念：在判断中理解叠加技术的含义

多媒体展示：判断下列语句是否运用了叠加技术？

①要做一棵树，站成永恒，没有悲欢的姿势。一半在尘土里安详，一半在风里飞扬，一半洒落阴凉，一半沐浴阳光。——三毛《一棵树》

②我们要使国家在上帝福佑下得到自由的新生，要使这个民有、民治、民享的政府永世长存。——亚伯拉罕·林肯《葛底斯堡演说》

③人生世上，一颗心从擦伤、灼伤、冻伤、撞伤、压伤、扭伤，乃至到内伤，哪能一点伤害都不受呢？——张晓风《只因为年轻啊》

④生乎吾前，其闻道也固先乎吾，吾从而师之；生乎吾后，其闻道也亦先乎吾，吾从而师之。——韩愈《师说》

学生抢答。

明确：④不是，只有两个相同句式，不构成叠加，其他都用了叠加技术。①是结构相同的句子叠加在一起，形成规模效果。②③是相似词语的叠加起来，形成规模效果。注意：叠加，既可以是词语的叠加，也可以是句子的叠加。

（四）指导学习

1. 研读“点例”叙述和“面例”叙述段落范例

（1）多媒体展示上次周测作文题（2021年全国甲卷作文题“可为与有为”）及“点例”叙述范例。

让可为变成有为，需要我们一日复一日、一年复一年地奋斗与努力，把握每寸光阴、每次机会。亚洲飞人苏炳添便是这么个铁骨铮铮、永不懈怠的人物。在所有人都认为亚洲人不可能突破百米十秒大关，不可能在此“有所为”的时候，苏炳添看到了其中“可为”的机会，并以此为目标开启夜以继日的魔鬼训练，最终成功在2015年创造了史无前例的“有所为”，突破十秒大关，成为亚洲第一人。正是因为他利用每一分每一秒努力训练，正值人生最好的年纪，把握时机，才使他的可为变成有为。（简敏琳《让可为变成有为》）

学生在朗读中了解“点例”叙述样式，教师提示学生注意画线词：聚焦中心话题词叙例。相较于前面展示的问题段落，此点例叙述语言简洁，直逼中心话题。

（2）多媒体展示“面例”叙述范例。

范例1：于可为时代，争做有为之人，需要拥有爱国的一腔热情，且让青年之脊柱成国家祖国之栋梁，可为时代因新青年“献身”祖国而欣欣向荣。天问问天，北斗环宇，嫦娥奔月，改革开放，全面小康，脱贫攻坚，……东方雄狮已然觉醒，前所未有的辉煌下，是无数有为之人，排除万难的努力和默默无私的奉献。百年峥嵘岁月里，如果没有一代代有为中国人与可为时代，以只争朝夕的信念砥砺奋斗，没有浓浓爱国之情，赓续绵延，生生不息，我们又何以俯瞰这盛世？吾辈青年当担起大任，接力奋进于可为的时代，争做有为的青年。（梁颖琪《于可为时代，争做有为之人》）

范例2：做有为青年，复璀璨中华，我们将国家责任感刻入骨骼，将复兴之使命汇于未来。鲁迅先生曾云：“此后如竟没有炬火，我便是唯一的光。”是的，新时代的号角正为你我而呼唤，我们是那点点微光，那万千灯火汇聚成灯塔，汇聚成星空，便可照彻大千世界，照亮明日之中华。我们要如物理学家杨振宁，将个人使命上升为国家使命；如航空报国顾诵芬，牢记复兴任务，为国献力；如清华博士江梦南，不向命运低头……当点点灯盏被点亮，中华之明日必熠熠生辉。（孙敏诗《做有为青年，复璀璨中华》）

范例3：守可为而有为，有为不一定就是研制核弹，上刀山下火海，还是尽职尽责、坚守本分。我们不一定能像宇航员一样能上天揽月，但我们能够坐在教室里汲取知识的养分；我们不一定能像总书记那样日理万机，但我们能将自己的一天安排得充实不乱；我们不一定能像士兵那样上战场、守边疆、保卫祖国，但我们能遵法守纪，减轻国家压力。这些何尝不是一种有为？因此，有为不分大小。我们青少年中既有上天揽月者，也要有恪守本分之人。（朱业康《守可为而有为》）

学生在朗读中了解“面例”叙述样式，教师提示思考：

①“面例”叙述与“点例”叙述相比，哪种更好？为什么？

②“面例”叙述段落画线部分用了叠加语言技术。有什么效果？

学生分组探讨，再派小组代表发言。

明确：①“面例”叙述与“点例”叙述相比，“面例”叙述更好。既增强了论证的说服力，也增强了语言的感染力。

②“面例”叙述段落画线部分用了叠加技术。范例1采用词语叠加，且都是四字词语，每个词语是一个事例，鱼贯而出，形成规模效应，在语言上形成一种整齐美，气势磅礴。范例2和范例3都采用句子叠加，用相似句式来叠加多个事例，且契合自身来写，让读者产生“共情”。范例3前后有转折，构成思维的波澜。总体上，3个范例都增强了论证的说服力，增强语言的气势，还融入了写作者的情感。

（五）落实训练

升格训练：请聚焦分论点，采用面例形式对你不满意的段落进行修改，要求采用叠加技术，200字左右。

提供写作锦囊：

面例议论段落写作思路：分论点→叠加事例（三个以上四字短语或相似句式）扣中心话题词叙述→假设或因果分析论证→回扣分论点。

“共情”参考句式：

我们不一定像……，但我们能够……（至少3个）

我们要如……（至少3个）

君不见……（至少3个）

学生动笔写段落。（约10分钟）教师巡视，个别指导。

（六）评估总结

1. 评价交流

学生写作后，小组内交流根据以下评价量表，评出小组内最优段落在班级展示。

评分项目	评价等级（星数）				
选择的事例是否恰当	1	2	3	4	5
是否用到叠加技术	1	2	3	4	5
是否紧扣中心话题词叙例	1	2	3	4	5
是否契合自身来叙例共情	1	2	3	4	5

2. 教师总结

美国语言学家萨丕尔说：“语言是我们所知的最硕大、最广博的艺术，是世世代代无意识创造出来的、无名氏的作品，像山岳一样伟大。”同学们，叠加意味着硕大、广博，有着丰富之美、气势之美，今天我们也尝试用一种语言“叠加技术”来点燃我们议论文写作的激情。希望我们能灵活运用这种语言技术，不仅运用到议论文写作中，还能运用到记叙文和诗歌写作当中。

（七）迁移巩固

请聚焦分论点，采用面例形式将你的月考作文“择一事终一生”中不满意的段落进行升格，要求采用叠加技术，200 字左右。

第二课时

教学目标

（1）把握论证分析的几个共情点。

（2）能运用叠加技术写出造势共情的论证分析段落。

（3）培养学生说话、写文章能设身处地为他人着想的品质。

教学条件分析

（一）内部条件

1. 缺乏论证分析

从学生的习作来看，学生在写作议论文时，常常是摆出分论点并进行事例叙述，再回扣分论点，中间没有论证分析，这样就使得论证没有逻辑推理过程，很难说服读者。

2. 论证分析角度单一

从学生的议论文习作来看，有的学生有论证分析，有逻辑推理的过程，但思维角度单一；有的学生在所有段落都用假设分析；有的学生只掌握了原因分析就通篇用原因分析，且论证语言贫乏，更别说有议论对象意识，能产生共情效果了。

（二）外部条件

1. 教师给学生提供丰富的论证分析范例支架

基于学生缺乏论证分析的学情，引导学生产生多角度思维，给学生提供常用的论证分析范例，让学生能够聚焦分论点多角度进行分析，提升写作对象意识，寻找共情点。

2. 教师给学生提供论证语言技术支持

教师搜集议论文典型语料，并开发相关语言技术——叠加技术，给学生提供可支持的程序支架，提供写作锦囊，让学生有章可循，从而提高议论文语言的表达力。

教学步骤

（一）激发动力

（1）视频导入，激发学生的学习探究兴趣。

播放《芈月传》中的芈月演讲视频。引导思考：视频当中，芈月是如何展现其共情心理的？她的语言有何特色？

学生自由回答。

明确：芈月很善于共情，能设身处地，站在对方（造反者）的角度说出对方的心中所想。语言很精彩，很有气势，采用叠加技术。

（2）引入课题：今天我们来学习采用叠加技术让议论分析造势共情。

（二）告知目标

多媒体展示：

（1）把握论证分析的几个共情点。

（2）能运用叠加技术写出造势共情的论证分析段落。

（3）培养说话、写文章能设身处地为他人着想的品质。

（三）呈现材料

1. 了解概念：关于共情

你能否口头给共情下一个定义？

学生自由回答。

多媒体展示：

共情：泛指心理换位，设身处地地对他人的情绪和情感进行把握与理解。议论文中的共情特指作者与读者达到情感、情绪的共识。

提示：写作应该要有对象意识和读者意识，议论文的写作也应该与读者达成情感上、情绪上、认知上的共识。

2. 了解不同的共情点

多媒体展示，引导思考：芈月的演说词中体现哪些共情点？

①共情点1：你们当初当兵必定不是为了造反。你们沙场浴血、卧冰尝雪、千里奔波、赴汤蹈火，为的不仅仅是效忠君王，保家卫国，更是为了让自己活得更好；让自己在沙场上挣来的功劳，能够荫及家人；为了能让自己建功立业，人前显贵。是也不是？

学生自由回答。

明确：第一个共情点，主要是从对方的做事目的或意义出发，从原因思维角度分析。

②共情点2：今日站在这里的，都是大秦的佼佼者，你们是大秦的荣光，是大秦的依仗。是不是?

学生自由回答。

明确：第二个共情点，主要是从对方的身份或处境出发，从阐释思维角度分析。

③共情点3：为何你们站在了靠祖上余荫吃饭的旧族那边，自愿成为他们的鹰犬，助纣为虐，使得他们随心所欲，胡作为非?！使得商君之法不能推行，兄弟相残，私斗成风。你们的忠诚，不献给能够为你们提供公平、军功、荣耀的君王，却给了那些对你们作威作福，只能赏给你们残渣剩饭的旧族们，是吗?

学生自由回答。

明确：第三个共情点，主要是从对方的“错误认知”和“反面现象”出发，从逆向思维角度分析。

3. 关于叠加技术

思考探究：芈月的演说词中叠加技术的运用体现在哪里?

学生自由回答。

明确：①共情点1段落中，“沙场浴血、卧冰尝雪、千里奔波、赴汤蹈火”采用四个短语叠加在一起，造成一种气势，还有“为了让……”几个相似句式叠加在一起，构成规模效应。

②共情点2段落中，“是……”几个相似句式叠加在一起，构成规模效应。

③共情点3段落中，“公平、军功、荣耀”两字词语叠加，也构成规模效应。

总之，采用叠加技术，能使语段达到一种语势非常强劲的效果。

（四）指导学习

1. 范例支架

（1）多媒体展示上次周测作文题（2019全国乙卷作文题“热爱劳动，从我做起”演讲稿）。

（2）多媒体展示优秀学生范例。

范例1：让热爱劳动成为德之准则，是因为劳动能改变人类的面貌，让生活更有价值。袁隆平爷爷在稻田里经过多年的劳动实践，最终研究出了品种优良的杂交水稻。无独有偶，钟扬，义无反顾选择去收集种子，他率领团队在青藏高原为国家收集了数千万颗植物种子，他们都是我们的榜样。同学们，学习固然重要，但劳动也不可或缺。在劳动中，我们可以锻炼意志、锻造品格、增强体魄；劳动可以拓展我们的视野，可以丰富我们的课余生活，甚至可以塑造我们的灵魂。劳动是一种实践，将人类的梦想和人生价值变为实物，让它们在现实中熠熠生辉。（邹阳盈《让热爱劳动成为德之准则》）

范例2：劳动，不是草率儿戏的决定、一时兴起的想法，而是热爱生活的体现、刻苦认真的品格。同学们，我们还是学生，不需要轰轰烈烈的劳动事业，日常生活中我们打扫干净自己的房间自己的家是劳动，参与社会实践去敬老院看望照顾老人是劳动，在学校认真做好一天的值日是劳动，甚至捡起街上的一个易拉罐，都是劳动。希望同学们都可以脚踏实地，认真劳动，以自己的双手去创造更美好的未来，去创造属于自己人生的意义，点亮更精彩的人生！（黄慧《让劳动点亮精彩人生》）

范例3：劳动不是不光彩的事，而是一种荣誉，一种对社会的贡献。中华民族五千年的伟大文明就是靠一代代的中华儿女用勤劳的双手造就的。没有劳动，就没有富饶的天府之国、鱼米之乡、水乡泽国。同学们，反思一下自己吧，你是否曾埋怨过父母让你做家务挤占了学习时间？你是否曾怕脏怕累不愿意做而把劳动的任务推给同学？你是否在内心深处存在着对农民、清洁工等劳动人民的轻视？我想说，只有当自己劳动过、实践过，方知人生的意义。在当今劳动奋斗的时代，劳动才是时代的主旋律！（梁雁《以劳动之火点燃时代之炬》）

探究：重点看画线部分，是聚焦哪个共情点，语言上有何特色？

学生自由回答。

明确：范例1聚焦共情点“做事是目的或意义”，语言上有四字短语叠加，还有“可以……”几个相似句式叠加在一起，构成规模效应，造成一种气势。范例2聚焦共情点“对方的身份”，抓住学生的身份特点，叠加“……是劳动”几个相似句式，既增加了议论的气势，也丰富了语言的画面感。范例3聚焦共情点“对方的错误认知”“你是否……”几个相似句式叠加，使同学们产生共情，气势磅礴，引人深思。

（五）落实训练

升格训练：请将你习作中不满意的段落进行修改，要求聚焦共情点，采用叠加技术来论述，200～300字。

多媒体展示：

<table>
<tr>
<td>写作模板 1：
同学们，
劳动不仅仅是为了……
为了……
更是为了……（至少 3 个）
我们不能没有劳动精神。
你们说，是不是？</td>
<td>写作模板 2：
作为学生，
我们可以……
可以……
也可以……（至少 3 个）
你们说，是不是？</td>
<td>写作模板 3：
同学们，我们可以反思一下自己，你是否……
是否……
是否……（至少 3 个）
你们说，这样能行吗？</td>
</tr>
</table>

学生动笔写段落，选取自己喜欢的共情点来写，可以进行变式写作。（约 10 分钟）教师巡视，个别指导。

（六）评估总结

1. 评价交流

学生写作后，小组内部交流，根据以下评价量表，评出小组内最优段落在班级展示。

评分项目	评价等级（星数）				
是否紧紧围绕主题来写	1	2	3	4	5
是否体现共情点	1	2	3	4	5
是否采用叠加技术	1	2	3	4	5

2. 教师总结

朱光潜先生说："思想就是使用语言。"同学们，语言是思想的工具，好的语言不仅能很好地表达我们的思想，还能让我们的作文出彩。今天我们尝试用一种语言"叠加技术"来升格我们的议论文段落写作。希望我们能将这种语言技术很好地运用到平时的写作当中去。

（七）迁移巩固

请对你本次作文中不满意的段落进行升格，要求聚焦另外两个共情点，采用叠加技术来论述，200～300 字。

（刘礼娜　中山市第二中学）

阐释概念：以理服人，以象感人
——“写好‘是’字句”作文教学设计

写作主题解读

“语言的建构与运用”“思维的发展与提升”是核心素养的重要组成部分。新课标在“课程目标”中明确指出，学生“能够辨识、分析、比较、归纳和概括基本的语言现象，并能有理有据地表达自己的观点和阐释自己的发现”，还“能够在表达与交流中运用联想和想象，丰富自己的经验与语言表达”，也就是通过语言运用，来获得逻辑思维、形象思维的发展。

“语言的锤炼”是统编版高中语文教材选择性必修下册第二单元的写作主题，写作主题指出，锤炼语言要推敲词语，要灵活运用不同的句式，要巧用修辞，使语言达到准确严密、生动形象的效果。学生在议论文写作过程中，语言表达容易流于程序套路和枯燥乏味，其实语言表达是思维的外化，语言的僵化源于思维的呆滞。因此，从语言锤炼着手，提升语言表达水平的同时提升学生的思维品质，具有很大的学习价值。

笔者的教学设计就是从阐释概念这一角度入手，以“是”字句这一句式为依托，通过各种具体可操作的技术让学生的语言表达既能做到准确深刻，又能做到生动形象，并以此来提升学生的议论的逻辑思维能力和形象思维能力。

教学课时

2 课时。

设计亮点

1. 提供技术指导进行微型写作

作文教学是语文教学的一大难点，教师很多时候无处着手，尤其是语言表达方面。学生写作时总有“读了不少好书，见过了许多优秀范文，可依然写不好作文”的灰心丧气感。读好书、学习优秀范文是习作必备之路，但两者范围太大，学生知其好却不知如何下手。因此，本次教学设计从“是”字句这一小切口入手，并给学生提供具体的技术方法指导：让学生采用下定义、拆词解字和“否肯技术”等方法，让阐释概念的语言更为准确和深刻，让学生采用意象化、人物化和场景化等技术让阐释概念的语言更为生动形象。提供技术指导进行微型写作，让作文训练过程看得见，摸得着，可着力。在语言训练的同时也带动了逻辑思维和形象思维的训练。

2. 创设一致情境进行两面写作

高考评价体系说明提出，情境是高考评价体系中的考查载体。有了具体的、贴近学生生活的情境，才能让学生有话可说，这是“把话说好”的基础。本次教学设计选择了“青春”“班级”以及大家熟悉的女足事件和《长津湖》电影来创设情境，遵循了学生认知从自己到身边再到社会的由易到难的过程。同时，两个课时所创设的情境是一样的，但在语言训练时让学生使用不同的角度写作，能让学生更强烈地感受到准确深刻、生动形象两种语言风格以及其背后两种不同思维的差异。同时，情境的一致性在有限的时间内减少了学生对情境思考的负担，提高了本堂课训练的效率。

第一课时

教学目标

（1）知识目标：让学生认识到概念是培养逻辑思维的起点。清晰的概念是理性思维的前提，没有概念便不能形成判断和推理。

（2）技术目标：让学生掌握并运用下定义、拆词解字、否肯技术等方法阐释概念，提高学生的逻辑思维能力。

（3）态度目标：培养学生讲道理前先思考概念含义的意识和习惯，借助常用的方法和语言表达范式让写作更为准确、深刻。

教学条件分析

1. 内部条件

学生掌握了写议论文的基本范式，对概念有一定的认知，但写作时缺乏逻辑分析能力。学生要正确认识到概念在逻辑分析中的根基作用。

2. 外部条件

教师可以在创设真实的情境中引导学生采用下定义、拆词解字、否肯技术等阐释概念的方法来提升学生的概念分析能力和表达能力。

教学步骤

（一）激发动力

今天，我们来玩一个大家熟悉的脑筋急转弯游戏：树上有十只鸟，开枪打死一只，树上还剩几只？

大多数学生会不假思索给出“0只”的答案。老师需让学生再进行仔细思考，并对学生进行引导——一个数学家在面对这个问题时，并没有马上做出回答，而是提出自己心中的疑问：这支枪是什么枪？射击时是无声还是有声，如果有声，多少分贝？这十只鸟是什么情况，有没有关在笼子里的，有没有刚孵出来的？……

可见，要想下一个判断可不容易，必须先弄清楚相关的概念。

（二）告知目标

概念是思维的起点，没有概念便不能形成判断和推理。因此，议论文写作必须界定概念，明确其内涵和外延，然后在此基础上展开分析、思辨。我们今天就来看看如何界定概念，如何把概念界定得更为准确、深刻。

（三）呈现材料

同学们，现在你们正处于人生中最美好的年华——青春时期，请你们结合自己的真实体验，说说“青春是什么”。

在学生讨论发言后，展示下列关于“青春”的语言材料：

①青春是人生中的黄金时期，它朝气蓬勃、热情奔放、勇气十足、五彩斑斓，充满着无限的希望。

②青，是绿色，是生命的颜色；春，是季节，是成长的季节。青春就是出生在成长季节的那片生命的绿色。

③青春不是年华，而是心态；青春不是粉面、红唇、柔膝，而是坚强的意志、恢宏的想象、炙热的情感；青春是生命深处的自在涌流。

（四）指导学习

请同学们结合刚才的发言，观察、讨论和总结这些语言材料的特点。在老师的引导下，大家一起概括出关于“青春”的语言材料的特点，并对高考优秀作文片段进行赏析，找出语言表达的范式。

1.“是……”句式

这是三则材料的共同特点，它们都运用了“是……”的句式在阐释青春，但在进行具体的语言表达时又有所不同。

2. 下定义法

（1）第一则材料采用的是下定义法。下定义时必须抓住被定义事物的基本属性和本质特征。在写作中，这个定义并不一定要求科学严谨，可以从我们的主观认知出发，写出我们所认知到的对象的属性和概念。

（2）高考优秀作文片段展示：

①家国情怀，是一个人对自己国家和人民所表现的深情大爱，是对自己国家的一种高度认同感、归属感、责任感和使命感。

②中国味可以是色彩斑斓的传统文化、博大精深的哲理思想，也可以是丰富多彩的艺术、坚韧不拔的精神以及开阔的襟怀等独有的“文化符号”。

（3）语言表达范式：××是……时期/态度/精神/思想/行为。

3. 拆词解字

（1）第二则材料采用的方法是把阐释对象——“青春”一词进行拆解，达到解释全面和更为切合原意的效果。中国语言有“名”符其“实”的特点，也就是概念和内容是一致的。知道这种关系，能够让我们更容易也更全面地来理解概念。

（2）高考优秀作文片段展示：

①“协和”方为君王之道，“协”指妥协，在困难时刻积蓄力量，以退为进；“和”乃和谐，以宽阔的胸怀不计前嫌，追求“大同”。

②英雄，聪明秀出，谓之“英”；胆力过人，谓之“雄”。

（3）语言表达范式：是……/指……/乃……/……谓之。

4. 否肯技术

（1）第三则材料采用的是否肯技术。否肯技术说到底是比较的思维方式。只有通过与相近概念进行比较，才能抓住事物的特点，才能对它们有精确的认识。

（2）高考优秀作文片段展示：

①智慧不是与生俱来的天赋，不是投机取巧的小聪明，而是一个人因洞察世事而具有的眼力，对世界整体理性的思考和明辨。

②鲍叔牙的退让并非力不从心的自卑，并非沽名钓誉的姿态，并非求取庇荫的谄媚，而是为了大局着想、知己知彼的大智慧。

（3）语言表达范式：不是/并非/不同于……而是……

（五）落实训练

写作任务：一年前，我们因为缘分走到一起，积时累日，我们已经形成了一个与众不同的集体。现在我们就以班级为阐释对象（可以结合班级名称），运用刚才学习的技术方法和语言范式来写一写，写出班级的特点。

（六）评估总结

以六人学习小组为单位，对小组成员所写的句子按照表格进行评价：填写姓名，在所使用的具体方法下打钩，提炼出所写的班级特点，在评价等级栏目填写“优秀”“良好”或“达标”。评价结束后，在班级中分享小组里写得优秀的句子。

姓名	下定义	拆词解字	否肯技术	班级特点	评价等级

（七）迁移巩固

阅读下列材料，谈谈你对“逆”的理解。要求：请在“下定义”“拆词解字”和“否肯技术”中至少选择两种方法对“逆”进行阐释。

材料1：《现代汉语词典》中对“逆”的解释为：①向着相反的方向；②迎接。

材料2：2022年2月6日晚，在女足亚洲杯决赛中，中国队在0∶2落后的局面下，不气馁、不急躁，迎难而上，最终追回并反超比分，以3∶2战胜韩国队，再次夺得亚洲杯桂冠。

材料3：长津湖战役中，中国人民志愿军第9兵团3个军，在艰苦的条件下，全歼美军一个整团，收复了三八线以北的东部广大地区，一举逆转了战场态势，为最终到来的停战谈判奠定了胜利基础。

社会生活各个领域，都涌现着大批“逆行者”，他们因责任与大爱逆行奉献，成为中国的最美身影。而在日常生活中，我们也需要逆向、逆行、逆战、逆转……

例文参考：

何谓“逆”？就是向着相反方向行走。“逆”由“走”和“倒立的人”组成，引申为向着相反的方向行走。“逆”不是叛逆，不是违背，而是一种面对挫折时不急躁、不气馁的积极态度，是直面黑暗、突破自我的不羁勇气。

第二课时

教学目标

（1）知识目标：让学生认知到写作不仅要以理服人，语言准确深刻，而且要以“象”感人，语言生动形象。

（2）技术目标：让学生掌握并运用意象化、人物化、场景化等技术来阐释概念，提高学生的形象思维能力。

（3）态度目标：培养学生形象阐释概念的意识和习惯，借助常用的方法和语言表达范式让写作更为生动、形象。

教学条件分析

1. 内部条件

学生通过上一堂课的学习，认知到阐释概念的重要性，同时掌握理性阐释概念的方法，但要认知到写作不仅要以理服人，还要以“象”感人。

2. 外部条件

教师在创设具体的情境中引导学生从意象、人物形象和活动场景等不同角度来进行联想，从而达到形象阐释概念的目的。

教学步骤

（一）激发动力

我们先来看一段视频。（播放视频：俞敏洪《先就业，再职业，再事业》的演讲）

文字版：大家在大学毕业进入社会以后，一定要锻炼出自己强大的心理承受能力。一堆面粉放在案板上，你用手一拍，这堆面粉就散了，这就是我们现在的心理承受能力。你把它加点水揉一下，你再拍就不一定散了，但还是很松软。如果你再不断地给它加水，不断地揉，就变成了一个面团，你再怎么拍都不会散。你继续揉，它就不仅仅是一堆面团了，即使用手拉，它也不会断，这就变成拉面了。你的神经承受能力达到这种状态之后，你才能在社会中奋斗。遇到一点点事情就拍案而起的人，肯定是没有度量和心胸的人，找工作一次被拒绝就灰心了，就这种状态，谁敢把工作交给你呢？

俞敏洪给大家讲了一个道理：大学应届毕业生要增强自身的抗打击能

力，不要轻易地否定自己，要学会坚持与忍耐。但是他并没有直接讲道理，而是把大学毕业生比作面粉、面团、拉面，把社会的磨砺比作水和揉搓，形象生动，给人留下极其深刻的印象。

（二）告知目标

要想讲好道理，语言光准确深刻不够，还要让受众愿意听、乐意听，所讲道理才能深入人心。写议论文重在说理，一篇好的议论文不仅说理要深刻、准确，引人思考，而且语言要形象，才能感染人。正如美学家朱光潜所说："说理又要写好，也还是要动一点感情，要用一点形象思维。"那怎样才能把道理讲得生动形象呢？

（三）呈现材料

上堂课我们对"青春"有了更准确、深刻的理解，那对于青春的理解还有没有其他的语言呈现方式呢？

展示下列关于"青春"的语言材料，并和上一节课的语言材料进行对比。

①青春是不老的容颜，用不完的精力，健康的身体和永远追逐梦想的权利！

②青春是一首歌，回荡着欢乐美妙的旋律；青春是一幅画，镌刻着瑰丽浪漫的色彩；青春更是一种生命，流年带不走有追求的人！

③青春是白衣天使，在一场没有硝烟的战斗中逆行向前，与病毒零距离战斗；青春是红色志愿者，身披马甲穿行于大街小巷，默默站立在"需要"的岗位上；青春是蓝色守护者，在川流不息的人流中，不分昼夜，守护平安。

④当我们谈笑风生，脸上洋溢着温暖的微笑时，那便是青春；当我们走在大街上，互相捉弄着，幼稚地你追我赶时，那便是青春；当我们站在阳光下，穿着校服挥着手，高高兴兴地拍毕业照时，那便是青春。

（四）指导学习

大家通过将本节课所展示的语言材料和上一节课的进行对比，发现这些材料同是阐释青春，但后者在表达上更为生动形象。在老师的引导下，大家一起概括出这几则关于"青春"的语言材料的特点，并通过阅读高考优秀作文片段强化理解。

1. 意象化

（1）第一、二则材料采用的是意象化技术。意象主要包括两大类：一类是关联型意象，就是根据某一概念而引出的相关的意象，就像第一则材料，容颜、精力、身体、权利等都是青春外化的一部分；另一类则是比喻型意象，是根据概念的特点想象出与概念本身不同类的事物，概念和意象是本体和喻体的关系，就如第二则材料，青春与歌都有美妙的特点，青春与画都有色彩丰富的特点。

（2）高考优秀作文片段展示：

那堆砌整齐的一砖一瓦，是工人们的劳动；那干净整洁的一道一路，是清洁工的劳动；那骄傲成长的一草一木，是园丁们的劳动……

劳动是什么？劳动是脚印，记录着前人筚路蓝缕、身居草莽、跋涉山林的功业；劳动是墨迹，勾画出历史的一隅，千里江山的雄奇；劳动是华夏千年的主旋律，是幸福生活的基础。

2. 人物化

（1）第三则材料采用的就是人物化技术。人物化就是在理解了概念的内涵和特征后，联想具备这一概念特征的人物形象。人物形象可以分成两大类：一类是典型人物，就是选择具备概念特征的、具体的、众所周知的单个的人物形象来表现概念，这类人物往往是有名有姓的；另一类则是人物群像，就是选择具备概念特征的某一个群体来表现概念，往往是一类人，无名无姓，但有着共同的身份、年龄或民族等等。第三则材料选择的就是人物群像。

（2）高考优秀作文片段展示：

为“大庇天下寒士俱欢颜”而“吾庐独破受冻死亦足”的少陵野老，为脱万民于病疫伤死而刻苦攻关的屠呦呦，为救死扶伤而抛家舍子逆行至武汉的白衣天使们，为寒冷冬季的寂静街巷送去温暖餐食的快递小哥们……他们都可称为耀亮世界的“中国面孔”。

3. 场景化

（1）第四则材料采用的就是场景化技术。场景化就是在理解了概念的内涵和特征后，通过呈现一定的时间、空间内发生的具体生活画面来反映概念的特征。它也会提到人物，但是重点在于描绘人物的行为状态。

（2）高考优秀作文片段展示：

豁达如东坡。面对飘絮落花，他并没有黯然心伤，而是转念一想“枝上柳绵吹又少，天涯何处无芳草”；面对光阴飞逝，岁月如流，他并没有恨古伤今，而是高歌“谁道人生无再少？门前流水尚能西！休将白发唱黄鸡”；面对贬谪与挫折，他并没有悲天悯人，而是轻吟“竹杖芒鞋轻胜马，谁怕？一蓑烟雨任平生”！

（五）落实训练

上节课我们在写作“我们班级是……”的时候，有同学写到我们班级有一个特点，那就是温暖。我们班级是一个温暖的集体，今天我要再追问大家：我们班级的“温暖”是什么？

任务：请大家根据本课堂所学的意象化、人物化和场景化的写作技术来呈现我们班级的温暖。

（六）评估总结

1. 小组评价

以六人学习小组为单位，对小组成员所写的句子按照表格进行评价：填写姓名，在所使用的具体方法下打钩并标注是哪一种类型，是否符合“温暖”的特点，在评价等级栏目填写“优秀”“良好”或“达标”。评价结束后，在班级中分享小组里写得优秀的句子。

姓名	意象化		人物化		场景化	是否温暖	评价等级
	关联型	比喻型	典型人物	人物群像			

2. 老师分享，学生共评

（1）我们班级的温暖是班级窗外阳台上恣意盛放的小向日葵花，它柔和了我们平日学习时干涩的眼；是班级记录日常生活的日志本，它丰富了我们单调乏味的学习。

（2）我们班级的温暖是冬日里的阳光，它让不经意的冰冷融化；是夏日口干舌燥时的一捧清水，给人带来清甜。

（3）我们班级的温暖是一天的疲惫之后，依旧在窗外的昏暗灯光下帮助同学们耐心解答问题的老师；是在他人情绪低落时，依靠在阳台的一角陪他吹晚风、看星空、聊心情的同学。

（4）我们班级的温暖是在寿屏公园杂草丛生、崎岖不平的小林间，大家蒙上眼睛把自己全权托付给队长，把自己的肩膀借给他人紧抓，用含笑的语言提醒他人的毛毛虫游戏。

（七）迁移巩固

再次阅读下列材料，谈谈你对“逆”的理解。要求：请从“意象化”“人物化”和“场景化”中至少选择两种技术对“逆”进行形象阐释。

材料1：《现代汉语词典》中对“逆”的解释为：①向着相反的方向；②迎接。

材料2：2022年2月6日晚，在女足亚洲杯决赛中，中国队在0：2落后的局面下，不气馁、不急躁，迎难而上，最终追回并反超比分，以3：2战胜韩国队，再次夺得亚洲杯桂冠。

材料3：长津湖战役中，中国人民志愿军第9兵团3个军，在艰苦的条件下，全歼美军一个整团，收复了三八线以北的东部广大地区，一举逆转了战场态势，为最终到来的停战谈判奠定了胜利基础。

社会生活各个领域，都涌现着大批"逆行者"，他们因责任与大爱逆行奉献，成为中国的最美身影。而在日常生活中，我们也需要逆向、逆行、逆战、逆转……

例文参考：

"逆"是跨过鸭绿江的雄赳赳、气昂昂的脚步，面对美国的挑衅，中国人民志愿军不畏实力悬殊，迎着纷飞的战火，逆向而行；"逆"是一次次得失之间与队友力量的拥抱，面对与韩国女足比分的差距，我国女足不气馁，顶着舆论压力，逆向而行；"逆"是一封封给上级的请战书、给亲人的宽慰信，面对汹险的病毒，我国医护人员舍弃小我，护中国百姓之安全，逆向而行。"逆"就是纵使前路荆棘丛生，风暴如影随形，仍能破釜沉舟，迎难而上。

（何柳　中山纪念中学）

千锤万凿出深山，捻断茎须若等闲

——"语言的锤炼"作文教学设计

写作主题解读

海德格尔曾说过："语言是存在之家。"维特根斯坦也表达过类似观点："语言之外，无物存在。"这绝非危言耸听，而是真切道出了语言的存在意义。新课标告诉我们，语言是语文学科的底色，语文教学的根本价值取向是培养学生理解和运用汉语语言文字的能力。无疑，让学生学会运用语言，是语文教师毕生的使命。现实中，语言的存在有多种可能，其呈现方式也是多样的，同一个语意，可以由千万种语言方式呈现，不同人表达出来的效果截然不同，有人表达得熠熠生辉、款款生情，有人表达得贫乏无力、索然无味。这两种表达效果的天渊之别，其背后反映的是语言的驾驭力的不同。因此，引导学生如何使用语言，以及使用什么样的语言，构筑学生的语言家园，就成为摆在教师面前的重要的课题。正基于此，让学生学会锤炼语言，就成了本单元的写作教学任务。

教学课时

2课时。

设计亮点

（1）本设计的聚焦点小，切入点集中，遣词方面聚焦于最富有力量的词语——动词，落实化繁就简、化大为小的理念。词语是语言的建筑材料，居于基础又核心的地位，同时，词语的遣用是一个宏大且复杂的工程，短时间内难以攻破。但是教学时间是非常有限的，因此必须找准突破口，把握切入点，才可能破解问题。本课聚焦于动词，探究动词遣用的策略与方法。同时，根据表达的需要，将动词分为两类，即动作性强的动词和情感性强的动词，这样的动词分类能刷新常规表达系统，盘活整个语句表达，因此，这样的探究具有一定突破性。

（2）本设计的训练形式多元新颖，按照循序渐进的原则，设置多种训练路径，追求实效性。为了将知识内容落实到位，必须依据具体教学内容，借助多样化的训练方式。不过无论哪种训练方式，都必须以科学有效为目标，遵循学生学习成长的规律，依照现代认知理论，按照循序渐进的原则，真正落实讲练结合的教学方法。本课提出三种语句锤炼的训练方法，即依文仿写、据境补写、照令改写，以便集中进行深度锤炼语句，这样的教学在概念的提出和方法的设置上均具有一定开创性。

第一课时

教学目标

（1）在广泛的阅读基础上，有意识积累和储备一系列动词，理解其含义，建构丰富而全面的动词库。

（2）在理解动词含义的基础上，揣摩和对比近义词的细微区别，在具体语言表达中遣用高品质动词。

教学条件分析

1. 内部条件

学生积累的动词比较匮乏，储备的动词较为浅陋，即使储备一定量的动词，也难以在具体语言表达中自如遣用，经常出现言意不合的现象。

2. 外部条件

教师应掌握引导学生储备动词的技术路径，指导学生在阅读过程中积累高品质动词，甚至直接给学生提供一些示范性的高品质动词；同时，教师应通过多种形式的动词遣用训练方法，提升学生顺畅遣用动词的能力。

教学步骤

（一）激发动力

动词是陈述人或事物的动作、情况、变化的词，动词经常做谓语。在句子中，谓语是最主要的部件。动词谓语运用得好，就能使整个句子“活”起来。袁枚说：“一切诗文，总须字立纸上，不可字卧纸上。人活则立，人死则卧，用笔亦然。”阿·托尔斯泰说：“在艺术语言中最重要的是动词……要是你找到了准确的动词，那你就可以安心地继续写你的句子。”可以说，在人类语言的词汇里，动词是能量最大的词类。

（二）告知目标

（1）熟知动词遣用的贴切性，找到准确表达该意思的动词。

（2）熟悉动词遣用的美感性，找到能给读者以美感的动词。

（3）熟悉动词遣用的顺畅性，快速自动搜寻到合适的动词。

（三）呈现材料

阅读下面三则材料（课前印发的纸质资料），说说分别获得什么启示。

材料1：孝公用商鞅之法，移风易俗，民以殷盛，国以富强，百姓乐用，诸侯亲服，获楚、魏之师，举地千里，至今治强。惠王用张仪之计，拔三川之地，西并巴、蜀，北收上郡，南取汉中，包九夷，制鄢、郢，东据成皋之险，割膏腴之壤，遂散六国之众，使之西面事秦，功施到今。昭王得范雎，废穰侯，逐华阳，强公室，杜私门，蚕食诸侯，使秦成帝业。

（李斯《谏逐客书》）

材料2：它等待我出生，然后又等待我活到最狂妄的年龄上忽地残废了双腿。四百多年里，它一面剥蚀了古殿檐头浮夸的琉璃，淡褪了门壁上炫耀的朱红，坍圮了一段段高墙又散落了玉砌雕栏，祭坛四周的老柏树愈见苍幽，到处的野草荒藤也都茂盛得自在坦荡。这时候想必我是该来了。

（史铁生《我与地坛》）

材料3：一阵风吹过，树上被秋踮着脚尖染黄的叶子沙沙作响，似在呜呜哭泣，似在默默呜咽。我读出了梧桐的落寞与惆怅，它在感慨，为何生命如此短暂，转瞬即逝，平凡的一生如此不堪回首？我心里咀嚼着这一缕阴沉。（高考优秀作文《雾里看花丰富多彩》）

问题1：

根据材料1，请说出文段中表示攻占、占领的意思的动词。（意在让学生明白词语表达的避复性和丰富性）

问题2：

根据材料2和材料3，请圈画出表现力强的动词，并说出其特征。（意在让学生明白表现力强的动词的特征）

明确：

问题1的答案：举、拔、并、收、取。

问题2的答案：等待、剥蚀、淡褪、坍圮；踮着脚尖、读出、咀嚼。这些动词特征鲜明，或动作性强，或情感性强，具有一定的陌生感，易于吸引读者阅读。

（四）指导学习

1. 知识层面

（1）知词语：完善动词家族表。

台湾短篇小说作家黄春明在谈写作文时说："现在的孩子，脑子里动词太少。"虽汉语动词浩如烟海，但学生能掌握并灵活运用的动词极为有限，即便如此，学生也不能孤立地识记，而需要具有归类意识，建立结构化的动词库，为能快速搜索遣用奠定基础。为此，可以根据下列表格，分小组安排学生完善常用动词的"家族表"。

动词	同义词	反义词	同语素词

（2）识词意：理解动词多层含义。

词义具有伸缩性、联想性的特点，词语在发展过程中不断引申出丰富意思，还会在特定的语境中诞生临时性的语用义。为了让学生掌握其使用的特定性，必须要理解词语的多层含义，不仅要理解其本义，还要熟悉其引申义；不仅要理解其常规义，还要知晓其语用义。

动词	本义	引申义（多个）	语用义

2．技术层面

（1）对比近义词。

丰富词语积累，把握词义演变，其最终目的是用好词语。用好词语的难点在于挑选出那个“恰如其境”的词语。挑选词语的难点不在词义的“迥异”，而在词义的“微殊”上。

为了区分同义动词、近义动词、相关动词之间的细微差异，体察词语的内蕴意义，熟悉词语的性能特点，不妨通过定位选词的方式来训练学生的辨别能力，即从给定的近义动词中遣用最合适的动词，填入相应的空格处，根据表达内容的需要迅速从自己的心理词典中选用最为恰当的动词。例如：

①请根据内容，从括号内选择一个动词填入横线处。

好风景固然可以打动人心，但若得几个情投意合的人，相与________其间，那才真有味。（徜徉/徘徊/漫步）

②请根据内容，在横线上填入合适的动词。

太阳从地平线上________出来。

（同学们可能给出的答案：升、露、钻、爬、亮、挤、长、喷……）

（2）择用强动词。

追求语言的规范性，只是语言表达追求的第一层境界，而更高的境界应该是追求语言表达的美感性。那么如何达到这一点呢？可以有意识地遣用两类强动词，即冲击力强的高品质动词。第一类是动作性强的动词，这类动词具有开创性，能刷新常规表达系统，将静态的事物写成动态，使不动的东西动起来，也能将动态的事物写活，给人一种鲜活的画面感，使人深感韵味无穷，比如：裹挟、手捧、封存、填补、采撷、泅渡、镌刻、锻造、浇灭、嫁接、奏响、坍塌；第二类是情感性强的动词，这类动词情感色彩浓厚，赋予某物以强烈的感情，比如：羞辱、剿灭、扼杀、亵渎、阉割、盗走、偷袭、皈依、禁锢、葬送、救赎、瘦损、粉饰。

（五）落实训练

阅读下面作文语段，请揣摩语段中的动词，并将常规动词替换为高品质动词，语句可以适当变化。（点评下面动词的表达效果，并适当替换）

在现在的中国，你一定会发现有这样一个现象，那就是人们出门不再需要带钱，只需要带好手机，就可以支付我们日常所需要的花销。因为在时代的更替中，手机已经成为人们不可或缺的一部分了，而各大商家也抓住了这一商机，推出了很多款有移动支付功能的软件，比如支付宝、微信。这种十分有市场前景的支付方式，也受到了大家的青睐。小到买菜，大到买房子，都可以用移动支付的方式。由此可见，科技真的是改变了我们的生活。

（六）评估总结

从定性的角度审视动词遣用的贴切性和美感，若是无法达到要求，可以考虑及时替换，以满足高品质表达的需要。

动词	贴切程度	美感程度	是否替换

（七）迁移巩固

根据本单元的课文《阿 Q 正传》，写出 300 字左右的语段，对阿 Q 精神进行辩证性评论。

要求：

①使用的动词要规范贴切。

②尽量使用富有美感的高品质动词，表达富有感染力。

第二课时

教学目标

（1）在积累典型近义语句的基础上，通过对比近义语句的异同，说出各个语句的意蕴和美点。

（2）在理解语句美点的基础上，通过一定的语句锤炼方法，写出多种形式的富有美感的语句。

教学条件分析

1. 内部条件

学生写作时语言感知力弱，对语言不够敏感，不知如何挖掘、赏析语句的美点；同时，语言表达干瘪，缺乏活力和朝气，更缺乏感染力和冲击力；句式较为单一，情感较为浅薄，思想较为肤浅，无法在短时间内写出富有美感的语句。

2. 外部条件

教师应积累经典语句范本，指导学生赏析这些语句，分析这些语句的美点，从句式的灵活选择、修辞方法的恰当运用、句子情感的调动、句子文化底蕴的升华等方面进行鉴赏；同时，教师应提供多种形式的训练方法，锤炼、修改、升格语句，以指导学生快速写出富有美感的语句。

教学步骤

（一）激发动力

“拳头可以打碎人的骨头，但语言可以穿越人的灵魂。”这是一句流传较广的哲理名言。那么，语言是如何穿越人的灵魂的呢？下面对比分析两个句子：

①苏炳添跑 100 米只需要 9 秒 83，而我需要 14 秒。

②苏炳添跑 9 秒 83 需要 100 米，而我只需要 50 米。

语言值得玩味，几乎相同的语素，只是调整语素顺序，表达的情味就截然不同，请问这两句分别表达出什么情味？

明确：

第一句赞扬苏炳添跑步速度非常快，第二句“赞扬”我跑步的距离短。

（二）告知目标

（1）陈言务去，打造简短句，使语句更具凝练美。

（2）回环复沓，打造避复句，使语句更赋神韵美。

（3）妙笔生花，打造修辞句，使语句更添形象美。

（三）呈现材料

1. 评析经典语句

①求木之长者，必固其根本；欲流之远者，必浚其泉源；思国之安者，

必积其德义。（魏征《谏太宗十思疏》）

②是以太山不让土壤，故能成其大；河海不择细流，故能就其深；王者不却众庶，故能明其德。（李斯《谏逐客书》）

③秋天，这北国的秋天，若留得住的话，我愿把寿命的三分之二折去，换得一个三分之一的零头。（郁达夫《故都的秋》）

分析其表达隐藏的秘密，评析的角度：句式、修辞、情感。

2．对比一组语句

①繁忙的工作之后，女孩开始有些想家了。

②繁忙的工作之后，女孩喜欢一个人爬上顶楼，面对家的方向，去读雁阵、夕阳。

对比上面两个句子，它们表达同一个意思，传递同一个信息，但是表达效果却不同。前一个句子表达得直白、浅显，而第二个句子表达得有韵味、有情味，具有感染力。

（四）指导学习

在学生对语句的美感有所感悟和认知的基础上，依据循序渐进和效果至上的原则，开发出三种语句锤炼方法，在写作中推动学生深度锤炼、斟酌语句，从而使学生能快速写出富有美感的语句。

1．依文仿写

选择好典型的语句，先斟酌该语句的表达技巧，挖掘该语句的表达密码，全方位透视该语句的表达艺术。在分析和鉴赏的基础上，以该语句为标杆和范例，确定另一个主题，写出结构相同、情味相同的语句。

①原句：高尚是高尚者的墓志铭，卑鄙是卑鄙者的通行证。

②鉴赏点：主题词对立，使用比喻，情感倾向鲜明，赞扬“高尚者”的无私奉献的高尚精神，批评“卑鄙者”的卑鄙行径。

③仿写句（以“喧闹”“安静”为主题词）：喧闹是思考的刽子手，安静是灵感的催化剂。

2．据境补写

先要仔细阅读语段，分析其主题内容是什么，大致有几个层次；然后梳理文段语脉，理清前后句之间的逻辑关系，要特别注意关联词语。在揣摩语境的基础上，再推导补写内容。一是据上下文逻辑的发展推导出所补写语句的内容，做到内容前后一致；二是由与上下文相关词语、句式的照应推导出所补写语句的句式及形式上的衔接语，做到形式前后吻合。

根据下列句子的格式、修辞和境界，填入合适的语句。

悬崖上的树，风来摇过，雷来轰过，____________，____________；紫

岚抚过，彩虹拥过，____________，____________。你泰然自若，宠辱不惊，看花开花落，望云卷云舒。

明确：

①鉴赏点：运用拟人的修辞手法，准确、生动地展示了悬崖上的树的生存状态。

②补写句：雪来压过　霜来欺过　明月亲过　流霞吻过

3．照令改写

与仿写、补写不同，改写更具延伸性和想象性，改写的空间也更广阔。原句可能表达较为平淡，为了提升该语句的表现力，不妨设置不同的指令，依据不同的指令，写出不同特点的典型语句，这样的写作艺术能使学生内化于心。

原句：我们要大力建设体育强国。

指令一（整句表达）：体育强则中国强，国运兴则体育兴。

指令二（比喻手法）：发展体育，筑牢全民健康的根基，树立体育强国的品牌。

指令三（反问手法）：发展体育事业，难道不是每个国人义不容辞的责任吗？

（五）落实训练

1．评析训练

①同样的痛苦，对善者是证实、洗礼、净化，对恶者是诅咒、浩劫、毁灭。（奥古斯丁）

②生命，那是自然付给人类去雕琢的宝石。（诺贝尔）

③与其诅咒黑暗，不如燃起一支明烛。（斯特朗）

④雪崩时，没有一片雪花觉得自己有责任。（伏尔泰）

⑤六国破灭，非兵不利，战不善，弊在赂秦。（苏洵）

训练要求：将上面经典语句还原为普通表达，并自选一个经典语句加以评析，评析的角度有句式、修辞、情感。

2. 评写训练

语句一：我们要加强文明交流！

语句二：文明因交流而多彩，文明因互鉴而丰富。

评析点：

仿写句（以语句二为例，主题是劳动）：____________________

改写句（改写语句一，使用比喻手法）：____________________

改写句（改写语句一，使用描写手法）：____________________

（六）评估总结

训练的目标是学生能自主鉴赏语句表达特点，并顺利写出富有美感的语句。

原句	评析（句式、修辞、情感）	美感指数	改句

（七）迁移巩固

（1）阅读下面余秋雨《道士塔》的语段，按要求完成任务。

今天，敦煌研究院的专家们只得一次次屈辱地从外国博物馆买取敦煌文献的微缩胶卷，叹息一声，走到放大机前。

完全可以把愤怒的洪水向他倾泄。但是，他太卑微，太渺小，太愚昧，最大的倾泄也只是对牛弹琴，换得一个漠然的表情。

让他这具无知的躯体全然肩起这笔文化重债，连我们也会觉得无聊。

这是一个巨大的民族悲剧。

王道士只是这出悲剧中错步上前的小丑。一位年轻诗人写道，那天傍晚，当冒险家斯坦因装满箱子的一队牛车正要启程，他回头看了一眼西天凄艳的晚霞。那里，一个古老民族的伤口在滴血。

要求：

①挑选其中一个典型语句进行评析，可评析的角度有句式、修辞、情感。

②挑选其中一个语句进行批判赏析，并将其修改。

（2）阅读下面学生作文的语段，按照要求对语句进行修改。

现如今社会，名著阅读在中学生日常阅读中的比例越来越少了。而漫画、杂志、网络小说等“文化快餐”登上中学生的书桌上。对此有不少老师与家长表示了深深的担忧，担心传统“名著”的光辉被抹灭、中学生阅读质量得不到保证。在我看来，“文化快餐”也是一种文化，无须过度否定，更无须过度肯定，它是一种时代的产物罢了。

要求：①基本保留原意。②表达更为鲜活，富有美感。

示例：

当下，名著越来越远离我们的书桌，而网络小说等“文化快餐”却成为了我们的“座上宾”。对此，老师和家长深表忧虑：难道传统名著的光辉就这样被抹灭吗？但是，在我看来，名著固然照耀千古，“文化快餐”也可以是精神食粮。

（刘卫平　中山市实验中学）

词、句的锤炼：语言锤炼的核心

——以“议论文词、句锤炼”为例的作文教学设计

写作主题解读

语言的锤炼是提升语言品质的重要途径。语言锤炼的素养是写作综合素养的体现。语言的锤炼有词语的推敲，句式的活用，修辞的巧用，语言的情趣或理趣等。欲提升学生的语言锤炼能力，需在认识与表达方面着力。认识上，要对语言素养有较丰厚的积累，但语言素养的积累需要时间的长期性和训练的反复性，甚至需要学生具有一定的语言天赋，特别在语言的情趣或理趣的锤炼上，这更多需要靠意会，而非指导。

所以，教师对“语言的锤炼”的写作教学，需要设计具有高实践品格的思维技术和写作技术，强化写作的可教性，以指引学生对写作的初级成果进行有效的语言锤炼。在语言锤炼的多维度指导层面，对高中写作教学而言，词语推敲和句式运用的教学实践应成为语言锤炼的核心。词句的锤炼是语言锤炼的底层逻辑，对学生语言锤炼能力的培养，表达力的提升都具有促进作用。

议论文写作是培养高中生思维严谨性、表达准确性、逻辑严密性的重要

训练载体。培养议论文词句的锤炼能力，是培养学生获得高阶思维的必经之路。

词句的锤炼，体现学生的语言积累、运用能力。把词句的锤炼作为语言锤炼的核心，是语言锤炼训练支点的优选，就语文学科素养而言，是提升语言的建构与运用能力的关键之法。

教学课时

2课时。

设计亮点

（1）高中写作教学和写作训练中，教师必须要思考的是如何找到写作实践落实的路径。此2课时的作文设计聚焦在语言锤炼的可教性上，把重点关注词语的锤炼和文句的锤炼作为语言锤炼技术的抓手，从词语和句径的层面落实，避免了语言锤炼的虚无化，体现了深厚的实践品格。

（2）此作文教学设计以学情分析为基础，关注学生已有的词汇积累和写作方法，不进行全面的、大课时量的整体建构，而是进行合理的指导与提升，从而实现词语和句径表达的优化和升格。在训练落实中，充分考虑课时的时间基础，在训练选点上，重点选择文章的其中一个段落，即文章的第1段，采用两种句径——“破立”句径“表里”句径，高聚焦地提升训练落实的效果，紧扣写作过程，进行可落实到文字化的写作指导。

第一课时

教学目标

（1）领会词句锤炼在语言锤炼中的基础与核心地位。

（2）在表达准确、表意明确基础上，能调动与使用已有词汇，与原词进行比对运用，以实现词语品质的提升。

（3）掌握两到三种词语锤炼的方法，在写作中高品质地运用词语，以体现词语表达的高格和词语节奏的和谐。

教学条件分析

1. 内部条件

学生经过较长时间与较系统的语文学习，已经积累了一定的汉语词汇。相对于口语表达的随机性与弱规则性，学生在写作中对词语的遣用，特别是写作时对词语的遣用，相较于口语表达在难度上有很大的提升，因为写作议论文时需要克服口语表达的定势和习惯。议论文写作词语的运用，需要契合议论文准确、严谨的表达诉求。就议论文词语的锤炼而言，学生在态度上要确守准确严谨的表达原则，在下笔前要做理性表达的准备和考量。若想获得词语品质的提升，学生要具备词语遴选的基础积累，比照自我现有的词语运用，思考如何实现品质的提阶，从而更好地掌握的锤炼技术。

2. 外部条件

在习作和考试作文的批改中，教师要注意事先了解学生平时写作中在词语遣用的表达呈现特点，在升格锤炼与增加补充上做指导和积累，可以把学生习作中的高品质词语作为范例，增加高品质词语积累量，用实例引导学生实现词语品质锤炼的提升，培养遣词优选的使用意识。

而在词语锤炼学习环境的创设上，教师可以以教材课文作为学习对象，梳理、整理数量合理的高品质词语，让这些学生在学习中有印象的词语成为学生词语锤炼的利器，从而积极地调动其感性认知与已有知识结构。同时，教师更需要从经典篇目、权威出版的现代汉语词典及成语词典中梳理出适合学生写作运用的高品质词语范例，如“赓续、淬炼、确守、担荷、孜孜矻矻”，以高品质词语作为锤炼词语夯实运用的基础，在写作的始发点就做好优质的储备。

教学步骤

（一）激发动力

词语的锤炼是提升文章品质的重要手段，议论文作为高中写作中最重要的文体，其词语的锤炼是提升议论文作品品位的必经之路，是个人语言表达素养的重要体现，是提升议论文写作准确性、严谨性、表达力的利剑，有助于提升学生选词入文的写作核心能力，提升语言的建构力与表达力。从评卷者反应的角度看，一篇作文中有若干优于其他考生作品的词语，能满足阅卷者的阅卷期待，是提升作文软实力的重要方法。

（二）告知目标

告知学生学习目标时，要突出学习的重点：在自己已有的词汇框架下，在词语锤炼中通过比对、遴选、优选等方法，使议论文的表达更准确、严谨、周全；提醒学习的难点：在实现议论文表达的准确严谨的基础上，实现在词语的锤炼上突出词语运用的格调、品质、品位，突出词语在议论文运用中的创新力和与表达力，从而提升作文的阅读吸引力。

（三）呈现材料

本节以2021新高考全国Ⅰ卷作文为训练抓手，将作文中的第一段作为词语锤炼教学的落脚点。

在第一段写作的词语锤炼设计教学流程中，从对材料适切引用时的词语置换提质、过渡词的优选入句、中心句的词语升格等写作层面，设计词语锤炼的教学顺序。从材料的引用入文，到衔接过渡词的选用，到全文中心句的打造，着力借托作文材料来调动学生已有的词汇储备，同时教师在词语锤炼上予以必要的补充和支持，以引导学生在个人已有知识与能力基础上实现学习的提升和发展。

题干呈现：阅读下面的材料，根据要求写作。

1917年4月，毛泽东在《新青年》发表《体育之研究》一文，其中论及“体育之效”时指出：人的身体会天天变化。目不明可以明，耳不聪可以聪。生而强者如果滥用其强，即使是至强者，最终也许会转为至弱；而弱者如果勤自锻炼，增益其所不能，久之也会变而为强。因此，“生而强者不必自喜也，生而弱者不必自悲也。吾生而弱乎，或者天之诱我以至于强，未可知也”。

以上论述具有启示意义。请结合材料写一篇文章，体现你的感悟与思考。

要求：选准角度，确定立意，明确文体，自拟标题；不要套作，不得抄袭；不得泄露个人信息；不少于800字。

（四）指导学习

1. 对材料适切引用时的词语锤炼遴选

首段的开篇，运用了“文从题出”的写作原则，使评卷者快速有效地感知作文内容与作文题目的紧密相连的关系；在开头中有机地植入作文题目中的材料内容，契合评卷者的阅读心理。需要考量的是，在有机植入作文题目的材料时，词语的运用如何才能做到对原材料的词句准确表达，体现“引而不僵”“化而入文”的效果。

2. 过渡词的优选入句

“文从题出”，对材料的有机植入，为全文中心句的提出做了必要的蓄势。“文从题出”与“显现中心”之间需要有恰当地连缀两种思维的枢纽词，这个枢纽词就是过渡词。如何精当地锤炼选用过渡词，需要理清引述材料与显现中心之间的关系，如：顺承、转折、因果、递进、条件等。优质的过渡词是能精确地体现这种关系的。

3. 中心句的词语锤炼

全文中心句是全文之眼，是评卷者高期待之所在，全文中心句表意准确是审题正确的体现，在学生表意相近甚至相同度比例高的基础上，对中心句的词语以锤炼的方式提质升格，是展示句子冲击力，打造金句的重要路径。

（五）落实训练

落实训练关键是：在写作的过程中，把关注力集中在思维技术的研创上，重点着眼于“对材料适切引用时的词语置换提质”“过渡词的优选入句”“中心句的词语锤炼”三个要点上。

1. 对材料适切引用时的词语量换提质

“文从题出”的写作示范：

1917 年，青年毛泽东在《体育之研究》中，探寻民族自强之道，他论“体育之效”时，指出体育对淬砺体魄、发展自我的重要作用，以弱与强的辩证转化之道来激荡民族的灵魂。

在这段文字中，有两个明显带着锤炼置换色彩的词语——“淬砺”“激荡”。这两个弱公众化的词语，在公众化高的词语中其实可以找到多个同义词。如“淬炼”的同义词有“磨炼、锻炼、练习、训练”等，但“淬砺”带着陌生化搭配的色彩与本身的弱公众性，使得其品格“孤而高”；“激荡”其同义词有“触动、激发、影响”等，但“激荡”的较强力量感和使用的低频度，使得词语显得丰盈而具有张力。

2. 过渡词的优选入句

过渡词的写作示范：

毛泽东特别强调“生而强者如果滥用其强”，“最终也许会转为至弱”，“生而弱者不必自悲”，因为“天之诱我以至于强”。故曰，从“体育之效”中明悉强弱转化之堂奥，淬炼自强自信之力，有助于雕琢个人乃至一个国家和民族的格局。

文段的前半部分突出体育的作用及强弱转化的积极启示，从语意逻辑的角度看，后文应是一种顺承推进的表达，可以用“因此、所以、因而、那么、故曰”等表意。在对比遴选词语时，更倾向于选择来自于化用文言锤炼的“故曰”。苏洵在《六国论》中如此提出观点“故曰，弊在赂秦”，为“故曰”的锤炼使用展示了运用的典范。

3. 中心句的词语锤炼

“全文中心句”写作示范：

从“体育之效”中明悉强弱转化之堂奥，提振自强自信之力，有助于雕琢个人乃至一个国家和民族的格局。

全文中心句是打造金句的优选对象，依托优质词语打造金句，能攫取评卷者目光。本中心句经锤炼选用了“明悉、堂奥、提振、雕琢”四个高品质词语，是从“熟悉、明白、了解”“奥秘、秘密、道理”“提高、提升、振奋”“打造、营造、打磨”中遴选对比而来，突出了用词的典雅格调。

（六）评估总结

经过学习，学生锤炼词语的意识得到了强化，能调动自己已有的词汇积累，经过词汇的提取、比对、遴选、入文，实现词语品质和文句品位的提升。

需完善之处是，学生在词语积累量上比较贫乏，可供遴选的对象有限，导致锤炼词语时容易出现冷场的无力局面。教师在此时需要提供适当的支持，提供一定的词汇，搭建比对思考的平台。在后续的学习中，教师需要指引学生开发打造契合自身思维特点的词库，让学生在词语锤炼中做到锤炼有据，增强词语锤炼的达成度。

（七）迁移巩固

通过词语的锤炼，遴选更有品质的书面语，对原文段的加点词进行词语的置换提质，以增强词语的表达力。

原文段：《庄子》有言：“其作始也简，其将毕也必巨。”用这个形容中国共产党这一百年大党也很恰当。飘摇红船是她的开始，简小像幼小的婴儿；巍巍巨轮已是她新姿，宏大而坚定，承载中华航行。然而，功业还没有完成，新篇正慢慢展开；旧的使命已完成，新的使命刚落在肩上。

提质后文段：《庄子》有言：“其作始也简，其将毕也必巨。”以此形容中国共产党这一百年大党也恰如其分。飘摇红船作其伊始，简小如襁褓之婴；巍巍巨轮已是其新姿，宏大而坚定，承载中华劈浪而行。然而，功业尚未毕，新篇正徐徐展开；旧的使命已完成，新的使命正负于肩。

第二课时

教学目标

（1）领会锤炼文句在提升作文语言品质和表达力上的重要作用。

（2）学会利用句径的牵引功能，锤炼句意，使句子表达准确严密，增加句子表达的内部逻辑力。

（3）利用连缀词的枢纽作用，锤炼句组整体性表达效果，强化句组内部的表达力。

教学条件分析

1. 内部条件

议论文文句的锤炼，需要契合议论文准确、严谨的表达要求。学生在遣句运用上，很多时候凭借的是主观化的语感，由于语感的差异化，故而会出现或语句通顺流畅，或表达时思维无序、句意无向的参差状况。学生已经具备了一定的语句表达能力，若要完成语句锤炼的质的提升，需要掌握更规范且易于表达的句子生成路径。同时，学生需要更好地提升处理句与句之间表意的勾连呼应的能力，增强句组的同构力，使语句表达力更强。文句的锤炼，需要学生具备文句内部锤炼的条件与能力，也需要拥有句与句间锤炼的条件与能力。

2. 外部条件

写作思维的内隐性，是把写作思维转换为文字的阻力，易造成语句表达的粗疏化和无序滞缓。教师需要提供句径来承载写作思维，以文句支架的形式展现思维的轨迹，这有利于思维的文字显性化，从而达成更高质的“语言的建构与运用”。教师可提供“承接”“阐释”“表里”“分层”“破立”等句径作为议论文文句锤炼的工具，优化“思维到语言”的转换效果，从而丰富议论文思维的层次性和提升思维的逻辑力。

教学步骤

（一）激发动力

心理学研究表明：语言是思维的直接动因。句径是语言的一种显性表达。巧用句径锤炼文句，能激发语言的活性，促进写作思维展开和丰富写作思维的层次性，契合“文似看山不喜平”的审美诉求，做到“言之有物”；亦有利于写作思维的有序严谨，提升写作思维的逻辑力，做到“言之有理”。对议论文文句而言，句径为议论文文句的写作既提供了思考支架，也提供了锤炼工具，是提升议论文思维品质的载体，对学生写作思维的发展和提升有促进作用。

（二）告知目标

议论文的语句表达是有“径”可行的，思维的推进是有抓手的，这个“径”和抓手就是“句径”，“句径”是指写成某个文句的思维方向或思维过程的路径。学生需要掌握一定数量句径作为锤炼语句的工具，且能进行对句子和句组的锤炼。

（三）呈现材料

现以2021年新高考八省联考语文卷作文题目为例，探析如何利用“破立”句径锤炼语句，以丰富思维的层次性和提升思维的逻辑力。

阅读下面的材料，根据要求写作。

1950年，新中国刚刚成立，百废待兴。朝鲜战争的战火烧到鸭绿江边，国家安全面临严重威胁。危急关头，在极不对称、极为艰难的条件下，中国人民奋起抗美援朝，保家卫国。先后有290余万志愿军将士赴朝参战，19万7千多名英雄儿女献出宝贵生命，涌现出杨根思、黄继光、邱少云等30多万名英雄功臣。中华大地，万众一心，支援前线。历时一年的捐献武器运动，募得的捐款可购买3 700多架战斗机。两年零9个月艰苦卓绝的浴血奋战，拼来了山河无恙、家国安宁，稳定了朝鲜半岛局势，维护了亚洲与世界和平。伟大的抗美援朝精神一直激励着中国人民。

校团委举行“铭记历史，迎接挑战”的主题征文活动。请结合上述材料写一篇文章，说说你的感受与思考。

要求：选好角度，确定立意，自拟标题；不要套作，不得抄袭；不得泄露个人信息；不少于800字。

题目呈现了抗美援朝壮阔的历史背景、为国舍身的英雄群像、举国同心的团结、抗美援朝精神的长远影响。题目以“铭记历史，迎接挑战”为核心议题，要求就校团委举行的“征文活动”，结合材料写一篇文章，表达自己的感受和思考。题目既回顾了历史，重视精神传承，又启发学生以历史的视角与精神来思考当下问题，展示了议论文写作的典型要求。

（四）指导学习

本节设计以“破立”句径锤炼让步思维文句的教学过程。“破立”句径是让步思维的一种表现，教师指导学生从对方的观点着手，先表明某种观点的存在，然后以此观点为评点对象，在评点批驳中确立己方观点，借助“破立”句径的牵引词锤炼句意层进逻辑的完善，实现文句表达的优化。

（五）落实训练

范例：

今天，或许依然会有美国人言，美国签订停战协议只是战略调整。此言差矣！这种非战败论是缺乏勇气面对真实历史的体现，70年的历史已给出了不可辩驳的答案。战争初期，麦克阿瑟夸下的海口“我已经向小伙子们的家人打了包票，圣诞节让他们回家过节”成了历史的笑话，“圣诞总胜利”变为“圣诞大逃亡”。中朝人民用血与火书写了世界战争史上以弱胜强的奇迹，用血性与铁骨雕琢了一座永恒的精神丰碑，给中华儿女去迎接今日乃至未来的挑战注入强大的自信力。抗美援朝精神定必会万世赓续，斯言不谬！

（1）首先表明某种观点的存在："有美国人言，美国签订停战协议只是战略调整。"

（2）其次以此观点为评点对象进行评点批驳："这种非战败论是缺乏勇气面对真实历史的体现，70 年的历史已给出了不可辩驳的答案。"

（3）最后在评点批驳中确立己方观点："中朝人民用血与火书写了世界战争史上以弱胜强的奇迹，用血性与铁骨雕琢了一座永恒的精神丰碑，给中华儿女去迎接今日乃至未来的挑战注入强大的自信力。"

文段用"或许依然会有美国人言"引出"美国签订停战协议只是战略调整而已"这个要"破"的观点，用让步之法假设此观点的存在，再用"此言差矣"加以强调；然后分析美国战败是不可辩驳的史实，突出抗美援朝是以弱胜强的奇迹，在"破"中生"立"，巩固了己方"抗美援朝精神定必会万世赓续"的观点；最后用"斯言不谬"收尾。作者在先破后立中最终巩固自己观点，通过锤炼句径，生成最终的文段。

（六）评估总结

"破立"句径营造了一种强烈的读者阅读氛围，让读者在阅读中产生浓厚的代入感，从而因循作者的表达指引，最终获得对作者观点的认同。高中生议论文写作的问题在于："学生写作水平不高，通常不是结构性的整体性的缺陷，而是局部性的要素缺失或错误"。"破立"句径以句径作为载体拓展了思维的宽度，糅合了作者意识和读者感受，在一定程度上完善了写作中的"局部要素"，从而优化思维的品质。

（七）迁移巩固

根据本课时的学习目标、学习过程和课堂反馈，在借助句径锤炼文句拓展的基础上，设计迁移巩固环节。参考范例如下：

抗美援朝的伟大胜利，从表面看，是美国在东亚霸权扩张的失败。但进而观之，这是正义对强权的胜利，是不屈不挠的民族精神在面对霸权侵犯时体现出来的磅礴精神力量的展现。是什么让中国人民在极为艰难的条件下取得这伟大的胜利？从本源来看，是中国人民铮铮不屈的风骨，是众志成城的团结，是对祖国的热爱，汇聚形成的气壮山河的力量。从本质而言，美帝国是为了扩张霸权，中国人民则是保家卫国，守护正义与和平。

文段对抗美援朝胜利的原因进行了由表及里的分析，使用了"表里"句径行进的标志词“从表面看”“进而观之”“从本源来看”“从本质而言”，使思维路径有明确路标；从事件的发端到事件的发展，从表层的现象到精神的本质，文段层进有据，深化有理，体现了明晰而丰富的思维层次性和绵密的表达逻辑力。

（梁天钧　中山市龙山中学）

说真话，抒真情

基于“读者意识”，落实真话真情
——“说真话，抒真情”作文教学设计

写作主题解读

庄子有言：“真者，精诚之至也。不精不诚，不能动人。”此单元所选课文历经千百年，人们仍然能从中感受到作者的真诚。如李密的人之孝、臣之忠，归有光的家事变迁、人生得失的悲喜，王羲之的生命的苦痛，等等。而真诚情感的表达，正基于作者强烈的读者意识。美学家沃尔夫冈·伊瑟尔认为：“作者创作过程中始终存在着‘隐在读者’。这一‘读者’存在于作者创作的任何一个环节”。不少学生在写作议论文时，读者意识缺乏，或脱离客观生活，或缺乏写作动机，或机械模仿，或情感失真，或表达偏执，或苍白抒情，缺少自然纯真和独特体验，其文字中很难找到“真话”“真情”。本作文教学设计的任务就在于帮助学生树立读者意识，让学生写出富有真情实感且真实有效的议论文。

教学课时

2 课时。

设计亮点

（1）引导学生从具有真情实感的文本中观察作文语言的表达及寻找逻辑的规律，并建构一个可供参考的写作量表。

（2）帮助学生克服认知困难与表达困难，有效治疗学生“其实无话”“连篇套话”和“自说自话”等写作痼疾。

（3）帮助学生在写作过程贯彻“读者意识”，根据具体的语言情境和对象，运用恰当的语言文明得体地进行表达与交流，写出具有真情实感且真实有效的文章。

第一课时

教学目标

（1）了解“读者意识”与“说真话、抒真情”的关系，并提炼“用真实的感情营建对话空间”的关键要素。

（2）帮助学生设计用真实的感情营建对话空间的“读者意识”写作量表一，并借助量表对例文进行升格。

教学条件分析

1. 内部条件

学生写作时读者意识不强，导致写出的文章脱离实际，情感失真。一篇高分的高考考场作文，文章定要合乎情理，有真实、有真意，方能以情动人。处于现实写作困境的学生，迫切需要通过教师有效引导，去理解什么是“读者意识”，并且能够带着“读者意识”去写出有真情实感且真实有效的文章。而解决此问题的第一步就是“营建真实的对话空间”，这是写“真文章”的起步，是学生学习的难点，亟须教师提供智力支持。

2. 外部条件

教师利用作文材料创设真实的情境，将学生头脑中已有的内容激活，使其从错误、凌乱的思绪中整合出正确、清晰的思路，并通过思维加工形成言语成品。本课时将通过对学生稿件的分析，让学生去摸索营建真实的对话空间语言表达的关键要素及其规律，形成“读者意识”写作量表一，作为学生写作“真文章”开头的支架及评价依据。

教学步骤

（一）激发动力

《普通高中语文课程标准（2017 年版 2020 年修订）》强调：“写作要感情真挚，力求表达自己对自然、人生的独特感受和真切体验。”实践证明，一篇感情真挚、真实有效的考场议论文，可以让学生在得高分的路上占得先机。文贵情真，遗憾的是，当下有不少学生背离这一原则，虚假作文，以致让阅卷老师望而生厌。要写“真文章”，树立读者意识是关键，懂得了什么是读者意识，借助“营建真实的对话空间”，不仅能让学生与读者建立真实有效的对话，还能让学生在第一时间获得阅卷老师的青睐。

（二）告知目标

（1）以读者视角感情的真实性，寻找读者观点形成的真实原因。

（2）以共性视角感情的真实性，认知个体与个体以及个体与群体的共性，展示真我，看到真现实。

（3）以语言表达感情的真实性，及有利于读者接受和目的达成的语言技巧，写出真实有效的对话语段。

（三）呈现材料

材料1：

①读者意识，就是写作时心中有特定的阅读对象和明确的表达目的，以及用有利于对象接受和目的达成的表达方式，服务于交际需要的对象意识。

②臣闻吏议逐客，窃以为过矣。（李斯《谏逐客书》）

材料2：

阅读下面的材料，按要求作文。

①网友感慨："抗疫女英雄白晓卉今日（2022年3月20日）突然离世，但这抵不过一条八卦新闻。"

②郁达夫在纪念鲁迅大会上说："一个没有英雄的民族是不幸的，一个有英雄却不知敬重爱惜的民族是不可救药的。"

③《中华人民共和国英雄烈士保护法》自2018年5月1日起施行。

④2021年9月30日，习近平等党和国家领导人同各界代表一起，在天安门广场向人民英雄敬献花篮，向为中国人民解放事业和共和国建设事业英勇献身的烈士默哀。

⑤林鸣，港珠澳大桥岛隧工程总工程师，面对国外的先进技术封锁以及各种附加条件，他和他的团队本着"自我研发，掌握核心技术"的信念克难攻坚。而今林鸣被称为新时代英雄，港珠澳的功臣！

⑥习近平指出，伟大出自平凡，英雄来自人民。把每一项平凡工作做好就是不平凡。

请从上述材料中选择两三则材料来向你正在上初中的沉迷于追星的表弟（妹）呈现你的英雄观。要求选好材料，使之形成有机的关联。

材料3：

根据材料2作文题，学生所写的开头示例：

亲爱的表妹：

正在上初中的你有着自己喜欢的明星、偶像，时刻关注着他们的新闻，对我们国家的英雄却一无所知。我可以在你的身上看出，我国现在的年轻人很不看重英雄。曾有网友感慨："抗疫女英雄白晓卉今日突然离世，但这抵不过一条八卦新闻。"因此，今天我就来和你聊一聊关于英雄的话题。

（四）指导学习

1. 了解"读者意识"与"说真话、抒真情"的关系

（1）建立对话空间要注意：特定的阅读对象、明确的表达目的，以及用有利于对象接受和目的达成的表达方式。

（2）阅读材料1，分析"吏议"和"帝议"的区别。

把逐客说成是吏议，是吏之过，而非秦王之过，秦王只是受蒙蔽而已。这就给足了秦王面子，使他愿意听下去。这就是作者的"读者意识"，顺乎人性情理，体现了诉求及情感表达的有效性和真实性，从而为双方对话创造了空间。

2. "营建真实的对话空间"的关键要素提炼

第一步，审读材料，理解材料的真实性及真实情境的设置。

材料均来源于我们的现实生活，具有真实性、典型性。材料2中的①②是一类，指出了社会上一些不重视英雄的现象；材料③④是一类，表明我们国家对英雄的保护和崇敬；材料⑤⑥是一类，告诉当下的我们该如何定义英雄。

材料设置了一个真实的写作情境。此情景来源于现实生活，初中生追星而不识英雄的现象确实存在；写作对象是正在上初中的表弟（妹）；写作目的是呈现我们的英雄观。

第二步：告知学生材料3是反例，此种表达不能与读者建立对话空间，原因是文段缺乏真实情感。学生要分析用真实的感情营建对话空间应注意哪些要素。

（1）充分理解读者观点形成的原因，是表达真实情感的第一步。而材料3未从读者视角考虑问题。

读者观点形成的原因

外因	多元且个性张扬的时代，流量时代，粉丝经济盛行，物质充裕，生活节奏加快
内因	年龄小，阅历浅，喜欢光鲜亮丽的外在，忽略内在精神的要求，认为"英雄"是一种远离生活的存在

（2）对作者、读者、群体的共性探索，是创造对话空间的基础。材料 3 未能展现真实的“作者”，未考虑个体与群体在真实的社会现实中的“共性”。

作者、读者、群体的共性

作者与读者同年龄阶段的认知共性	真实的作者，拉近与读者的距离
读者与和读者同龄群体的认知共性	真实的社会，解除读者心理防线

（3）利于读者接受的语言表达规律，是表达真实有效的保证。材料 3 的语言表达未考虑读者的真实感受，表达主观、武断。

语言表达的商量性和伸缩性

商量性	忌用主观性词语，宜用有商量余地的词（讨论、研究、商讨等）
伸缩性	忌用武断性词语，宜用有伸缩空间的词（或许、可能、大概等）

（4）材料 3 动机不明。在前三条基础上，要提出明确的目的，交代写作方向。

3．设计“读者意识”写作量表一

“读者意识”写作量表一（在□内打√或打 ×）

读者意识	关键要素
营建对话空间	1．读者观点：外因□　内因□
	2．认知共性：读者与作者□　读者与群体□
	3．语言表达：商量性□　伸缩性□
	4．写作动机：明确□

4．依据“读者意识”写作量表一对材料 3 进行升格

示例：

亲爱的表妹：

我给你写这封信，是因为有则消息让我深受触动：“抗疫女英雄白晓卉今日突然离世，但这抵不过一条八卦新闻。”我相信你和以前的我一样，不知白晓卉是离病毒最近的人，是冲锋在抗疫前沿的“侦察兵”……即便知道，你或许也不会将这些人放在心上。试想，流量时代、粉丝经济之下，幽默风趣的“跑男”，叱咤赛场的梅西，哪个初中生不爱？这是因为他们年龄太小，阅历尚浅啊。但我认为我们的时代是需要英雄的，英雄也需要被敬重啊。所以我给你写这封信，是希望能和你一起探讨一下这个问题。

（五）落实训练

（1）依据课堂学习情况，设置适量的针对性练习。

（2）针对性训练步骤：

①提供一个紧贴近期的热点模拟考试作文题目，要求学生分析材料的真实性及真实情境的设置。

②提供其中一名学生的习作开头，要求学生依据上课所讲内容分析其优劣。

③要求学生依据“读者意识”写作量表一对习作中出现问题的地方进行升格。

④小组间进行作业交换互批，分等级（A、B、C）评分，并逐项指出问题和修改意见，小组评完后由小组长向教师反馈作业情况并推荐一份优秀作业。

⑤第二天教师根据收集的作业情况进行反馈，并将学生优秀的升格作业投影展示给全班学生，进行分析学习，从而启发学生的读者意识，并使学生学会运用“读者意识”写作量表一与读者营建真实有效的对话空间。

（六）评估总结

“读者意识”写作互评量表一（在□内打√或打×）

读者意识	关键要素	等级	问题	修改意见
营建对话空间	1. 读者观点：外因□　内因□			
	2. 认知共性：读者与作者□ 读者与群体□			
	3. 语言表达：商量性□　伸缩性□			
	4. 写作动机：明确□			

（七）迁移巩固

阅读下面的材料，依据“读者意识”写作量表一拟写一段作文开头，与“读者”营建一个具有真情实感而又真实有效的对话空间。

据近期一项对来华留学生的调查，他们较为关注的中国关键词有：“一带一路”、大熊猫、广场舞、中华美食、长城、共享单车、京剧、空气污染、美丽乡村、食品安全、高铁、移动支付。请选择两三个关键词来呈现你所认识的中国，写一篇文章帮助外国青年读懂中国。

第二课时

教学目标

（1）引导学生合理预估读者质疑，并学会建构真实的观点句群。

（2）引导学生构建真实的逻辑链，展开有效论证，解决读者质疑。

（3）帮助学生完成“读者意识”写作量表二。

教学条件分析

1．内部条件

学生不能找到合理预测读者质疑的路径，从而导致预测的问题脱离现实情境。学生论证过程缺乏真实的逻辑，不能展开有效论证，不能真正解决读者质疑。

2．外部条件

教师给学生提供合理预测读者质疑的路径，帮助学生学会构建真实的观点句句群。教师引导学生分析文本，寻找构建真实的逻辑的关键要素，使其懂得运用真实的逻辑展开有效的论证。

教学步骤

（一）激发动力

文章写真话才能抒真情，才能拿高分。要做到这个，离不开逻辑。逻辑是走向真实的一条路。逻辑是思维的一种流淌，那种流淌本身就是符合思考主题的客观事实。因此，掌握基于客观实际的逻辑，是使论证表达真实情感且说服力强的有效保证。要说真话，写真意，抒真情，思维逻辑的真实性极其重要，它不仅表现了一个人的语文能力，也反映着考生的人生态度、思想智慧。

（二）告知目标

（1）用真实的逻辑合理预估读者质疑。

（2）用真实的逻辑有效解决读者质疑。

（三）呈现材料

材料1：

①什么是英雄？《现代汉语词典》中对“英雄”的解释如下：不怕困

难，不顾自己，为人民利益而英勇斗争，令人钦佩的人。

②关于“英雄”，百度百科这样阐释：英雄者，有凌云之壮志，气吞山河之势，腹纳九州之量，包藏四海之胸襟！肩扛正义，救黎民于水火，解百姓于倒悬。

③“天地英雄气，千秋尚凛然。”在近代民族复兴的和平变革时期，也同样涌现出如康有为、梁启超、孙中山、何子渊、陈嘉庚、钱学森、邓稼先、同盟会、爱国华侨团体等大批民族英雄和英雄团体。无论工人、农民、知识分子、军人、商人，还是海外华侨，他们中间都涌现出大批民族英雄。他们为中华民族的独立与自由、利益与安全、尊严与荣誉无私奉献、无怨无悔。

——“纪念中国人民抗日战争胜利70周年”新闻报道摘录

材料2：

或许你还会说：“敬仰英雄是国家领导人的事。”或者说：“平凡人不可能成为英雄。”确实，我们年龄小，阅历浅，我们喜欢光鲜亮丽的外在，但也不能因为忽略内在精神的要求而认为“英雄”是一种远离生活的存在。习近平总书记指出，伟大出自平凡，英雄来自人民。把每一项平凡工作做好就是不平凡。扎根基层默默奉献的张富清、帮助近2 000名贫困山区女孩圆了大学梦的张桂梅，还有孜孜矻矻的“文明守夜人”，疫情之下的逆行者……你看，这些英雄都来自人民，来自今天那些在平凡的岗位上做出不平凡业绩的普通人呀。

（四）指导学习

1．合理预测质疑，构建观点句群

设问：假设你是上一课时所示材料中的“表妹”，当你的哥哥或姐姐跟你说我们的时代需要英雄，我们也要敬重英雄时，你会有什么疑问？怎样的疑问才是切合实际、具有真实性的？提示学生从时代限制和个人限制两个角度出发去质疑。

思考内容

思维角度	现实情况	真实性问题
时代限制	读者处在一个和平的时代，不能理解什么是真正的英雄，很有可能在她看来，“英雄”应是在国家、民族危亡之际才会出现	1．什么是真正的英雄？ 2．和平年代，英雄的用武之地何在？
个人限制	读者是现实生活中一名普通的初中生，对她而言，“英雄”的形象伟岸高大，距离遥远	1．敬仰英雄是国家领导人的事。 2．平凡人不可能成为英雄

2. 用真实的逻辑解决读者质疑的起点：概念的阐释

帮助学生解决“什么是真正的英雄?”的问题。要求学生通过阅读材料 1 并思考哪个对“英雄”的阐释更具逻辑的真实性。

明确：“纪念中国人民抗日战争胜利 70 周年”新闻报道的阐释更具逻辑的真实性。

阐释概念逻辑的真实

<table>
<tr><td>词典</td><td>经过反复验证</td><td rowspan="3">结论：
1. 符合客观认知
2. 体现时代特征</td></tr>
<tr><td>百度百科</td><td>大众普遍认可</td></tr>
<tr><td>新闻报道</td><td>经过反复验证
大众普遍认可
体现时代特征</td></tr>
</table>

3. 用真实的逻辑解决读者质疑的关键：材料的真实

阅读材料 2，分析材料 2 论据的特征。

材料的真实

理论依据	事实依据
权威性	现实性、典型性

4. 用真实的逻辑解决读者质疑的终点：论证真实有效

（1）指导学生运用留框架法，对材料 2 的构成进行分析。

留框架法：保留对象词、关联词、衔接词。

材料 2 框架：

或许你还会说……或者说……确实……但也不能……

（2）学生通过分析文段框架，归纳出文本的逻辑链：观点—原因—引证、例证—结论。

（3）使用例证法的时候要注意维度的横纵向结合，充分考虑到现实社会多职业、多领域性以及事实依据的个体性和群体性。

横向维度：职业、领域。

纵向维度：高位—低位，个例—群例。

（4）指导学生分析原因要注意两点真实原则。

客观现实原则：充分考虑读者的现实生活环境、身份、年龄等特征（由外而内）。

换位思维原则：设身处地，想人所想。

（5）引导学生总结出论证真实有效的要素：段内逻辑链的完整性；例证维度、原因分析的严谨性。

（6）引导学生完善“读者意识”写作量表二。

“读者意识”写作量表二（在□内打√或打×）

读者意识	关键要素
解决读者质疑	1. 合理预测质疑，建构观点句群□
	2. 概念阐释：时代性□　客观性□
	3. 理论事实：权威性□　现实性□　典型性□
	4. 事实维度：横向□　纵向□
	5. 段内逻辑：完整性□　严谨性□

（7）依据“读者意识”写作量表二，运用真实的逻辑解决读者的“和平年代，英雄的用武之地何在?”的问题。

示例：

或许你会说：“和平年代，英雄的用武之地何在?”那是因为处于书声琅琅、文明优雅校园的我们，只看到“世界安定如一潭幽幽湖水，宁静美好”，殊不知，这样的岁月静好正是仰赖于英雄的负重前行呀。你看，将青蒿素用于对疟疾的治疗，终克医学难关，帮人类渡过一劫的屠呦呦；致力于解决全人类粮食问题的世界杂交水稻之父袁隆平；投身国防安全事业的无名英雄于敏；还有星光熠熠的航天英雄群体……他们都是代表国家意志的“超级英雄”，中国正是拥有了这样一批科研英雄，才能屹立于世界民族之林。

（五）落实训练

（1）依据课堂学习及训练情况，设置适量的针对性练习。

（2）针对性训练，阅读材料，完成任务。

不知从何时起，人们做事开始提倡“别那么累”。有人赞赏这种变化，也有人为之担忧。

对此，你有怎样的认识？请写一篇文章，谈谈你的思考。

①如果是选择反对“别那么累”一方，你的潜在读者会有哪些人?

②依据“读者意识”写作量表二，合理预测“别那么累”一方质疑，并建构一组观点句群。

（六）评估总结

“读者意识”写作互评量表二（在□内打√或打×）

读者意识	关键要素	等级	问题	修改意见
解决读者质疑	1. 合理预测质疑，建构观点句群□			
	2. 概念阐释：时代性□　客观性□			
	3. 理论事实：权威性□　真实性□　典型性□			
	4. 事实维度：横向□　纵向□			
	5. 段内逻辑：完整性□　严谨性□			

（七）迁移巩固

阅读下面的材料（2021 年北京卷高考作文题），完成任务。

每个人都生活在特定的时代，每个人在特定时代中的人生道路各不相同。在同一个时代，有人慨叹生不逢时，有人只愿安分随时，有人深感生逢其时、时不我待……

请以“论生逢其时”为题目，写一篇议论文。

①选择一个读者对象，分析其观点产生的原因（内在原因＋外在原因），并明确写作方向。

②依据“读者意识”写作量表二，合理预测读者质疑，并拟写一则“解决读者质疑”的议论文段。

（李红　中山市实验中学）

真意拨心弦　妙笔抒真情

——“说真话，抒真情”作文教学设计

写作主题解读

秉持新课标重视中华优秀传统文化的理念，针对当下高中古诗文学习与教学沦陷于机械记忆的泥潭，忽视对文本的思想情感、文化观念和审美追求的品读，作文呈现“假大空”状况等诸多问题，本单元的作文教学选择了“说真话，抒真情”这一主题。我国古人早已提出“文如其人，言为心声”

的观念，文章是个人性灵的真实写照，言语是个人内心情感的真切外化。无论人类借助诗以言志或者借助文以载道，共同的追求都是用真切的文字照亮真挚的心灵。而“真话”与“真情”便是源于内心的真切结晶，它既是写作的动力，也是作文的灵魂。无论是记叙类的文章，还是议论类的文章，都是情与理交融的产物，不存在完全脱离真实情感的纯理性文章。因此，“说真话，抒真情”主题是目前作文教学必不可缺的组成部分。

教学课时

2 课时。

设计亮点

本作文教学设计系统相对完整，层次清晰，环环相扣。从感知真情实感的重要性，端正写作态度出发，教导学生如何激发真情实感，使作文有真话可说，有真情可抒。在此基础之上，进一步指引学生如何运用文字抒发真情实感，达到“言为心声”的目的。本设计使用具体的作文教学技术，可操作性强。在激发真情实感阶段，不是笼统地发出呼吁，而是具体写出有哪些常见的情感触点，如：物、人和事。这些触点如何激发情感是不容回避的问题，要解决这个问题，写作者可以借助双眼看有趣之物，诚心致有情之人，精心体有感之事。围绕这三个方面，本设计将操作办法逐一细化。在抒发真情实感阶段，这份设计从文体、人称、抒情方式、句式和细节描写等方面进行引导；在升华真情实感阶段，明确指出由点到面和缘情至理两个方向与办法。根据学生实际，选取贴近生活的话题设计了训练题目和评估总结量化表，再巩固迁移，让学生经历完整的写作过程。

第一课时

教学目标

（1）感知写作中抒发真情实感的重要性。

（2）理解激发真情实感的常见方法。

（3）运用上述方法来酝酿完成写作任务所需的真情实感。

教学条件分析

1. 内部条件

通过对本单元六篇经典古文的学习，学生感知到这些古文虽然在写法上各有千秋，但在情感上同样真切动人。在实际的写作中，学生也有调动真情实感来传情达意的念头，然而这个念头难以落地生根，更无法开枝散叶。首要根源是不少学生的真情实感或封存淡化了，或原本就缺少酝酿与储存，显现出情感单薄贫瘠的问题。作为高二年级的学生，他们身心逐渐成熟，具有一定的情感和审美体悟能力。处于青春期的他们对现实生活和外部世界有比较浓厚的兴趣和较高的敏感度，有自己的观察与思考。这些都是写作的内驱力。

2. 外部条件

教师借助本单元的讲读文本、名家作品、学生习作和社会热门事件等多样化的教学资源，引导学生感悟文字中的各种情感。教师再设置贴近生活的真实情境，抛出与学生生活和学习息息相关的、趣味性的话题，触动学生的情感，引发学生的体悟，使他们打破日常的固化情感体验，多角度、细致地感知各种情感。组织学生在讨论交流中，激活情感，碰撞观念，为抒发真情实感奠定必要的情感基础。

教学步骤

（一）激发动力

《周易·乾卦》写道："子曰：君子进德修业。忠信所以进德也；修辞立其诚，所以居业也。"

请学生们回顾本单元的讲读课文，说说哪篇文章的情感最打动你。

李密的《陈情表》——尽孝尽忠，进退两难的窘迫境况。

归有光的《项脊轩志》——刻骨铭心的亲情与爱情记忆。

王羲之的《兰亭集序》——纵情山水、关怀自我的生命叩问。

陶渊明的《归去来兮辞》——弃绝俗世、追求自由的洒脱态度。

真情实感：自己对自然、社会、人生的真切体验和独特思考。

（二）告知目标

学生应感知抒发真情实感的重要性，理解和运用激发真情实感的常见方法，观照现实生活与自我世界，调动内在的真情实感，尝试相关的片段写作。

（三）呈现材料

材料 1：

丝丝如线的春雨滋润着大地，也洗涤着你。在春风的抚摸下，你缓缓而落，悄无声息中与大地融为一体。你像一位手持画笔的艺术家，用棕色的颜料和清晰的纹理为大地进行彩绘。当朴实的棕色与清新的绿色混搭时，人们便有幸看到无与伦比的美妙。世界在新生与守旧、饱满与单调中前行，展现经久不衰的生命力。

时间的痕迹在你小小的身躯中淋漓尽致地展现，饱经沧桑的纹理记载着你走过的岁月。注视农田上辛勤劳作的人们，你学会了勤劳；聆听树梢鸟儿悦耳的歌声，你懂得了美好；沐浴绵绵细雨的滋养，你感受到了温情。经历丰富了你的底蕴，增长了你的灵性。在品性的锤炼中，在自然的感触中，你慢慢坠入泥土，你的生命从此刻上了无私。

——学生习作片段《春日里的落叶》

材料2：

姑母常闹脾气。她单在鸡蛋里找骨头。她是我家中的阎王。直到我入了中学，她才死去，我可是没有看见母亲反抗过。“没受过婆婆的气，还不受大姑子的吗？命当如此！”母亲在非解释一下不足以平服别人的时候，才这样说。是的，命当如此。母亲活到老，穷到老，辛苦到老，全是命当如此。她最会吃亏。给亲友邻居帮忙，她总跑在前面：她会给婴儿洗三——穷朋友们可以因此少花一笔“请姥姥”钱——她会刮痧，她会给孩子们剃头，她会给少妇们绞脸……凡是她能作的，都有求必应。但是吵嘴打架，永远没有她。她宁吃亏，不斗气。当姑母死去的时候，母亲似乎把一世的委屈都哭了出来，一直哭到坟地。不知道哪里来的一位侄子，声称有承继权，母亲便一声不响，教他搬走那些破桌子烂板凳，而且把姑母养的一只肥母鸡也送给他。

——老舍《我的母亲》

材料3：

淄博“路虎堵宝马”事件

【第一幕】自2021年3月起，山东省淄博市一名网名“吨姐”的女子在抖音等平台发布视频，称其车位被一辆宝马车抢占，多次沟通无果，该女子便用自家车将该宝马车堵在车位里。

【第二幕】视频显示“吨姐”用来堵宝马车的自家车是路虎车，“吨姐”自称是一个家境富裕的年轻创业女性，拥有3家服装厂、多辆豪车，并在淄博高档小区拥有房产。

【第三幕】“吨姐”与宝马车主强硬较劲，互不相让，手段持续升级：“吨姐”拴在车库里的藏獒被毒死，并被宝马车主威胁用叉车来拖走路虎。“吨姐”在车内放了一个价值145万的古董花瓶，并贴纸条告知车内有贵重易碎品。

【第四幕】最后双方诉诸法庭，等待宣判。

【第五幕】该事件持续了160多天。在此期间，“吨姐”持续更新视频，开直播介绍事件进展。在此过程中，“吨姐”通过直播，大把捞金，又买了一辆豪车。

【第六幕】2021年7月10日下午，淄博市公安局经开区分局发布情况通报：近日，一则“宝马占路虎车位被堵”的信息在网络平台传播，引发网民关注热炒，造成不良社会影响。经公安机关调查，该信息为不实信息，系崔某某（女，39岁，网名“吨姐”）为博取眼球在网络平台编造发布。根据《中华人民共和国治安管理处罚法》相关规定，公安机关依法对崔某某处以行政拘留处罚。

（四）指导学习

说真话不应当是艰难的事情。我所谓真话不是指真理，也不是指正确的话。自己想什么就讲什么；自己怎么想就怎么说，这就是说真话。

——巴金

1. 紧抓情感触点

请浏览三则材料，思考并讨论：

以上各则材料打动你的情感触点是什么？

常见的情感触点：物—人—事。

2. 点燃情感火焰

（1）双眼看有趣之物。

①时间维度：【不变】亘古不变的事物。（请学生举例）

【变化】古今变换的事物、季节变换的事物、昼夜变换的事物。（请学生举例）

②空间维度：自然事物、社会事物、人生事物。（请学生举例）

请学生们阅读材料1，思考并讨论：

问题一：材料1中作者是怎样由春日里的落叶产生情感与体悟的？

问题二：面对有趣之物时，我们有哪些主要办法点燃情感？

点燃情感的办法：触景（物、人、事）生情（对比与类比、联想与想象）。

（2）诚心致有情之人。

有情之人包括非凡之人与平凡之人。

非凡之人：古今中外的各行各业中出类拔萃的人。（请学生举例）

平凡之人：日常生活中默默无为、勤勤恳恳的人。（请学生举例）

请学生们阅读材料2，思考并讨论：

问题一：老舍如何表现自己对母亲的真切情感？

问题二：面对他人时，我们怎样进行真情的交流与碰撞？

角色代入：真诚地与他人换位思考，在认知与理解中，形成真切的认识。

兼容并包：在全面客观认识的基础上，接受与包容多样化、个性化的人物。

（3）精心体有感之事。

如何对待的问题，在我看来，涉及到文字的担当性，即文学对我们生活的时代能否担当和担当多少的问题。

——朱朝敏《修辞立其诚》

请学生们阅读材料3，并分享读完每一幕后的内心感受。

思考：在纷繁复杂的事件和信息面前，我们如何真实地体悟有感之事？

①科学理性地甄别海量信息：尊崇社会规则、法律、道德和伦理等要求，看清现象背后的本质，探寻根源，形成敏锐的眼光。

②拉开距离，撇开成见，质疑思辨：面对瞬息多变的各种社会现象，学会看一看，想一想，辨一辨。

③增强个性意识，立足当下，为我发声：主体意识和个性意识的觉醒与增强是人的生命觉醒的有机组成部分。

（五）落实训练

请学生运用本节课所学习的激发真情实感的方法，分别从物—人—事三大层面，各选一个能激发你真情实感的触点，与同伴交流，分享所激发的情感。

触点层面	具体名称	真情实感
物		
人		
事		

（六）评估总结

评估标准	评价等级	具体修改建议
触点名称是否具体	是/否	
感情是否真实可信	是/否	

（七）迁移巩固

请从你所选的物、人和事三大层面的情感触点中，选择一个情感触点，写一个400字左右的散文片段。

要求：主题明确，内容充实，情感真切。

第二课时

教学目标

（1）端正写作态度，注重在写作中说真话，抒真情。

（2）理解袒露真情和升华真情的常见方法。

（3）选择并运用上述方法相关完成写作任务。

教学条件分析

1. 内部条件

在上节课的基础上，学生学习了如何酝酿真情实感，并尝试了激发真情实感，为写作提供了情感源泉。学生有了真情实感后，往往无法用恰当的文字和技巧将情感贴切地表达出来，存在表达粗放含糊的弊端，导致真情实感被封存。但通过本单元讲读文本的解读和之前数年的阅读写作实践，学生基本熟悉常见的抒情方式，有一定的语言表达交流能力和写作能力。

2. 外部条件

教师可以借助本单元的讲读文本、名家作品、学生习作和社会热门事件等多样化的教学资源，用具体的文段或篇章引导学生了解抒发真情实感的常见方法，包括文体、人称、抒情方式、句式和细节。在掌握常见的情感表达技巧后，教导学生从由点到面，激发共情和缘情至理来表达情感，实现真情升华。然后设置例文的感悟与修改环节，让学生实际运用所了解的方法。再提供相应的训练题目，让学生在实操中真切地表达真情实感。写作完成后，组织学生相互交流分享，对他人和自己的作文进行评价、反馈和修改。

教学步骤

（一）激发动力

“登山则情满于山，观海则意溢于海。”当真情实感满溢胸膺时，我们要做的不再是“关闸蓄水”，而是“开闸放水”，让真情水到渠成，泽润万物。

（二）告知目标

了解并掌握坦露真情和升华真情的常见方法，修改他人习作，运用所学方法完成写作任务。

（三）呈现材料

材料1：

一股清新诱人的香味从那碗热气腾腾的面碗里传来，在父亲殷切的目光下，我不好故意摆脸色，便用筷子挑起面前正冒着热气的肉片，卖相甚是好看：金黄的软皮下包裹着晶莹剔透的油脂，棕红的瘦肉与雪白的油脂相连，红白分明。就着面条上的葱花，我大快朵颐，虽然还有一股烟熏味，但幸福的味道悄然蔓延。父亲略带惋惜地说："今年要想吃腊肉恐怕很难了。"在那一瞬间，我突然意识到今年过年不能回老家，所以很难有腊肉吃。人在他乡，多少岁天涯路远，最难消故地花、当时好，他乡月、此刻圆。深谙那句话："到不了的地方叫远方，回不去的名字叫家乡。"念及此，还在口里萦绕的烟熏味儿竟有些让人留恋。

——学生习作片段《炊烟重浮，花香依旧》

材料2：

母亲对儿女是都一样疼爱的，但是假若她也有点偏爱的话，她应当偏爱三姐，因为自父亲死后，家中一切的事情都是母亲和三姐共同撑持的。三姐是母亲的右手。但是母亲知道这右手必须割去，她不能为自己的便利而耽误了女儿的青春。当花轿来到我们的破门外的时候，母亲的手就和冰一样地凉，脸上没有血色——那是阴历四月，天气很暖。大家都怕她晕过去。可是，她挣扎着，咬着嘴唇，手扶着门框，看花轿徐徐地走去。

——老舍《我的母亲》

材料3：

阅读下面的写作材料与例文。

一代人有一代人的青春，在青春记忆里，总有一些流行的物件成为当时的"青春奢侈品"。从上世纪80年代的自行车，到20世纪初的MP3和CD机，再到当下的洛丽塔（Lolita）服饰和明星签名的限量款潮鞋……这些"青春奢侈品"在家长眼里华而不实，在子女眼里却安放着青春。

家长和子女时常因为是否购买"青春奢侈品"产生争议，对此你的态度是什么？请写一篇议论文。

要求：选准角度，确定立意，明确文体，体现你的真实态度与思考。

例文：

以逆流之姿，溯心之所向

一代人有一代人的青春，青春的记忆里少不了那些让我们难以忘怀的青春奢侈品。从永久牌自行车到MP3、CD机，再到如今的限量款球鞋，这些物品里封存着曾经的岁月与记忆。作为特定时代的新鲜事物，青春奢侈品总是随着时代潮流而不断变化。家长与孩子对是否购买青春奢侈品的争议从未停息。对此，我认为我们应该坚持真心热爱，反对盲目追随，做到以逆流之姿，溯心之所向。

青春奢侈品是我们正值青春年华时购买的价格相对高昂的物品。这些物品往往超出青年人的一般消费水平。想购买青春奢侈品的人或许是发自内心地喜欢，想要拥有；或许是盲目追风，想博人关注，刷存在感。青春奢侈品既有购买者的情感价值，也显露着追随者的品位价值。这些价值往往超出其实际的经济价值。家长们大多注重物品的经济价值，淡化物品的情感价值，而青年人则与之相反，这便是双方争议产生的基点。

世事纷扰，青春奢侈品对孩子的诱惑巨大。在这种超常消费面前，我们应该细加辨别，保持清醒，认真思考：当我们想得到一个青春奢侈品时，究竟是出于喜欢和需要，还是因为所谓的面子？我们追求的到底是什么？这个物品带给我们的是什么？正如作家李银河所说："对待世事，不应像激流中的一叶舟，被无奈地冲刷、裹挟，而应像天上的一只鸟，自由地鸣叫飞翔。"如果青春奢侈品并非必需品，但我们仍然沉迷其中，以此装点自我，这算不算是被裹挟呢？如果青春奢侈品能让自己融于周围的人际交往圈，获得某种程度上的平等，这算不算是青春必需品呢？

诚然如此，青春难免有所狂热，家长可以适当满足孩子的需求。在家长眼中，青春奢侈品或许华而不实，但自己年轻时，是否也曾狂热追求过属于那个年代的青春奢侈品？时过境迁，这些物品成为了青春的独特象征，家长们又是否后悔曾经的追求呢？心声虽然无形，但回音缭绕。青春奢侈品带给孩子的往往是身心的满足。在兼顾自身经济状况的同时，家长是否可以适当地支持孩子的追求呢？

青春奢侈品像一股股的浪潮，拍击着一代代人的心房。有人在追随中迷失，也有人坚守心之所往。青春年华，我们应拒绝随波逐流，以逆流之姿追寻真正的热爱。

（四）指导学习

1. 袒露真情

（1）借助不同文体。

常用文体：记叙类（小说、散文、书信等）；议论类（书信、演讲稿、辩论稿、发言稿和倡议书等）。

（2）选用不同人称。

人称：第一人称（我/我们），第二人称（你/你们），第三人称（他/他们）。

教师分别介绍上述常见文体和不同人称在情感表达上的作用和效果，并与学生探讨以上文体与人称适合什么样的写作情境。

（3）活用不同抒情方式。

抒情方式：直接抒情、间接抒情（借景抒情、托物言志和借古讽今等）。

请学生们阅读材料1，思考并讨论：

①材料中作者使用的抒情方式是什么？

②常见的抒情方式有哪些？

（4）活用不同的句式。

感情色彩鲜明的句式：反问句、感叹句、省略句和否定句等。

外在形式不同的句式：长句与短句，整句与散句。

教师分别介绍上述不同句式在情感表达上的作用和效果，并与学生探讨不同句式各自适合什么样的写作情境。

（5）细节之处见真情。

真情时常展现在不经意间，一物、一景、一事……极淡之笔可抒极致之情。

请学生们阅读材料2，思考并讨论：

①请找出材料中表现了作者真情实感的细节描写。

②细节描写有哪些常见的写作方向？

2. 升华真情

（1）由点到面，激发共情。

个体化的情感是“冰山一角”，用自己的真情激发他人未言的情感，使读者与文本产生共鸣，共同言说人类的真挚情感。

（2）缘情至理，引起沉思。

具体的记叙与描写是抒发感情的载体，适度的议论是升华情感的路径。议论时，我们要跳脱出现象，在分析与品味后，归纳和概括出情感之下的道理，并将情感适度外向延伸。

（五）落实训练

请学生们阅读材料3，思考并讨论：

①例文是否抒发了真情实感？请结合文本，具体分析。

②如果例文抒发了真情实感，那么请找出文中两到三个动人之处。

③如果例文缺少真情实感，那么你认为哪些地方需要修改？如何修改？

（六）评估总结

记叙文评价与反馈

写作内容评价标准	评价等级	具体修改建议
思想健康	优/良/差	
内容充实	优/良/差	
感情真挚	优/良/差	
运用多种表达方式	优/良/差	

议论文评价与反馈

写作内容评价标准	评价等级	具体修改建议
符合题意	优/良/差	
中心突出	优/良/差	
思想健康	优/良/差	
内容充实	优/良/差	
感情真挚	优/良/差	

（七）迁移巩固

阅读下面的材料，完成写作任务。

一代人有一代人的偶像。现在很多中学生也有自己的青春偶像。有的崇拜科学家，有的崇拜各类明星，有的崇拜新兴网红，但偶像人设时常崩塌，这样的事件让许多人心生感慨，引发大众思考。

（1）你有怎样的“偶像人设崩塌”故事和感慨？请写一篇记叙文。

要求：思想健康，内容充实，感情真挚，运用多种表达方式，不少于800字。

（2）如果你崇拜的偶像出现人设崩塌现象，你会后悔曾经的崇拜吗？请写一篇议论文。

要求：选准角度，确定立意，明确文体，体现态度与思考，不少于800字。

（蔡黎　中山市华侨中学）

从细节中显真情

——“说真话，抒真情”作文教学设计

写作主题解读

本次作文教学主题为统编版普通高中语文选择性必修下册第三单元写作主题“说真话，抒真情”。教材指出，“写作的‘真’与‘诚’，意味着坦诚地吐露自己的心声，真实地记述自己的所思所感”，能在不同情境下选择合适的方式方法予以表达。这对于个性发展趋向成熟的高二学生而言，本应是轻而易举的事情，因为他们已经具备感知和表达自己对不同对象的喜恶或是无感的能力。然而，到了写作场上，“写什么”却成了不少学生非常头疼的问题，于是他们总习惯第一时间围绕写作主题，翻找尽可能多的真实素材填充主体内容，很容易在选材时筛去乃至在议论和抒情时隐去看似不具有典型价值的自己，以为这样就能满足“真诚写作”的要求。实际上，没有“抒真情”的“说真话”，反倒使文章流于俗套，也不利于培养新课标看重的“在真实的语言运用情境中表现出来的语言能力及其品质”。

那么，这些问题该怎么得到解决呢？笔者以为，不妨就地取材借鉴学习，改进写作表达。本单元收录了李密的《陈情表》和归有光的《项脊轩志》两篇至情之文，它们都通过对真实细节的刻画传达出不同情境下的真诚情感，是学生写出真诚作品的优秀学习范本。因此，本次作文教学将指导学生通过描写动人的真实细节，写出引人共鸣的真情之作。

教学课时

本次作文教学共分为2个课时，每节课时长为40分钟。

第一课时是对已学课文《陈情表》《项脊轩志》的赏析回顾，重在总结两篇文章是通过哪些细节描写完成催人热泪的真情抒发，从而提炼出选取和展现动人细节的有效路径，为接下来“说真话，抒真情”的片段写作做准备。

第二课时是对第一课时的运用实践，教师将组织学生在统一提供的具体情境下，思考完成一次“说真话，抒真情”的片段写作，并要求积极运用细节描写，以细节显真情，展现两节课的教学成效。

设计亮点

1．抓住解决问题的一个关键点，并加以集中突破

本次作文教学设计立足于学生具有较深真情体验的已学课文的基础之上，选取与真情体验联系较密切的、学生较容易掌握和运用的细节描写，作为解决“写什么”和进一步“怎么写”的关键联结点，并加以集中突破。即组织学生通过深入剖析《陈情表》《项脊轩志》中细节描写的选材和表达特色，建立“细节选材—表达技法—情感主旨”的关系链条，并对此加以吸收内化、效仿创作，使学生逐步学会“在真实的语言运用情境中”经由细节描写来“坦诚地吐露自己的心声”，形成真诚表达的写作品质。

2．“以读促写”和“以写带读”相辅相成

第一课时重在“以读促写”，通过调动学生在阅读鉴赏中的主观感受，引导其重点分析课文中细节描写的建构过程即“细节选材—表达技法—情感主旨”，从而掌握“说真话，抒真情”的具体写作方法。第二课时重在“以写带读”，基于第一课时的方法积累，组织学生开展运用细节描写在具体语境下“说真话，抒真情”的写作活动。在这个过程中，学生会自然而然地联系他们的阅读经验，必要时会再次回到具体课文中，为自己的“写什么”找到合适的“怎么写”路径，即建构起富有个人特色的“细节选材—表达技法—情感主旨”的关系链条。

第一课时

教学目标

（1）学生能清楚地解释“细节描写”的概念，并快速找出已学课文《陈情表》《项脊轩志》中出现细节描写的地方。

（2）学生能运用表格合作归纳文中各处细节描写的具体方法和表达效果，并讨论得出选取和展现动人细节的有效路径。

（3）学生能在课文回顾与合作学习中端正写作态度，增强“修辞立其诚”的写作意识。

教学条件分析

1．内部条件

学生经过前期的精讲学习，多少都被课文《陈情表》《项脊轩志》中的真情实感打动，在文意理解上基本不成问题；也对李密、归有光两位作者表

情达意的方式进行过深入赏析，已经了解细节描写这一手法及其表达效果。本课为了实现从读到写的转化，需要学生筛选、提取两篇文章的细节描写进行集中剖析，重点从选材内容和表现形式两方面总结出“从细节中显真情”的写作路径，端正“说真话，抒真情”的写作态度。

2. 外部条件

教师将创设合作探究的学习环境，组织学生以小组为单位，按照教师提供的二轮精读表格，完成对课文中细节描写部分的集中鉴赏，讨论得出“从细节中显真情”的写作路径，并派代表在班内进行成果分享，再据此整合成囊括各组智慧的写作策略。在这个过程中，教师将在小组合作探究环节巡堂指导，对小组现场研讨中遇到的问题给予及时点拨；也将在成果分享环节给予提炼总结的指导，带领学生有意识地将各组的路径成果“合并同类项”和“删减旁生枝节”，形成精炼全面的集体智慧方案。

教学步骤

（一）激发动力

以切身问题激发学习动力：同学们，还记得我们在学习《陈情表》时曾被李密对祖母的尽孝深情所打动，在学习《项脊轩志》时也被归有光对祖母、母亲和妻子的追念深情所感动吗？每当这时，与他们相比，我们总会为自己笔下的真情流露少了那一些触动心弦的寻常细节，少了那一股引人共鸣的力量而感到自惭形秽。那么，我们为什么不尝试将他们细腻深情的表达“为我所用”，让我们笔下的文字变得更真诚、更动人？

（二）告知目标

从已有的精读经验入手，明确学习目标和任务：同学们，经过前期的学习，我们都知道李密和归有光的笔下之所以真诚动人，很大原因在于鲜活的细节描写，因此，“写出显露真情的细节”，将成为我们这次“说真话，抒真情”之单元写作活动的中心目标。本次需在目标指导下完成的具体任务如下：

（1）快速回顾“细节描写”的概念，并找出两篇课文中出现细节描写的地方；

（2）根据二轮精读表格，小组合作归纳文中各处细节描写的具体方法和表达效果，并讨论得出选取和展现动人细节的有效路径；

（3）小组汇报研讨成果，形成凝聚集体智慧的“从细节中显真情”的写作策略。

（三）呈现材料

教师将二轮精读表格（见下）下发给各小组，由小组长组织成员讨论填写，并形成小组研讨成果。

课文	具体情境	描写细节语段（动作、状貌、言语、变化等）	选材内容	表达技法	情感主旨
《陈情表》	委婉拒绝上任				
《项脊轩志》	直抒念亲深情				
写作路径（可多条）		从（　　　　）的细节选材—采用（　　　　）的表达技法—传递（　　　　）的情感主旨			

（四）指导学习

在学生开展小组研讨之前，教师带领学生按照表格内容完成一次细节描写的示范探究（见下）。在小组研讨开始后，教师巡堂答疑，对小组现场研讨中遇到的问题给予及时的点拨指导。

课文	具体情境	描写细节语段（动作、状貌、言语、变化等）	选材内容	表达技法	情感主旨
《陈情表》	委婉拒绝上任	【示范】"生孩六月，慈父见背；行年四岁，舅夺母志。""臣少多疾病，九岁不行，零丁孤苦，至于成立。"	具体时间、接连发生变化的个人遭遇	铺叙、层层递进	身世窘迫之伤
写作路径		【示范】从（具体、接连变化）的细节选材—采用（铺叙、层层递进）的表达技法—传递（深沉厚重）的情感主旨			

（五）落实训练

待各小组基本完成合作探究后，各组派代表在班上分享小组研讨成果，其间教师适当加以提炼和补充（预设成果见下）。

课文	具体情境	描写细节语段（动作、状貌、言语、变化等）	选材内容	表达技法	情感主旨
《陈情表》	委婉拒绝上任	【示范】“生孩六月，慈父见背；行年四岁，舅夺母志。”“臣少多疾病，九岁不行，零丁孤苦，至于成立。”	具体时间、接连发生变化的个人遭遇	铺叙、层层递进	身世窘迫之伤
		【预设】“诏书切峻，责臣逋慢；郡县逼迫，催臣上道；州司临门，急于星火。臣欲奉诏奔驰，则刘病日笃；欲苟顺私情，则告诉不许。”	接连发生变化的个人遭遇	铺叙、层层递进、动作描写、对比	诏命难违与躬身事亲之两难
		【预设】“臣密今年四十有四，祖母今年九十有六，是臣尽节于陛下之日长，报养刘之日短也。”	具体数目、相反的情况	列举数字、对比	先尽孝后尽忠之愿
		……	……	……	……
《项脊轩志》	直抒念亲深情	【预设】“汝姊在吾怀，呱呱而泣；娘以指叩门扉曰：‘儿寒乎？欲食乎？’”	人物的动作细节、具体说话内容	转述（与侧面描写结合）	念母之伤
		【预设】“吾妻归宁，述诸小妹语曰：‘闻姊家有阁子，且何谓阁子也？’”	次要人物的具体说话内容	转述（与侧面描写结合）	念与妻昔日恩爱之喜，和今日伊人已逝之悲
		【预设】“庭有枇杷树，吾妻死之年所手植也，今已亭亭如盖矣。”	人物的动作细节、事物变化的细节特征	比喻、寓情于物	念妻之深重
		……	……	……	……

续上表

写作路径 （可多条）	【示范】从（具体、接连变化）的细节选材—采用（铺叙、层层递进）的表达技法—传递（深沉厚重）的情感主旨 【预设】从（表数量）的细节选材—采用（层层递进或对比）的表达技法—传递（多重复杂）的情感主旨 ……

（六）评估总结

汇报结束后，教师综合各组汇报情况，首先对所有汇报人的发言体态、口头表达和成果内容予以客观的总体评价（包括优点与待改进之处）；然后综合各小组成果，带领学生总结出凝聚集体智慧的“从细节中显真情”的写作策略（预设见下）：

（1）刻画时间细节，传递时光更迭中的真情实感；

（2）刻画数量细节，传递客观事实中的真情实感；

（3）刻画事物变化细节，传递世事变迁中的真情实感；

（4）刻画主要/次要人物活动细节，传递人物内心的真情实感；

（5）刻画对比细节，传递对其中一方或双方的真情实感；

（6）刻画转述内容的细节，传递说话者和倾听者的真情实感；

……

（七）迁移巩固

请从下列题目中选择其一，按照“细节选材—表达技法—情感主旨”路径思考如何运用细节描写完成一次“说真话，抒真情”的片段写作，并将思考结果记录在写作构思表格里。

（1）在每个人的记忆深处，都有一间满载丰富情感的老屋，请以“难忘的老屋”为题完成写作。

（2）高中时代，我们面临着很多重要的选择，尤其在高考志愿填报上，父母希望我们能选择“钱途”光明的热门专业就读；而我们却希望能选择自己感兴趣的专业就读，即使冷门也心甘情愿。请你给父母写一封信，谈谈自己的选择及理由，让父母能够支持你的选择。

作文选题（情境二选一）	情感主旨	细节选材（动作、状貌、言语、变化等）	表达技法
1. 难忘的老屋			
2. 说服父母支持自己的志愿选择（书信体）			

第二课时

教学目标

（1）学生能够从实操中深入领会细节描写是实现写作“说真话，抒真情”的有效途径。

（2）学生能够基于对单元范文的赏析，运用合适的细节描写完成具体情境下的真情片段写作，并相互做到客观全面的鉴赏评价。

（3）学生能够在片段写作练习中增强举一反三的读写迁移和转化能力，锤炼“说真话，抒真情”的写作态度和行事品质。

教学条件分析

1. 内部条件

学生经过第一课时的研讨学习，都能从《陈情表》《项脊轩志》中积累“从细节中显真情”的具体写作策略。俗话说：“打铁要趁热。”本课将组织学生积极运用细节描写完成一次“说真话，抒真情”的堂上片段写作训练，既巩固第一课时的重点知识，也提升学生的抒情写作能力，达成本课的教学目标。在具体写作的过程中，会让学生先形成相对完整的构思，再下笔完成片段写作，以保证文段做到真诚表达的同时，也做到结构清晰、逻辑清楚。此外，一次写作的完成意味着下一次写作的开始，承接两次写作活动的自然是鉴赏与评价活动。因此，本课将同样重视对学生鉴赏评价能力的培养。

2. 外部条件

教师将创设合作学习的课堂环境，具体开展小组互助、自主创作与互赏互评的课堂活动：首先组织学生分组研讨成员于课前完成的写作构思表格，在互给建议等活动中形成各自相对完整的写作思路；然后让学生从表格中选择一处细节描写，完成不少于200字的堂上片段写作；最后组织学生自由发表片段作品，开展学生之间的互赏互评。教师在本课中主要担任组织者，充分尊重学生的个性写作，充分鼓励学生间的相互点评，让学生在思想碰撞中共同获益。在点评环节，教师也会适当作出追问、提炼和补充，为学生明确下一阶段的写作提升方向。

教学步骤

（一）激发动力

用肯定与鼓励激发写作动力：同学们，经过第一课时的合作研讨，我们共同收获了“从细节中显真情”的写作策略，这让我们更加明确如何运用细节描写去记叙真事、抒发真情、引人共鸣。相信在座肯定有不少同学想趁热打铁，想赶紧用自己总结的经验去提升作文水平。在上节课的最后，我留了两道作文题给各位提前思考“写什么”和“怎么写”，相信大家现在已经有所准备，那么这节课就让我们一起把心中所感写出来吧！

（二）告知目标

从已积累的写作策略入手，明确学习目标和任务：同学们，好的作文除了要有动人的情感，也要有清晰的逻辑结构，还需要在完成后不断加以完善，这一次的堂上练笔也不例外。我们先互助研讨、确定构思，再独立完成片段写作，最后来一场现场作品发布会暨互评会吧！具体任务要求如下：

（1）认真回顾“从细节中显真情”的写作策略；

（2）小组互助研讨，确定各人的写作构思，要求根据情感主旨所需，选择可供描写的具体细节和合适的表达技法；

（3）根据相对完整的写作构思表格，选择一处细节描写，独立完成不少于200字的堂上片段写作；

（4）自由发表片段作品，自由开展互赏互评，并在互赏互评中有意识地明确下一阶段的写作提升方向。

（三）呈现材料

教师组织学生拿出在课前完成的写作构思表（预设填写见下），并在小组中通过互提意见、共性问题讨论等活动形成相对完整的构思。

作文选题（情境二选一）	情感主旨	细节选材（动作、状貌、言语、变化等）	表达技法
1. 难忘的老屋	难忘深情	【预设】一直清澈流淌在老屋旁的小溪像维系远方游子的精神纽带	比喻
		【预设】老屋前曾经是奶奶带着“我”种植蔬菜的乐园，现在已因长期无人打理长满了杂草	对比
		【预设】未在老屋生活过的小表弟总喜欢听“我”讲老屋的故事	侧面描写
		……	……
2. 说服父母支持自己的志愿选择（书信体）	争取理解与支持	【预设】如果顺从“钱途”，“我”会充满遗憾地开始大学新生活；如果听从兴趣，“我”会充满热情地开始大学新生活	假设、对比
		【预设】赚钱糊口是一生的事情，大学四年却是难得的发展兴趣、钻研学科知识、实现个人专业发展的“黄金时期”	运用具体数目、对比
		【预设】专业是固定的，而专业的有无“钱途”和热门与否却是变化的	对比
		……	……

同时，为了让学生的建议更有针对性、更具实效，以及给之后的自由互评环节做准备，教师会把互评反馈表格（如下）提前投放在教学平台上，供小组研讨参考。

评价内容	得分（各项总分为 10 分）
细节选材（是否具体、与情感相关？）	
表达技法（是否恰当、可操作？）	
情感主旨（是否突出、深刻？）	
意见与建议（体态、表达、内容）	1. 优点： 2. 不足：

（四）指导学习

（1）在组内互助环节，教师巡堂答疑，对学生在研讨过程中出现的困惑给予及时的点拨指导。

（2）在独立完成片段写作环节，教师减少走动，主要在讲台观察动态，非学生需要不随意走近，给学生创设相对安静的写作环境。

（3）在学生自由发表作品和自由开展互赏互评环节，教师掌控现场，并适当追问、提炼和补充。

（五）落实训练

（1）每位学生根据相对完整的写作构思表格，独立完成不少于200字的堂上限时片段写作，体验“说真话，抒真情”的表达过程。

（2）学生自由发表作品，自由开展互赏互评。其中，在互赏互评环节，学生需根据互评反馈表格完成打分和意见反馈，并现场接受其他学生和教师的追问。

（六）评估总结

教师根据所有环节的总体表现，首先对学生们的现场研讨、创作和互评给予肯定，然后客观指出优点和待改进之处。其中，在指出写作中的共性问题并提出相应的改进建议后，教师要结合示例（如下）为学生们明确下一阶段的写作提升方向。

作文选题	情感主旨	细节选材 （动作、状貌、言语、变化等）	表达技法
难忘的老屋	难忘人、物的深情	【片段写作示例】外曾祖母的梳妆台上一直只摆放着“我”和爸爸的两张单人照，但紧闭的抽屉里却装满了所有家庭成员的各种照片	对比

【示例】老房子里最让我记挂的，要数外曾祖母摆放在床边上的嫁妆——梳妆台。小时候，每到寒暑假，奶奶就会带我回外曾祖母家住几天。每次走进外曾祖母的房间，我都会看到梳妆台上只摆放着我的幼儿园毕业照和爸爸的新郎照。对此，好奇的我曾亲口问过外曾祖母“为什么”，而她当时只是摸着照片、微笑着说只是拿到后随手一放，刚好忘记收起来而已。听到这简单且普通的回答后，我也就不太在意。一直到了我高考那年，外曾祖母因病去世。葬礼结束后，看着奶奶带回了很多从梳妆台里里外外清理出来的老照片，我才知道其中那两张熟悉的、明显比其他照片的颜色浅了几度的单人照片从来都不是当年所说的“刚好”出现

（七）迁移巩固

（1）学生根据课上的互评建议和提升方向，完善课堂上的片段写作。

（2）学生以课堂上的片段写作为基础，根据自己的构思表格，按题目要求写成一篇不少于800字的真诚作品。

（韩悦瑶　中山市华侨中学）

文章修改

——“议论文事例论证修改”作文教学设计

写作主题解读

《普通高中语言课程标准（2017年版2020年修订）》在“学习要求”中指出，学生写作时要“思路清晰连贯，能围绕中心选取材料，合理安排结构”“能推敲、锤炼语言，表达力求准确、鲜明、生动”“能独立修改自己的文章”。其实，文章写作上的诸多要求或多或少都需要通过文章修改达成，单靠教师理论层面的“远程”指导难以实现，非得学生自己亲自操刀，挖疮敷药，才能根除顽疾。叶圣陶说：“修改是就原稿再仔细考虑，全局和枝节全都考虑到，目的在尽可能做到充分地确切地表达出所要表达的意思。”而教学的实际情况是，教师发现学生写作上出现了问题，往往通过专题习作来解决。未能解决怎么办？另换一题再写，原来那篇不合格的作文则被弃之不顾。其实，那是一篇极好的错误示范，在此基础上修修补补，既能变废为宝，还能让学生直观地感受到改后与改前的不同效果，从而对于写作的原则有更深切的体会。反复地修改比多次地换题重写更有意义。

文章的修改可以是全方位的，因为每一部分都有一定的法则，不合其法就当修改。本次课主要针对议论文事例论证中的问题进行修改教学。

教学课时

2课时。

设计亮点

在议论文写作教学过程中，教师往往格外重视素材积累，而一定程度上忽视了训练学生素材的使用技能，导致学生在使用素材时频频出现素材与中心论点脱节的现象。本教学设计试图对学生议论文写作中事例论证的突出问题进行分解，找出具体可行的解决方案。首先把事例论证的问题分解为事例表述和事例分析两个部分。在事例表述部分，重点强调议论文叙例与记叙文记事的不同特点，突出紧扣观点、力求精简的要求，叙述与观点相关的要素，不必在意事例是否完整呈现。在事例分析环节，重点强调从正反两面对事例进行分析，分析的落脚点是证明中心观点。事例论证对于这两方面的问题的探讨、解决，一方面可以强化学生议论文写作中的中心观点导向意识，另一方面能弥补学生在深度说理上的不足。

本写作教学设计通过修改作文的方式进行事例论证教学，给学生提供反面范例进行修改，可以强化学生对于错误问题的直观认识，相比其他教学方式会有更强的针对性，能更好地聚焦核心问题。如果采用其他教学方式，教师讲完事例论证的相关注意事项和要求，就会让学生做相应的练习。那么做什么样的练习呢？可能会是一个作文题，给出中心论点，让学生按要求写一段事例论证。那么学生的注意力就可能并不在怎样进行例证上了，而是搜肠刮肚地想什么事例可以用。所以当教师给学生提供错误片段的时候，教师就可以要求学生只关注希望他关注的问题，这样无疑能大大提高教学的效率。同时，本教学设计中所使用的错误示例全部来源于学生自己的习作，题目也都是学生自己写过的，这就使得教学接上了地气，让学生倍感亲切，其学习兴趣也被充分调动起来了。

第一课时

教学目标

（1）学生理解议论文与记叙文叙例的不同要求。

（2）学生能紧扣中心论点表述事例。

（3）学生在表述事例时能做到简洁。

教学条件分析

学生在议论文写作中非常倚赖事例论证。事例论证有诸多好处：其一，可以一定程度上遮掩和弥补文章说理上的不足。绝大多数学生的论证手段并不丰富，道理论证、引用论证、比喻论证等相对“高级”的论证方法不易掌握，而事例论证则容易得多。其二，能快速充实篇幅。一篇议论文往往只需两三个事例论证，再添上开头结尾的几句话，800 字就有了。学生写一篇这样的考场议论文往往只需四十分钟。但是这样纯为凑字数的事例论证往往隐藏着严重的问题，如此写作无异于饮鸩止渴，危害甚大。

学生或分不清记叙文与议论文事例表述的区别，或为了多占篇幅，往往把事例表述得很详细，力求把事件的来龙去脉、细枝末节都交代清楚，全然不顾文章中心观点的需要，以致叙例时语言冗杂，重点不突出，扣题不紧密，当然也就极大地削弱了文章的说服力。教师可以从学生的习作中找出典型的错误示例，向学生指出其问题，修改其错误，让学生明白正确的做法应当如何。教师主要应该强调学生在叙例时要紧扣中心观点，与中心观点无关的话少写或不写，力求事例表述简洁明了。

教学步骤

（一）激发动力

给学生们展示同一事例在议论文中和在记叙文中的不同表述方式，让大家自由发言，指出两种文体在事例表述上的不同特点。

许多大学问家、大哲学家都是从怀疑中锻炼出来的。清代的一位大学问家戴震，幼时读朱子的《大学章句》，便问《大学》是何时的书，朱子是何时的人。塾师告诉他《大学》是周代的书，朱子是宋代的大儒，他便问宋代的人如何能知道一千多年前的著者的意思。

——《怀疑与学问》

戴震10岁才会说话，大概是聪明蕴藏，积蓄得太久。他跟随老师读书，看一遍就能背下来，每天背几千字不肯停下来。老师教《大学章句》至“右经一章”以后，戴震问老师：“这凭什么知道是孔子的话，而由曾子记述呢？又怎么知道是曾子的意思，却是他的学生记下来的呢？”老师回答他说：“这是朱文公说的。”他马上问：“朱文公是什么时候的人？”老师回答他说：“宋朝人。”戴震问老师：“曾子、孔子是什么时候的人。”老师说：“周朝人。”“周朝和宋朝相隔多少年？”老师说：“差不多两千年了。”戴震问老师：“既然这样，朱文公怎么知道这些？”老师无法回答，说：“这不是一个寻常的孩子啊。”

——《戴震难师》（译文）

（二）告知目标

记叙文强调通过细腻生动的细节传达情感，而议论文则强调简洁叙事，剔除细节。因此我们在进行事例论证时就要有清晰的文体意识，做到紧密围绕中心观点来表述事例，在表述事例时力求准确、简洁。

（三）呈现材料

习作片段示例1：

一只老鼠，掉进了米缸，它知道只要自己轻身一跃就会自由。但是面对诱惑，它放弃了自由。它贪婪地啃食大米，连嘴边那几条胡须也喜悦地跳动着，旋转着。它看着湛蓝的上空，自觉聪明地认为自己还能跃过去，于是它又不停地啃大米。最后贪婪的它吃完了全部大米，摸着肥胖的肚子，努力直起身来，用力一跃，只听到"咚咚"的声响。过了几天，它看到了湛蓝的天，暖暖的阳光射下来，老鼠看了最后一眼，喃喃地说："为什么，总看不透……"（《知足常乐》）

习作片段示例2：

某年高考中，有一学生以600多分考上了上海复旦大学。她的名字叫张萌，是一个听不见声音的女孩。她出生在农村一个不富裕的家庭里。小学时，她因某次英语听力测试得知自己的耳朵出了问题。家里人为了治她的耳朵，勤俭节约，努力赚钱，可终究没能医好。哥哥也曾劝过她不要去上学了，可她的爸爸宁可省吃俭用也要治好她的耳朵，让她能够上学学习。这个女孩曾说过："当我彻底对听力世界绝望时，只剩下了面对人生的勇气。"对于这样突如其来的病患，她没有选择去怨天尤人，而是庆幸自己身边有爱她的家人，帮助她的同学，她感到知足了。（《学会知足》）

习作片段示例3：

大家还记得几年前闹得沸沸扬扬的广州海珠桥老伯推人堕桥事件吗？当时，被人称为广州"自杀最方便的地方"——海珠大桥又上演了自杀闹剧，平日车水马龙的桥面被群众围得水泄不通。原来，又有一名男子因讨薪不成而爬上桥顶寻死。突然，在群众只顾着议论之时，一名年过半百的老伯爬上了桥，并迅速出现在男子的对面，令男子的情绪突然激动起来。老伯劝说男子十多分钟后，突然做出了惊人的举动——把男子硬推下了桥顶。幸亏消防部门设好了充气垫，男子只是摔成了骨折……而那名"见义勇为"的老伯也被带回了派出所。（《三思而后行》）

习作片段示例4：

成功的人不会花过多的时间去玩手机。相信大家都认识《中国诗词大会》的才女——武亦姝吧！高考成绩613分，被清华大学新雅书院录取，她在《中国诗词大会》上那深厚的文化功底让人认为她是一个文科生，可是她却是一个工科女生，让人大为震惊！可许多人却不知道她有一个下午4：30就关闭手机的爸爸。受父亲的感染，她也很少玩手机。我们在玩手机的时候，她在阅读来提高自己的文化素养，怎能不优秀？（《让手机远离校园》）

（四）指导学习

议论文表述事例时要始终紧密围绕中心观点展开，只叙述与观点有关的方面，无关方面尽量不写。表述力求简洁准确，不可面面俱到，不要出现细节（除非这个细节与观点紧密相关）。

教师给学生提供议论文事例表述上的错误示例（示例1和示例2），带领学生按照议论文事例表述的要求进行修改，然后展示教师改后的范例并分析。这两个错误示例都没能把叙述集中在中心观点上，而是沉迷于故事的叙述，这就偏离了议论文的写作特点和要求。示例1更是犯了文体混乱的错误，这在高考作文中是大忌。

示例1改后：

一只老鼠掉进了米缸，看着大半缸的大米，就忘乎所以地吃了起来。等到吃完全部大米，才发现自己已经没有办法跃出米缸。这只老鼠正是由于经不起诱惑，不知足，才葬送了性命。假如它懂得适可而止，及时跳出米缸，就不会发生悲剧。

示例2改后：

一个名叫张萌的农村女孩，上小学时发现自己双耳失聪。对于厄运的打击，她没有怨天尤人，而是庆幸自己身边有爱她的家人、帮助她的同学，因而她感到知足，后来以600多分考上了上海复旦大学。正因为知足，她才获得了继续生活、学习下去的勇气，并最终取得了好的成绩。假如她总是怨恨命运的不公，而不看到自己已经拥有的幸福，那么她很可能会沉沦不振，一事无成。

（五）落实训练

让学生们按照议论文事例表述要求及方法，自主修改习作片段示例3。让学生代表投影并朗读自己的作业，其他学生点评分析，教师总结评价，并展示改后范例并分析。示例3同示例1一样犯了文体不清的错误，沉迷于绘声绘色的记叙、描写，全然忘却了论证观点才是要务。

示例3改后：

一男子因讨薪不成而爬上海珠大桥寻死，年过半百的热心老伯前去劝说，十多分钟后仍无济于事。老伯想到自己劝说这么久也没有效果，觉得该男子浪费了大家的时间，于是一气之下将男子推下桥。由于消防部门已布置好充气垫，该男子只是骨折。老伯则因过激之举而被带进派出所。这警示我们：行事之前需要三思，全凭冲动收获不了好结局。

（六）评估总结

通过方法指导和作文片段修改训练，学生明白了议论文中的事例表述与记叙文大不一样，知道了在叙例时要紧紧围绕中心论点，不可面面俱到，语言要简练，不要啰嗦。但是有的学生在叙例时还是会出现个别句子脱离中心论点的情况，语言简洁的要求还未能完全达到，需要长期练习。

（七）迁移巩固

根据学生自主修改训练中的不足，让他们再次对示例 4 进行修改，强化认识，熟悉方法。让学生代表展示修改结果，请其他学生分析点评，教师总结评价。示例 4 扣住了分论点来叙述，但是出现了“相信大家都认识《中国诗词大会》的才女——武亦姝吧！”这样的啰嗦的表达。另外，“可许多人却不知道她有一个下午 4：30 就关闭手机的爸爸”，这里就将论述的矛头指向了家庭教育的重要影响这个与中心观点无关的方面。

示例 4 改后：

优秀的学生从不会花过多的时间玩手机。在央视《中国诗词大会》节目中脱颖而出获得冠军的才女武亦姝，高考时又以高分被清华大学新雅书院录取。人们都惊讶于她深厚的文化功底，却不知道她的成绩并非凭空而来。她从不把手机带进校园。不但如此，因受父亲影响，她在家也很少玩手机，而是把更多的时间用于阅读来提升自己的文化素养。

第二课时

教学目标

（1）能紧扣观点分析事例。

（2）会对事例进行因果分析以证明观点。

（3）会对事例进行假设分析以证明观点。

教学条件分析

学生已基本领会事例表述的相关要求，掌握了紧扣中心观点进行有侧重地表述的方法。但是，在议论文写作中，讲述事例本身并不是目的，而是证明中心观点的手段，论证中心观点才是表述事例的终极目标。为了更好地进行事例论证，围绕中心观点进行有针对性的事例表述只是第一步，接下来就要对事例进行充分分析，以更好地实现支撑中心论点的意图。事例和中心观点是两个部分的内容，要使事例很好地证明观点，必须要将两者紧密地黏合在一起，黏合剂就是事例分析。事例分析从事例本身出发，直指中心论点。没有对于事例的充分分析，事例与观点就是脱节的，事例论证就是无效的。而学生在进行事例论证时，往往容易把注意力都倾泻在事例表述上，忘了自己为什么举例，变成了“为举例而举例”。因此，要求学生对事例进行充分分析就变得格外重要而迫切。

在指导学生进行事例分析的时候，教师可以提供一定的方法支持，比如正面因果分析和反面假设分析。这样的分析方法简单易掌握，一来可以完善事例论证，二来可以充实文章内容，让文章没有堆砌事例的观感，也能增加文章的篇幅，缓解学生写作时对篇幅不足的焦虑。

教学步骤

（一）激发动力

教师先提问：我们在写作议论文时为什么要列举事例？不举例行不行？（学生回答）接下来再问：把事例往那一摆，就能自动地证明观点吗？继续问：那么怎么办才能让事例证明观点呢？我们上一次课已经完成了第一步——紧扣中心论点，简明地表述事例；这节课我们将完成第二步也是最后一步——分析事例。

（二）告知目标

PPT 展示并请学生们念读本节课的教学目标。

（三）呈现材料

作文片段 1：

小质疑暴露出大问题，若是没有他人议论和质疑，或许林大校长会一尬而过，不当成一回事。周杰伦也遇到过类似的事。有次粉丝过于兴奋被保安强行请出去，周杰伦直接说句：他这么兴奋只因为来到现场，你不应该这样。但保安还是把粉丝驱逐出场。事后，周杰伦也意识到自己的不对，并向保安道歉。这使周杰伦意识到自己没有将心比心，给他自己上了一节课。

（《直面质疑，知错能改》）

作文片段 2：

对于“老伯推人下桥”的事件，许多人都发表自己的看法，但大部分人不理解且不赞同老伯推人的行为。老伯被释放后也公开道歉，说自己的行为过激，当时自己见劝说那么久也无效，觉得男子浪费了大家的时间，一气之下就推他下去。因此，我认为老伯的错误行为完全是可以避免的。老伯如果在劝说前准备充分一点，劝说时更耐心一点，也许男子可能会自己下来。就算劝说无效，老伯自己下来，将“任务”交给消防队，那他得到的肯定只有群众的掌声和赞扬声，而不是事后因违法而被民警带回派出所，并且被推上舆论的风口浪尖，备受批评。（《三思而后行》）

作文片段3：

优秀的学生从不会花过多的时间玩手机。在央视《中国诗词大会》节目中脱颖而出获得冠军的才女武亦姝，高考时又以高分被清华大学新雅书院录取。人们都惊讶于她深厚的文化功底，却不知道她的成绩并非凭空而来。她从不把手机带进校园。不但如此，因受父亲影响，她在家也很少玩手机，而是把更多的时间用于阅读来提升自己的文化素养。（《让手机远离校园》）

（四）指导学习

对事例进行分析，通常采用的方法是因果分析，而因果分析又分正反面分析。正面分析就是要阐明：事例中的主体正是因为按照观点的意思做了，所以才有了后来的好结果。反面分析就是要阐明：事例中的主体正是因为违背了观点的意思，所以才有了不好的后果。如果列举的是正面的事例，那么反面的分析就是假设分析；如果列举的是反面的事例，那么正面的分析就是假设分析。事例分析要直指中心论点，不可不顾中心论点随意蔓延展开。以上一节课练过的片段为例，①是正面分析，②是反面假设分析：

①正因为知足，她才获得了继续生活、学习下去的勇气，并最终取得了好的成绩。②假如她总是怨恨命运的不公，而不看到自己已经拥有的幸福，那么她很可能就会庸庸碌碌，甚至沉沦不振，一事无成。

接下来教师领着学生一起分析并按要求修改作文片段1，使其成为一段完整的事例论证，并用PPT展示修改结果：

敢于面对质疑，做到知错就改，善莫大焉。林校长对于他人的议论和质疑，选择了面对，以公开信的形式承认了错误并分析了原因，从而得到了公众的理解。著名歌手周杰伦也有过类似的经历。某次演唱会上，粉丝因过于兴奋而违反了会场规定，被保安强行请出会场，周杰伦上前指责并呵斥了保安。事后，媒体曝光了此事。周杰伦也意识到自己的不对，并向保安道歉。周杰伦面对大家的质疑积极回应，勇于改错，维护了自己的良好形象，继续被大众喜爱。倘若他固执不化，死不认错，必定会形象受损，影响自己的演艺生涯。

（五）落实训练

作文片段2本是在对事例进行分析，但是分析得非常随意而散乱，没有集中去突出事例与观点之间的对应关系，导致事例并没有证明观点。让学生按要求自主独立修改作文片段2，然后请学生代表投影展示修改结果，其他学生分析点评，教师总结分析，并展示修改范例：

其实如果老伯在推人之前三思，想到自己劝说该男子的目的是救他，而不是伤害他，就不会做出如此过激的行为，也就不会因此受到人们的批评，承担法律责任，相反他会成为大家心中见义勇为的好市民。老伯行事鲁莽，将好事办砸，再次提醒我们——行事之前务必三思。

（六）评估总结

经过方法指导、修改训练和课堂作业分析讲解，学生们已经达成了叙例完之后要进行分析说理的共识，也至少掌握了运用正反分析中的一种方法进行因果分析的方法。但是学生分析说理的针对性仍显不足，即对观点的论证力度不够。例如，学生在分析老伯的“不三思”的行为时，没能注意突出其严重后果，如此就难以有力地证明“三思”的重要性，也就削弱了论证观点的力度。另外，不少学生还是只会从一面进行分析。正反面同时开弓，可以让事例分析进行得更深透。

（七）迁移巩固

鉴于学生训练过程中所暴露出的问题，让学生再次修改作文片段3。这次练习不是在原有分析的基础上进行修改，而是添加事例分析，让事例论证更完整。同样要求学生自主独立完成，然后请学生代表投影展示修改结果，其他学生分析点评，教师总结分析，并展示修改范例：

武亦姝没有把精力和时间消耗在手机上，从而有了更多时间汲取知识营养，才有了她后来的耀眼成绩。假如她成天抱着手机，在校园里也偷偷玩手机，就算天赋异禀，也难免玩物丧志、庸庸碌碌。

（汪祖贵　中山市华侨中学）

议论文主体段落升格

——“转换事例、分析说理”作文教学设计

写作主题解读

谈及修改文章，叶圣陶先生在《文章的修改》一文中说：“修改是就原稿再仔细考虑，全局和枝节全都考虑到，目的在尽可能做到充分地确切地表达出所要表达的意思。”修改文章，在立意精准、深刻基础上，重点要处理

的就是材料。材料是否典型，叙述是否恰当，论据是否充分，议论是否充实，都要在修改中仔细考虑。

议论文写作要求学生叙议结合地来阐述个人对某个问题、某种现象等的认识和思考。高考全国新课标卷语文考试说明将作文考试的发展等级分为“深刻、丰富、有文采、有创意”四层。其中，“深刻”强调要透过现象深入本质，揭示事物内在的因果关系，要有启发性观点；“丰富”要求材料丰富的基础上，论据要充实，意境要深远。这说明，一篇合格的议论文，不但要有明确的观点和典型的素材，更要有深切恰当的分析论证，这绝不是一朝习得的，而是需要不断修改、不断改进。只有这样，学生才能逐渐掌握议论文写作技巧，其议论才能活泛起来，充满说理性。

教学课时

2 课时。

设计亮点

（1）教学思路清晰，教学目的明确：第一课时解决事例叙述平淡、重点不突出的问题，引导学生学会抓论点关键词转换素材；第 2 课时解决“例而不议”、缺乏说理性的问题，引导学生落实分析步骤，掌握归纳、假设、探因三种基本分析方法。

（2）教学设计体现学生主体性和教师主导性，每个步骤都需要学生积极参与，课堂效果较好。

（3）教学设计有“诚意”，例题和练习多取材于学生习作，且有教师示范答案做样板，搭配合理，充分利用学生已有认知基础，组织学生比较原文段和升格后文段的不同，能让学生当下就有“学有所得”“学能致用”的感受，深刻理解本单元的知识。

（4）教学设计有“创意”，将主体段落切割成块，论点句、事例句、分析句分块练习，循序渐进，词导句，句构段，降低整段行文的难度，分块提高学生写作能力。

第一课时

教学目标

（1）知识的了解与记忆：系统掌握议论文主体段落的基本结构，明确事例句的特点和要求。

（2）技术的理解与运用：充分认识事例在议论文写作中的重要作用，掌握根据论点恰当转换事例的方法。

（3）态度的倾向与变化：感受主体段落升格前后事例部分的变化，深切理解事例说理性，转变写作素材的畏难心理。

教学条件分析

1. 内部条件

学生已经有两学年常态化议论文训练基础，具备基本的议论文写作能力，能够根据材料提出自己的论点，积累了一定的事例素材，但存在着写作时“联不上”“调不出”等问题。

2. 外部条件

充分利用一体机等现代化多媒体教学设备，开展当堂“病文”修改活动，使学生通过分析、比较的修改过程习得转换事例素材、交换角度分析事例素材的能力。

教学步骤

（一）激发动力

议论文是当前考场作文的主要文体形式，具有指令性强、写作情境特殊、限时限字数的特点，很多学生虽然积累了不少的事例，可是考场情境中常出现难以调动和运用事例的问题，以致考场作文呈现出事例内容空洞或事例与论点不匹配等问题。本节课选材多取自真实的学生考场“病文”，正对此症结，意在帮助学生走出“守着宝山不自知”的困境。

（二）告知目标

本节课的目标非常明确，即让学生提高转换事例和变换角度分析事例的意识，学会依据段落分论点对已积累的事例素材进行处理。

（三）呈现材料

试比较下文文段1、2素材转换上的区别。

文段1：诚信是中国人的传统美德。子曰：“人而无信，不知其可也。”“曾子杀猪”是中国人教育孩子讲诚信的启蒙教材。说的是曾子的妻子去赶集，儿子哭闹着要跟着去，她就说：“你别去，我回来杀猪给你吃。”她刚回来，曾子就要去杀猪。她制止曾子说，只不过是跟孩子开个玩笑。曾子说，现在你欺骗他，这是教孩子骗人啊！于是曾子就杀猪煮肉给孩子吃。曾子就是一个诚信的人。

文段2：诚信是中国人的传统美德。子曰：“人而无信，不知其可也。”孔子的学生曾子就是践行诚信的典范。曾子之妻以杀猪为借口哄骗孩子，而曾子却认为父母有承诺，就一定要兑现，让家人懂得言而有信的重要性。对待一句戏言，曾子尚且能够守信。而当今社会，诚信却和人们渐行渐远，诈捐门、学术抄袭、瘦肉精事件在屡屡触动人们脆弱的神经。

区别：

文段1：事例叙述过于琐碎，没有突出重点来证明“诚信是传统美德”“人要言而有信”的观点。

文段2：很好地将曾子与话题“诚信”联系起来，凸显“诚信”话题，凝练概括，巧妙而灵活。

（四）指导学习

议论文写作中，学生都认识到事例论证很重要，然而很多考场作文虽然论证有典型事例，事例有具体细节，但只是客观地阐述事例，没有对事例进行必要的剪裁和加工，使得叙述没有重点，与论证的联系也没有体现，导致说理苍白。

出现这种现象的主要原因是学生缺乏将事例素材进行相应迁移和转换的能力。解决对策就是要学会迁移和转换事例，最重要的步骤是能紧扣段落分论点的关键词来阐述事例，即主体段落写作中，事例中与论点关键词相关的部分要重点阐述，其他的则简写或删掉，以达到突出论点的效果。同时，在遣词造句时要有意识地突出关键词。例如文段2中“曾子杀猪”事例，分论点关键词是“诚信”，事例论证核心是“曾子是一个讲诚信的典范”，因而在阐述故事时紧紧抓住曾子言而有信、注重承诺的性格特点概述，对与关键词“诚信”无关的妻子的哄骗等过程直接省略，事例的转换详略得当，重点明确，并且表达上选用“曾子认为父母有承诺”“一定要兑现”“懂得言而有信”等词句着重突出“诚信”，更增强了事例与论点的联系，增强事例的说理性。

简言之，改进事例叙述琐碎的方法是：找准事例与论点关键词的契合点，抓住论点关键词作为叙述重点，人为雕琢事例。

（五）落实训练

请依据文后点评对考场作文选段事例部分进行修改。

路在脚下，走好自己的人生路！路是走出来的，每条路都有一个终点。张桂梅校长忍受满身的伤痛，默默无闻地为教育公平奉献着；家喻户晓的袁老，年逾九十，还每日奔走在试验田，为全国人民都能填饱肚子奋斗着；乡村基层干部夜以继日地奔赴扶贫第一战线，努力拼搏，为全国迈入小康社会的终点前进着。这些在各行各业的突出贡献者都值得我们学习，我们青年人也应向自己的终点迈去。路在脚下，走好自己的人生路，迈向目标终点。

（《路在脚下，无论始终》）

评价：分论点为“路是走出来的”“每条路都有一个终点”，关键词是“走出来”“有终点”；多则事例非常典型，且事例后有回扣分论点的语句。不足的是三则事例缺少具体个性化内容支撑，过于简略，与段落分论点的关键词联系不够紧密，对关键词“终点”突出不够。

升格示例：

路在脚下，走好自己的人生路！路是走出来的，每条路都有一个终点。张桂梅校长忍受病痛折磨，几十年默默无闻地为大山女孩们的教育梦奉献着，终树立起名满天下的“华坪女高”大旗；家喻户晓的袁老，即使年过九旬，依然奔走在田畴间，终将杂交水稻洒满中华、洒向世界，成就“喜看稻菽千重浪”的丰收盛景；李保国等乡村基层干部扎根脱贫攻坚第一线，夜以继日谋出路，终乘时代东风如约完成全民脱贫、全面小康的历史使命。这些在各行各业的突出贡献者都值得我们学习，我们青年人应当延续前辈们脚踏实地、拼搏进取的精神，坚定地迈开步子，向自己的终点迈去。

（六）评估总结

通过当堂讲练结合及亲自修改文段的思考、练习过程，学生能够强化围绕段落分论点关键词展开事例论述的意识，能够依据关键词对事例进行恰当裁剪和雕琢，进而学会转换事例达到说理目的的技巧。不足之处是很大一部分学生积累事例时没有从多角度理解素材，对事例个性化、标志性内容积累不全，转换时事例个性化内容保留不到位，语言表达能力有待提高。

文段修改后，要给学生一定时间回顾反思，再进行修改。可让学生之间交换再一次进行笔头或口头修改，也可让学生先自行修改再进行交流，以巩固修改技巧。

（七）迁移巩固

请根据张桂梅、袁隆平的事例，完成论证。

提升媒介素养，要有榜样引领，要树立远大理想。

我们会被互联网牵着鼻子走，被各种“投喂”的信息包围，思维呈现碎片化、情绪化、浮躁化、娱乐化倾向，很多时候是因为我们没有理想。拥有远大理想且意志坚定的人，会摒除一切干扰，做事心无旁骛，最终抵达理想

的彼岸。理想的力量有多大？＿＿＿＿＿＿＿＿＿＿＿＿＿＿＿＿＿＿＿＿＿＿＿＿＿＿

＿＿＿＿＿＿＿＿＿＿＿＿＿＿＿＿；＿＿＿＿＿＿＿＿＿＿＿＿＿＿＿＿＿＿＿＿＿＿＿＿

＿＿＿＿＿＿＿＿＿＿＿＿＿＿＿＿＿＿＿＿＿＿；带农民脱贫致富的理想让李保国驻守太行山三十五载不动摇……信息时代，理想可以帮助我们守住心、管住手，能帮助我们突围商家的各种信息“投喂”，拒绝刷视频获得的廉价快感，能使我们沉下身心自觉地进行深度阅读，成长为社会需要的人才。

（《提升媒介素养，畅游信息时代》，有改动）

示例：

力争消除饥饿的理想让袁隆平毕生甘于做一介农夫，即使名满天下也仍然只是专注于田畴；帮助更多女孩走出大山的理想让张桂梅扎根深山数十载，即使一身病痛仍然潜心育人痴心不改。

第二课时

教学目标

（1）知识的了解与记忆：系统掌握议论文主体段落的基本结构，明确分析句的特点和要求。

（2）技术的理解与运用：充分认识分析句在议论文写作中的重要作用，掌握常用的几种有效分析的方法。

（3）态度的倾向与变化：感受主体段落升格前后分析部分的变化，深切理解议论中加入分析的必要性，提高学生分析扣题的意识。

教学条件分析

1. 内部条件

学生为普通高中生源，积累了一定的事例素材，具备基本的议论文写作能力，能够根据材料提出自己的论点，能够依据论证需求对事例进行适当的裁剪和转换，但论证停留在“提论点＋摆事例”层面上，未能有效揭示论点和事例之间的内在逻辑关系，对事例缺少恰当的分析，使得文段说理浅显空洞，缺乏说服力。

2. 外部条件

教师充分利用一体机等现代化多媒体教学设备，开展当堂“病文”修改活动，引导学生通过分析、比较的修改过程习得分析说理的技巧。

教学步骤

（一）激发动力

很多考场作文虽然选用了典型的事例作论据，但只是有事例却没有对事例进行恰当的分析，即未能揭示事例如何能够证明本段的论点，未围绕论点关键词对题目材料进行回扣，导致出现“以叙代议，例而不议”的问题，直接的后果是文章僵化，篇幅短小，800字标线可望而不可即。这表明议论文的写作，仅学会裁剪和转换事例还远远不够。议论文是说理性的文体，事例议论分析不到位，即使素材典型，也很难获得评卷老师的青睐。

（二）告知目标

本节课的目标非常明确，即让学生通过考场作文修改练习，学会运用归纳、假设、探因等分析法对事例进行恰当分析，完善议论内容，增强文段说理性。

（三）呈现材料

试比较文段1、2不同部分的区别。

文段1：助“百花齐放”，亦是赋予自己前进的动力。梦想的路途中，有竞争者的追逐，才可打破自身的枷锁。日本的福原爱在年少时曾到中国东北接受乒乓球专业训练，中国的教练和选手给予她无私的指导和照顾，帮助她成长为一名球技过硬的劲敌，多次与中国队交锋。“养狼计划”的推行，让世界乒乓球赛重新焕发活力：一支支强劲队伍的涌现，一个个竞技高手的诞生，成就精彩绝伦的乒乓球赛场。

文段2：助“百花齐放”，……多次与中国队交锋。正是因为有像福原爱这样“养大”的对手，中国乒乓球队才会时时警示自己，鞭策自己一次次勇越技术高峰，才会久盛不衰，长居世界之巅。“养狼计划”的推行，……成就精彩绝伦的乒乓球赛场。

区别：文段1中事例之后缺少分析；文段2中事例之后有明确的分析句，阐明了事例能证明段落分论点的原因。

（四）指导学习

分析句能直接揭示事例与分论点的内在逻辑联系，阐明作者对两者关系的理解，是议论的深化部分。能否在文段中对事例进行恰当的分析是文章得分多少的关键点之一。刘勰《文心雕龙·论说》有言：“是以论如析薪，贵能破理”。可见，分析论证对议论文的重要性。文段2加入了分析句，直接揭示了中国队培养对手和发展自己之间的关系，比文段1更深刻地证明了

“助人亦是助己”的观点。

常用的分析方法有：归纳、假设、探因、对比等。本课时主要学习前三种，用好这三种分析方法，考场议论文定能绽放光彩。

分析方法	内涵	常用标志词	落实步骤
归纳分析	指列举多个典型论据之后，归纳总结出它们的共同点，将其扣在要证明的论点上的论证方法，是一种在多个共性素材下才能使用的分析法	这些都……/ 他们一致……/ 由此可见……/ 大量事实证明…	1. 找出事例的共同点 2. 依据分论点关键词归纳反映的道理，得出结论
假设分析	是一种运用假设推理对所列举的论据进行分析，来证明分论点，使事例和分析例正反映衬，从而增强文段说服力的方法	假如……那么…/ 如果……/ 试想……	1. 抓住事例关键内容，从反面假设，突出结果 2. 正面强调契合事例论点关键词
探因分析	也称因果分析法，即从因果关系上把论据和论点联系起来。具体说，就是沿着“为什么（结果）”的思路，点明事例与论点的内在联系，使论据内容深化	那是因为……/ 为什么……是因为……/ 之所以……是因为……/ （正）是……/	1. 找出论点关键词 2. 找出事例和关键词契合点 3. 揭示事例如何证明了关键词

（五）落实训练

请按所示事例，依据评语运用假设、探因、归纳分析法完成下文主体段落升格。

面对磨难，相信自己，人生将重放光彩。贝多芬双耳失聪，却能在这样的磨难下创造出不朽的交响曲，撼人心灵；司马迁遭受腐刑，却能在这样的耻辱中写成《史记》，汗青溢光；一代体操王子李宁泪洒汉城退出体坛，却又开辟天地，让“李宁牌”系列运动用品风靡体育用品市场。面对磨难，坚信自己，你将能冲破黑暗，绽放光彩。

（《面对磨难，相信自己》）

评语：文段运用多则事例论证论点，选材典型，叙述凝练，但例子和论点之间缺少分析语言，仅罗列事例，说理的力度不强。

<table>
<tr><th>事例句</th><th colspan="4">分析句</th></tr>
<tr><td rowspan="2">“贝多芬双耳失聪，……撼人心灵”</td><td>假设</td><td>假如他被双耳失聪的磨难击倒，不相信自己有力量与命运抗争，那些不朽的生命乐章便无法降生，这奔腾不息的岁月长河中还会留有贝多芬的身影吗？</td><td rowspan="6">归纳分析</td><td rowspan="6">他们都曾遭受命运的压打，却都不曾有过屈服和退缩。坚定地相信自己、坚持自我，让他们勇敢地闯过人生的风雨</td></tr>
<tr><td>探因</td><td>示例：那是因为他相信“命运掌握在自己手中”，顽强抗拒厄运，才谱写出了人类心灵之歌</td></tr>
<tr><td rowspan="2">“司马迁遭受腐刑，……汗青溢光”</td><td>假设</td><td>示例：假如他因受腐刑而一蹶不振，放弃了自己，未完稿的《史记》会成为史家无法弥补的遗憾，司马迁还会为后世所敬仰吗？</td></tr>
<tr><td>探因</td><td>那是因为他坚信自己站在正义一方，而正义终会得到伸张，于讥讽诽谤中坚持自我，才成为一代“史圣”</td></tr>
<tr><td rowspan="2">“一代体操王子李宁……体育用品市场”</td><td>假设</td><td>假如他沉溺于败北的痛苦中无法自拔，禁锢住自己，等待他的只有无尽的落寞</td></tr>
<tr><td>探因</td><td>那是因为他相信自己的体育路不止竞技比赛一条，不沉湎于失败，不畏惧于挑战，才能撕开黑暗，迎接光明</td></tr>
</table>

假设分析和探因分析是对每个事例做假设和原因探究，归纳分析则是基于三则事例的共性基础上的分析，进而揭示事例人物在磨难中取得成就的原因，照应了段落分论点“面对磨难，相信自己”才能“重放光彩”的论说，在事例与论点之间架构起桥梁，过渡自然，还增强说理的力度。

选取一段原文与修改文进行比较，引导学生深入感受升格前后的差别。

升格示例比较

原文	升格
面对磨难，相信自己，人生将重放光彩。贝多芬双耳失聪，却能在这样的磨难下创造出不朽的交响曲，撼人心灵。面对磨难，坚信自己，你将能冲破黑暗，绽放光彩	……贝多芬双耳失聪，却能在这样的磨难下创造出不朽的交响曲，撼人心灵，那是因为他相信“命运掌握在自己手中”，顽强抗拒厄运，才谱写出了人类心灵之歌。面对磨难，坚信自己，你将能冲破黑暗，绽放光彩

（六）评估总结

通过直接将原文文段与升格文段比较，学生会对分析句的重要地位有深切的感受。通过细化三种分析方法的落实步骤，学生可以在当堂讲练和自己动脑、动笔修改文段的过程中将其内化，掌握紧扣论点关键词、紧抓事例和论点契合点进行说理分析的原则和方法。不足之处是理解掌握理论知识是基础步骤，真正发挥分析句的作用还需仰赖学生的语言表达能力。考场作文要想得到阅卷人的赏识，美化词句、升格语言表达是不容旋踵的。

修改文段后给学生一定时间回顾反思，再进行修改，以学生自行修改为主，以巩固落实分析句的步骤。

（七）迁移巩固

请按评语提示，运用探因分析法完成下文主体段落升格。

每个人都在路上，每条路都有一个起点，每条路都有一个终点；从起点走到终点，需要我们在前行途中坚持不懈。没有任何成就是一朝一夕间就能完成的。2021年东京奥运会百米半决赛中，32岁的苏炳添以9秒83的成绩惊艳整个世界，用战绩证明了自己多年的努力，用实力证明了中国速度不容小觑。如今，中国开启了乡村振兴计划，我们理应像苏炳添那般坚持，走好当代的路。无论艰难险阻，只要坚持，终会成功。

（选自《由始至终，奋力前行》，有改动）

评分等级：三类文，42分。

评语：本段阐述了坚持的重要性，运用中国飞人苏炳添的事例，阐述从起点出发到达终点离不开坚持，材料选择典型，但在例子和论点之间缺少分析语言，说理力度不够。

示例：

每个人都在路上，……没有任何成就是一朝一夕间就能完成的。2021年东京奥运会百米半决赛中，……用实力证明了中国速度不容小觑。中国飞人的背后是数年如一日的自律生活，是日复一日的训练比赛，是伤病、年龄和体能局限等重重压力下永不言弃、坚持不懈的精神。如今，中国开启了乡村振兴计划，我们理应像苏炳添那般坚持，走好当代的路。前行路上，出发了便风雨兼程，无论几多艰难险阻，都要坚持；只有坚持不懈，才能最终抵达终点。

（申君玮　中山市小榄中学）